D1706094

Hartmut H. Biesel

Key Account Management
erfolgreich planen und umsetzen

Hartmut H. Biesel

Key Account Management erfolgreich planen und umsetzen

Mehrwert-Konzepte für Ihre Top-Kunden

GABLER

Bibliografische Information Der Deutschen Bibliothek
Die Deutsche Bibliothek verzeichnet diese Publikation in der Deutschen
Nationalbibliografie; detaillierte bibliografische Daten sind im Internet über
<http://dnb.ddb.de> abrufbar.

1. Auflage Dezember 2002

Alle Rechte vorbehalten
© Betriebswirtschaftlicher Verlag Dr. Th. Gabler GmbH, Wiesbaden 2002

Lektorat: Manuela Eckstein

Der Gabler Verlag ist ein Unternehmen der Fachverlagsgruppe BertelsmannSpringer.
www.gabler.de

Umschlaggestaltung: Nina Faber de.sign, Wiesbaden
Satz: FROMM MediaDesign GmbH, Selters/Ts.
Druck und buchbinderische Verarbeitung: Wilhelm & Adam, Heusenstamm
Gedruckt auf säurefreiem und chlorfrei gebleichtem Papier
Printed in Germany

ISBN 3-409-11956-6

Vorwort

Die Konzentrationsprozesse in der Wirtschaft wirken sich nachhaltig auf die Kundenstrukturen in den Unternehmen aus. Die persönliche Vertriebsarbeit wird aus Kostengründen auf die wertigen Kunden von heute und morgen verdichtet. Key Accounts und Lieferanten internationalisieren ihre Aktionsradien. Diese Entwicklung führt zu einer zunehmenden Komplexität der Vertriebsprozesse und zu steigende Anforderungen an das Management. Der Koordinationsbedarf innerhalb von vertikalen und horizontalen Vertriebsorganisationen steigt. Die Ansprüche der Kunden wachsen, Leistungsparameter und geforderte Leistungsumfänge verändern sich. Nicht mehr gefragt ist eine eindimensionale Produktpolitik, sondern die Erfüllung von individuellen Wünschen. Kunden reduzieren zudem konsequent die Zahl ihrer Lieferanten und übertragen die Aufgaben an die verbliebenen Zulieferer. Sie zeigen außerdem die Bereitschaft, durch Outsourcing eigene Aktivitäten an Zulieferer abzugeben.

Die Ressourcen an Mitarbeitern, Zeit und Kosten sind in jedem Unternehmen begrenzt. Der Versuch, nach dem Gießkannenprinzip vorzugehen und Unternehmensleistungen allen potenziellen Marktteilnehmern gleichermaßen anzubieten, wird somit, zum Beispiel aus Kostengründen, immer problematischer. Konzentration auf die Erfolgsbringer von morgen und Selektion nach Erfolgschancen und Kundenwertigkeit werden zu kritischen Erfolgsfaktoren.

Mit diesen Veränderungen steigen auch die Anforderungen an die eigenen Mitarbeiter in Marketing und Vertrieb. Die Qualität der Vertriebsprozesse wird an die Wertigkeit der Kunden angepasst und ein Multi-Channel-Vertrieb eingeführt. Key Account Management (KAM) wird in dieser multiplen Vertriebsausrichtung zum treibenden Faktor für die anderen Vertriebsaktivitäten. Damit ändert sich auch die Rolle des Verkäufers im Key Account Management. Neben den Fähigkeiten eines Top-Verkäufers (operatives Verkaufen) verwandelt sich der Key Account Manager zum Berater des Kunden (strategisches Verkaufen). Mitarbeiter, die Key Accounts (Schlüsselkunden) betreuen, benötigen ständig steigende Kenntnisse, beispielsweise in Controlling, Marketing, Logistik oder Menschenführung.

Key Account Management bekommt einen höheren Stellenwert in der Gewinnung, Betreuung und Bindung von wertigen Kunden. Zur erfolgreichen Gestaltung dieser Vertriebsausrichtung bedarf es in vielen Fällen allerdings einer Neuausrichtung der Vertriebsstrategie, der Unternehmensstruktur und oftmals auch der Denkhaltung. Der Begriff „Management" ist bei diesem Vertriebswerkzeug ernst gemeint, das Key Account Management wird intern zu einem Meinungsführer, wenn die strategische Unternehmensausrichtung bestimmt wird.

Wenn auch in Ihrem Geschäft inzwischen mit 20 Prozent der Kunden 80 Prozent der Umsätze und Erträge erbracht werden, dann kommen Sie an diesem Thema nicht mehr vorbei. Key Account Management eröffnet Ihnen viele neue Vertriebsansätze. Gerade deshalb sollten Sie sich jetzt und heute mit diesem Thema befassen, um Ihrem Wettbewerb eine Nasenlänge voraus zu sein. Misstrauen Sie aber jedem, der Ihnen zu vermitteln versucht, dass es ein Patentrezept für die Gestaltung und Umsetzung eines Key Account Managements gibt. Key Account Management ist ein sehr komplexes Thema. Jedes Unternehmen wird seinen eigenen Weg finden müssen, die Betreuung der wichtigsten Kunden zu organisieren. Die Entscheidungen sind unter anderem abhängig von den unterschiedlichen Märkten, dem gewohnten Umgang innerhalb von Geschäftsbeziehungen, der Berücksichtigung der Historie des eigenen Unternehmens und der geplanten zukünftigen Strategie.

Die Idee zu diesem Buch kam aus der Praxis. Gesprächspartner aus meiner Beratungstätigkeit und Seminarteilnehmer zeigten immer wieder Interesse an einem Leitfaden, der sich hauptsächlich an der Unternehmenspraxis orientiert und weniger an theoretischen Ansätzen. In meiner langjährigen beruflichen Tätigkeit habe ich immer wieder festgestellt, wie hilfreich es ist, praktische und theoretische Überlegungen von außerhalb an die Hand zu bekommen, um neue Marketing- und Vertriebsideen weiterzuentwickeln und umzusetzen.

Um sowohl das generelle Informationsbedürfnis von Einsteigern an diesem Thema zu befriedigen als auch den Profis Tipps für die Tagesarbeit im Key Account Management an die Hand zu geben, finden Sie unter anderem folgende Themenschwerpunkte:

- Die Aufgabe des Key Account Managements in einem multiplen Vertrieb der Zukunft.

- Die Einführung eines Key Account Managements in Ihrem Unternehmen und der daraus resultierende mögliche Zusatznutzen für Ihre Schlüsselkunden und Ihr eigenes Unternehmen.

- Die Wissensvermittlung über geeignete Marketing- und Vertriebswerkzeuge im Key Account Management.
- Praktische Tipps für den Key Account Manager im Alltagsgeschäft.

Key Account Management fügt Denkhaltung, Vertriebsstrategie, Handwerkszeug und Umsetzung zu einer einheitlichen Vorgehensweise zusammen. Deshalb beschäftigt sich dieses Buch auch und besonders mit der Denkhaltung und der praktischen Umsetzung, denn sie bilden die Basis für die Gestaltung eines erfolgreichen Key Account Managements.

Wenn Sie sich grundsätzlich mit der Neueinführung von Key Account Management beschäftigen, ist es ratsam, das Buch einmal konsequent durchzuarbeiten. Sollten Sie jedoch dieses Vertriebswerkzeug schon eingeführt haben, liegt es an Ihnen, sich besonders mit den für Sie relevanten Kapiteln zu beschäftigen. Sie erhalten zu Beginn des Buches Ausführungen über die Gestaltung und Organisation eines Key Account Managements. Der zweite Teil beschäftigt sich mit Analysen und Strategieentwicklungen. Der dritte Block ist der Umsetzung von Visionen und Strategien im Key Account Management vorbehalten.

Sie finden viele Checklisten und Praxisbeispiele, um das Verständnis und die Umsetzung von Ideen zu erleichtern.

Die Begriffe „Key Account" und „Schlüsselkunde" werden in diesem Buch parallel verwendet. Sie bedeuten beide dasselbe. Gleiches gilt für die nach innen gerichteten Bezeichnungen „Key Account Management" und „Schlüsselkunden-Management". Eine Abgrenzung habe ich zum Großkundenmanagement vorgenommen und den Unterschied, wenn vorhanden, im Text erläutert. Ich habe bewusst versucht, Anglizismen, wo möglich, zu vermeiden, um die Verständlichkeit sicherzustellen.

Eine kleine Anekdote am Rande: Meine Lektorin bei Gabler, Frau Eckstein, hatte mir den ersten Korrekturabzug des Satzbetriebs per pdf-Datei an meinen Winteraufenthaltsort Neuseeland gesandt mit der Bitte um Überprüfung. In dem Ort betreibt ein Maori einen Second-hand-Laden für Computer und ausgeschlachtete EDV-Hardware. Dieser Platz war an unserem Ort die einzige Möglichkeit, die Datei per Internet herunterzuladen. Ich probiere es auf dem besten Computer des Maori, einem 286er Rechner aus der EDV-Steinzeit. Er beobachtete, wie ich mühsam und langwierig versuchte, die Daten auf eine Diskette zu ziehen. Er erklärte, dass er in der Lage sei, über DOS ein kleines Programm zu schreiben, die Daten auf seinen Rechner zu ziehen und dann in Windows 98 zu konvertieren. Ich habe bangend zugesehen, wie er zwei Stunden lang seinen Computer und meinen Laptop bearbeitete. Ehrlich gesagt, ich war sehr skeptisch, aber das Ergebnis konnte sich sehen lassen. Ich war sein Key Account, und wir haben gemeinsam eine Win-Win-Situation – die Basis für erfolgreiches und gelebtes Key Account Management – geschaffen: Ich konnte meine Überprüfung abschließen und der Maori bekam den Entwurf eines deutschen Buches (was ihn mit sehr viel Stolz erfüllte) in der Erstfassung auf seinen Coumputer ...

Ein Hinweis zum Schluss. Ich bin an Ihren Meinungen und Ideen interessiert und offen für Anregungen. Sie können unter der in diesem Buch angegebenen Adresse Kontakt mit mir aufnehmen.

Viel Spaß beim Lesen.

Östringen, im Oktober 2002   *Hartmut H. Biesel*

Inhaltsverzeichnis

I. Die effiziente Key-Account-Management-Organisation

1. Die Entwicklung des Key Account Managements im Multi-Channel-Vertrieb

In einem kleinen Café einer 50-Seelen-Gemeinde auf der schottischen Insel Skye fand ich den folgenden Sinnspruch an einer Wand: „Es scheint, dass immer, wenn wir anfangen, neue Gruppen zu bilden, wir uns scheinbar neu organisieren. Ich habe in meinem Leben lernen müssen, dass wir dazu neigen, jede neue Situation mit einer Neuorganisation zu beginnen. Und dieses ist eine wundervolle Methode, uns die Illusion von Fortschritt vorzugaukeln. Stattdessen produzieren wir häufig Konfusion, Ineffektivität und Demoralisierung". (Petronius Arbiter, 210 a. C.) Ist Key Account Management also nur eine Frage der Neuorganisation und Neuausrichtung des Vertriebs? Was kann Key Account Management bewirken, was die gewohnten Vertriebsaktivitäten nicht mehr leisten können?

Verändert hat sich der Markt, wenn auch mit unterschiedlicher Geschwindigkeit in den einzelnen Branchen. Die gravierendsten Veränderungen sind:

▶ 75 Prozent aller Märkte in den hoch entwickelten Ländern sind weltweit gesättigt, der Konzentrationsprozess ist weiter in vollem Gang. Die Bedeutung der noch verbleibenden potenziellen Kunden wird größer. Absatzsteigerungen lassen sich in konzentrierten Märkten oftmals nur durch Verdrängung realisieren. Daraus resultieren harte Preis- und Leistungswettbewerbe.

▶ Produkte werden immer austauschbarer, Qualität und Leistungsstärke werden von den Kunden kaum mehr als Alleinstellungsmerkmal, sondern als Selbstverständlichkeit angesehen. Die eigentlichen Produkte werden Service, Beratungsleistungen, Übernahme von Kundenaufgaben etc.

▶ Die Kunden werden immer unberechenbarer und multioptionaler. Sie suchen auf der einen Seite Abwechselung und Spannung, andererseits aber auch Verlässlichkeit und Kontinuität.

► Um die gleiche Aufmerksamkeit bei den wichtigen Kunden zu erreichen, steigen die Marketing- und Vertriebskosten im Verhältnis zum Umsatz überproportional. Dies bedeutet sinkende Deckungsbeiträge und als Folge oftmals radikale Kostensenkungsprogramme.

► Die Internationalisierung des Vertriebs steigt. Berücksichtigt werden müssen zunehmend kulturelle Vielfalt, die Betreuung von internationalen Kundenstrukturen und damit ein hoher Koordinationsbedarf. Ohne leistungsstarke Informationssysteme und Koordination der nationalen und internationalen Aktivitäten kann es schnell zu negativen Wechselwirkungen in der Vertriebsarbeit kommen.

Die Bereitschaft zu Partnerschaften sowohl auf Anbieter- als auch auf Abnehmerseite wächst. Key Accounts suchen zunehmend Partner statt Lieferanten. Sie erkennen, dass Partnerschaften mit A-Lieferanten ihnen helfen können, ihre eigenen Kernkompetenzen auszubauen. Die praktischen Auswirkungen auf der Kundenseite: Händler schließen sich zu Einkaufsgemeinschaften zusammen, mittelständische Druckereien organisieren einen gemeinsamen Papiereinkauf, Krankenhäuser veranstalten gemeinsame Einkaufsaktionen etc.

Auf der Anbieterseite wächst die Erkenntnis, dass unter den Bedingungen des Verdrängungswettbewerbs eine ausgewogene Bearbeitung aller Kunden nicht mehr möglich ist und dass eine Fokussierung der Unternehmensleistungen auf definierte Schlüsselkunden ein wesentlicher Erfolgsfaktor in der Zukunft sein wird.

Bereits seit den 70er Jahren begegnen Unternehmen der Konsumgüterherstellung der zunehmenden Konzentration im Einzelhandel durch Key Account Management. Im heutigen Verdrängungswettbewerb, von dem inzwischen so gut wie alle Branchen betroffen sind, entscheiden sich mittlerweile auch Investitionsgüterhersteller und Dienstleister verstärkt für dieses Vertriebswerkzeug.

Wissenschaft und Berater stellen den Unternehmen ein Arsenal von Managementmethoden als Krücken zur Verfügung. Nicht, dass diese Techniken von vornherein als negativ und schädlich anzusehen sind. Viele dieser Methoden helfen den Unternehmen, ihre immer komplexer werdenden Geschäftstätigkeiten in den Griff zu bekommen. Aber ohne gleichzeitige Veränderung der Denkhaltung in den Köpfen der Unternehmensmitarbeiter bleibt es bei der Methode, und es kehrt eine Management-of-Change-Mode in den Unternehmen ein. Ist Key Account Management also ebenso eine „Modeerscheinung", die seit Mitte der 90er Jahre durch die Konzentrationsentwicklungen in den

Märkten wieder steigende Bedeutung bekommt? Wenn Key Account Management nicht richtig verstanden und umgesetzt wird, ist dies zu bejahen.

Wie so viele Managementmethoden stand auch das Thema Key Account Management mit unterschiedlicher Intensität im Blickpunkt der Medien und Unternehmensstrategen. In der Vergangenheit entschieden häufig die Sachzwänge über Veränderungen, heute nimmt Kundenorientierung einen breiteren Raum in der Vertriebsausrichtung ein und verändert die Denkhaltung in den Unternehmen. Bedingt durch die veränderte Marktsituation in Verbindung mit den neuen eigenen Denkansätzen ist die Zeit reif für eine Neuausrichtung hin zu einem Multi-Channel-Vertrieb mit dem Schwerpunkt Key Account Management, um die selbst gesteckten Ziele zu erreichen. Der Wandel ist zur Konstanten geworden, heute und morgen muss in nicht bekannten Gewässern gerudert werden. Moden sind schnelllebig und vergänglich, zumal wenn die Erkenntnisse weder neu noch originell sind.

Beide Seiten richten ihre Einkaufs- und Vertriebsstrategien neu aus: Die Key Accounts konzentrieren sich auf immer weniger Lieferanten, mit denen sie eine sehr viel intensivere Zusammenarbeit pflegen und andere Ansprüche an die Zusammenarbeit stellen werden. Die Anbieter stellen Ihre Vertriebsaktivitäten um, führen ein Key Account Management ein oder intensivieren dieses und betreuen vorrangig nur noch die wichtigen Kunden mit Zukunftspotenzial. Die veränderten Strukturen der Zusammenarbeit lassen sich an den folgenden Tendenzen ablesen:

- Statt regionaler oder nationaler Beschaffung gewinnt die globale Beschaffung an Bedeutung.
- Nicht mehr der autonome Einkäufer allein bestimmt über die Einkaufspolitik, sondern Einkaufsteams.
- Der Preis pro Stück ist nicht mehr das alleinige Entscheidungskriterium, sondern die Gesamtkosten der Transaktionen und Kosten pro Funktion.

Das Key Account Management hat sich in den letzten zwei Dekaden kontinuierlich weiterentwickelt. Zu Beginn standen Strukturveränderungen zur Verbesserung der Key-Account-Betreuung im Vordergrund. Dann folgte die strategische Ausrichtung in Form von differenzierten Marketing- und Organisationskonzepten zur individuelleren Schlüsselkunden-Bearbeitung. Damit verbunden wurden sukzessive Infrastrukturen geschaffen, wie zum Beispiel Kundendatenbanken, Analyseverfahren, SWOT-Analysen (Stärken-/Schwächen-Analysen) und Benchmarking, um den Key Accounts gezielt ein erfolgsorientierteres Leistungsangebot anbieten zu können. Das Vertriebscontrolling nahm in diesem Zusammenhang eine immer wichtigere Rolle ein, um getroffene Key-Account-Entscheidungen zu steuern und zu bewerten. Es hat sich inzwischen durchgesetzt, dass Key Account Management nicht nur unter kurzfristigen Erfolgsüberlegungen zu sehen ist, sondern dass eine langfristige Key-Account-Beziehung der Maßstab für den zukünftigen Erfolg ist. Nicht mehr die Fokussierung auf die eigene Wertschöpfungskette steht im Vordergrund, sondern die konsequente Beachtung der Problemlösungskette des Kunden. Kunden erwarten neben hochwertigen Produktlösungen zu angemessenen Konditionen zunehmend auch maßgeschneiderte Serviceleistungen.

Ein Beispiel, welche Anforderungen heute ein zukünftiger Betreiber eines Bürogebäudes an einen Aufzughersteller stellt:

▶ *Er möchte mit der Wartung nicht mehr behelligt werden, um seine eigenen Personalaufwendungen „schmal" zu halten.*

▶ *Er erwartet ein Finanzierungsmodell, mit dem er die Investition strecken kann, um die eigenen Finanzmittel in sein Kerngeschäft zu stecken.*

▶ *Er erwartet eine Kostentransparenz, um seine finanziellen Belastungen überschaubar zu halten.*

▶ *Er möchte Nutzungsausfälle vermeiden, um eine hohe Verfügbarkeit zu garantieren.*

▶ *Er kann sich vorstellen, den Bereich Aufzug durch Outsourcing auszugliedern und gegen eine Leasinggebühr zu begleichen.*

Das Resultat: Aufzughersteller verdienen heute in der Regel nicht mehr am Verkauf ihrer Produkte (Aufzüge), sondern an den jahrelangen Serviceleistungen (Wartung, Finanzierung etc.). Über diese Leistungen müssen sie sich auch von ihren Wettbewerbern unterscheiden.

Kundenorientierung unter Berücksichtigung der eigenen Strategie und Ziele bildet die Grundlage erfolgreichen Key Account Managements. Der wertige Kunde ist nicht das Ziel, sondern der Auslöser der unternehmerischen Aktivitäten. Der kritische Erfolgsfaktor ist das Wissen um die Key Accounts und die Befriedigung der emotionalen Bedürfnisse der Gesprächspartner. Nicht mehr die Bedienung aller möglichen potenziellen Kunden bringt den dauerhaften Erfolg, sondern die passgenaue Bedienung von wertigen Schlüsselkunden mit hoher Abschlusswahrscheinlichkeit. Ohne einen dauerhaften Dialog mit den ausgesuchten Key Accounts wird dies allerdings nicht zum Erfolg führen.

Das Ziel der Lieferanten muss es sein, eine maximale Kundenbindung der Schlüsselkunden zu erreichen. Key Accounts erheben den Anspruch, individuell betreut zu werden, was erhebliche Ressourcen bindet, die dann den C-/D-Kunden nur noch bedingt und durch Einsatz anderer Vertriebswerkzeuge – klassischer Außendienst, Kundenmanagement im Innendienst, Call Center etc. – zur Verfügung stehen.

Analysieren Sie doch einmal Ihre heutigen Außendienstkosten je Kundenbesuch, Auftrag oder Kleinprojekt. Sie werden schnell feststellen, dass Sie bei den Kosten pro Kundenbesuch je nach Branche bei zirka 150 bis 250 € liegen. Dann rechnen Sie noch Ihre internen direkt zurechenbaren Kundenbetreuungskosten hinzu und entscheiden dann, wie lange Sie es sich noch erlauben können, diese Finanzmittel in der jetzigen Bearbeitungsform für Ihre C- und D-Kunden einzusetzen. Prüfen Sie also Ihre Vertriebspower und entscheiden Sie, welche Kunden für Ihren zukünftigen Vertriebserfolg stehen und damit für die Unternehmenssicherung. Sie werden wahrscheinlich schnell feststellen, dass die Key Accounts und damit auch das Key Account Management eine besondere Beachtung und echte Kundenorientierung verdienen.

Kundenorientierung, die Basis des strategischen Key Account Managements, manifestiert sich in erster Linie in den folgenden Merkmalen:

- Die Schlüsselkunden stehen im Mittelpunkt.
- Erfolgreiches Key Account Management betreibt keine eindimensionale Produktpolitik aus der Innenansicht, sondern sucht individuelle Problemlösungen für die Key Accounts.
- Key Account Management verabschiedet sich vom Massenmarketing und bevorzugt ein individuelles Partnerschaftsmarketing.
- Der Key Account wird als Partner des Unternehmens anerkannt.
- Die individuelle Gestaltung der jeweiligen Kundenbeziehung wird durch Datenbanken und Analysewerkzeuge unterstützt.
- Alle Unternehmensmitarbeiter sind bereit und fähig, einen dauerhaften Dialog mit den Key Accounts als positiv zu erleben.
- Kundenorientierung gegenüber den Schlüsselkunden wird als unternehmerisches Konzept vom gesamten Unternehmen akzeptiert und gelebt.

Vergessen Sie nicht: die Key Accounts sind die Treiber und Multiplikatoren Ihrer anderen Kunden.

Warum Key Account Management?

Die Ansprüche der wichtigen Kunden steigen: Sie erwarten höhere Leistungsqualität, fordern einen individuelleren Leistungsumfang als kleinere Kunden und legen Wert darauf, dass auf ihre Wünsche und Anforderungen schnell und flexibel eingegangen wird. Hinzu kommt das Bestreben seitens der Einkäufer, die Zahl der Lieferanten zu verringern, um unter anderem die Einkaufskomplexität zu reduzieren und eventuelle Leistungen, die nicht zu ihren Kerngeschäften gehören, an Zulieferer abzugeben. Damit ändern sich auch die Anforderungen an die eigene Unternehmensorganisation, insbesondere für das Marketing und den Vertrieb. Als Folge müssen – um die wertigen Kunden schnell, flexibel und kundennah zu bedienen – mehr Mitarbeiter der Anbieterorganisationen in den Betreuungsprozess aktiv eingebunden und neue Leistungen aufgebaut werden.

Nehmen Sie das Beispiel „Outsourcing". Prof. Dr. Wildemann, TU München, hat in einer Erhebung festgestellt, dass sich der Anteil der Eigenfertigung im Jahr 1980 von 71 Prozent auf 60 Prozent im Jahr 2000 verringert hat. Ein anderes Beispiel: Noch vor zehn Jahren war es in der Automobilindustrie üblich, Einzelteile durch den Autohersteller von den verschiedensten Lieferanten zu beziehen und dann zu einem Systemteil zusammen zu bauen. Seit dem „Lopez-Effekt" ist es normal, dass ein ausgewählter Lieferant in der Regel ein komplettes Systemteil nach Vorstellungen des Fahrzeugproduzenten zusammengebaut anliefert und teilweise mit eigenen Mitarbeitern auch einbaut.

Voraussetzung, diese veränderten Anforderungen zu erfüllen, ist eine zielgerichtete Koordination und Vernetzung der eigenen Aktivitäten mit denen des Key Accounts. Das betrifft:

- die Qualität hinsichtlich Kompetenz, Projektbearbeitung oder Produktleistungen,
- den Service hinsichtlich Erreichbarkeit, Reaktionszeit bei Key-Account-Wünschen, Beratungskompetenz oder Know-how in der Problemlösungsfindung,
- die Leistungsfähigkeit hinsichtlich Fehlerfreiheit, Termineinhaltung oder Projektmanagement.

Das Key Account Management von heute und morgen verabschiedet sich aus der eindimensionalen Produktsicht. Diese operative Sichtweise wird immer austauschbarer. Der Paradigmenwechsel im Geschäft mit den Key Accounts ist die strategische Sichtweise, die spezifische Key-Account-Probleme individuell und innovativ löst und mithilft, die Key-Account-Ablaufprozesse zu optimieren. Key Account Management trennt sich deshalb auch von den bisher ausschließlich gewählten Erfolgsparametern Umsatz und Profit und strebt sowohl den Gewinn von Budgetanteilen am Einkaufspotenzial des Schlüsselkunden als auch die Steigerung der Kundenbindung an. Im Zuge einer Zweibahnstraße wird die Initiierung einer beiderseitigen lernenden Organisation – Key Account und Anbieter – ein weiterer wichtiger Faktor.

Key Account Management setzt die Bereitschaft voraus, Beziehungsmanagement als eigenständiges Aufgabengebiet anzusehen und entsprechend aufzubauen. Auf dieser Grundlage ist die dauerhafte Suche nach der optimalen Problemlösung, sowohl aus Sicht des Key Accounts als auch bezüglich der Umsetzung der eigenen Strategie, einfacher. Nicht mehr Umsatz und Absatz stehen als Ziele im Vordergrund. Die Erreichung dieser betriebswirtschaftlichen Notwendigkeiten ergibt sich aus der konsequenten Verfolgung der gemeinsamen Marktbearbeitung.

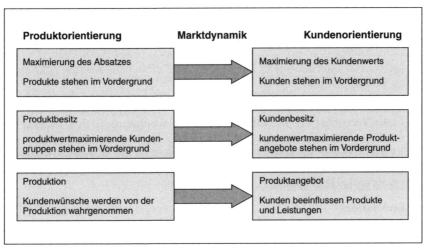

Abb. 1.1:   Der Wandel im Vertrieb: die Kundenorientierung löst
die Produktorientierung ab.

Die Befragung von zirka 400 Firmenteilnehmern pro Jahr in meinen Seminaren und Lehrgängen ergab, dass bei zirka 15 Prozent Key Account Management umfassend eingeführt und intern progressiv gelebt wurde, zirka weitere 15 Prozent befanden sich in positiven Einführungsprozessen, in den restlichen 70 Prozent war die Umsetzung entweder nur halbherzig angepackt worden oder das Verständnis war noch nicht ausreichend geweckt.

Welche Gründe sprechen für die Einführung von Key Account Management?

1. **Änderungen der Kundenstrukturen:**
   Firmenübernahmen, Joint Ventures, Verschmelzungen etc. verändern diese Strukturen täglich. Das Pareto-Prinzip, nachdem mit 20 Prozent der Kunden 80 Prozent des Umsatzes und Gewinns realisiert werden, ist vielleicht schon heute für Ihr Unternehmen Realität.

2. **Neue Vertriebsformen:**
   Neue Vertriebsformen bringen neue Anbieter hervor, die sich verstärkt um Marktnischen bemühen. Beachten die neuen Anbieter die drei Grundsätze der Nischenpolitik – die Nische besitzt Wachstumspotenzial, Gewinnpotenzial und ein Alleinstellungsmerkmal in den Leistungen (Produkt, Service, Vertrieb etc.), die von den Kunden gewünscht werden –, werden sie zu einer ernsten Konkurrenz für die etablierten Anbieter.

3. **Internationalisierung:**
   Sie verändert die Kunden- und Anbieterstrukturen. Regionale und nationale Marktbearbeitung sind im Vertrieb durch das internationale Geschäft ergänzt worden. Exportabteilungen werden abgelöst durch Euro-Teams. Ohne angepasste Vertriebsstrukturen und zeitgemäße Werkzeuge, wie beispielsweise internationales Partnering, wird diese neue Komplexität nicht zu bewältigen sein.

4. **Wettbewerbsvorteile:**
   In der Vergangenheit konnten sich neue Ideen langsam auf dem Markt entwickeln. Wer aber heute nicht mit ganzer Kraft seine neuen Ideen am Markt platziert, muss zur Kenntnis nehmen, dass der Wettbewerb schnell nachzieht und mit einer besseren Leistung und eventuell geringeren Kosten die Marktanteile gewinnt, die man sich selbst erhofft hat.

5. **Innovation:**
   Innovatoren gehört die Zukunft. Gefordert ist das gesamte Unternehmensteam. Das Management muss seinem Namen („manum agere" = in die Hand nehmen, führen) gerecht werden. Absicherungsmentalität schadet der Unternehmensentwicklung, Schnelligkeit und Flexibilität sind gefragt und entscheiden über den Zukunftserfolg.

6. **Servicemarketing:**
   Gelebte Kundenorientierung und Individualisierung von Leistungen werden zu kritischen Erfolgsfaktoren. Unternehmen sind für ihre Kunden da und nicht umgekehrt. Servicemarketing hat die Aufgabe, darüber nachzudenken, wie Kunden ihre Geschäfte mit Unterstützung des eigenen Unternehmens erfolgreicher tätigen können. Servicemarketing und neue Software-Werkzeuge sollen hierbei helfen.

7. **Liberalisierung der Wirtschaft:**
Durch Aufweichung der nationalen Grenzen werden Gesetze und Wirtschaftsentwicklungen zunehmend „internationalisiert". Gesetzesangleichungen, die Harmonisierung von Vorschriften und die Einführung neuer Marktspielregeln führen zu gravierenden Veränderungen innerhalb des heute gewohnten Standards.

8. **Wechselbereitschaft:**
Kunden stellen langjährige Verbindungen infrage, seit die Möglichkeit des internationalen Einkaufs immer einfacher wird und selbst kleinere Nachfrager ermuntert werden, die Einkaufsgewohnheiten der letzen Jahre kritisch zu überprüfen. Der Wettbewerb nimmt zu und die Kundenloyalität nimmt ab.

9. **Auflösung von Branchengrenzen:**
Kernkompetenzen innerhalb der Unternehmen werden umdefiniert und neue Geschäftsfelder erschlossen: Was hindert ein Logistikunternehmen wie UPS daran, in Zukunft auch Geldtransfers anzubieten, da Logistik ohnehin die Kernkompetenz ist? So entstehen branchenübergreifende Kundenerwartungen. Funktionales Benchmarking wird damit immer mehr zum Erfolgsfaktor.

10. **Deckungsbeitrag:**
Der Deckungsbeitrag pro Kunde sinkt bei den Anbietern in vielen Branchen. Ursache hierfür ist der harte Wettbewerb, die steigende Transparenz im Markt, aber auch die schnell wechselnden Kundenwünsche, die Mehrkosten für die Anbieter nach sich ziehen.

11. **Reduzierte Lieferantenanzahl:**
Durch die Internationalisierung des Einkaufs entstehen neue Beschaffungschancen. Die Key Accounts kaufen zunehmend strategisch statt operativ ein. Werkzeuge des Beschaffungsmarketing, wie etwa Category Management, Supply Chain Management, Efficient Consumer Response etc., sorgen für eine Vernetzung der Key-Account- und Anbieterinteressen. Um als strategischer Partner anerkannt zu werden, bedarf es einer eigenen starken Marktposition.

12. **Neue Anforderungen:**
Ein ausgeprägtes Sortiment mit hoher Qualität wird heute ebenso wie die Innovationsfreudigkeit als selbstverständlich angesehen. Für diese Faktoren bekommt der Lieferant immer seltener einen Bonus. Die kritischen Erfolgsfaktoren sind heute Markt- und Kundenorientierung, Markt- und Kundenwissen sowie die Lieferung von Zusatznutzen.

Doch einer der wesentlichsten Gründe ist: Ihnen kommen die Kunden abhanden. Vier Beispiele:

▶ **Im Lebensmittelbereich ist die Zahl der potenziellen Kunden dramatisch gesunken. Die Top 10 sind inzwischen für zirka 80 Prozent des Einkaufsvolumens verantwortlich.**

▶ **Der Baustoffgroßhandel hatte 1980 zirka 3 300 unabhängige Händler, die Zahl ist im Jahr 2001 auf zirka 1300 gesunken.**

▶ **Vor einigen Jahren gab es noch 11 000 Betriebe, die Bauelemente (vornehmlich Türen und Fenster) herstellten und vertrieben. Diese Zahl nimmt rapide ab.**

▶ **Schauen Sie sich die Entwicklung und Veränderungen auf dem weltweiten Fahrzeugherstellermarkt an.**

Nicht so bei Ihnen? Beobachten Sie Ihren Markt sehr genau. Eine ähnliche Entwicklung kann schneller als vermutet eintreten. Wenn Ihr Markt diese Tendenzen schon heute aufzeigt, dann sind Sie reif für die Einführung eines Key Account Managements.

Die Ressourcen eines jeden Unternehmens sind generell limitiert. Kaum ein Unternehmen kann es sich erlauben, seine Kräfte gleichmäßig unter den potenziellen Kunden zu verteilen. Prüfen Sie, wie Sie eine Differenzierung Ihrer Unternehmensleistungen zur Betreuung von Key Accounts und C- und D-Kunden vornehmen können. Schlüsselkunden erwarten eine individuelle Betreuung. Das heißt, nicht das Verkaufen steht mehr im Vordergrund, sondern das Angebot wertiger Leistungen aus Schlüsselkunden-Sicht.

Es entsteht eine neue Liga für Anbieter und Schlüsselkunden mit eigenen Spielregeln. Die bisherigen Kampfszenarien werden oftmals durch Partnering-Konzepte in Kooperationsszenarien umgewandelt. Durch gemeinsame Prozesse und kundensegmentierte Produkte besteht die Möglichkeit der gemeinsamen Marktbearbeitung. Es gibt Branchen, in denen in den nächsten Jahren die Hälfte der heutigen Kunden entweder vom Markt verschwinden oder durch den Wettbewerb übernommen werden. Wer sich nicht schon heute auf diese Entwicklung einstellt, läuft Gefahr, morgen entweder keine oder nicht mehr die richtigen Kunden zu besitzen.

Konzentrieren Sie Ihre Kräfte auf die Gewinner der Zukunft. Fragen Sie sich:

▶ *Wo und in welcher Form setze ich die Vertriebsmannschaft in Zukunft ein?*

▶ *Welche Serviceleistungen gebe ich zukünftig an welche Kunden?*

▶ *An welche Kunden werden Leistungen der Anwendungstechnik kostenfrei abgegeben?*

▶ *Welche Kunden unterstütze ich in welcher Form bei Werbung und Verkaufsförderung?*

▶ *Für welche Kunden leiste ich kostenlose oder kostenneutrale Entwicklungsarbeit?*

▶ *Für welche Kunden baue ich ein maßgeschneidertes Logistikkonzept auf?*

▶ *Bei welchen Kunden bin ich bereit, eine elektronische Vernetzung zuzulassen?*

Die Bewältigung der Marktänderungen und die Einführung von Key Account Management ist eine dynamische Herausforderung an den Vertrieb von morgen. Dabei ist es nicht damit getan, Visitenkarten zu drucken und neue Positionen zu besetzen. Wer mit falschen oder unrealistischen Erwartungen an dieses Thema geht, kann schnell enttäuscht werden. Einige Beispiele:

▶ **Problematischer Ansatz:**
Nachdem in einem Unternehmen der Telekommunikation Key Account Management eingeführt worden war, erbat der Vorstand nach sechs Monaten vom zuständigen Team eine Erfolgsaufstellung, die den Mehrumsatz und Mehrertrag der vergangenen Monate belegen sollte, schließlich habe man auf Key Account Management umgestellt und entsprechend in Personal und Ablauforganisation investiert. Das Team griff in seiner Not zu einem beliebten Mittel, dem „Schönrechnen". *Fazit:* Das Management hatte nicht verstanden, worum es bei diesem Vertriebswerk geht.

▶ **Personalentscheidungen:**
Die besten Verkäufer eines Gebrauchsgüterherstellers wurden zu Key Account Managern ernannt. Damit hatte das Unternehmen einige gute Verkäufer weniger und einige zum Teil überforderte Key Account Manager mehr. Die Frage nach nötigen Qualifikationen bzw. Fähigkeiten von Key Account Managern war nie gestellt worden. *Fazit:* Der Erfolg eines Key Account Managements steht und fällt mit den Personen, die es umsetzen, und damit gehören Personalentscheidungen für diese Position zu einer der wichtigsten Managementaufgaben.

▶ **Organisation:**

In einem Unternehmen der Glasindustrie wurde Key Account Management in einem Geschäftsbereich eingeführt, ohne dem Key-Account-Team die notwendigen Unternehmensressourcen an die Hand zu geben. Das Ergebnis: Die Feldorganisation verteidigte „ihre" Ressourcen und das Key-Account-Team verschwendete einen erheblichen Teil seiner Kraft darauf, interne Kämpfe um die Ressourcennutzung auszufechten, anstatt sich um die Schlüsselkunden zu bemühen. *Fazit*: Ohne ein umfassendes ausgearbeitetes Organisationskonzept und die Vermittlung an die anderen internen Mitspieler kommt es zu erheblichen Reibungsverlusten.

Prüfen Sie, ob und in welcher Form Key Account Management Ihren Vertrieb absichern kann und welche Kriterien zu beachten sind, um eine erfolgreiche Umsetzung zu gewährleisten.

Die Zusammenarbeit mit Schlüsselkunden – von der eindimensionalen Produktorientierung zum Partnering

Eine Umfrage unter Marketing- und Vertriebsleitern ergab ein sehr interessantes Bild über die Zukunftserwartung der befragten Unternehmen:

- 88 Prozent der Befragten erwarten weitere Kundenkonzentration.
- 69 Prozent befürchten weiteren Preisdruck.
- 64 Prozent der Marketing- und Vertriebsleiter prognostizieren aufgrund der Marktveränderungen gravierende Organisationsänderungen in Richtung eines Multi-Channel-Vertriebs mit Schwerpunkt Key Account Management und Bildung von internationalen Key-Account-Teams.
- 62 Prozent nehmen an, dass sie sich mit neuen Wettbewerbsaktivitäten von ausländischen Anbietern auseinander setzen müssen.
- Über die Hälfte der Befragten gehen von einer Umverteilung des Kundeneinkaufspotenzials, besonders bei Key Accounts, auf der Anbieterseite aus.
- 48 Prozent erwarten einen Ausbau des Key Account Managements und Rationalisierungsmaßnahmen im klassischen Vertrieb.

Weitere Aussagen über die „Vertriebstrends 2005" finden sich in einer Studie der Mercuri International Deutschland:

- Produkte, Service und Dienstleistungen werden immer mehr zu komplexen Leistungspaketen zusammengeschnürt.

- Kunden und Anbieter verschmelzen verstärkt ihre Wertschöpfungsketten, um Optimierungsprozesse anzustoßen.
- Dem Multi-Channel-Vertrieb gehört die Zukunft, das klassische Management der Absatzkanäle wird an Bedeutung verlieren.
- Das Vertriebscontrolling wird an Bedeutung gewinnen, um die vorhandenen Ressourcen möglichst optimal nach Wertkriterien einzusetzen.
- Key Account Management wird an Bedeutung gewinnen.

Es deutet vieles darauf hin, dass strategisch einkaufende Key Accounts in Zukunft nur noch bei Anbietern einkaufen, denen sie vertrauen. Zuverlässigkeit und Beständigkeit werden genauso wichtig wie Preis und Innovationskraft. Anbieter, die noch keinen Vertrauensbonus bei ihren Key Accounts besitzen, müssen sich diesen erst langwierig erarbeiten und anschließend dauerhaft bestätigen. Glaubwürdigkeit – das Einhalten von Zusagen –, Kompetenz – die Vermittlung von Sicherheit bei der Lösung von Kundenproblemen – und Kontinuität – Kundenerwartungen werden ohne Einschränkungen erfüllt – werden zu den wichtigen Erfolgsparametern.

Das heißt, dass sich die Kundenbeziehungen, die sich bereits in den letzten Jahren dramatisch gewandelt haben, auch in Zukunft weiter verändern werden. Hinzu kommt, dass sich die Halbwertzeit des Wissens ständig verringert. Eine Untersuchung von Dr. Pinczolits beispielsweise hat ergeben, dass sich die Wertschöpfung in der Computerbranche alle zwei Jahre verdoppeln muss, um die gleiche Anzahl an Mitarbeitern auf Basis der heutigen Rendite beschäftigen zu können. In eher konservativen Branchen liegt der Zeithorizont zwar noch höher, mit einer erheblichen Verringerung des Faktors ist jedoch auch hier zu rechnen. Das bedeutet, dass Unternehmen, wenn sie einen optimalen Gewinnrückfluss im Verhältnis zu den eingesetzten Ressourcen erreichen wollen, die Entscheidung treffen müssen, wer ihre wertigen Kunden der Zukunft sein sollen. Berücksichtigen Sie dabei einige essenzielle Grundsätze, um an vorderster Stelle mithalten zu können:

▶ **Kostenführerschaft:**
Initiieren Sie nur Kosten für Leistungen, die den Erfolg der von Ihnen ausgesuchten Schlüsselkunden stärken. Ohne unterstützende Werkzeuge wie Benchmarking, Datenbanken und eine ausgefeilte Vertriebsanalyse mit begleitendem Vertriebscontrolling ist es fast unmöglich, kundenorientierte Leistungen zielgenau zu bestimmen.

▶ **E-Commerce:**
Neue Formen der Zusammenarbeit und Vernetzung von Kunden- und Anbieterinteressen bieten Ihnen online und offline heute Business-to-Busi-

ness- ebenso wie Business-to-Customer-Konzepte. Die elektronischen Medien ermöglichen ein aktives Beschaffungs- und Wertschöpfungsmarketing und eine flexible Zweibahnstraßen-Kommunikation. Nicht mehr der Anbieter mit guten Produkten wird der Gewinner der Zukunft sein, sondern derjenige, der die Kommunikationshoheit bei den wertigen Kunden besitzt. Die Informationsmärkte werden die Produktmärkte in der Zukunft treiben.

▶ **Management-Werkzeuge:**
Sie helfen, Kosten in Produktion, Logistik und im Dienstleistungsbereich zu senken. Beispielsweise greift Efficient Consumer Response (ECR) nach der Einführung in der Konsumgüterbranche inzwischen auch in der Investitionsgüterbranche und schafft ein erhebliches Einsparungspotenzial, unter anderem in der Produktion und Logistik. Zu Management-Werkzeugen zählen auch Datenbanken und Vertriebsinformationssysteme, die untereinander ausgetauscht werden und auf die Partner gemeinsam zugreifen können ebenso wie Partnerschaftswerbung und Verkaufsförderung.

▶ **Service Center:**
Sie werden in der Kundenbetreuung – vom Erstkontakt bis zur After-Sales-Betreuung – immer unentbehrlicher, da bei Geschäftsabschlüssen gerade der Zusatznutzen „Serviceleistungsvereinbarung" an Bedeutung gewinnt. Service Center bieten eine wichtige Kundenanalysefunktion (Kundenwünsche, Möglichkeiten für Zukunftsgeschäfte etc.) und schaffen eine kostenlose Möglichkeit, kontinuierlich die Kundenzufriedenheit zu messen.

▶ **Category Management:**
Die Marktteilnehmer auf der Kundenseite legen immer mehr Wert auf eine individuelle Betreuung und verlangen deshalb nach einem segmentierten Leistungsangebot. Category Management unterstützt Ihren Vertrieb bei der Umsetzung selektiver Marketingpläne für unterschiedliche Marktsegmente und Geschäftseinheiten, um zielorientierte Unterstützungsprogramme für die Kunden zu entwickeln.

▶ **Partnerschaften:**
Schnelligkeit, Flexibilität und zunehmende Konzentration auf die Kernkompetenzen erlauben es nur noch bedingt, Geschäftsideen alleine zu entwickeln. Es ist daher auch aus strategischen Überlegungen ratsam, die Schlüsselkunden mit in die Analyse- und Umsetzungsprozesse einzubeziehen. Prüfen Sie anhand der nachfolgenden Fragen, ob sich nicht eine engere Zusammenarbeit mit Schlüsselkunden lohnt:

▶ *Hat das eigene Unternehmen die finanzielle Kraft, in kürzester Zeit Ideen allein in Produkte umwandeln zu können?*

▶ *Besitzt Ihr Unternehmen die finanziellen Möglichkeiten, die Markteinführung neuer Vertriebsideen ohne Einbindung von Key Accounts nachhaltig zu organisieren?*

▶ *Verfügt das eigene Unternehmen über die notwendigen Marktkenntnisse, um eine Produkteinführung schnell und erfolgreich zu gestalten?*

▶ *Ist die erforderliche Kompetenz vorhanden, um als Partner auch ohne Einbindung der wichtigsten Markt- und Schlüsselkunden anerkannt zu werden?*

▶ *Kann das Ziel umgesetzt werden, den Wertschöpfungsprozess ohne Key-Account-Beteiligung optimal zu gestalten?*

▶ *Reicht das eigene Wissen aus, die Logistik, Dienstleistung, Service etc. punktgenau zu gestalten?*

▶ *Ist eine Marke notwendig, um anerkannt zu werden, und wird das eigene Unternehmen als Marke anerkannt? Oder hat es die finanzielle Kraft, eine Marke in kurzer Zeit aufzubauen?*

Wird nur eine der Fragen mit Nein beantwortet, ist die Überlegung nach einer Partnerschaft angebracht.

Partnerschaften mit Key Accounts werden zu einem unternehmenssichernden Faktor. Realität ist in vielen Branchen und Unternehmen aber die Top-down-Methode, Anbieter meinen immer noch zu wissen, was für ihre Kunden das Beste ist. Beispielsweise entwickelt nur jedes siebte Unternehmen des Maschinenbaus neue Produktideen gemeinsam mit Kunden und nur jedes fünfte setzt diese Ideen auch um. Eine Untersuchung von Diebold zeigt: Mit Kundenhilfe entwickelte und umgesetzte Produktideen konnten in 75 Prozent aller Fälle optimiert werden. Dabei wurde die Entwicklungszeit um 60 Prozent bei Innovationen reduziert, die Gewinnschwelle bei 45 Prozent der Innovationen schneller erreicht und in 40 Prozent der Fälle ein höherer Deckungsbeitrag erzielt.

Die *Wirtschaftswoche* fand in einer Untersuchung heraus:

● Für viele Techniker ist Qualität das, was sie selbst als solche definieren.

● Nur jeder zweite Manager von 270 Investitionsgüterherstellern befragte die Anwender nach deren bisherigen Produkterfahrungen.

- Nur 45 Prozent der Unternehmen messen einer gemeinsamen Produktentwicklung mit Key Accounts einen hohen Stellenwert zu.
- Nur jeder siebte Vertriebsmanager kann sich vorstellen, Mitarbeiter vorübergehend bei Kunden zu beschäftigen.

Sie werden im Vertrieb nicht auf die Bearbeitung des Gesamtkundenpotenzials in Ihrem Markt verzichten können, zumal sich unter den B- und C-Kunden von heute eventuell die Gewinner und potenziellen Schlüsselkunden von morgen befinden werden. Gefragt ist also ein Gesamtvertriebskonzept. Bauen Sie deshalb auf einen multiplen Vertrieb. Nachstehend ein erster grober Organisationsvorschlag, wie Sie Ihre Kundensegmente effizient betreuen können:

1. Die Schlüsselkunden werden vom Key-Account-Management betreut.

2. Groß- und B-Kunden werden von der klassischen Vertriebsorganisation bearbeitet.

3. C-Kunden werden durch Call Center und E-Commerce gepflegt.

4. D-Kunden werden an andere Vertriebskanäle oder Vertriebspartner abgegeben.

Mit der durchgeführten Differenzierung schaffen Sie sich Freiraum – finanziell und persönlich – für die Betreuung und Zusammenarbeit im Key Account Management. Entwickeln Sie ein eigenes Vertriebskonzept nach Kundenwertigkeit und für den jeweiligen Markt. Jedes Kundenunternehmen ist einzigartig, kein Markt vergleichbar. Setzen Sie aber Prioritäten und betreuen Sie zuerst die wertigen Kunden mit den besten Zukunftsaussichten und der höchsten Erfolgswahrscheinlichkeit. Achten Sie darauf, dass Kosten und Kundenzufriedenheit ein ausgewogenes Verhältnis aufweisen und klassifizieren Sie deshalb Ihre Kunden nach Wichtigkeit und Wertigkeit. Vermeiden Sie Kosten, die nicht der Erhöhung der Kundenzufriedenheit und Kundenloyalität dienen, geben Sie den Key Accounts deshalb nur das, was sie unbedingt wünschen und aus ihrer Sicht einen Wert darstellt.

Analysieren Sie die Bedürfnisse der Schlüsselkunden und filtern Sie Kundensegmente mit ähnlichen oder gleichen Bedürfnissen heraus, um individuelle Leistungen aus Kostengründen bis zu einem gewissen Grad standardisieren zu können. Schaffen Sie eine Balance zwischen Ihren A-Kunden und Investitionskunden, reservieren Sie aber immer zuerst die Zeit für Ihre Key Accounts.

Trends im Key Account Management

Das Key Account Management entwickelt sich mit einem enormen Schub nach vorne. Unterschiede gibt es sicherlich abhängig von Branchen und Unternehmensausrichtung. Einige Trends sind in den nächsten Jahren allerdings vorhersehbar:

▶ Key Account Management bleibt kein statischer Vertriebsprozess, sondern wird massiven Veränderungen unterworfen sein. Nur veränderungsbereite und -fähige Teams werden dieser Herausforderung begegnen können.

▶ Bewertungen von attraktiven Marktsegmenten mit interessanten Key Accounts können nicht mehr nur allein auf Basis von Finanzkennzahlen vorgenommen werden. Notwendig ist eine Verschmelzung von qualitativen und quantitativen Kennzahlen.

▶ Um die Key Account Manager und Teammitglieder von morgen zur Verfügung zu haben, bedarf es eines gezielten Personalentwicklungsplans. Die Anforderungen an die Mitarbeiter in diesem Vertriebsbereich werden weiter steigen.

▶ Nicht mehr Einzelpersonen sind die Erfolgsträger von morgen im Key Account Management, sondern Teams, die sich ganzheitlich für die Begeisterung der wichtigsten Kunden einsetzen.

▶ Auf persönliche Beziehungen kann im Key Account Management nicht verzichtet werden. Im Gegenteil: Beziehungsmanagement wird zum Dreh- und Angelpunkt in wichtigen Kundenbeziehungen.

▶ Workflow-Prozesse sind notwendig, um die knappe Ressource „Mensch" optimal einzusetzen. Ohne den konsequenten Einsatz moderner Technologien wird die Verfügbarkeit – jederzeit an jedem Ort – der Teammitglieder nicht zu leisten sein.

▶ Das Key Account Management von morgen wird zunehmend international.

▶ Key Accounts werden die Zahl ihrer Zulieferer reduzieren, A-Lieferanten werden deren Aufgaben mit übernehmen müssen. Ohne Vernetzung der gemeinsamen Interessen unter Schirmherrschaft des Key Account Managements besteht die Gefahr, dass operative und strategische Fehler begangen werden.

> Key Accounts werden Leistungen, die nicht zu ihren Kernkompetenzen gehören, outsourcen und auf ihre A-Lieferanten übertragen. Die Aufgabe des Key Account Managements wird es sein, synergetisch einzugreifen.

Key Account Management wird *die* Managementaufgabe im Vertrieb. Es unterstützt die wertigen Kunden, sich selbst Vorteile am Markt zu verschaffen.

2. Die Ausrichtung des Vertriebs auf die Schlüsselkunden-Bearbeitung

Ich habe einige Jahre auf der „anderen Seite des Schreibtischs" gesessen und war Entscheider bei wichtigen Einkaufsentscheidungen. Als Vertriebsleiter einer Systemzentrale legte ich Wert darauf, bei allen wichtigen Jahres- und Konzeptgesprächen mit Top-Lieferanten anwesend zu sein. Resümierend stelle ich fest, dass die meisten Gesprächspartner von der Anbieterseite, in der Regel Geschäftsführer Vertrieb oder Gesamtvertriebsleiter, kaum etwas über unsere Pläne und strategischen Ziele wussten, ganz zu schweigen von den „emotionalen Befindlichkeiten" der einzelnen Mitglieder des jeweiligen Einkaufsteams. Sie waren sehr häufig miserabel vorbereitet und konnten dem Einkaufsteam nicht das Gefühl vermitteln, warum man für sie ein wichtiger Kunde war. In den Gesprächen wurde vom Gegenüber hervorgehoben, wie hervorragend das Lieferantenunternehmen und seine Produkte seien, welche Nachteile der Wettbewerb besäße etc. Unsere Fragen, welche Vorteile diese Argumente für uns als Kunden bringen würden, wurden selten befriedigend beantwortet. Es ist nachzuvollziehen, dass in derartigen, top-down orientierten Ausrichtungen, in der die Anbieter immer noch meinen zu wissen, was für den Kunden gut ist, die Kundenausrichtung zu kurz kommt.

In den letzten Jahrzehnten durchliefen die Kunden- und Lieferantenbeziehungen verschiedene Reifestufen:

▶ **Die Zeit der Kundenbearbeitung:**
Dieses Vorgehen dominierte den Verkäufermarkt der 50er Jahre. In der heutigen Zeit, in der Produkte und Dienstleistungen zu commodities werden, wird dieses Verhalten schnell zum K.O.-Faktor.

▶ **Die Zeit der Kundenbetreuung:**
Der Markt wandelte sich, das Angebot hinkte immer noch der Nachfrage hinterher. Die Wettbewerbssituation „verschärfte" sich und der Verkauf

versuchte, durch Intensivierung der persönlichen Beziehungen die Kunden für sich zu gewinnen. Dies waren die ersten Schritte in Richtung Beziehungsmanagement, was aber in der komplexen Wettbewerbsumwelt nicht ausreicht.

▶ **Die Zeit der Kundenberatung:**
Das Marktgeschehen wandelte sich langsam in einen Käufermarkt, das Angebot war größer als die Nachfrage. Die Kunden wurden reifer und forderten offen Ihre Wünsche ein. Die Verkäufer erlernten manipulative Verhandlungstechniken und erklärten den Kunden, was gut für sie sei. Kundeninteressen wurden dabei nur bedingt berücksichtigt. Dieses produkt- und eigensichtorientierte Verhalten wird von den Kunden abgewählt.

▶ **Die Zeit der Kundenbindung:**
Der Markt hatte sich inzwischen zum Käufermarkt gewandelt. Anbieter mussten akzeptieren, dass die Wertschöpfung von den Kunden ausgeht. Die ersten Bottom-up-Modelle der 80er Jahre zeigen stärkere Kundenorientierung und den Willen, in eine individuelle Partnerschaft mit wertigen Kunden einzutreten.

▶ **Die Zeit der Kundenbeziehung:**
In den 90er Jahren veränderten die Themen „Konzentrationsprozesse, Internationalisierung des Geschäfts etc." die Vertriebsausrichtungen. Die Macht lag in den meisten Fällen bei den Einkäufern und mit manipulativen Kundenbindungsmaßnahmen allein ließen sich wichtige Kunden nicht mehr halten. Anbieter, die sich jetzt des Themas „Kundenbeziehung" ernsthaft annahmen, erarbeiteten sich Pluspunkte auf der Kundenorientierungsskala und begannen, Produkte, Dienstleistungen und individuelle Kundenangebote nach Kundensegmenten auszurichten.

▶ **Die Zeit der strategischen Allianzen und Partnerschaften:**
Ohne die Bereitschaft zu einer strategischen Allianz oder Partnerschaft wird gerade im Key Account Management der Zukunft keine erfolgreiche Vertriebsarbeit mehr zu leisten sein. Die Fähigkeit, sowohl die eigene Strategie als auch die Interessen der Schlüsselkunden zu einem Gesamtkonzept zu vereinen, ist die Voraussetzung, mit den Trendsettern auf der Kundenseite erfolgreich zusammenzuarbeiten. Die Bereitschaft auf der Key-Account-Seite, strategische Kooperationen mit Lieferanten einzugehen, wird ansteigen. Dafür erwarten die Key Accounts aber, dass sich die Lieferanten in ihre Infrastruktur einklinken und gemeinsam Lösungen zur Verbesserung der Wertschöpfungskette erarbeiten.

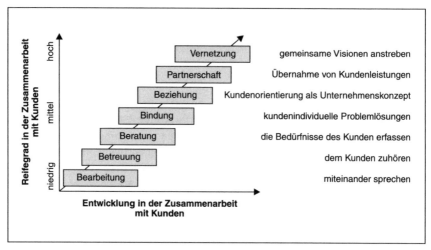

Abb. 2.1: Die Beziehungen zu den Top-Kunden verändern sich umfassend von eindimensionaler Produktorientierung zu engem Partnering.

Prüfen Sie einmal für Ihr eigenes Unternehmen im Hinblick darauf, wo Sie Ihr Unternehmen auf der Bewertungsskala zwischen Kundenbearbeitung und Bildung von strategischen Allianzen und Partnerschaften sehen. Nach meiner Erfahrung schwanken die Befragten zwischen Kundenbindung und Kundenbeziehung. Geht man aber in die Tiefe, wird in vielen Fällen klar, dass die Vertriebsausrichtung eher zwischen produktorientierter Beratung und Kundenbindung anzusiedeln ist. Es reicht nicht aus, wenn eventuell einzelne Unternehmensbereiche einen hohen Reifegrad in der Kundenorientierung erworben haben. Die Ausrichtung des gesamten Unternehmens auf die Kunden, vornehmlich auf die Key Accounts, und die Bildung einer dementsprechend ausgerichteten Vertriebsstrategie ist einer der Erfolgsfaktoren für eine gesicherte Unternehmenszukunft.

Partnering ist die Bereitschaft, sein Unternehmen von den selbst definierten Zielgruppen mitsteuern zu lassen. Dies ist die Voraussetzung, damit Schlüsselkunden und Anbieter mit einer gemeinsamen Zielsetzung zu Partnern werden. Beide Parteien informieren sich über ihre Ziele und finden einen gemeinsamen Nenner, die beiderseitigen Visionen miteinander zu verknüpfen und auf den Markt auszurichten. In der Zukunft werden Kaufentscheidungen zunehmend durch Einkaufsgremien (Buying-Center) getroffen. Key Accounts erwarten deshalb eine Betreuung durch Verkaufsteams (Selling-Center), um schnell alle Sachfragen umfassend klären zu können.

Die effiziente Key-Account-Management-Organisation

Im Vertrieb läuft alles auf den Ausbau des Key Account Managements hinaus

Die Kundenstrukturen werden sich in den nächsten Jahren dramatisch ändern und damit auch die Anforderungen an die Vertriebsarbeit. Akzeptieren Sie, dass viele Initiativen zur Neuausrichtung der Vertriebsstrategien von den Key Accounts angestoßen werden. Es ist vorauszusehen, dass dem Vertrieb die folgenden Umwälzungen bevorstehen:

▶ **Änderung der Management-Prozessausrichtung:**
Heute sind die Ziele Produktionssteigerung und Verkauf der Produkte in unterschiedlichen Vertriebskanälen zu möglichst hohem Umsatz und Ertrag. Das Produkt ist die inhaltliche Klammer für das Vertriebsmanagement. Morgen werden die Maximierung des Kundenwerts als Ergebnis von Kundenzahl sowie der Deckungsbeitrag pro Kunde die Ziele sein. Der segmentierte Kunde mit individuellen Produktangeboten ist die inhaltliche Klammer für das Vertriebsmanagement.

▶ **Änderung der Marketingausrichtung:**
Heute ist die Ermittlung von potenziellen Kundengruppen, bezogen auf das vorhandene Produktionssortiment, die zentrale Marketingaufgabe. Morgen muss das Marketing herausfinden, welches Produktangebot von den Key Accounts gefordert wird und wie durch zielgerichtete Leistungen des eigenen Unternehmens zur Wertschöpfung des Kunden beigetragen werden kann.

▶ **Änderung der Vertriebsausrichtung:**
Heute sind die zentralen Vertriebsaufgaben der Produktbesitz, die Auswahl und das Angebot an alle potenziellen Kunden. Morgen werden die zentralen Vertriebsaufgaben die Gewinnung und Begeisterung der unterschiedlichen Kundengruppen und die Steigerung des Vertriebserfolgs am Einkaufspotenzial des einzelnen Kunden sein.

▶ **Anforderungen an das Key Account Management:**
Heute hat der Schlüsselkunde Einfluss auf die Produktion im Rahmen technischer und wirtschaftlicher Möglichkeiten. Der Kundenwert ergibt sich aus der Verkaufsmenge eines bestehenden Produktsortiments. Morgen wird der Schlüsselkunde Einfluss auf das Produktangebot haben – ungeachtet dessen, ob Ihr Unternehmen es selbst herstellt oder ob Sie Produkte anderweitig zukaufen und in Ihr Programm aufnehmen müssen.

Aus diesen Änderungsprozessen ergibt sich eine verstärkte Trennung von Produktion und Vertrieb. Die Key Accounts werden darauf drängen, in Zukunft auch die Produkte von ihren A-Lieferanten zu erhalten, die das Zulieferunternehmen nicht selbst herstellt. Aus diesem Grund kann gerade im Key Account Management die Produktion und Beschaffung nicht mehr allein aus dem Blickwinkel „nur Gewinn bringende Produkte = hoher Umsatz zu niedrigen Kosten" betrachtet werden. Auch die heutigen Abstimmungen zwischen Produktion und Vertrieb werden so in Zukunft nur noch bedingt funktionieren. Die Auswahl der Produktions- und Vertriebsportfolios werden zunehmend durch eine Wertschöpfungsmaximierung aus der Key-Account-Beziehung ersetzt. Die ausschließliche Fokussierung auf die eigene Wertschöpfungskette wird abgelöst durch die konsequente Beachtung der Problemlösungskette des Key Accounts. Der Gesamtprofit mit dem Schlüsselkunden wird zum Wertmesser und schließt dabei ein, dass in Einzelfällen mit einzelnen Produkten oder Organisationseinheiten ein negatives Ergebnis erzielt wird.

Haben Sie noch Zweifel an der Wichtigkeit eines Key Account Managements?

Ich fasse die Fakten noch einmal zusammen: Es wird zu

- einer Reduktion der Lieferantenzahl,

- einer Fokussierung auf den Kundenwert und die Kundenqualität,

- einer Integration von Produkten und Dienstleistungen Dritter,

- einer verstärkten Trennung von Produktion und Vertrieb,

- einer Hinwendung innerhalb der Wertschöpfungskette zum Schlüsselkunden,

- einer neuen Stellung des Schlüsselkunden als Mittelpunkt und Auslöser der Wertschöpfungsprozesse und

- einer unter Umständen ungerechten, weil subjektiven und ergebnisorientierten Wahrnehmung der Produktqualität durch die Schlüsselkunden

kommen.

Nach Beantwortung folgender Fragen können Sie selbst noch einmal Ihren Unternehmens-Ist-Zustand auf der vorher beschriebenen „Reifeskala" beurteilen:

Die effiziente Key-Account-Management-Organisation

▶ Kann Ihr Unternehmen den Schlüsselkunden sowohl ausreichend Abwechselung, Neuheit, Spannung, Auswahl und Anregung als auch Orientierung, Entspannung, Entlastung, Vereinfachung, Muße und Sicherheit bieten?

▶ Ist Ihr Unternehmen schon heute im Besitz von virtuellen Plätzen und Marktplätzen, um Informationen unkompliziert austauschen zu können?

▶ Ist Ihre Unternehmensorganisation darauf ausgerichtet, die Schlüsselkunden von Anstrengungen und Risiken zu entlasten?

▶ Ist es ständiges Ziel Ihres Unternehmens, die Komplexität bei Produkten, Dienstleistungen, Ablauforganisation etc. aus Sicht der Key Accounts zu reduzieren?

▶ Ist es das Ziel der gesamten Organisation, den Key-Account-Nutzen kontinuierlich zu steigern und somit von einer eindimensionalen Produktlösung zu einer wertigen Kundenlösung zu kommen?

▶ Sind Sie heute mit Ihrer jetzigen Vertriebsform in der Lage, eine Verknüpfung der generellen Kundenbetreuung mit einem individuellen Beziehungsmarketing herzustellen?

▶ Sammeln Sie laufend Informationen über die emotionalen und sachlichen Bedürfnisse und die strategischen Ziele der Schlüsselkunden?

▶ Kennen Sie das jeweilige Ist-Potenzial jedes von Ihnen ausgesuchten Key Accounts?

Überlegen Sie, wie gut Sie Ihr Marktsegment und Ihre Schlüsselkunden kennen. Wert- und Preisangebot sind zwei unterschiedliche Ausgangspositionen. Leonhard L. Berry hat dies zu der Aussage veranlasst: „Großartige Unternehmen konkurrieren über den Wert und nicht lediglich über den Preis. Einer der größten Fehler vieler Manager ist der Irrglaube, dass Wert und Preis für den Key Account das gleiche bedeuten. Der Preis ist zwar eine Komponente – ein Teil des Wertes – ist aber nicht identisch mit dem Wert."

Es gibt heute schon Branchen – zum Beispiel den Handy-Markt –, in denen die Produkte verschenkt und die Dienstleistungen berechnet werden. Der Schlüsselkunde ist nicht die Endlagerstätte von Produkten, sondern die Produkte sind ein Teil der Wertschöpfungskette der Schlüsselkunden. Im Key Account Management wird Erfolg durch Unterstützung bei der Gewinnung und Sicherung von Marktanteilen verkauft.

Der Fokus wird im Key Account Management eindeutig auf den Erfolg der Schlüsselkunden, die Optimierung der Key-Account-Prozesse und ihrer Ablauforganisation gerichtet. Dazu ist es wichtig, sich in die Schlüsselkunden und ihre Probleme hineinzuversetzen. Daher benötigt der Key Account Manager Zeit, Finanzressourcen und Kreativspielraum, um sich ausreichend Gedanken über die Schlüsselkunden und deren wirtschaftlichen Erfolg machen zu können. Die Ergebnisse der Key-Account-Planung müssen rechtzeitig in die eigene Unternehmensplanung einfließen. Es macht keinen Sinn, die Jahresplanung im Oktober abzuschließen und erst im 1. Quartal des Folgejahres die Key-Account-Planungsgespräche zu führen.

Daneben darf natürlich auch die eigene Unternehmensstrategie nicht vergessen werden. Es ist ein Gewinner-Gewinner-Spiel. Key Account Management muss zur Folge haben, dass auch Ihr Unternehmen von dieser geänderten Vertriebsausrichtung profitiert. Denn wenn kein Gewinn in diesem Vertriebsspiel für Sie dabei herausspringt, wird auch ein Key Account Management Ihr Unternehmen nicht mehr retten können. Dann brauchen Sie neue Kunden.

Die Grundlage für die Schlüsselkunden-Betreuung ist ein ernst gemeintes Beziehungsmanagement, das nicht auf einen kurzfristigen Zeitraum ausgelegt ist, sondern erst durch eine langfristige aktive Kundenbegleitung sowohl Kunden- als auch Anbietervorteile schafft. Betrachten Sie deshalb den Aufbau eines Beziehungsmanagements ebenso wie zum Beispiel die Produktentwicklung als Investition. Um Fehlinvestitionen zu vermeiden, ist es daher ratsam, sich vorab viele Gedanken über die Ziele und Strategien der Schlüsselkunden zu machen. Denn wenn die Vorab-Analysen und die Auswahl der Key Accounts richtig waren, dann besteht eine gute Chance, dass auch Ihr Unternehmen erfolgreich sein wird, wenn die Schlüsselkunden erfolgreich sind. Diese komplexen Prozesse – Recherchen, Analysen, Konzepterstellung etc. – werden Sie aus Effizienzgründen und Wertigkeit der Kunden mit dem klassischen Vertrieb kaum erfolgreich bearbeiten.

Das Wissen um die Key-Account-Interessen

Wer die Strategien und Pläne seiner Key Accounts nicht kennt, wird sich nur mit Glück die Key-Account-Loyalität sichern. Der Markterfolg der Zukunft hängt in erheblichem Maße von den Schlüsselkunden und deren Markterfolgen, einem wertigen Produktsortiment aus Key-Account-Sicht und von der zukünftigen Wettbewerbsumwelt ab. Das Wissen um die Key-Account-Interessen und ihre Märkte ist eine wesentliche Voraussetzung, um zu den Gewinnern im Marktkampf zu gehören. Alle Unternehmensbereiche, besonders aber der Vertrieb, können zur Wissensvermehrung beitragen.

Wer das Wissensreservoir nicht ständig erhöht, vergibt eventuell große Vertriebschancen. Das Markt- und Kundenwissen wird in Zukunft wichtiger sein als der Besitz von Produkten und von Produktion und ist die Grundlage für eine zielgerichtete Schlüsselkunden-Bearbeitung. Sorgen Sie dafür, dass das Wissen um die Key-Account-Interessen in Ihre strategischen Überlegungen mit einbezogen wird. Problematisch kann es für das Key Account Management werden, wenn das Kundenmanagement im multiplen Vertrieb – Innen- und Außendienst – nicht mit in das Wissensmanagement einbezogen wird. Durch diese Schnittstellenproblematik werden wichtige Marktinformationen nicht erfasst. Ergebnis: mangelnde Motivation des Kundenmanagements bei der Wissenserhebung, teilweise Verweigerung der aktiven Wissensübermittlung, fehlendes Wissen um die Zusammenhänge und Wichtigkeit des Key Account Managements beim Verkaufsteam, ungenügende Auswertung der erhaltenen Informationen und im schlimmsten Fall eine Zweiklassen-Vertriebsmannschaft.

Um die Schlagkraft im gesamten multiplen Vertrieb zu erhöhen, wird es notwendig sein, die Ablaufprozesse in der Vertriebsarbeit generell neu zu überdenken. Dabei wird die Ausrichtung des Key Account Managements die anderen Vertriebsbereiche dominieren. Überlegen Sie, welche Prozesse zentralisiert, dezentralisiert oder ausgelagert werden können:

● Zentralisierung von Vertriebsaufgaben, zum Beispiel Vertriebsplanung und Preismanagement

● Dezentralisierung von Vertriebsaufgaben, zum Beispiel individuelle Kundendienststeuerung und Beziehungsmanagement

● Outsourcing von Vertriebsaufgaben, zum Beispiel Logistik und C-/D-Kunden-Bearbeitung, um mehr Ressourcen für eine intensivere Schlüsselkunden-Bearbeitung zu erhalten

Basis für den Vertriebserfolg von morgen wird sein, dass ein Multi-Channel-Vertrieb mit Konzentration auf die Key Accounts gepaart mit dem entsprechenden Marktwissen zu einem Gesamtkonzept gebündelt und von der Gesamtorganisation – vom Top-Management bis zum Umsetzer – getragen wird. Machtkämpfe zwischen einzelnen Unternehmensbereichen wirken dabei als Marktbearbeitungsbarrieren.

Mit dem Wissen um die Key-Account-Interessen können Programme zur Senkung der Key-Account-Betreuungskosten und Effizienzsteigerung umgesetzt werden. Mit dem aus der Vertriebsarbeit gewonnenen Wissen kann das eigene Unternehmen zudem herausfinden, welche Anstrengungen selbst geleistet werden müssen, wo zur Erhaltung seiner Leistungsfähigkeit und bei der Konzentration auf die wichtigen Ressourcen kostengünstiger und effektiver gearbeitet werden muss.

Auf den multiplen Vertrieb warten neue Aufgaben: Gerade durch die Zusammenarbeit mit Schlüsselkunden werden viele Unternehmen gezwungen, sich vom Komponentenlieferanten zu einem Systemlieferanten zu entwickeln. Gefragt ist deshalb ein Kundenmanagement, das bereit und fähig ist, sich ständig weiterzuentwickeln. Letztendliches Ziel ist die Umsetzung von erworbenem Wissen in Lernprozesse und Erfahrungsaustausch. Dabei müssen die eigenen Leistungen immer wieder auf den Prüfstand gestellt und Kundenbedürfnisse hinterfragt werden. Orientierung können die besten Wettbewerber am Markt bieten.

Alle kundennahen Bereiche haben die Aufgabe, Wissen zu generieren, weiterzugeben, aber auch selbst zu analysieren, welche ungenutzten Chancen sich noch umsetzen lassen. Das Management gibt die Hilfestellung in Form von Methodik, technologischer Unterstützung und Schnittstellenvermittlung zu den verschiedenen Organisationseinheiten.

Grundlage dieser Kundenorientierung ist die lernende Organisation. Immer wieder das Vorhandene infrage stellen und prüfen, ob es nicht bessere Ansätze gibt, die wichtigsten Kunden positiv zu überraschen und für Ihr Unternehmen zu begeistern. Markenbildung, Marktkommunikation oder Erhöhung der Loyalitätsrate kann in Zukunft nur erfolgreich gestaltet werden, wenn eine Marktsegmentierung, eine segmentierte Marktstrategie und maßgeschneiderte Produktentwicklungen und Serviceelemente geschaffen werden. Für eine zielgenaue Kundenbearbeitung, Logistik, After-Sales-Betreuung oder ein konzentriertes Innovationsmanagement bedarf es

- der Ausrichtung des gesamten Unternehmens auf die Kundensegmente, je nach Wertigkeit unterschiedlich,
- des Einsatzes von Analysewerkzeugen, um nahe bei den Erfolgskunden zu sein,
- eines Multi-Channel-Vertriebs, je nach Kundensegment differenziert, und
- einer ganzheitlichen Vertriebssteuerung unter Vermeidung unnötiger Machtkämpfe.

Wenn Sie diese Grundlage geschaffen haben, ist Ihr Unternehmen gut ausgerüstet für den Einstieg in ein effizientes Key Account Management.

3. Die Entscheidungskriterien für die Einführung eines Key Account Managements

Sie haben sich für die Einführung eines Key Account Managements entschieden? Herzlichen Glückwunsch zu dieser weisen Wahl. Jetzt geht es ans Eingemachte. Nach welchen Kriterien können Sie vorgehen?

Ich wurde von einem Unternehmen eingeladen, um bei der Einführung eines Key Account Managements mitzuwirken. Eine Projektgruppe hatte interessante Ideen entwickelt und bestens vorgearbeitet, in einem Brainstorming wurden die wichtigsten getroffenen „Entscheidungen" vorgestellt. Die Analyse und der daraus abgeleitete Maßnahmenplan waren in sich schlüssig, hatten allerdings einen gravierenden Schwachpunkt: Die Projektgruppe hatte sich fast ausschließlich mit dem Tagesgeschäft beschäftigt. Die Geschäftsführung und die Vertriebsverantwortlichen beschäftigten sich ebenso mit Umsetzungsmaßnahmen und erhofften sich im Schnelldurchgang Patentrezepte dafür zu erhalten. Ich schlug vor, gemeinsam vorab den folgenden Fragenkatalog zu diskutieren:

- *Wie lautet Ihre Unternehmensmission und welche Geschäftsgrundsätze leiten Sie daraus ab?*
- *Welche Strategien verfolgen Sie und kennen Ihre Unternehmensmitarbeiter die daraus abgeleiteten Ziele?*
- *Was sind Ihre operativen Ziele und wissen Ihre Mitarbeiter, welche konkreten Aufgaben ihnen zufallen, um die Ziele zu erreichen?*
- *Was soll das Key Account Management leisten, was der jetzige Vertrieb in seiner bestehenden Organisationsform nicht leisten kann, und was sind aus Ihrer Sicht die kritischen Erfolgsfaktoren, um ein Key Account Management erfolgreich in Ihrem Unternehmen einzuführen und in Erfolgsfaktoren umzumünzen?*
- *Ist Ihre Unternehmenskultur integer, das heißt, ist der Großteil Ihrer Mitarbeiter bereit und in der Lage, sich als Teil einer lernenden Unternehmensorganisation in neue Ideen voll einzubringen?*

Tab. 3.1: Analysieren Sie die kritischen Erfolgsfaktoren (wichtig und dringlich)
für Ihr Zukunftsgeschäft und bestimmen Sie zielführende Ideen.

Ideen für Key-Account-Konzepte	
Erfolgsfaktor	**Ansatzpunkte für Ideen**
Sind Sie in der Lage, Schlüsselkunden zu gewinnen?	Konzentration des Managements auf die strategische Planung zur Gewinnung von Schlüsselkunden
Treffen Sie Ihre Entscheidungen überwiegend zentral?	Konsequente Entscheidungsdelegation, Akzeptanz des Risikos gelegentlicher Fehler
Erfolgen die Vergütungen der Mitarbeiter im Schlüsselkunden-Management erfolgs- und leistungsorientiert?	Arbeiten mit Zielvereinbarungen (harte und weiche Faktoren), Einführung von Kontrollmechanismen und gezielte Weiterqualifizierung der Mitarbeiter
Ist eine systematische Personalbeurteilung und -entwicklung institutionalisiert?	Gezielte Qualifizierungsprogramme einsetzen
Prüfen bzw. erschließen Sie zielorientiert neue Geschäftspotenziale, auch in anderen Branchen?	Eigene Ressourcen beachten, Innovationsmangement einführen und leben
Suchen Sie systematisch nach neuen Ideen und Kundenstrategien?	Gezielte Know-how-Entwicklung, Definition von Zukunfts- und Innovationszielen
Sammeln und entwickeln Sie systematisch Know-how, auch aus anderen Märkten und Branchen?	Aufbau interner und externer informeller Kontakte
Haben Sie ein wertorientiertes Controlling- und Vergütungssystem eingeführt?	Wertorientierte Kennzahlen und Steuerungssysteme für alle Unternehmensbereiche mittels Balanced Scorecard einführen
Informieren Sie laufend Ihre Schlüsselkunden über Ihre Unternehmensentwicklung und -strategie?	Einführung eines Schlüsselkunden-Informationssystems
Sind Ihnen und den Mitarbeitern die Kernkompetenzen des eigenen Unternehmens bewusst?	Regelmäßige Strategieaudits durchführen

Die effiziente Key-Account-Management-Organisation

Ideen für Key-Account-Konzepte	
Erfolgsfaktor	**Ansatzpunkte für Ideen**
Sind Sie bereit, Leistungen, die nicht zu Ihren Kernkompetenzen gehören, an Partner abzugeben?	Entwicklung von Allianzkonzepten und strategischen Partnerschaften
Sieht das Schlüsselkunden-Team intensive Interaktion als Kernkompetenz an?	Entwicklung einer offenen Unternehmenskultur und Förderung von Teambildung
Werden attraktive Marktsegmente systematisch identifiziert und erforscht?	Aufbau eines Wissensmanagements und eines Feedback-Systems für das Unternehmensteam
Sind die kundennahen Unternehmensbereiche konsequent auf die spezifischen Anforderungen der Schlüsselkunden ausgerichtet?	Einführung von Schlüsselkunden-Management nach Kundenstrukturen, Unterstützung durch IT-Programme zur individualisierten Kommunikation
Werden systematisch Daten über Ihre Schlüsselkunden und deren Bedürfnisse gesammelt?	Aufbau einer Datenbank zur Erforschung von Kundenbedürfnissen und -zufriedenheit
Werden diese Erkenntnisse in kontinuierliche Angebotsverbesserungen umgesetzt?	Innovationsmanagement, Überprüfung der Vertriebskonzepte, kundenorientierte Anreizsysteme, Angebot von Zusatznutzen an Schlüsselkunden
Ist Ihr Management der oberste Betreuer zur Optimierung von Kundenzufriedenheit?	Gemeinsame Besuche durch Management und Schlüsselkunden-Management bei wichtigen Schlüsselkunden

Meine Gesprächspartner waren auf diese Fragen nicht vorbereitet. Man wollte über die sofortige Einführung eines Key Account Managements sprechen und nicht über strategische Fragen. Doch gerade das ist in den meisten Fällen einer der entscheidenden Schwachpunkte bei der Einführung eines Key Account Managements: Sind die strategischen Fragen nicht geklärt, besteht die Gefahr, dass das Unternehmen und seine Mitarbeiter Schwierigkeiten mit der Einführung und Umsetzung von Key Account Management haben werden.

Nach meiner Erfahrung sind es sehr häufig Absatz- und Ertragskrisen, die dazu führen, sich mit der Einführung von Key Account Management zu beschäftigen. Dabei kann man drei Phasen beobachten, die diesen Prozess charakterisieren:

Phase 1: Das Leugnen der Krise

Verdrängungsmechanismen wirken, frühere Erfolge werden als Bestätigung für die Beibehaltung des Kurses angeführt, Veränderungen in der Marktentwicklung werden geleugnet und etwaige Änderungsmöglichkeiten bekämpft.

Phase 2: Die Reparaturphase

Der Wettbewerb und die Marktveränderungen zwingen zu ständigen Verbesserungen und Kosteneinsparprogrammen. Ständig wechselnde Managementmethoden, kurzatmige Umstrukturierungen aus Eigensicht und als Folge der wechselnden Managementausrichtungen sollen Abhilfe schaffen.

Phase 3: Der Paradigmenwechsel

Das Unternehmen wird neu ausgerichtet. Nicht die Einführung neuer Managementmethoden ist jetzt das Thema, sondern die Änderung der Denkhaltung.

Die Einführung eines Multi-Channel-Vertriebs mit der Priorität auf Begeisterung der Key Accounts ist einvernehmlich oftmals nur in der Phase 3 möglich. Sie brauchen möglichst alle Unternehmensmitarbeiter als Mitspieler. Neuerungen sind immer mit Unsicherheit für viele Menschen verbunden. Deshalb sollte in dieser Phase der Neuausrichtung und -organisation des Vertriebs jedes Teammitglied über folgende drei Punkte Bescheid wissen:

- Was ist das Ziel?
- Was ist meine Aufgabe?
- Was ist mein persönlicher Mehrwert und Nutzen?

Das Management ist für die Vision und die daraus abgeleitete Strategie verantwortlich. Es ist zwar wichtig, dass die Mitarbeiter die Vision und die Strategie kennen, die hinter der Neuausrichtung stehen. Das Team braucht aber in erster Linie konkrete Vorgaben und emotionale Unterstützung, um integer – als Teil des Ganzen – durch besondere Leistungen zum Gelingen beitragen zu können. Überfordern Sie deshalb nicht Ihre Unternehmensteams. Die Teams haben das Recht, dass das Management ihnen zuhört. Nach Abwägung aller Fakten und Meinungen wird das Management aber verantwortlich entscheiden müssen, und die Teams haben dann die Pflicht, die Entscheidung umzusetzen: love it, change it or leave it.

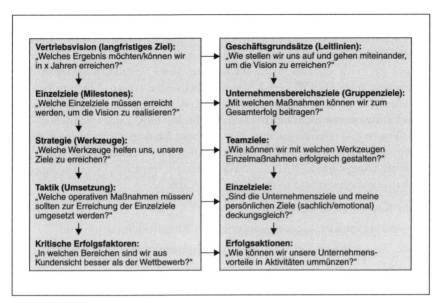

Abb. 3.1: Die ganzheitliche Ausrichtung der Unternehmensaktivitäten sichern eine Vernetzung von Unternehmens- und Kundeninteressen.

Das Team beobachtet sehr feinfühlig, wie sich die einzelnen Manager gegenüber den Neuerungen verhalten. Wenn hier keine ausreichende Einvernehmlichkeit innerhalb des Managements erzielt wird, schleicht sich schnell eine gewisse Beliebigkeit auch bei den Mitarbeitern ein. Berücksichtigen Sie deshalb die folgenden Aspekte, die für eine reibungslose Einführung eines Key Account Managements wichtig sind:

● Die Geschäftsführung steht voll hinter dem Vorhaben.

● Die Strategie wird von einem verantwortlichen Projektteam entwickelt und den Unternehmensmitarbeitern nach Verabschiedung verständlich zur Diskussion gestellt.

● Die Teams werden in den Gärungsprozess bei der Umsetzung verantwortlich mit einbezogen.

● Teammitglieder, die nicht mitziehen wollen, werden konsequent ausgetauscht.

● Es wird ein Personalentwicklungsplan aufgestellt und konsequent in die Weiterbildung des Key-Account-Teams investiert.

● Eventuelle Rückschläge werden akzeptiert und positiv als Lernprozess verstanden.

Wahrscheinlich werden auch Sie an der Erfahrung nicht vorbeikommen, dass sich einige Teammitglieder gegen die Einführung eines Key Account Managements „sperren" und zeit- und energieraubende Spielchen spielen. Führen Sie Gespräche, verdeutlichen Sie die Wichtigkeit dieses Vertriebswegs für Ihr Unternehmen, bieten Sie Weiterbildungsmöglichkeiten an etc. Aber machen Sie auch irgendwann konsequent einen Schnitt, wenn Sie merken, dass Ihre individuelle Ansprache nicht auf fruchtbaren Boden fällt. Leider werden Sie auf dem Weg zu einem konsequenten Key Account Management eventuell einige Teammitglieder verlieren, dies ist nicht immer zu vermeiden. Für die erfolgreiche Einführung eines Key Account Managements brauchen Sie ein kompetentes, leistungsbereites und lernwilliges Team, das

- die Key-Account-Beziehung,
- eine auf den Key Account ausgerichtete Ablauforganisation und
- die Weiterentwicklung von Methodenkompetenzen und Know-how

ernst nimmt.

Wann ist ein Kunde ein Key Account?

Grundsätzlich: Sie bestimmen selbst, welchen Ihrer Kunden Sie zu einem Schlüsselkunden ernennen möchten. Erwarten Sie nicht, dass Ihre Kunden in Jubel ausbrechen, wenn Sie deren Betreuung durch ein Key Account Management optimieren wollen. Kunden möchten einfach, dass ihre Wünsche und Anforderungen erfüllt werden. Es gibt aber einige Entscheidungskriterien, die generell als Grundlage für die Bestimmung von Key Accounts herangezogen werden können. Vergegenwärtigen Sie sich einmal die Ausgangsposition für Ihren Entschluss, Key Account Management einzuführen:

▶ Das Pareto-Prinzip – mit 20 Prozent der Kunden generieren Sie 80 Prozent des Umsatzes/Ertrags – gewinnt an Bedeutung.

▶ Wichtige Kunden richten ihre Organisationsformen immer stärker nach den schneller wechselnden Marktgegebenheiten aus, was zu einer dauerhaften Überprüfung der eigenen Kundenbearbeitungskriterien führt.

▶ Das Qualitätsniveau bei den Entscheidungsträgern der Kunden steigt.

▶ Die wichtigen Kunden legen Wert auf die Erfüllung ihrer individuellen Ansprüche und Erwartungen.

▶ Die Loyalitätsrate der Kunden sinkt, und Anbieter, die sich den Veränderungswünschen der Kunden nicht ausreichend widmen, werden gnadenlos ausgewechselt.

▶ Der Wettbewerb – national und international – nimmt ständig an Schärfe zu, und es wird schwieriger für Anbieter, andere ertragreiche Vertriebsmärkte zu finden.

▶ Die Transparenz der neuen Medien erlaubt es den Kunden, die dort erworbenen Informationen für ihre Einkaufsverhandlungen und Lieferantenauswahl professioneller zu nutzen.

Eine Frage steht immer wieder im Raum: Ist Key Account Management nicht nur ein Vertriebswerkzeug für Großunternehmen und Konzerne? Weit gefehlt: Da die Unternehmensressourcen an Zeit, Mitarbeitern, Finanzmitteln etc. in jedem – gerade in kleineren und mittleren – Unternehmen begrenzt sind, lohnt es sich für jedes Unternehmen, sich mit dem Schlüsselkunden-Management zu beschäftigen. Alle Investitionen, die zum Ausbau des Kundenerfolgs initiiert werden, müssen systematisch gesteuert werden, um ein Optimum für den Kunden und das eigene Unternehmen zu erzielen. Ein kleines oder mittleres Unternehmen kann sich den Verlust eines wichtigen Kunden viel weniger erlauben als ein internationaler Großkonzern mit entsprechender Marktmacht.

Key Account Management darf aber nicht zur Folge haben, dass der restliche Kundenstamm bzw. das übrige Kundenpotenzial vernachlässigt wird. Besonders die B-Kunden, das sind in der Regel zirka 20 Prozent der Gesamtkunden, sorgen zum Beispiel für ein weiteres Umsatz- und Rohertragsvolumen von 25 Prozent. Vergessen Sie auch nicht die kleineren oder potenziellen Kunden, die ein Entwicklungspotenzial haben, auch sie sollten weiter in geeigneter und kosteneffizienter Weise bearbeitet werden. Denken Sie daran, dass aus B- und C-Kunden auch einmal Key Accounts werden können, und diese werden nicht vergessen, wie sie in der alten Rolle betreut wurden.

Key Account Management in unterschiedlichen Branchen

Es gibt kein Patentrezept für die Auswahl. Zum Beispiel bestimmen die Branche, der jeweilige Stand der Kundenkonzentration, die Komplexität des Geschäfts oder die Kundenorganisationsform die Auswahl von Schlüsselkunden maßgeblich.

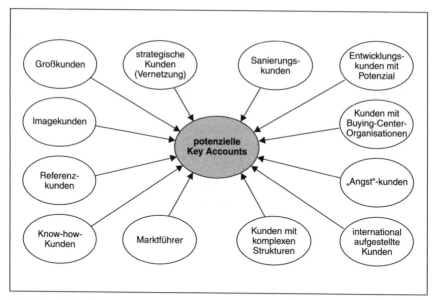

Abb. 3.2: Faktoren wie Vertriebsstrategie und Kundenausrichtung
beeinflussen die grundsätzliche Auswahl von Key Accounts.

Einige Veranschaulichungen:

▶ In der Konsumgüterbranche ist der Konzentrationsprozess seit den 70er
Jahren in vollem Gange und nur noch wenige Entscheidungsträger, gemessen am hohen Einkaufsvolumen der Schlüsselkunden, bestimmen über die
Zusammenarbeit mit Lieferanten. Der Erfolg der Zusammenarbeit ist dort
Woche für Woche in Form von messbarem Umsatz, Drehzahlen oder Fre-
quenznutzen ablesbar. Deshalb ist das Key Account Management in der
Konsumgüterindustrie neben der strategischen Ausrichtung auch sehr
stark **verkaufsorientiert.** Mit dem Eintritt von ausländischen Anbietern,
wie zum Beispiel der Wal-Mart-Kette, erhält das Key Account Management wieder eine strategische Aufgabe: die Einbindung der internationalen Entscheidungsträger in die eigenen Konzepte.

▶ In der Investitionsgüterbranche sind die Entscheidungen bzw. Erfolge in
der Zusammenarbeit langfristiger angelegt. Individuelle Produktgestal-
tungen, zum Beispiel Anlagen im Maschinenbau, und gemeinsame Entwicklungen, zum Beispiel in der Automobilindustrie, erfordern eine langfristige Gestaltung der Geschäftsbeziehung. Beide Partner gehen häufig
eine enge Beziehung und damit ein entsprechendes Risiko bei negativen

Die effiziente Key-Account-Management-Organisation

Geschäftsentwicklungen ein. Das Key Account Management ist deshalb in der Investitionsgüterindustrie meist **strategisch ausgerichtet** unter Einbeziehung der jeweiligen partikularen Partnerinteressen.

▶ Die Dienstleistungsbranche agiert ähnlich wie die Investitionsgüterbranche. Teilweise sind erhebliche Vorleistungen für die positive Umsetzung einer Geschäftsidee zu leisten. Beide Parteien können in vielen Fällen nicht von heute auf morgen die Geschäftsbeziehung verlassen, Produkte werden teils individuell entwickelt, zum Beispiel in der Software-Entwicklung, Telekommunikation etc. Da das Risiko für beide Parteien bei negativer Entwicklung zum Teil große Auswirkungen auf die beiderseitigen Geschäftsabläufe haben kann, werden beide genau prüfen, wer der richtige Partner ist. Das Key Account Management hat deshalb hier eine starke strategische und **analytische Ausrichtung.**

Die Kriterien für die Auswahl eines Schlüsselkunden

Woran erkennen Sie aber, welcher Ihrer Kunden ein Schlüsselkunde ist oder werden könnte? Ich biete Ihnen zwei Überlegungen an:

● Key Accounts sind Kunden, die zu verlieren sich ein Unternehmen nicht leisten kann.

● Wie würden Sie Ihren Vertrieb strukturieren, wenn Ihr Unternehmen nur *einen* Kunden hätte?

Wie sähen dann Ihre Ziele aus, was wäre Ihre Strategie, welche Organisation hätten Sie und wie würden Sie handeln, um erfolgreich zu sein und zu bleiben?

Betriebswirtschaftlich können Sie die Entscheidung generell an zwei Kriterien ausrichten:

Quantitative Bewertung nach:
● Umsatz
● Ertrag
● Marktanteil etc.

Qualitative Bewertung, zum Beispiel nach:
● Image des Schlüsselkunden am Markt und daraus erwachsende eigene Vorteile

● Referenzwirkung des Schlüsselkunden und Wirkung als Multiplikator am Markt

● Technologiepotenzial und Know-how des Schlüsselkunden, das vom eigenen Unternehmen genutzt werden kann

Daneben stehen Ihnen aber noch zusätzliche Möglichkeiten zur Bestimmung von Schlüsselkunden zur Verfügung:

▶ **Großkunde:**
Verfügt über erhebliche Umsatzbedeutung, darf deshalb nicht vernachlässigt werden.

▶ **Imagekunde:**
Verfügt über eine erhebliche Imagebedeutung, die für das eigene Geschäft positiv genutzt werden kann.

▶ **Referenzkunde:**
Gilt als wichtige Adresse im Markt und ist bereit, als Referenz zu dienen.

▶ **Know-how-Kunde:**
Verfügt über ein hohes Know-how-Potenzial, das wichtig für die eigene Entwicklung sein kann.

▶ **Leader-Kunde:**
Gehört zu den Meinungsbildnern am Markt.

▶ **Komplexitäts-Kunde:**
Das Kundenunternehmen hat eine schwierige Struktur. Es macht Sinn, die Steuerung dieses Kunden im Key Account Management zu konzentrieren.

▶ **Regional übergreifender Kunde:**
Hat eine Niederlassungsstruktur mit unterschiedlichen Verantwortlichen; die Steuerung sollte zentral durch das Key Account Management erfolgen, um ein einheitliches Konzept zu entwickeln.

▶ **Angst-Kunde:**
Eine „normale" Betreuung ist sehr schwierig. Es bietet sich deshalb an, einen „abgehärteten" Key Account Manager an die Betreuungsaufgabe zu lassen.

▶ **Überlegenheitskunde:**
Ist Ihnen insgesamt oder in Teilbereichen überlegen und würde die Feldorganisation mit der Betreuung überfordern; besondere Betreuung ist nötig, um den Kunden zu halten und das Know-how für Ihr Unternehmen zu nutzen.

▶ **Entwicklungskunde:**
Er gewinnt Marktanteile in seinem Marktsegment, der eigene Lieferanteil am Einkaufspotenzial in Ihrem Bereich ist sehr gering oder der Kunde bricht in die Phalanx der Marktführer ein.

▶ **Sanierungskunde:**
Die Kundenbeziehung schwächelt und der eigene Lieferanteil am Einkaufspotenzial des Kunden ist sehr hoch, deshalb können Sie es sich nicht erlauben, diesen Kunden zu verlieren. Besondere Anstrengungen sind notwendig, eine Rückgewinnung auf gesunder Basis zu erreichen.

▶ **Strategiekunde:**
Mit diesem Kunden wird – auch zeitlich begrenzt – ein strategisches Ziel verfolgt, deshalb bedarf es einer besonderen Form der Betreuung.

Überprüfen Sie mindestens jährlich, ob sich an den Gründen, einen Kunden zum Key Account ernannt zu haben, etwas geändert hat. Die Auswahl eines Kunden zum Key Account ist nicht statisch, sondern sehr lebendig.

Eine weitere häufig gestellte Frage ist: Soll dem Schlüsselkunden mitgeteilt werden, welche Wichtigkeit er für Ihr Unternehmen darstellt? Es kommt auf den Reifegrad der Beziehung und die Einkaufsmentalität des Kunden an. Kunden verstehen die Botschaft sehr unterschiedlich. Es bringt Ihnen nichts, wenn Sie den Kunden durch zu forsches Vorgehen verschrecken oder der Kunde den Versuch startet, Sie durch unfaire Verhandlungsmethoden ins Hintertreffen zu bringen. Wenn Sie dem Kunden mitteilen, wie wichtig er für Ihr Unternehmen ist, sollten Sie auf folgende mögliche Fragen des Key Accounts vorbereitet sein:

● Was bedeutet das für mich?

● Welchen Nutzen und welche Vorteile habe ich dadurch?

● Kann ich mich dadurch besser von meinem Wettbewerb abgrenzen?

● Was für Interessen verfolgen Sie mit dieser Entscheidung?

● Was muss ich dafür tun?

Wenn Ihnen hierauf ad hoc keine befriedigenden kundenorientierten Antworten einfallen, erarbeiten Sie zunächst Vorteil und Nutzen aus Sicht des Kunden. Für den potenziellen Schlüsselkunden ist es im Endeffekt meist unbedeutend, ob er diese spezielle Position einnimmt oder nicht, wenn nicht handfeste Vorteile für ihn dabei herausspringen. Der Kunde möchte in erster Linie, dass die Zusammenarbeit klappt und er einen wichtigen Stellenwert bei seinen Lieferanten einnimmt.

Das Ziel ist die Steigerung der Kundenzufriedenheit und damit die Sicherung und der Ausbau des eigenen Umsatzes und Deckungsbeitrags im Schlüsselkundengeschäft. Dabei liegt der Fokus auf dem Aufbau eines Beziehungsnetzwerks beim Key Account und auf dem Angebot, zu einer Steigerung des wirtschaftlichen Erfolgs des Key Accounts beizutragen. Die Methode: eine lösungsorientierte „Maßschneiderung" von Leistungen mit hoher Qualität aus Kundensicht durch qualifizierte und spezialisierte Mitarbeiter und eine Vernetzung der Wertschöpfungsketten.

Die Einführung eines Key Account Managements in das Unternehmen

Die grundsätzlichen strategischen Überlegungen sind in einem Strategiepapier zusammengefasst worden und die positive Entscheidung für die Einführung eines Key Account Managements ist gefallen. Doch jetzt kommt der wichtigste Schritt: die Mitarbeiter für die neue Vertriebsausrichtung zu begeistern, ihnen die eventuell vorhandene Angst vor der Neuerung zu nehmen und sie für ein Mitspielen zu gewinnen.

Ich hatte den Beratungsauftrag, in einem Unternehmen der chemischen Industrie die Installation eines Key Account Managements zu begleiten. Die Grundsatzentscheidung, die wichtigen Schlüsselkunden herausragend zu betreuen, war gefallen. Es waren vorab Überlegungen angestellt worden, ob man die Key Accounts beim klassischen Vertrieb belassen oder einen eigenen Vertriebsbereich gründen sollte. Meine Antwort lautete: „Es kommt auf die Art Ihres Geschäfts an, Ihre strategische Ausrichtung und die Qualität der jetzigen Vertriebsmannschaft." Wir mussten herausarbeiten, ob ein Großkunden- oder Key Account Management geeigneter war. Es wurde schnell deutlich, dass die langfristigen Aspekte in der Kundenbeziehung im Vordergrund standen und die steigende Mitarbeiterqualifikation auf der Kundenseite ein entsprechendes Managementniveau bei den eigenen Vertriebsleuten verlangte. Die Entscheidung fiel demzufolge für ein Key Account Management.

Doch was sind die Unterschiede zwischen einem Großkundenmanagement und Key Account Management? Das nachfolgende Portfolio-Beispiel verdeutlicht zwei Möglichkeiten, an denen grundsätzliche Unterschiede festgemacht werden können:

▶ **Großkundenmanagement:**
  - Die Kunden verfügen über ein interessantes Umsatzvolumen.
  - Die organisatorische Komplexität des Kunden ist recht gering. Solche Kundenunternehmen sind häufig zentral geführt, es gibt eine überschaubare Zahl von Entscheidungsträgern und Entscheidern.
  - Der Schwerpunkt liegt auf der Realisierung von Verkaufszielen in einem definierten kürzerfristigen Zeitraum.
  - Die Absatzüberlegungen für ein definiertes Sortiment stehen im Vordergrund.
  - Der Spitzenverkäufer, der mit Können und Geschick zu guten Konditionen verkaufen kann, ist gefragt.
  - **Relevant sind der Umsatz und der Deckungsbeitrag in einem überschaubaren Zeitraum für das eigene Unternehmen.**

▶ **Key Account Management:**
  - Die Kunden verfügen über ein interessantes Umsatzvolumen.
  - Die organisatorische Komplexität des Kunden ist allerdings sehr hoch. Zum Beispiel entscheiden Niederlassungen, Profit-Center oder Auslandsgesellschaften auf der Kundenseite selbständig, sodass eine Vielzahl von Entscheidungsträgern und Entscheidern zu begeistern ist.
  - Ziel ist die Verknüpfung der beiden Wertschöpfungsketten und Sicherung des Geschäfts von heute und morgen.
  - Ziel ist die Steigerung des Kundenpotenzials durch das Anpeilen einer strategischen Vernetzung.
  - Der Nutzen des Key Accounts steht im Vordergrund.
  - **Relevant ist die Schaffung langfristigen Nutzens für den Key Account und damit – durch die Win-Win-Ausrichtung – auch für das eigene Unternehmen.**

Hinzu kommen die unterschiedlichen Branchenausprägungen:

▶ Der Schwerpunkt des Key Account Managements liegt in der Konsumgüterindustrie im zeitnahen strategischen Verkauf. Der Verkauf von Massenprodukten, die sich am Trend orientieren, steht im Vordergrund.

▶ In der Investitions- und Dienstleistungsbranche dominieren eindeutig Projektmanagement und individuelle Leistungserbringungen. Die Erfolge sind teilweise erst nach erheblichen Vorleistungen mittelfristig zu realisieren.

Eine ausgeprägte Kundenorientierung ist sowohl im Großkunden- als auch im Key Account Management die Basis für zukünftigen Erfolg. Auch viele der eingesetzten Analyse- und Umsetzungswerkzeuge sind in beiden Vertriebsausrichtungen identisch. Unterschiedlich sind die Organisationsformen und die Ressourcenbereitstellungen für die Kunden. Es gibt Branchen, in denen sich die Einführung eines konsequenten Key Account Managements heute unter Berücksichtigung aller Unternehmensveränderungen, die damit verbunden sind, noch nicht lohnt. Wenn die Kundenstruktur heute und mit hoher Wahrscheinlichkeit auch morgen so beschaffen ist, dass der reine Verkauf im Vordergrund steht, ist ein konzentriertes Großkundenmanagement wohl geeigneter.

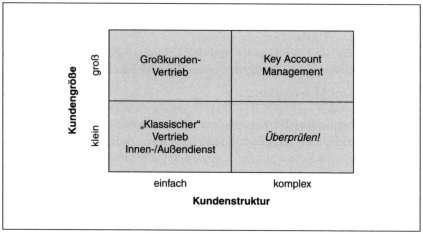

Abb. 3.3: Kundenstruktur und Kundengröße sind zwei wichtige Kriterien
zur Bestimmung der Vertriebsaktivitäten.

Sobald jedoch die Veränderungen der Kundenstrukturen durch Konzentrationsprozesse, Komplexität der Organisationsprozesse, Internationalisierung der Kundenaktivitäten etc. der herkömmlichen Vertriebsarbeit die Grenzen aufzeigen, zögern Sie nicht: Stellen Sie zügig auf ein Key Account Management mit allen Erfordernissen um und richten Sie Ihren Vertrieb auf die Schlüsselkunden aus. Es gibt kein Entweder-oder. In vielen Unternehmen werden durch die Einführung eines Multi-Channel-Vertriebs die unterschiedlichen Kundensegmente erfolgreich durch Großkundenmanagement und Key Account Management parallel abgestimmt bearbeitet.

Die effiziente Key-Account-Management-Organisation

30 Fragen an Ihr Unternehmen zur Einführung von Key Account Management

Die Entscheidung, ob Key Account Management eingeführt werden soll oder nicht, fällt Ihnen nach Beantwortung des nachstehenden Fragebogens sicher leichter:

1. Wie lauten die Kriterien, nach denen ein wichtiger Kunde zum Key Account ernannt wird?

2. Nach welchen Kriterien wird zukünftig entschieden, wer welchen Schlüsselkunden betreut?

3. Auf welcher Basis soll das Key Account Management organisiert werden?

4. Welche Anzahl von Schlüsselkunden kann bei den vorhandenen Ressourcen umfassend betreut werden?

5. Was sind die langfristigen Zielsetzungen, die mit der Installation des Key Account Managements verbunden werden?

6. Schlüsselkunden haben nicht immer den besten Ertrag. Rechtfertigt also der eingesetzte Zeitaufwand für den Kunden die Gewinnerwartung?

7. In welcher Form sollen die Schlüsselkunden intensiver gepflegt werden als die anderen Kunden?

8. Wird der Service zurzeit schlüsselkundengerecht angeboten?

9. Werden eventuell andere Kunden durch die Key-Account-Betreuung vernachlässigt?

10. Wie sind die Entscheidungsstrukturen der potenziellen Schlüsselkunden und müssen unsere Entscheidungsstrukturen eventuell angepasst werden?

11. Welche Wettbewerber sind bei den Schlüsselkunden und welche Position bekleiden sie? Was bedeutet dies für die Ausrichtung unseres Key Account Managements?

12. Wie müssen die Kontaktpläne für die Entscheidungsträger und Entscheider aussehen, und wer stellt sie zukünftig im eigenen Unternehmen auf?

13. Wie können die vorhandenen oder angedachten Kundenbindungssysteme für das Key Account Management genutzt werden, oder muss ein neues System installiert werden?

14. Sind alle Unternehmensmitarbeiter über die Einführung von Key Account Management informiert, und kennen sie ihre Aufgabe und Rolle in dem neuen Management-Tool?

15. Kennen alle am Prozess beteiligten Teammitglieder ihren persönlichen Vorteil und Nutzen, wenn sie mitspielen?

16. Ist die gesamte Ablauforganisation mental auf den Schlüsselkunden ausgerichtet?

17. Hat jedes Teammitglied nur ein Ziel: dem Key Account zu dienen? Was passiert, wenn ein Teammitglied sich nicht an die Spielregeln hält?

18. Verfügen die Teammitglieder, die direkt mit den Schlüsselkunden zu tun haben, über ausreichende Kenntnisse in Marketing, Vertrieb, Managementtechniken, Controlling, Logistik etc.? In welchen Bereichen müssen sie fit gemacht werden?

19. Kann die Feldorganisation die Schlüsselkunden jetzt und in Zukunft ausreichend betreuen?

20. Wird die Neukundengewinnung durch die Feldorganisation aufgrund der Schlüsselkunden-Arbeit vernachlässigt?

21. Ist ein gesamtheitliches Vertriebskonzept für alle Kunden entwickelt, um Überschneidungen in der Marktbearbeitung zu vermeiden?

22. Wie wird das Key Account Management organisatorisch in das Unternehmen eingebettet?

23. Ist die jetzige Qualifikation des Vertriebes ausreichend, die Anforderungen des Schlüsselkunden zu befriedigen?

24. Ist der Vertrieb in der Lage, maßgeschneiderte Konzepte zu entwickeln und in der eigenen Organisation und beim Key Account zu verkaufen?

25. Reicht die Kompetenz des Vertriebes aus, Zusagen an Schlüsselkunden zu geben?

26. Kann der jetzige Vertrieb die Erwartungen des Schlüsselkunden hinsichtlich der sozialen und fachlichen Kompetenz gleichermaßen erfüllen?

27. Sind Sie bereit, teilweise den Vertrieb aus der täglichen Umsatzerwartung (Verkauf heute) zu entlassen und strategisch auf Schlüsselkunden (Verkauf morgen) anzusetzen?

28. Wird der Key Account Manager von der allgemeinen Vertriebsarbeit freigestellt? Ist er ausschließlich für den Key Account zuständig?

29. Lassen es die Ressourcen zu, dass die Stabsabteilungen – zum Beispiel EDV, Werbung, Verkaufsförderung – das Key Account Management unterstützen?

30. Werden die entsprechenden und notwendigen Finanzmittel für das Key Account Management zur Verfügung gestellt?

Es ist ratsam, in dieser Phase der Grundausrichtung einen externen Moderator zu engagieren. Wichtig ist, dass so viele Teammitglieder wie möglich in die Entscheidungsprozesse mit eingebunden werden. Es vereinfacht das Erreichen des Ziels, wenn sich die Teammitglieder mit der Einführung eines Key Account Managements identifizieren. Unterschätzen Sie nicht die Kompetenzen, über die Ihr Unternehmen verfügt. Der Berater hat lediglich die Funktion zu koordinieren, Handwerkszeug zu vermitteln und dem Team Mut und Ausdauer zu geben. Die eigentliche Arbeit muss im Unternehmen selbst geleistet werden.

Und noch etwas: Geduld ist wichtig. Die Einführung eines Key Account Managements ist sehr komplex und zeitaufwendig, sodass es auch einmal zu Rückschlägen kommen kann. Das Team wird es Ihnen danken, wenn sich die Geschäftsführung nicht gleich bei jeder Negativerfahrung mit dem erhobenen Zeigefinger einschaltet, sondern coacht und unterstützt.

Die unterschiedlichen Ziele von Schlüsselkunden und Anbietern

Erwarten Sie nicht, dass Ihr Unternehmen und die Key Accounts die gleichen Erwartungen an Ihre neue Vertriebsausrichtung stellen. Eine Anekdote verdeutlicht, wie mit einer Zielsetzung unterschiedliche Sichtweisen verbunden werden:

Drei Bauarbeiter waren dabei, einen Kübel mit Mörtel anzurühren. Ein Vorübergehender fragte, was sie machten. Der erste rührte weiter im Mörtel und sagte: „Wir machen Mörtel." Der zweite schaute kurz auf und setzte dann seine Arbeit wieder fort. „Wir reparieren die Risse in dieser Mauer." Der dritte richtete sich auf und deutete mit Stolz auf ein langes Gerüst, das mit Tuch abgedeckt war. „Wir bauen eine Kathedrale."

Schlüsselkunden und Anbieter haben oft eine unterschiedliche Erwartungshaltung an den jeweiligen Vertragspartner. Folgende Beispiele sollen das verdeutlichen:

Die Schlüsselkunden-Sicht:

● Der potenzielle Schlüsselkunde sucht je nach Situation nur einen Gelegenheitslieferanten.

● Er sucht nur den Lieferanten mit den besten Leistungen zum günstigsten Preis.

● Er ist interessiert und bereit, eine Partnerschaft oder sogar strategische Allianz mit seinen wichtigsten Lieferanten einzugehen – mit allem Für und Wider.

Die Anbieter-Sicht:

● Wir sind an Schlüsselkunden interessiert, die zu einem fairen Partner für das eigene Unternehmen werden.

● Wir sind bereit, die Interessen der wertigen Kunden bei unserer Vertriebsstrategie zu berücksichtigen.

● Der potenzielle Key Account würdigt unseren geänderten Vertriebsansatz, und der Reifegrad auf beiden Seiten ist so hoch, dass eine Partnerschaft beiderseits aktiv angegangen und alles dafür getan wird, einen gemeinsamen Erfolg zu erringen.

In einer Kunden-Lieferanten-Beziehung bedarf es oftmals eines Durchlaufens von verschiedenen Beziehungsentwicklungen, um zu einer engen Partnerschaft zu gelangen. Nur wenn beide Seiten eine gemeinsame Stufe erreicht haben, ist der Aufbau eines beiderseits akzeptierten Key-Account-Konzepts mit diesem Kunden machbar.

Kunden suchen häufig zunächst Lieferanten und keine Partner. Deshalb kann „sauberes" Key Account Management nur mit den Kunden praktiziert werden, die erkennen, verstehen und akzeptieren, warum sie ein Key Account sind – und was es beiden Parteien an Vorteilen bringt. Diese Kunden müssen mit dem Key Account Management vertraut sein und ihm positiv gegenüber stehen, die Vorteile kennen, die diese besondere Vertriebsform für sie bringt und bereit sein, mit den bevorzugten Lieferanten, zu denen ein grundsätzliches Vertrauensverhältnis besteht, intensiv zusammenzuarbeiten, wenn ausreichend Vorteil und Nutzen für sie erkennbar sind.

Akzeptieren Sie, dass zirka ein Drittel aller potenziellen Key Accounts kein Interesse an dieser Rolle haben. In diesem Fall kann man sich langwierige Überzeugungsarbeit sparen und stattdessen besser einen anderen Weg der Kundenbearbeitung in Erwägung ziehen, zum Beispiel ein verkaufsorientiertes Großkundenmanagement.

Beide Parteien sollten zudem genügend Informationen über die strategischen Ziele der anderen Seite besitzen und diese emotional und rational zum überwiegenden Teil mittragen können. Sich in die Situation des anderen hineinversetzen zu können ist hierbei Grundvoraussetzung. Oft genug kann man feststellen, dass Schlüsselkunden selbst nur eine diffuse Vorstellung von ihren strategischen Zielen haben und dankbar sind für einen Key Account Manager, der sie berät.

Ein potenzieller Key Account sollte zudem eingehend analysiert werden nach:

- seinem Geschäftsumfeld,
- seinem von ihm angepeilten Kundenpotenzial,
- seiner Wettbewerbsfähigkeit gegenüber seinen wichtigsten Konkurrenten,
- seinen mittel- und langfristig angestrebten strategischen Zielen,
- seinem politischen und ökonomischen Umfeld,
- seinem Zukunftspotenzial.

Diese Analyse kann durchaus bis zu einem halben Jahr dauern. Doch dann hat der Key Account Manager so konkrete Vorstellungen und so exaktes Wissen, dass er über den Markt und das Unternehmen des potenziellen Schlüsselkunden mindestens so gut Bescheid weiß wie dieser selbst. Dann verfügt er über die Grundlage zu entscheiden, ob dieser Kunde ein wertiger Key Account in der Zukunft sein könnte, und kann eine Kundengewinnungsstrategie entwickeln, dem Schlüsselkunden mögliche Verbesserungsvorschläge oder Ideen unterbreiten sowie etwaige unterschiedliche Positionen austarieren. Welcher Key Account wäre nicht begeistert, einen Partner zu finden, der ihm ausreichend Mehrwert liefert?

Ergibt die Schlüsselkunden-Analyse jedoch gravierend unterschiedliche Positionen, sollten Sie die folgenden Fragen prüfen:

▶ *Ist Ihre Organisation auf die Kundenbegeisterung ausgerichtet, und reichen Ihre Unternehmensressourcen dafür aus, eine langfristige Key-Account-Zufriedenheit zu erreichen?*

▶ *Ist die Kundenwertigkeit langfristig hoch genug, um die eingesetzten Vertriebsinvestitionen durch ausreichenden Umsatz und Ertrag zu rechtfertigen?*

▶ *Verfügen wir über ein leistungsfähiges Vertriebscontrolling, um rechtzeitig zu merken, ob wir den richtigen Key Account ausgesucht haben?*

▶ *Besteht Kontakt zu allen wesentlichen Entscheidungsträgern und Entscheidern des Key Accounts?*

▶ *Trägt das eigene Angebot zur Steigerung des wirtschaftlichen Erfolgs des Key Accounts bei?*

- ▶ *Können wir dem Key Account aus seiner Sicht lösungsorientierte Leistungen von außerordentlich hoher Qualität anbieten?*
- ▶ *Können wir dem Schlüsselkunden qualifizierte und spezialisierte eigene Mitarbeiter zur Steigerung seiner Effektivität zur Verfügung stellen?*
- ▶ *Wird eine beiderseitige Vernetzung der Wertschöpfungsketten angestrebt?*

Je mehr Fragen Sie ehrlich mit „ja" beantworten können, desto größer ist die Chance, die zwei Drittel potenzielle Key Accounts, die an einer längerfristigen Partnerschaft interessiert sind, zu gewinnen und eventuelle unterschiedliche Positionen auszugleichen.

Bottom-up-Strategien versus Top-down-Strategien

Ein neu berufener Geschäftsführer eines Industrieunternehmens der Kunststoffindustrie hatte nach seiner Einarbeitungsphase das Gefühl, dass die kundennahen Unternehmensbereiche bezüglich des Wissens um die wichtigen Kunden und deren Märkte „im Nebel schwammen". Die Mitarbeiter, besonders aus Marketing und Vertrieb, wiesen dies weit von sich und zogen Geburtstagsdaten, Hobbys von Einkäufern, Verkaufslisten der Jahre etc. hervor. Doch der Geschäftsführer interessierte sich viel mehr für die Marktstrategien der Kunden, die weichen Faktoren (persönliche Wünsche/Bedürfnisse) der Entscheidungsträger, die Kundenbeurteilungskriterien der Key Accounts für A- Lieferanten oder deren Einkaufsstrategien der Zukunft.

Da er keine für ihn befriedigenden Antworten von seinem Team erhielt, lud er 100 Top-Kunden samt deren Lebenspartnern zu einem 4-tägigen Trip nach Lissabon ein, um gemeinsam Zukunftsstrategien und Szenarien einer Zusammenarbeit zu erörtern. Fast alle nahmen die Einladung an, obwohl für die Reise pro Person 400 € als Selbstbeteilung in Rechnung gestellt wurden. Der Geschäftsführer hatte kein ausgefeiltes Konzept für diese vier Tage. Er ging das Risiko eines sich selbst entwickelnden Workshops ein – mit einem Alternativ-Sightseeing-Programm in der Hinterhand.

Zu Beginn des Workshops erklärte er den Teilnehmern, dass er das Gefühl hätte, zu wenig von Ihren Unternehmen und Zielen zu wissen. Sein Unternehmen könne ihnen daher möglicherweise kein ausreichend zielgerichtetes und leistungsfähiges Angebot unterbreiten. Hierauf entwickelte sich eine rege

Diskussion, und die vier Tage wurden problemlos ausgefüllt. Der Workshop brachte unter anderem zwei interessante Aspekte an den Tag: Die Wettbewerbsgefühle unter den Beteiligten waren relativ gering, die Gemeinsamkeiten überwogen. Die Teilnehmer stellten zudem fest, dass sie sich ihrer eigenen Ziele nicht immer voll bewusst waren. Der Geschäftsführer sagte am Ende des Workshops zu, die Wünsche und Vorstellungen der Teilnehmer mit der Strategie und Interessenlage des eigenen Unternehmens abzugleichen und die klare nachfolgende Stellungnahme abzugeben:

▶ *Die Ideen und Vorstellungen der Teilnehmer passen nicht in unsere Strategie. Wir benennen die Gründe und versuchen, den größten gemeinsamen Nenner herauszufinden.*

▶ *Die Umsetzung ist wünschenswert, die Ressourcen reichen aber zurzeit nicht dafür aus. Wir arbeiten jedoch zukünftig daran und trauen uns, schrittweise innerhalb eines definierten Zeitraums unter Berücksichtigung der sich immer wieder veränderten Rahmenbedingungen die Kundenwünsche zu erfüllen.*

▶ *Wir erfüllen die Kundenvorstellungen kurzfristig und werden unsere Kunden ab sofort regelmäßig befragen, wie sie mit dem Standard zufrieden sind und werden gemeinsam mit ihnen die Weiterentwicklungsschritte diskutieren.*

Nach drei Monaten kam es zu einer eintägigen Folgeveranstaltung am Firmensitz, und die Geschäftsführung unterrichtete die Teilnehmer über die unternehmensintern angestellten Überlegungen. Es war erstaunlich, wie positiv die Schlüsselkunden die Details aufnahmen, auch die nicht vom Lieferunternehmen akzeptierten oder nicht sofort umsetzbaren Key-Account-Wünsche. Die Offenheit, Transparenz und das sichtliche Bemühen um die Kundenorientierung hatte eine fundierte gemeinsame Verständigungsbasis erzeugt.

Diese Aktion zog eine Vielzahl von Aktivitäten nach sich. So wurde zum Beispiel ein erheblicher Teil des Lieferanten-Werbebudgets – beide Parteien waren der Meinung, dass das Werbebudget zur zielgerichteten Marktbearbeitung bei den Key Accounts besser aufgehoben sei – den Schlüsselkunden zur Verfügung gestellt, um mit ihnen gemeinsame Kommunikationsaktivitäten in ihren Märkten zu starten. Über die Produktleistungen hinaus wurden den Schlüsselkunden Unternehmensressourcen, zum Beispiel Einbindung in Einkaufsvorteile bei PKW-Leasing, Vereinbarungen mit Reiseveranstaltern etc., entweder kostenfrei oder gegen Selbstkosten zur Verfügung gestellt. Das Ergebnis dieses neu gestalteten Partnerings mit den Key Accounts: Insgesamt konnte der Umsatz bei gleich bleibendem Ertrag innerhalb von drei Jahren verdoppelt werden. Und noch etwas wurde schnell sichtbar: Die Preiskampfgespräche traten in den Hintergrund. Im Vordergrund standen jetzt Gespräche über die Optimierung der Marktbearbeitung, Kosteneinsparungen durch Vernetzung der Wertschöpfungsketten und Ähnliches.

Der Ansatz für dieses Resultat ist simpel: Der Lieferant hat seine Schlüsselkunden und ihre Anliegen ernst genommen und versucht, deren Interessen mit den seinigen zu vernetzen. Er hat den Mut gehabt, den weithin immer noch üblichen Top-down-Ansatz umzudrehen und in einen Bottom up-Ansatz umzuwandeln. Er hat signalisiert, dass es ihm wichtig ist, die Key Accounts in seine Entscheidungsprozesse mit einzubinden. Er hat Mut zur Transparenz gezeigt, seine eigenen Zielideen auf den Tisch gelegt und damit die Basis zu einer emotionalen Verbindung geschaffen. Ehrlichkeit und Geradlinigkeit werden auch heute eher belohnt als ausgenutzt.

Und die viel befürchteten Informationsweitergaben an den Wettbewerb? Niemand ist gezwungen, die geheimsten Unternehmensinterna auf den Tisch legen. Aber wenn die eigene Einzigartigkeit, Schnelligkeit in der Entwicklung neuer Produkte und Dienstleistungen sowie Flexibilität am Markt nicht ausreichen, Kopierkünsten von Wettbewerbern zu begegnen, geht es dem Unternehmen ohnehin nicht mehr sehr gut.

Es werden auch heute, trotz der Diskussion der letzten Jahre um CRM und Kundenorientierung, leider immer noch die meisten Unternehmensstrategien ohne Einbindung der Schlüsselkunden entwickelt. Anbieter meinen immer noch, Angebote an den Markt formulieren zu können, ohne die wertigen und wichtigen Kunden mit in die Überlegungs- und Umsetzungsprozesse einzubeziehen. Das Resultat sind Machtspiele, die die Kunden- und Lieferantenbeziehungen belasten. Um es deutlich zu sagen: Top-down-Konzepte „verbrennen" Energie und Ressourcen auf beiden Seiten. Hinzu kommt, dass die Entscheidungsmacht in den Anbieterunternehmen in der Vergangenheit häufig von Produktionsleuten, Controllern und der Verwaltung ausgeübt wurde. Wer zu den zukünftigen Gewinnern im Vertrieb gehören möchte, muss akzeptieren, dass die Kunden die Entscheidungstreiber geworden sind. In Schlüsselkunden muss investiert werden, manchmal auch unter mittel- und langfristigen Überlegungen.

Die Bedürfnisse und Wünsche der Schlüsselkunden kommen in Top-down-Strategien oftmals zu kurz. In boomenden Märkten oder bei langjährig gewachsenen menschlichen Beziehungen zwischen Verkäufer und Einkäufer mag das ja noch funktionieren. Aber wo haben wir diese Märkte noch? Heute sind die Schlüsselkunden bereits so differenziert in ihren Anforderungen, dass Intuition alleine kaum noch ausreicht. Kundenorientierung ist in Zukunft *der* kritische Erfolgsfaktor. Top-down-Strategien sind da gefährlich und nicht mehr zeitgemäß.

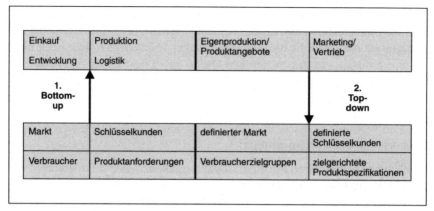

Einkauf	Produktion	Eigenproduktion/	Marketing/
		Produktangebote	Vertrieb
Entwicklung	Logistik		

| **1.**
Bottom-
up | | | **2.**
Top-
down |

| Markt | Schlüsselkunden | definierter Markt | definierte
Schlüsselkunden |
| Verbraucher | Produktanforderungen | Verbraucherzielgruppen | zielgerichtete
Produktspezifikationen |

Abb. 3.4: Vom Markt her – auf den Markt hin: gerade im Key Account Management ist der Kunde Auslöser und Beurteiler der Lieferantenaktivitäten und Leistungserstellungen.

Warum dann bei der Umsetzung von Bottom up-Strategien den Fokus auf Key Accounts richten? Key Accounts sind die Kunden, auf die Sie am wenigsten verzichten können. Sie setzen den Maßstab für das restliche Kundenpotenzial. Es ist die Frage, ob eine Leistungsdifferenzierung nach Vertriebskanälen von den Kunden zukünftig akzeptiert wird oder ob nicht alle Kunden selbst entscheiden möchten, welche Leistungen sie gerade in Anspruch nehmen möchten. Sorgen Sie aber immer dafür, dass die Anforderungen Ihrer Key Accounts erfüllt werden. Gehen Sie davon aus, dass

● sie zukünftig in Echtzeit bedient werden möchten,

● sie sich der verschiedensten Vertriebs- und Kommunikationswege bedienen können,

● sie eine individuelle Ansprache einfordern,

● sie von ihren A-Lieferanten Aktualität und Transparenz erwarten,

● sie eingebunden werden möchten in Strategieüberlegungen der wichtigen Lieferanten,

● sie Ihrerseits eigene Aufgaben an Lieferanten abgeben, die zu Ihren Kernkompetenzen gehören.

Der Bottom up-Ansatz besagt, dass Strategien auf die Wertschöpfungskette von Anbieter *und* Schlüsselkunde ausgerichtet werden. Es kommt zu einer Umdrehung der Ausgangsbasis: vom Markt her – auf den Markt hin. Die Produktangebote – Produkte und Dienstleistungen – der Anbieter dienen dazu, die Wertschöpfungskette der Schlüsselkunden zu stärken. Nur der Anbieter, der sich rechtzeitig und freiwillig auf Kooperationsstrategien einlässt, verhindert bzw. vermindert Abhängigkeiten durch zeitlich begrenzte Kundenbeziehungen auf nackter Einkaufsbasis.

Um eigene Fehlentwicklungen zu vermeiden und den Key-Account-Nutzen stets im Blickfeld zu haben, ist eine enge Planungsverzahnung zwischen Partnern empfehlenswert. Möglichkeiten der engen Zusammenarbeit gibt es in vielen Bereichen, zum Beispiel:

● Forschung und Entwicklung
● Marktbearbeitung
● Marketingkommunikation
● Logistik
● Übernahme von Dienstleistungen durch Outsourcing
● gemeinsame Marktforschung
● gemeinsame Werbung/Verkaufsförderung

In einer Untersuchung gaben 68 Prozent der Kunden zu Protokoll, dass sie zu wenig Interesse seitens der Anbieter verspürten und deshalb den Lieferanten wechselten. Prof. Dr. Stauss von der Universität Eichstätt hat in einer empirischen Studie nachgewiesen, dass Kundentreue selbst dann nicht hundertprozentig gegeben ist, wenn der Kunde mit den Produkten und Leistungen des Lieferanten zufrieden ist. Die harten Faktoren verlieren an Bedeutung, die weichen Faktoren gewinnen für die Entscheidung an Gewicht. Gut, wenn Sie „nur normale" Kunden verlieren, verheerend, wenn es Key Accounts sind.

Setzen Sie auf Bottom up-Strategien und machen Sie sich und Ihren Mitarbeitern Mut. Wer bereit ist zu geben, hat bei einer guten Strategie und bei guten Unternehmensleistungen eine gute Chance, einen Gegenwert in Form von enger Zusammenarbeit von seinen Key Accounts zurückzubekommen.

Wann ist Key Account Management für Sie sinnvoll?

Streben Sie die Einführung eines Key Account Managements an, wenn:

● der Vertrieb die Key Accounts nicht mehr ausreichend betreuen kann,
● die anderen Kunden durch die Key-Account-Arbeit vernachlässigt werden,
● kein Service mehr angeboten werden kann, der dem Key Account gerecht wird,

- die Neukundengewinnung durch die Mitarbeiter im Kundenmanagement aufgrund der Betreuung der wertigen Kunden vernachlässigt wird,
- der Zeitaufwand und die direkt zurechenbaren Kosten für den Key Account die Gewinnerwartung nicht mehr rechtfertigen,
- die Qualifikation der Kundenmanager heute nicht mehr ausreicht, maßgeschneiderte Konzepte und Strategien zu entwickeln,
- die Kompetenzen der Kundenmanager für Zusagen an Key Accounts nicht ausreichen.

4. Die organisatorische Gestaltung des Key Account Managements: grundsätzliche Überlegungen

Manager neigen leider immer noch allzu häufig dazu, Organisationsmodelle auf dem Reißbrett zu entwickeln und dann die vorhandenen Mitarbeiter in dieses Szenario einzuflechten.

Es besteht dann allerdings die Gefahr, dass die Kundenorientierung und die eigene Vision und Strategie bei der Ausrichtung der Organisationsform zu kurz kommen. Nicht selten geht es um Machtverteilungen, begleitet von der Angst vor Kompetenzverlust. Das Gelingen eines Key Account Managements lebt aber von der Fähigkeit, sich schnell den wechselnden Kundenprozessen anpassen zu können. Deshalb spielt die Flexibilität innerhalb der Key-Account-Management-Organisation eine wesentliche Rolle. Es geht nicht um Kästchenbildung und Pöstchenverteilung, sondern um Key-Account-Orientierung und erfolgreiche Umsetzung der Vertriebsstrategie. Die Organisationsform muss eine möglichst reibungslose Kommunikation zwischen dem Key-Account-Management-Team einerseits und dem Unternehmen und Key Accounts andererseits zulassen.

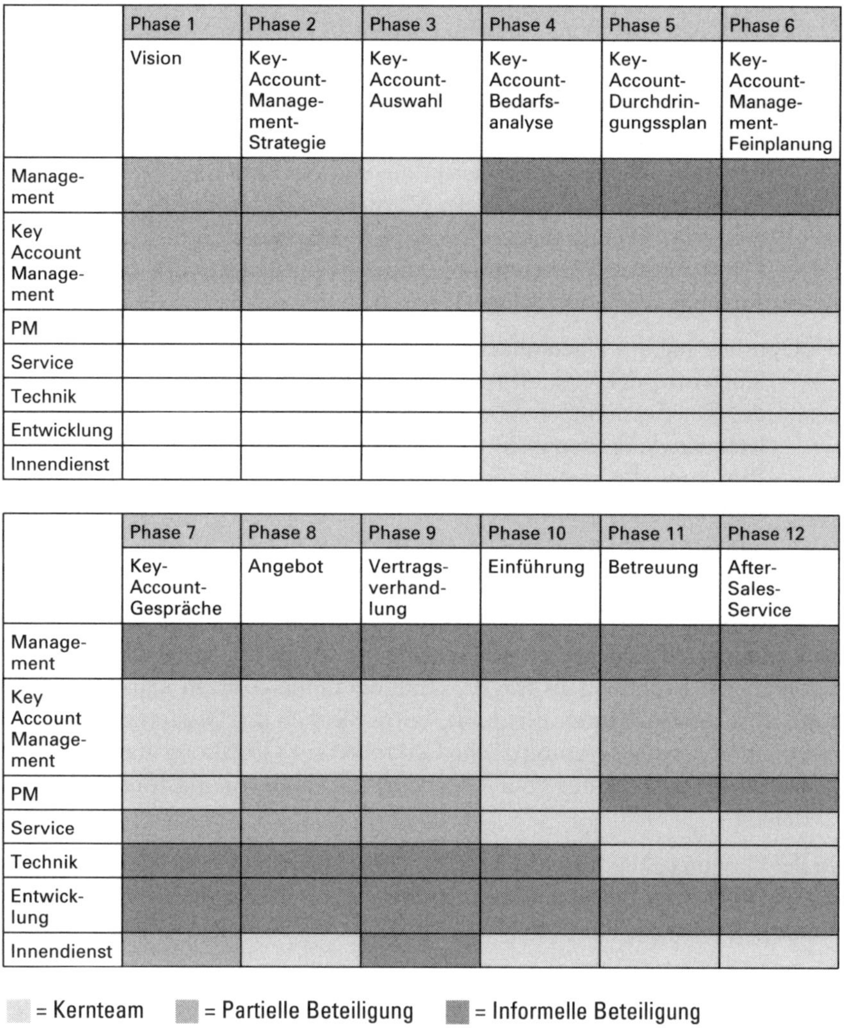

	Phase 1	Phase 2	Phase 3	Phase 4	Phase 5	Phase 6
	Vision	Key-Account-Management-Strategie	Key-Account-Auswahl	Key-Account-Bedarfs-analyse	Key-Account-Durchdrin-gungssplan	Key-Account-Management-Feinplanung
Management						
Key Account Management						
PM						
Service						
Technik						
Entwicklung						
Innendienst						

	Phase 7	Phase 8	Phase 9	Phase 10	Phase 11	Phase 12
	Key-Account-Gespräche	Angebot	Vertrags-verhand-lung	Einführung	Betreuung	After-Sales-Service
Management						
Key Account Management						
PM						
Service						
Technik						
Entwicklung						
Innendienst						

= Kernteam   = Partielle Beteiligung   = Informelle Beteiligung

Abb. 4.1: Voraussetzung für ein erfolgreiches Key Account Management ist die Einbindung aller kundennahen Unternehmensbereiche in die Ablaufprozesse.

Das zu entwickelnde Organisationskonzept ist kein Selbstzweck, sondern hat konkreten Zielen zu dienen, so zum Beispiel der

▶ **Optimierung des Key-Account-Nutzens:**
  - Steigerung des Kundennutzens und der Kundenzufriedenheit
  - Erhöhung der Kundenbegeisterung und -verblüffung
  - Erhöhung der Schlagkraft des Marketings und Vertriebs
  - die Ermöglichung zielgerichteter Servicekonzepte
  - Erhöhung des Wertschöpfungsangebots für den Kunden
  - Angebot von Cross-Selling-Ideen

▶ **Optimierung des Eigennutzens:**
  - Steigerung der Verkaufsquantität am Einkaufspotenzial des Key Accounts
  - Kostenreduktionen in Marketing und Vertrieb
  - Erhöhung der Profitabilität
  - Reduktion der Kundenverluste
  - Umsatz- und Deckungsbeitragserhöhung
  - Vermeidung von Schnittstellenverlusten

Organisationen von morgen müssen außerdem in der Lage sein, den Veränderungen hinsichtlich des facettenreichen Wertewandels innerhalb der Kundenbeziehungen Rechnung zu tragen. Organigramme ersetzen keine Denkhaltung. Aus diesem Grund sollten Sie, bevor Sie sich der Organisationsgestaltung widmen, einige grundsätzliche Gedanken zur Gestaltung von Organisationen und Teams prüfen. Zur Unterstützung finden Sie nachstehend einen Leitfaden.

In der Vergangenheit hatte die Mehrlinienorganisation in der Wirtschaft Tradition. Wie in der Politik und beim Militär wurden Verantwortlichkeiten getrennt, zum Beispiel:

● Produktionsmanagement
● Strategisches Management
● Personalmanagement
● Vertriebsmanagement

Jeder Manager ist nur für seinen Bereich verantwortlich. Der Vorteil einer Mehrlinienorganisation ist es, dass Entscheidungs- und Fachkompetenz für den jeweiligen Bereich in einer Hand liegen. Der Nachteil ist, dass bei Konflikten Strukturprobleme sehr häufig vorprogrammiert sind. Die Mitarbeiter müssen bei bereichsüberschreitenden Entscheidungen den jeweiligen Bereichsmanager für ihr Anliegen gewinnen. Wenn die verantwortlichen Manager sich nicht ihrer Hauptaufgabe bewusst sind, nämlich dem Kunden zu dienen, sondern stattdessen mehr ihre eigenen Interessen oder die Erhaltung des persönlichen Machtstatus im Sinn haben, wird eventuell die Kundenorientierung darunter leiden.

Die negativen Erfahrungen mit der Mehrlinienorganisation aus Kundenorientierungssicht haben in vielen Unternehmen zu einer Einlinienorganisation geführt: Jedes Teammitglied hat nur einen Verantwortlichen, der für das Gesamtergebnis Verantwortung trägt. Der Vorgesetzte hält alle Fäden in der Hand und gibt klare Weisungen von oben nach unten. Den Teammitgliedern bleibt in der Regel nur der Beschwerdeweg von unten nach oben. Und ob die Informationswege in beide Richtungen funktionieren, hängt in erster Linie von dem jeweiligen Team und seinem Vorgesetzten ab, weniger von der Struktur. Da der Vorgesetzte mit der Komplexität der Sachthemen häufig genug überfordert ist und zudem meist unter Zeitnot leidet, wird ein weiteres Organisationsmodul aus dem militärischen Bereich eingeschaltet, die Stabsabteilung. Damit ist aus der Einlinienorganisation eine Stab-Linien-Organisation geworden. In der Realität hat der Stab zwar Fachkompetenz, aber keine Entscheidungsgewalt.

Sehr schwierig wird es bei international aufgestellten Organisationen. Die Frage, ob zentrale oder dezentrale Ausrichtung des Key Account Managements, gehört zu den Dauerüberlegungen und unterliegt teilweise auch einem Zeitgeist. Soll die Entscheidungsgewalt bei den Landesgesellschaften liegen oder eher bei der Zentrale? Für eine Dezentralisierung spricht die größere Nähe zu den Kunden des jeweiligen Landes und eine differenzierte Ansprache unter Berücksichtigung der Landesgepflogenheiten. Die Gefahr liegt in der Entstehung von Fürstentümern und einer schwierigeren Durchsetzung von globalen Marketing- und Vertriebsstrategien. Für eine zentrale Ansprache spricht die Internationalisierung vieler Kunden und deren Anspruch auf globale Betreuung. Marketing- und Vertriebsideen sind zwar leichter global umzusetzen, werden aber nicht immer von den Landesgesellschaften mitgetragen und führen nicht selten zu internen Machtkämpfen. Einen Königsweg gibt es nicht, es ist eine differenzierte Betrachtung je nach Markt und Unternehmen zu empfehlen.

Eine Forderung sollte jedoch stets berücksichtig werden: Jede Position in einem Unternehmen, die nicht der Förderung des Kundennutzens und der Umsetzung der eigenen Strategie dient, gehört „entschlackt". Inwieweit kann aber nicht auch die klassische Linienorganisation zurückgefahren werden? In der Industrialisierungsphase waren die Unternehmensführungen fast ausschließlich personenorientiert, und in kleinen und mittelständischen Betrieben sind sie es hauptsächlich auch heute noch. Aufgrund der schnelllebigen Marktveränderungen und der steigenden Komplexität der Kundenbeziehungen ist eine markt- und kundenorientierte Unternehmensführung jedoch eine der Grundvoraussetzungen dafür, in dem Wirtschaftsgeflecht noch dauerhaft mitspielen zu können. Spätestens seit dem Einzug des Internets und der elektronischen Medien ist die Einführung eines Multi-Channel-Vertriebs Voraussetzung, um die Kunden individuell in einem vertretbaren Wert-Kosten-Rahmen zu begeistern. Bedingung dabei ist, dass ein Unternehmen über leistungsbereite und leistungsfähige Teammitglieder verfügt, die sich ohne Wenn und Aber mit dem eigenen Unternehmen identifizieren und sich für die Umsetzung der Strategie einsetzen. Teammitglieder sind dann eher dazu bereit, wenn sie sich nicht selber schaden oder, besser noch, Vorteile zu erwarten haben.

Unternehmen entwickeln dann Stärke, wenn sie sich von den Kräften des Marktes kontrollieren und steuern lassen. Bürokratie ist verfahrensorientiert, Wettbewerb ist ergebnisorientiert. Der Erfolg wird am Markt erzielt und gemessen, jedes Teammitglied erhält von dort sein Entgelt. Der Dienstweg ist das äußere Kennzeichen einer Verfahrensorientierung. Teams werden durch die strikte Forderung nach Einhaltung von Dienstanweisungen Kreativität, Eigenverantwortung und Entscheidungskompetenz entzogen.

Eine Verlagerung der Linienverantwortung an das Team bedeutet zwar in der Konsequenz eine Machtreduktion für die Vorgesetzten. Doch bedenken Sie: Produkte werden immer vergleichbarer, die Mitarbeiterkomponente gewinnt in diesem Kontext an Gewicht, und die Chancen, hohe Gewinne zu erzielen, sind dort am größten, wo sich Teams an der Basis der Hierarchie am stärksten mit dem Unternehmen identifizieren. Denn dort wird der Kunde bedient und begeistert. Dort wird das Produkt erstellt. Dort wird der Kundenkontakt gemanagt, der den gewünschten Umsatz und Ertrag bringt.

Gute Mitarbeiter suchen die Herausforderung und benötigen keinen Vorgesetzten, sondern einen guten Coach und Trainer. In der Realität ist das Urteil von Teammitgliedern übereinander viel härter und konsequenter als das vieler Vorgesetzter über ihre Mitarbeiter. Es sollte auch nicht immer der Versuch unternommen werden, alles demokratisch zu regeln. Mehrheitsentscheidungen haben meist einen wichtigen Nachteil: Sie hinterlassen immer eine Minderheit und dadurch kann die gemeinsame Umsetzung zu einem Nullsummenspiel werden. Wichtige Entscheidungen sollten nur so eindeutig sein, dass sich jeder mit ihnen identifizieren kann und der Entscheidung zum Erfolg verhilft, der Anspruch auf Einvernehmlichkeit kann da eher stören als helfen.

Die Internationalisierung des Key Account Managements

Wenn Sie Unternehmen, die international tätig sind, auf die Notwendigkeit einer internationalen Key-Account-Management-Organisation ansprechen, werden Sie schnell eine bejahende Grundhaltung erfahren. Wie schwierig es allerdings ist, diese Organisation zu implementieren und zu leben, können alle Praktiker, die in diesem Prozess stehen oder ihn hinter sich haben, bestätigen. Machtfaktoren (Fürstentümer), Wissensstau über die internationalen Märkte oder organisatorische Unternehmensinseln sind nur einige Gründe für die Komplexität.

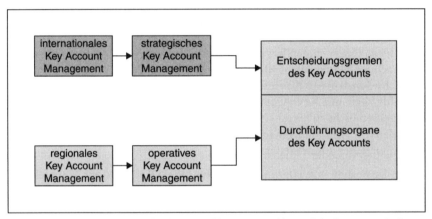

Abb. 4.2: Im internationalen Key Account Management bietet sich eine strategische und operative Aufgabentrennung an.

Der Druck, ein internationales Key Account Management einzuführen, wird in den nächsten Jahren durch die internationalen Aktivitäten der Key Accounts und Konzentrationstendenzen verstärkt werden. Ihr Anreiz: Referenzen über die nationalen Grenzen hinweg und Zugang zu den Umsatzpotenzialen anderer Länder. Auch Ihre Key Accounts erwarten zusätzliche Leistungen:

- Key Accounts möchten direkt mit den Herstellern sprechen und nicht mit Vertretungen oder Importeuren. Key Accounts erwarten kompetentere Ansprechpartner bei den Herstellern.

- Key Accounts fordern einen einheitlichen und abgestimmten Betreuungsstandard und Rahmenbedingungen.

- Key Accounts möchten gute Erfahrungen mit einem Hersteller in einem oder mehreren Ländern für ihre gesamte Organisation nutzen.

Ein Unternehmen der Verfahrenstechnik verhandelte bei einem Key Account mit den Werksleitern direkt vor Ort. In vielen ausländischen Märkten stellte man die Betreuung durch Vertragspartner sicher. Durch die Übernahme des Key Accounts durch einen französischen Konzern wurden die Spielregeln neu diktiert: ausschließliche Betreuung im Namen des Anbieters, einheitliche Gewährleistungsregelungen, Vereinheitlichung der Serviceleistungen etc. Alle Zentralgespräche wurden nur noch in Frankreich und in französischer Sprache geführt. Konsequenz für den Anbieter: Einführung eines internationalen Key Account Managements, die Vertragspartner agieren jetzt unter der Flagge des Anbieters.

Manch ein Unternehmen hat versucht, ein zentral gesteuertes internationales Key Account Management einzuführen. Es gibt sicher auch Vorteile, doch einige Schwächen dieser Konstellation werden schnell deutlich. Die permanente Erreichbarkeit des Key Account Managers ist trotz mobiler Kommunikationsmedien nicht zu leisten. Nationale Gesellschaften konkurrieren mit dem zentralen Key Account Management, landestypische Gepflogenheiten werden nur unzureichend beachtet etc.

Setzen Sie deshalb alles daran, das internationale Key Account Management mit den eigenen Landesgesellschaften oder Vertragspartnern zu vernetzen. Stellen Sie für den Key Account sicher, dass

● der Key Account Manager durch die nationalen Vertriebsorganisationen unterstützt wird,

● der Key Account Manager sich persönlich um alle wichtigen Forderungen des Key Accounts kümmert (das heißt nicht, dass er alles persönlich erledigt, sondern das er die Verantwortung für das Ergebnis übernimmt),

● der Key Account schnell auf die nationalen Kontaktpartner zurückgreifen kann,

● der Key Account vor Ort auf die Kommunikation in der Landessprache nicht zu verzichten braucht,

● der Key Account Manager auf die Einhaltung der landesspezifischen Besonderheiten achtet,

● die Umsetzung von zentral getroffenen Vereinbarungen gesichert ist.

Die Verantwortung für die Vernetzung von internationalem Key Account Management und den Tochtergesellschaften trägt das zentrale Management (Chefsache). Ein Weg, den Unternehmenswillen zu bekunden, ist die Direktive. Der Preis hierfür ist meist Nicht-Mitspielen und der Beweis, dass der Vogel AGABU (alles ganz anders bei uns) fröhliche Urständ feiert. Ein besserer Weg ist die Überzeugung jedes Teammitglieds, dass eine vernetzte Organisation nur Vorteile für alle Beteiligten bietet. Bilden Sie Teams, die über die individuellen Bearbeitungsspielregeln je Key Account entscheiden und diese Fakten in ihre Teams tragen und für die Umsetzung mitverantwortlich sind. Rahmenvereinbarungen und Listungen sind noch keine Aufträge vor Ort. Binden Sie die Landesteams in die Erstellung der Kennzahlen mit ein und belassen Sie die Erreichung der Zahlen möglichst in der Organisation vor Ort. Zeigen Sie eine partnerschaftliche Unterstützung der regionalen Vertriebsteams und informieren Sie sie über alle Details im Zusammenhang mit der Key-Account-Bearbeitung. Laden Sie regelmäßig die ausländischen Teampartner zu den Key-Account-Besprechungen ein und sorgen Sie für eine emotionale Ansprache. Lassen Sie ausreichend Gewinne in der Auslandsgesellschaft oder beim Vertriebsteam, damit Spaß und Motivation beim Einsatz für den Key Account erhalten bleiben.

Das internationale Key Account Management wird verstärkt zur Speerspitze und zum Impulsgeber für den restlichen Vertrieb. Es ist Impulsgeber für Trends und Innovationen, die zeitverzögert auch in anderen Ländern oder Kontinenten ankommen. Im internationalen Geschäft lassen sich manchmal leichter Ideen mit Pilotfunktion durchsetzen und anschließend in anderen Märkten einführen. Wer auf längere Sicht Marktführerschaft erringen will und nicht in einer nationalen Marktnische beheimatet ist und/oder sein kann, kann auf ein internationales Key Account Management nicht verzichten.

Die organisatorische Gestaltung – Umsetzung

Die Organisationsgrundlage der Vergangenheit lautete: „Organisationsstrukturen leiten sich aus der angestrebten Strategie ab". Es bietet sich an, diesen Grundsatz zukünftig zu ergänzen: „Organisationsstrukturen leiten sich aus der angestrebten Strategie, den identischen Organisationsformen der wichtigsten Schlüsselkunden und den Anforderungen der Schlüsselmärkte ab". Die „richtige" Gestaltung der Organisationsform gibt es nicht, dazu sind die diversen Einflussfaktoren zu komplex. Versuchen Sie nicht, Kästchen zu malen und Ihren Status quo in eine Zukunftsform zu gießen. Wenn Sie unsicher sind, holen Sie sich im Zweifelsfall einen externen Ansprechpartner, mit dem

Sie Ihre individuelle Unternehmenssituation besprechen, es steht zu viel auf dem Spiel. Eine Spielregel bleibt Ihnen zudem nicht erspart: In sich schnell ändernden Märkten muss in regelmäßigen Zeitabständen auch die jeweilige Organisationsausrichtung auf Aktualität überprüft werden. Die nachfolgende Checkliste kann Ihnen helfen, eine Orientierung bei der Bildung Ihrer Key-Account-Organisation zu geben:

O Welche Bedeutung hat das Key Account Management als Bestandteil des multiplen Vertriebs und wie soll sich dies organisatorisch ausdrücken?

O Welche Marktposition soll das Key Account Management stabilisieren oder ausbauen?

O Welche Bedeutung haben die vorgesehenen Schlüsselkunden für unseren Vertriebserfolg und was bedeutet das für unsere Organisation?

O Wie hoch ist der Anteil der vorhersehbaren Key-Account-Ergebnisse an unserem Gesamtergebnis und welche Einkaufsmacht durch Schlüsselkunden resultiert daraus?

O Wie sind Ihre Schlüsselkunden organisiert?

O Welche Schlüsselkunden sollen zukünftig durch das Key Account Management bearbeitet werden und was bedeutet das für Ihre Organisationsform?

O Wie viele Schlüsselkunden kann das Key Account Management in der vorgesehenen Organisationsform zu Beginn betreuen und ist ein Ausbau problemlos möglich?

O Welche emotionalen Bedürfnisse und welcher sachliche Nutzen müssen bei den wichtigsten Gesprächspartnern der Schlüsselkunden befriedigt werden? Welche Organisationsform würde sich dafür anbieten?

O Welche Veränderungen sind in den Schlüsselkunden-Märkten zu erwarten und wie müssen Sie organisatorisch darauf reagieren?

O Wie können Sie ohne viel Bürokratie und organisatorische Hemmnisse schnell und flexibel auf die Wünsche der Schlüsselkunden reagieren?

O Welche Historie, Unternehmens- und Personalentwicklung gilt es zu berücksichtigen und was bedeutet das für die Weiterentwicklung der zukünftigen Organisation?

O Welche Widerstände sind von welchem Mitarbeiter zu erwarten und warum?

O Wie weit ist die Bereitschaft des Managements entwickelt, Verantwortung und Kompetenzen an das Key-Account-Team zu delegieren?

O Ist es vorstellbar, das Key Account Management als Profit Center mit einer Profit-Loss-Verantwortung zu gestalten?

O Welche Aufgabe soll das Key Account Management in erster Linie erfüllen – Schwerpunkt auf den Bereich Verkauf oder Beziehungsmanagement und Key-Account-Analyse?

Die Gestaltung des Key Account Managements hängt in hohem Maße mit der Ausrichtung der Vertriebs- und Personalpolitik zusammen. Es gilt zu klären:

● die hierarchische Position,

● die zu erteilende Kompetenz- und Verantwortungsübertragung,

● die Bereitschaft, sich von den selbst definierten Schlüsselkunden mitsteuern zu lassen,

● die Akzeptanz, dass das Key Account Management der „Treiber" für die anderen Vertriebsbereiche ist.

Je mehr Verantwortung dem Key Account Management übertragen wird, desto kreativer kann es agieren. Das Management ist dabei verantwortlich für die Bedingungen, das Key Account Management für die Umsetzung. Die Verantwortung für Profit und Loss liegt beim Key Account Management.

Die unterschiedlichen Positionierungsmöglichkeiten von Key Account Management im Unternehmen machen die nachfolgende Grafiken deutlich:

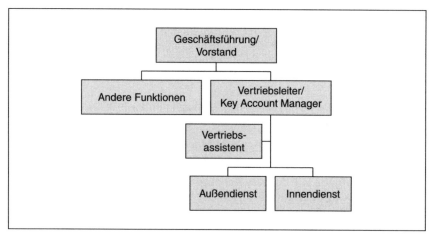

Abb. 4.3: Prozessorientiertes Key Account Management: nach dem „Miliz"-Prinzip
betreut der Vertriebsleiter die wichtigsten Kunden selbst und wird dabei
im Tagesgeschäft vom Außendienst/Innendienst unterstützt.

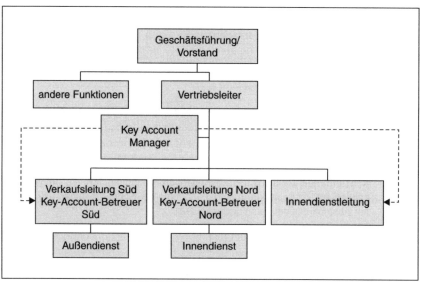

Abb. 4.4: Prozessorientiertes Key Account Management unter Einbeziehung
der regionalen Führungskräfte: Der Key Account Manager untersteht
fachlich und disziplinarisch dem Vertriebsleiter und wird durch
regionale Verkaufsleiter unterstützt.

Die effiziente Key-Account-Management-Organisation

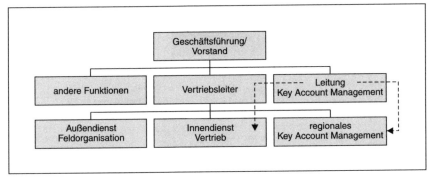

Abb. 4.5: Teilweise organisationsorientiertes Key Account Management: das Key Account Management ist hierarchisch der Vertriebsleitung gleichgestellt, hat jedoch nur einen bedingten weisungsbefugten direkten Zugriff auf den Innendienst-Vertrieb und das regionale Key Account Management.

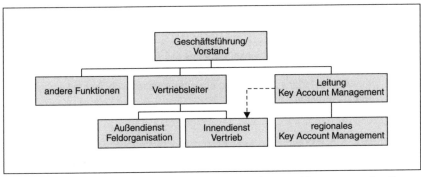

Abb. 4.6: Weitgehend organisationsorientiertes Key Account Management: das Key Account Management ist bis auf eine eigene Innendienstorganisation weitgehend autark. Beim Zugriff auf die Innendienstressourcen bedarf es noch der Abstimmung mit dem Vertriebsleiter.

Die organisatorische Gestaltung des Key Account Managements   **75**

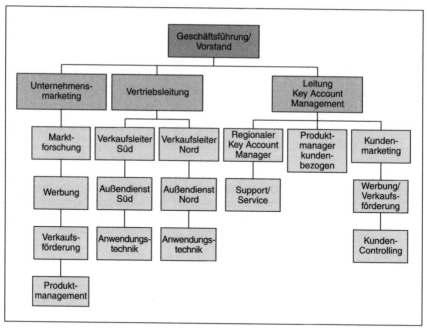

Abb. 4.7: Umfassendes organisationsorientiertes Key Account Management: Feld-
organisation und Key Account Management sind organisatorisch getrennt.
Key Account Manager und Vertriebsleiter stimmen sich über die einheitliche
Marktbearbeitung ab.

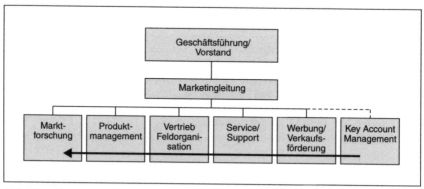

Abb. 4.8: Key Account Management als Matrixfunktion: der Key Account Manager hat
eine KA-bezogene „hierarchische" Funktion.

Die effiziente Key-Account-Management-Organisation

Generell wird Key Account Management nach einem funktionalen oder einem institutionellen Prinzip gesteuert:

▶ **Das funktionale Key Account Management** – „Miliz-Prinzip" – wird als Zusatzaufgabe zu der eigentlichen Linienfunktion, zum Beispiel durch die Vertriebsleitung oder den Geschäftsführer, übernommen.

Kriterien für diese Organisationsform:
- Praktisch in kleinen Unternehmen ohne Finanzressourcen für ein eigenständiges Key Account Management.
- Mittelständische Abnehmerstruktur; keine marktbestimmenden Schlüsselkunden zum jetzigen Zeitpunkt.
- Die Entscheidungsstrukturen der jetzigen Schlüsselkunden sind nicht zu komplex.
- Die Entscheidungsträger wünschen den direkten Kontakt zum Entscheidungsträger des Lieferanten.
- Es ist kein ausgeprägtes Spezialistenwissen nötig.
- Es ist als Zwischenstufe bei der Einführung eines Key Account Managements vorgesehen.

Nachteile:
- Eventuelle Vernachlässigung von Führungsaufgaben und anderen Unternehmensaufgaben durch die Führungsperson.
- Möglicherweise fehlende Qualifikation, um die verschiedenen Key-Account-Manager-Aufgaben wahrzunehmen.
- Mangel an Zeit für die Erfüllung der Key-Account-Anforderungen oder der anderen wichtigen Aufgaben.
- Kosten für die Führungskraft zur Erfüllung dieser Aufgabe sind zu hoch.
- Interessenkonflikt Außendienstorganisation – Key Account Management.

▶ **Im institutionellen Key Account Management** – Spezialistenprinzip – wird eine eigenständige Position bzw. ein selbstständiger Bereich geschaffen:

Kriterien für diese Organisationsform:
- Die komplexe Struktur der Schlüsselkunden erfordert eine dauerhafte Betreuung.
- Spezialwissen ist gefragt.
- Das Geschäft von morgen (Investition in eine langfristige Kundenbeziehung) und zeitaufwendige Kundenanalysen, Marktforschungen etc. stehen im Vordergrund.

- Die Betreuung der Schlüsselkunden erfordert Kompetenz, die dem Außendienst nicht zugestanden wird.

Nachteile:
- Der klassische Vertrieb, zum Beispiel der Außendienst, fühlt sich als vermeintlicher Verlierer und arbeitet gegen das Key Account Management.
- Bei fehlender Identifikation mit dem Key Account Management erfolgt keine Unterstützung durch die restliche Unternehmensorganisation.
- Das Key Account Management ist nur der verlängerte Arm und Erfüllungsgehilfe der Außendienstorganisation.
- Die Vorteile eines Key Account Managements bieten aus Sicht der Schlüsselkunden keine Vorteile und/oder sie haben kein Interesse an einer vertieften Zusammenarbeit.

Für die Ansiedelung der Schlüsselkunden-Betreuung im Unternehmen bieten sich unterschiedliche Organisationsformen an:

1. **Stabsorganisation:**
   Das Fachwissen ist eventuell vorhanden, aber selten die Entscheidungskompetenz. Oftmals besteht eine mangelnde Anbindung an den Vertrieb. In wirtschaftlich schwierigen Zeiten sind gerade Stabsorganisationen vom Abbau bedroht. Eine Ansiedelung dort ist in der Regel eine schwache Position für das Key Account Management. Mögliche Option: In der Stabsorganisation wird der Key-Account-Management-Support angesiedelt und kann dort wertvolle Hilfe für das operative Key Account Management leisten.

2. **Matrixorganisation:**
   Sie wird häufig in der Konsumgüterindustrie und im Handel bevorzugt. Die Position ist für den Key Account Manager schwierig. Es ist ein erheblicher Kommunikationsbedarf innerhalb der Organisation und daher ein hoher Zeit- und Energieaufwand zu leisten. Mögliche Lösung: die Installation eines Selling-Centers. Aus allen kundennahen Bereichen werden Teilnehmer für das Selling-Center ausgewählt. Teams können zum Beispiel nach Produkt-, Organisations- oder Kundenthemen gebildet werden. Die Aufgaben des Key Account Managers in der Matrixorganisation bestehen unter anderem darin, die Markenstrategie des Produktmanagements, die Absatzkanalstrategie und regional ausgerichtete Vertriebsstrategien miteinander zu verknüpfen.

3. **Linienorganisation:**
   Sie wird heute überwiegend bevorzugt, vor allem bei Dienstleistern und in der Investitionsgüterindustrie. Der Key Account Manager ist für den ge-

samten Bereich der Leistungserbringung für den jeweiligen Key Account verantwortlich. Auch wenn sowohl das Marketing als auch das Key Account Management sich maßgeblich mit der Geschäftsentwicklung von morgen beschäftigen, wird eine Eingliederung des Key Account Managements in das Marketing der Wichtigkeit dieses Vertriebswerkzeugs nicht gerecht. Das gilt auch für die manchmal anzutreffende Anbindung an das Produktmanagement. Aufgrund der Wichtigkeit muss meines Erachtens der Key Account Manager direkt der Geschäftsleitung berichten und auf einer Ebene mit dem Vertriebs- oder Verkaufsleiter stehen. Der Key Account Manager hat meist keine direkte Personalverantwortung, es sei denn, das Key Account Management ist organisatorisch ein eigenständiger Bereich. Der Key Account Manager muss seine Ideen in der eigenen Organisation verkaufen und das Kundenmanagement-Team für seine Ideen begeistern. In jedem Fall steht und fällt das Konzept aber mit der Person des Key Account Managers.

Die Einbindung in einen multiplen Vertrieb

In der Vergangenheit wurde die Vertriebsorganisationsform meistens von der Innenansicht eines Unternehmens dominiert. Wichtig waren

- die eigene Unternehmensstrategie,
- eine austarierte Machtbalance im Unternehmen,
- ein Organigramm, das die Machtansprüche einzelner Manager berücksichtigte,
- vertragsrechtliche Fragen,
- Entlohnungsfragen.

Im Key Account Management spielen diese Punkte eine untergeordnete Rolle. Das Key Account Management ist für die Zusammenarbeit und die Ergebnisse mit dem Key Account verantwortlich. Die Vernetzung der Key-Account-Interessen mit den eigenen Zielen steht deshalb im Vordergrund. Die Außen- und Innenansicht bestimmen gleichermaßen die Organisationsform. Wichtig ist, dass

- die Organisationsform des Key Accounts mit der eigenen Organisationsform in den wesentlichen Punkten kompatibel ist,
- die Ausrichtung der Eigenorganisation auf die Schlüsselkunden gewährleistet wird,

- die Erreichung gemeinsamer Ziele von Schlüsselkunden und eigenem Unternehmen durch die Organisationsform unterstützt wird.

Definiert werden sollten vor jeder Veränderung so exakt wie möglich die Ziele, die mit der Einführung eines Key Account Managements erreicht werden sollen. Das erarbeitete Organigramm ist dann Ergebnis der Zielbestimmungen, möglichst abgestimmt mit den wichtigsten Schlüsselkunden. Betrachten Sie die nachstehenden Organigrammvorschläge deshalb als eine Auswahl:

1. **Prozessorientiertes Key Account Management**
Basis: Position „Vertriebsleiter und Key Account Manager" in einer Hand.

Vorteile:
- Direkte Einflussnahme auf beide Bereiche durch den Manager
- Kombination von Zielen der Außendienstorganisation und des Key Account Managements
- Geringerer Abstimmungsbedarf in der eigenen Organisation

Nachteile/Gefahr:
- Eventuelle Interessenkonflikte zwischen der Außendienstorganisation und dem Key Account Management
- Hohe Arbeitsbelastung in beiden Positionen für den verantwortlichen Manager
- Die notwendige kontinuierliche Key-Account-Weiterbildung leidet aufgrund mangelnder Zeitressourcen des Managers

2. **Prozessorientiertes „Key Account Management unter Einbeziehung von regionalen Linienverantwortlichen"**
Basis: Regionale Linienverantwortliche, zum Beispiel Regionalverkaufsleiter, unterstützen den Key Account Manager. Dieser hat fachliche, aber keine disziplinarische Weisungsbefugnis gegenüber den Regionalmanagern.

Vorteile:
- Bessere Balance zwischen Außendienstaktivitäten und Key Account Management durch regionale Steuerung
- Schnellere Übertragung positiver Erfahrungen im Key Account Management auf den Außendienst
- Der Regionalleiter waltet als „Anwalt" des Key Account Managements im Unternehmen

Nachteile/Gefahr:
- Der Regionalleiter muss Interessenkonflikte zwischen Außendienstorganisation und Schlüsselkunden ausbalancieren

- Der Regionalleiter steht im Spannungsfeld Führung des Außendienstes und Verfolgung der Schlüsselkunden-Interessen
- Dem Regionalleiter als Vollblutverkäufer mangelt es an Managerfähigkeiten
- Es kommt zu möglichen Machtkämpfen zwischen Regionalmanagern und dem Key Account Management
- Der Regionalleiter setzt seine Einsatzakzente nicht konform mit den Schlüsselkundenforderungen

3. **Teilweise organisationsorientiertes Key Account Management**
Basis: „Kundenmanagement (Innen- und Außendienst) und Key Account Management sind organisatorisch getrennt". Der Key Account Manager hat nur eine fachliche, aber keine disziplinarische Kompetenz.

Vorteile:
- Organisatorische Trennung zwischen Außendienstorganisation und Key Account Management
- Klares Bekenntnis des Unternehmens zum Key Account Management
- Umfassende Konzentration auf die Schlüsselkunden-Bearbeitung

Nachteile/Gefahr:
- Die Kommunikation zwischen den Schnittstellenbereichen stockt, Vertriebsteams innerhalb des multiplen Vertriebs arbeiten gegeneinander
- Die Außendienstorganisation fühlt sich als möglicher Verlierer bei der Kundenzuordnung und verweigert die Mitarbeit
- Es besteht Uneinigkeit über den Zeiteinsatz des Innen- und des Außendienstes zur unterstützenden Betreuung der Schlüsselkunden
- Durch „unsaubere" Schnittstellenbeschreibungen und unklare Weisungs- und Informationswege kommt es zu unnötigen Machtkämpfen um die vorhandenen Unternehmensressourcen

4. **Weitgehend organisationsorientiertes Key Account Management**
Basis: „Kundenmanagement und Key Account Management sind bis auf den Innendienst organisatorisch getrennt". Der Key Account Manager hat fachliche und disziplinarische Kompetenz gegenüber dem regionalen Key Account Manager.

Vorteile:
- Volle Konzentration auf die Schlüsselkunden
- Rascher Erfahrungsaustausch im Key-Account-Management-Team möglich
- Spezialisierung einzelner Teammitglieder zum Vorteil des ganzen Teams
- Nähe zu bestehenden und potenziellen Schlüsselkunden

Nachteile/Gefahr:
- Das Key Account Management beginnt ein Eigenleben und fügt sich nicht in die Gesamtvertriebsstrategie ein
- Es findet kein/kaum Erfahrungsaustausch mit der Kundenmanagementorganisation statt
- Die Einkommensspanne zwischen der Außendienstorganisation und den Key Account Managern wird zu groß
- Die Reibungsverluste zwischen der Innendienstorganisation und dem Key-Account-Management-Team werden aufgrund unterschiedlicher Bewertungskriterien zu groß

5. **Umfassendes organisationsorientiertes Key Account Management:**
   Basis: „Kundenmanagement und Key Account Management laufen in der Organisation nebeneinander". Im Key Account Management werden auch Spezialisten für verschiedene Bereiche angesiedelt.

Vorteile:
- Volle Vertriebskraft für die Schlüsselkunden
- Ressourcen zur Befriedigung von Key-Account-Wünschen sind ausreichend vorhanden oder werden beschafft
- Es findet eine schnelle Abstimmung innerhalb der Key-Account-Management-Organisation statt

Nachteile/Gefahr:
- Das Key Account Management führt ein Eigenleben, generiert nur noch Informationen über die betreuten Schlüsselkunden und entfernt sich dadurch zu weit vom anderen Marktgeschehen
- Eventuell ist ein zusätzlicher Verwaltungsbereich erforderlich, um das Key Account Management zu steuern (Doppelkosten)
- Schwächen an der Schnittstelle Außendienstorganisation/Key Account Management führen dazu, dass potenzielle Key Accounts nicht rechtzeitig vom Key Account Management übernommen werden

6. **Die Matrixorganisation:**
   Basis: Der Key Account Manager beeinflusst die gesamten kundennahen Unternehmensbereiche. Die Profit- und Loss-Verantwortung liegt bei den Linienbereichen, der Key Account Manager hat eine sehr stark beratende Funktion.

Vorteile:
- Nur von den Betriebsbereichen geprüfte und für gut befundene Vorschläge des Key Account Managers werden umgesetzt (Prüfung nach dem Mehr-Augen-Prinzip)

- Unrealistische Planungen und Konzepte werden rechtzeitig entschärft
- Theoretische und praktische Planungen können kombiniert werden

Nachteile/Gefahr:
- Es kommt durch unterschiedliche Strategien zu Reibungsverlusten zwischen der Linienorganisation und dem Key Account Manager
- Ratschläge des Key Account Managers werden von den Vertriebsbereichen abgewiesen
- Durch mangelnde disziplinarische Macht des Key Account Managers ist zeitraubende Überzeugungsarbeit zu leisten

7. **Das Key-Account-Management-Team:**
Basis: „Das Key Account Management ist der Treiber innerhalb des multiplen Vertriebs". Jeder Unternehmensmitarbeiter weiß, wie wichtig die erfolgreiche Bindung der Key Accounts an das eigene Unternehmen ist. Prozesse, die für Key Accounts entwickelt wurden, werden auch zum Standard für andere Vertriebsbereiche. Alle Kundenmanager unterstützen das Key Account Management und sorgen somit für eine weiter entwickelte Form des prozessorientierten Key Account Managements.

Vorteile:
- Hohe Produktivität des gesamten Teams
- Hoher Reifegrad der Teammitglieder
- Das gesamte Kundenmanagement setzt sich für die Key Accounts ein
- Durchgängige Informationen über alle Vertriebsbereiche hinweg

Nachteile/Gefahr:
- Interesse der Teammitglieder an Statusfragen wie Machtzuwachs, Gehaltszuwachs, Weisungsbefugnisse etc. behindern die Teamarbeit
- Nur eine dauerhafte Einbindung sorgt für ein positives Spannungsfeld aller Beteiligten
- Andere Kundenbereiche werden vernachlässigt
- Die Neukundengewinnung leidet unter der Key-Account-Dominanz

Die Messziffer für den Erfolg der Key-Account-Organisation ist das Zusammenspiel der verschiedenen Unternehmensbereiche. Das Unternehmen, das seine gesamte Organisation mental und funktional auf die Schlüsselkunden ausrichtet, hat eine gute Chance, seine Position auf dem Markt zu halten oder sogar auszubauen. Und damit wird es auch leichter, den restlichen Markt von den eigenen Leistungen zu überzeugen.

Der Aufbau eines Key-Account-Management-Teams

In regelmäßigen Abständen befragt die Deutsche Verkaufsleiter-Schule in München Geschäftsführer Vertrieb und Vertriebsleiter aus Unternehmen aller Branchen. Das Ergebnis der letzten Jahre: Beinahe die Hälfte aller Befragten befindet sich nach eigener Einschätzung in einem ausgeprägten Verdrängungswettbewerb, zum Teil in einem Hyperwettbewerb bis hin zum Vernichtungswettbewerb, unter dem nach eigenen Angaben immerhin 12 Prozent zu leiden haben.

Auf die Frage, wie auf Herausforderungen der Zukunft reagiert werden soll, wurde folgendermaßen geantwortet:

- 45 Prozent sehen eine Chance in der Entwicklung schlagkräftiger Neukundengewinnungsstrategien.
- 38 Prozent denken daran, den Innendienst für aktives Verkaufen und größere Kundennähe neu zu organisieren.
- 37 Prozent sind dabei, neue Vertriebsstrategien für Verdrängungsmärkte zu entwickeln.
- 36 Prozent planen den Aufbau strategischer Wertschöpfungspartnerschaften mit Kunden.
- 16 Prozent denken an die Einführung eines nationalen Key Account Managements und
- 10 Prozent an die Einführung eines internationalen Key Account Managements.

Nur 12 Prozent sprachen sich für den Aufbau und die Entwicklung von interdisziplinären Vertriebsteams aus, doch ist voraussehbar, dass es in Zukunft weit mehr sein werden. Denn Zeit und Finanzmittel in den Unternehmen sind beschränkt, sodass nicht für jede Anforderung ein Spezialist engagiert werden kann.

Vermehrt werden inzwischen auch Buying-Center mit Mitarbeitern unterschiedlicher Kernkompetenzen auf der Schlüsselkundenseite eingesetzt. Buying-Center sind multifunktional besetzte Einkaufsteams, die projektbezogen Kaufentscheidungskriterien festlegen und nachfolgend dann mit möglichen Lieferanten die Verhandlungen durchführen. Mit diesem Vorgehen wird das Qualifikationsniveau der Einkaufsteams deutlich erhöht und die Qualifikationserwartungshaltung an die Key-Account-Management-Teams der Anbieter gesteigert.

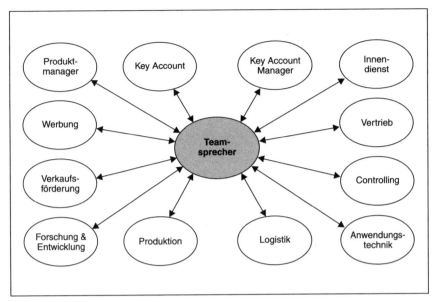

Abb. 4.9:   Das Key Account Management-Team, zusammengestellt aus den kundennahen Unternehmensbereichen, sorgt für eine Verbesserung der Vertriebsleistungen zum Vorteil des Kunden.

Der gewachsenen Erwartungshaltung wird man aus sachlicher Sicht und aus
Effizienzgründen letztlich optimal in der Regel nur durch die Einführung eines
Key-Account-Management-Teams begegnen können. Die Zeit der Einzelkämpfer, die alles alleine regeln und organisieren, neigt sich dem Ende zu. Dabei ist bei einem Key-Account-Management-Team nicht nur das Kundenmanagement gefragt, denn sowohl funktionsübergreifende Teilnehmer – Kundenmanager, Marketingteam – als auch bereichsübergreifende Besetzungen –
Verwaltung, F&E, Produktion – schaffen das gewünschte Qualifikationspo-
tenzial. Das Key-Account-Management-Team nimmt dabei im Prozess der
Prozessoptimierung und Effizienzsteigerung eine zentrale Rolle zwischen dem
Schlüsselkunden und dem eigenen Unternehmen ein.

Unternehmen wie Hewlett-Packard, ICI oder Beiersdorf können sich die Gestaltung des Vertriebs ohne Teambildung nicht mehr vorstellen. Sie nennen als
wichtigste Gründe:

● bessere Arbeitsergebnisse aufgrund ergänzender Fähigkeiten im Team

● höhere Motivation der Teammitglieder

- effizientere Durchsetzung von Maßnahmen im Unternehmen
- gesteigerte Flexibilität
- bessere Lernfähigkeit

Ein allgemein gültiges Key-Account-Management-Teammodell gibt es zwar nicht, aber hinterfragen Sie:

▶ *Welche Unternehmensbereiche oder Mitarbeiter stehen in einem direkten Kontakt mit den potenziellen Key Accounts?*

▶ *Welche Unternehmensbereiche oder Mitarbeiter stehen in einem indirekten Kontakt mit den potenziellen Key Accounts?*

▶ *In welcher Form – persönlich, schriftlich, telefonisch – und mit welcher Aufgabenstellung – verkaufend, beratend, abwickelnd – findet die Kommunikation zwischen den Teammitgliedern und den potenziellen Key Accounts statt?*

▶ *Handelt es sich dabei überwiegend um Standardprozesse oder um individuelle Vorgänge?*

▶ *Ist die Kommunikation zwischen den Gesprächspartnern problembehaftet oder unproblematisch?*

▶ *Welche Fachkompetenz und Entscheidungsfreiheit brauchen die Teammitglieder, um schnell und unbürokratisch im Sinne beider Parteien entscheiden zu können?*

▶ *Wie ist die Mehrzahl der potenziellen Key Accounts organisiert – Buying-Center, Einzelpersonen oder Abteilungen/Bereiche?*

Das Team hat sich an den Zielen der Schlüsselkunden und der strategischen Planung des eigenen Unternehmens zu orientieren. Die Grundausrichtung von Key-Account-Teams ist die Ermöglichung von ganzheitlichen Prozessen, um die immer komplexer werdenden Hersteller- und Key-Account-Beziehungen schultern zu können. Es wird dabei in Kauf genommen, dass der heute noch vorhandene individuelle Entscheidungsspielraum der Teammitglieder begrenzter wird. Ihr Vorteil: Je nach Ausgangsbasis führen Teams zu erheblichen Kostensenkungen, da Hierarchieebenen wegfallen und Spezialisten nur noch dort eingesetzt werden, wo es unbedingt notwendig ist.

Teams müssen zwar flexibel je nach Key-Account-Anforderungen ausgerichtet werden, auf vier Grundannahmen kann sich aber dennoch gestützt werden:

▶ Ein Key-Account-Management-Team kann als Marktbearbeitungswerkzeug sowohl fest als auch auf Projektbasis installiert werden.

▶ Das Key-Account-Management-Team erhält einen klar definierten Auftrag, wird mit den notwendigen Kompetenzen ausgestattet und trägt kollektive Verantwortung für die erzielten Ergebnisse.

▶ Die übertragene Aufgabe stellt eine in sich möglichst geschlossene Aktivität dar. Das Key-Account-Management-Team hat den Freiraum, den Aktionsplan und die Aktivitäten weitestgehend autonom zu entwickeln und zu steuern.

▶ Sowohl fachliche als auch soziale Fähigkeiten der Key-Account-Teammitglieder sollten sich ergänzen. Intensiver Austausch und enge Kooperation innerhalb des Teams bilden dafür die Grundlage.

Zu den Aufgaben eines Key-Account-Management-Teams gehören unter anderem:

● die Gewinnung von potenziellen Key Accounts,

● die Betreuung von bestehenden Schlüsselkunden,

● der Ausbau der Beziehungen mit Key Accounts,

● die Entwicklung von Neuprodukten gemeinsam mit den Schlüsselkunden,

● die Durchführung gemeinsamer Marketingaktivitäten zur Gewinnung von Marktanteilen.

Die rationale Gestaltung von Teamaktivitäten steht immer noch im Vordergrund des Managements. Vernachlässigt werden dabei oftmals die emotionalen Komponenten im Gestaltungsprozess von Key-Account-Management-Teams. Grundvoraussetzungen für den Aufbau sind Offenheit und Transparenz. Noch einmal: Organigramme ersetzen keine Denkhaltung. Konsequentes Predigen von kollektiver Verantwortung führt leicht zu Trittbrettfahrern. „Team", aus der emotionalen Sicht betrachtet, bedeutet: sich zu trauen, die Herausforderung anzupacken, gemeinsames Erleben der Umsetzungsergebnisse (positiv wie negativ), Anerkennung von den Teammitgliedern zu erhalten und sich selbst für diese Aufgabe motivieren zu können.

Aber nicht nur das Management ist in der Verantwortung. Jedes einzelne Teammitglied ist ebenso gefragt. Fragen Sie die Teammitglieder, ob sie die folgenden Punkte positiv für sich beantworten können.

O Wir akzeptieren, dass dauerhaftes Lernen die Grundlage für den Erhalt unseres Unternehmens ist.

O Wir sind bereit, aus eigenem Antrieb lebenslanges Lernen zu unserem Lebensinhalt zu machen, auch außerhalb der Arbeitszeit.

O Wir haben Spaß daran, durch Reflexion und Kommunikation die Geschehnisse zu beleuchten und Defizite als positive Herausforderung anzunehmen.

O Wir haben keine Angst vor der Zukunft.

O Das Wort „negativ" existiert für uns nicht, sondern wir lernen aus Prozessen und sind immer bestrebt, diese Prozesse zu optimieren.

O Wir sind bereit, von allen zu lernen, ohne Ansehen der Position.

O Jeder akzeptiert die Teampartner gleichermaßen als Multiplikatoren und Mentoren.

O Wir sind bestrebt, durch Zuhören zu lernen.

O Wir stellen auch dann Fragen, wenn wir noch keine Antworten haben.

O Wir suchen und verteilen positive Kritik, damit Schwachstellen und Entwicklungen analysiert und beleuchtet werden.

Erfolg ist auch und gerade in der heutigen Zeit sehr stark personengebunden und hängt nur zu einem kleineren Teil von Produkten oder Management-Werkzeugen ab. Die Mitglieder im Key-Account-Management-Team müssen die eigene Branche und das Key-Account-Unternehmen verstehen, belastbar sein, Spaß am Kontakt mit Schlüsselkunden haben und über das notwendige Managementwissen verfügen.

Teammitglieder möchten einerseits einbezogen werden, erwarten aber andererseits von ihrem Management klare Vorgaben. Prüfen Sie deshalb:

Prüfen Sie

▶ *Wissen die Teammitglieder genau, was von ihnen erwartet wird?*

▶ *Haben Sie dem Team alles notwenidge Handwerkszeug zur Verfügung gestellt, damit die Aufgaben erfüllt werden können?*

▶ *Haben Sie dafür gesorgt, dass die Teammitglieder gemäß ihrer Stärken die effektiven Arbeiten erledigen?*

▶ *Wird die Tätigkeit der Teammitglieder ausreichend gewürdigt?*

▶ *Unterstützen Sie das Team in seiner Tätigkeit?*

▶ *Beziehen Sie das Team in strategische Überlegungen mit ein?*

▶ *Sind die langfristigen Ziele im Detail bekannt?*

▶ *Bieten Sie genügend Chancen, dass sich die Teammitglieder entwickeln können?*

Key-Account-Management-Teams schöpfen die Produktivitätsreserven besser aus und helfen, Grenzen zwischen einzelnen Abteilungen zu überwinden. Das Team reguliert sich selbst, besonders dann, wenn eine variable Teamentlohnung eingeführt ist. Jeder wird so darauf achten, dass sich auch die anderen Mitstreiter für den gemeinsamen Erfolg einsetzen. Ebenso wichtig für die Motivation des Teams sind aber auch der Vorgesetzte und dessen Beurteilung durch das Team. Kriterium ist die Sicht von unten nach oben. Mit einem demotivierten Team kann kein Manager dauerhaften Erfolg erringen.

Ein Beispiel für gelungene Teamarbeit bietet ein mittelständisches Maschinenbauunternehmen:

Beispiel

Neben dem Maschinenverkauf sind dort das Ersatzteilgeschäft und die After-Sales-Bearbeitung kritische Erfolgsfaktoren. In der Vergangenheit waren die Geschäftsbereiche Vertrieb und Kundendienst organisatorisch getrennt, zum Teil historisch gewachsen und undurchsichtig gestaltet. Für den Verkauf der Maschine war die Tochtergesellschaft verantwortlich, für die Ersatzteilaufträge und Reklamationen der zentrale Vertrieb oder Kundendienst.

Die Kunden hatten bei der Kontaktaufnahme keinen festen Ansprechpartner, sondern mussten sich mit unterschiedlichen Unternehmensmitarbeitern auseinander setzen. Daher war auch das Wissen über die Kunden und den Markt fragmentiert im Unternehmen verteilt. Das Ergebnis: hoher Koordinations-aufwand, teils Doppelkosten, unbefriedigende Kommunikation im Unternehmen, frustrierte Kunden.

Aus diesem Grund wurden drei Area-Teams gebildet und in einem Kundenzentrum zusammengefasst. Diese Teams, ausgestattet mit weit reichenden Kompetenzen, sind heute für die Kundenkommunikation und die Ablaufprozesse verantwortlich. Um ein Auseinanderleben der Teams zu verhindern, wurde eine Kundenzentrumsleitung als Koordinationsteam gebildet, sodass eine einheitliche Vertriebs- und Servicestrategie gewährleistet ist. Die Kundenzentrumsleitung berichtet direkt der Geschäftsleitung.

Das Resultat: Nach nur einem Jahr wurden erhebliche Verbesserungen erzielt: Die interne Leistungsfähigkeit wurde gesteigert. Kundenbedürfnisse können heute schneller erkannt werden und die individuelle Betreuung trägt zu einer höheren Kundenzufriedenheit bei. Die Prozessabläufe im Unternehmen konnten verschlankt werden, wodurch der Koordinations- und Abstimmungsbedarf sank. Positiv wirkte sich die Teambildung auch auf die Mitarbeitermotivation aus: Die Mitarbeiter verstehen sich heute als Anwälte der Kunden.

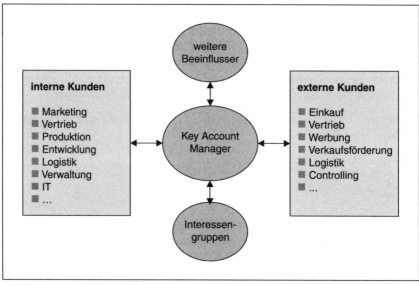

Abb. 4.10: Der Key Account Manager ist ein Netzwerker innerhalb der verschiedensten Interessen- und Kundengruppen.

Die effiziente Key-Account-Management-Organisation

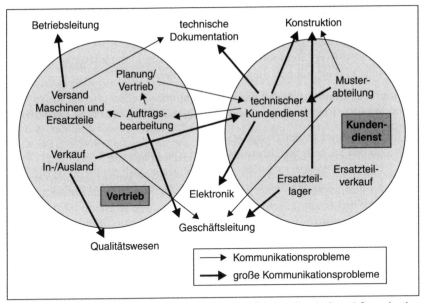

Quelle: Fraunhofer Institut Arbeitswirtschaft und Organisation

Abb. 4.11: Fallbeispiel vorher: in unvernetzten und zu komplexen Organisationen kommt es zu hohen Reibungsverlusten zu Lasten der Kunden.

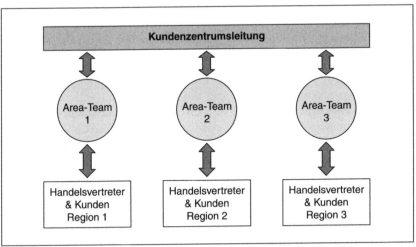

Quelle: Fraunhofer Institut Arbeitswirtschaft und Organisation

Abb. 4.12: Fallbeispiel nachher: durch Teamarbeit wird die Unternehmenskompetenz gebündelt und damit die Kundenzufriedenheit erhöht durch eine Beschleunigung der Ablauf- und Betreuungsprozesse.

Mobilisieren Sie Ihr Key-Account-Management-Team:

▶ Ihre Key Accounts:
  – Sie investieren Ressourcen, Zeit, „moralische Unterstützung", strategische Einbettung etc. für Ihr Unternehmen.

▶ Ihre Vorkämpfer in Ihrem Unternehmen:
  – Wer hat Erfahrung im Account? Wer macht wo das Tagesgeschäft?

▶ Ihre Mitspieler in Vertrieb/Marketing:
  – Stellen Sie fest, welche anderen Bereiche durch das Key Account Management tangiert werden. Wo liegen deren potenzielle Vorteile? Wer könnte irgendwann einmal wichtig werden? Wer könnte negativ reagieren?

▶ Supportbereiche:
  – Verwaltung, Service, Engineering, Finanzen & Controlling, Logistik etc.

▶ ... und wer sonst noch beitragen könnte ...

Die persönlichen Voraussetzungen des erfolgreichen Key Account Managers

H. Grischy hat es auf den Punkt gebracht: „Womit steht und fällt das Key Account Management? Einzig mit den Persönlichkeiten, die ein Unternehmen mit dieser bedeutsamen Aufgabe betreut."

Ist der Key Account Manager in erster Linie der Oberverkäufer des Vertriebs? Seine Person, sein Unternehmen und die Leistungen zu verkaufen ist die Grundlage, aber neben den rein fachlichen Fähigkeiten entscheiden beim Key Account Manager vor allen Dingen das „Standing", die Persönlichkeit, Strategie- und Analysefähigkeit über Erfolg oder Misserfolg. Deshalb ist es wenig sinnvoll, junge, noch unerfahrene Mitarbeiter auf diese Position zu setzen, die sie nur bedingt ausfüllen können. Key Account Manager müssen intern und extern von den Gesprächspartnern ernst genommen werden.

Die Versuchung ist groß, einen Verkäufer, der in der Vergangenheit erfolgreich war, auf die Key-Account-Manager-Position zu setzen. Allerdings läuft man dann Gefahr, dass man einen guten Verkäufer weniger und einen nicht geeigneten oder überforderten Key Account Manager mehr im Unternehmen hat. Die Anforderungen an beide Vertriebspositionen sind höchst unterschiedlich: Der Verkäufer ist für das Geschäft von heute verantwortlich, der Key Account

Manager für das Geschäft von morgen. Hier ist der Spitzenverkäufer mit strategischen Grundüberlegungen gefragt, dort der Stratege mit hohem verkäuferischem Potenzial.

Der Key Account Manager unterstützt den Key Account in seinem Vorhaben, flexibler, innovativer und kostengünstiger gegenüber seinem Wettbewerb zu sein. Deshalb muss der Key Account Manager in der Lage sein, eine kundenorientierte Argumentationsbilanz für seine Produkte und Dienstleistungen zu erstellen und diese nach innen und außen zu „verkaufen". Das ist eine Gratwanderung, denn es sind sowohl die Ziele des Schlüsselkunden als auch die eigenen strategischen Ziele im Auge zu behalten. Der Key Account Manager nimmt somit intern die Rolle eines Unternehmers im Unternehmen und extern die Aufgabe als Berater des Kunden ein. Jahrelange Erfahrungen sind deshalb zur Erfüllung dieser schwierigen Aufgabe notwendig.

Das Beispiel eines Elektronikunternehmens zeigt die Schwierigkeiten bei der Auswahl eines geeigneten Key Account Managers:

Dieser Konzern hatte vor einigen Jahren Key Account Management eingeführt und eine Auswahl von erfolgreichen Verkäufern für die neue Position getroffen: gute Fachleute mit ausgeprägten Branchenkenntnissen und verkäuferischem Geschick. Was den Auserwählten fehlte, war die Unternehmerkomponente. Auch zahlreiche Managementtrainings über mehrere Jahre halfen nur bedingt mit der Konsequenz, dass die Key Account Manager schließlich teilweise ausgetauscht wurden. Neue Key-Account-Manager-Kandidaten werden heute in diesem Unternehmen verstärkt aufgrund von unternehmerischen Fähigkeiten ausgewählt. Dabei werden folgende Punkte beachtet:

▶ *Der Key Account Manager ist der Analytiker und Projektmanager, der Schlüsselkunden und deren Märkte analysiert, um die Herausforderungen der Zukunft genauso gut oder besser zu verstehen als der Key Account selbst.*

▶ *Der Key Account Manager ist Berater und Ideengeber und muss, um anerkannt zu werden, selbst „Unternehmer"-Format haben.*

▶ *Der Key Account Manager ist der Innovator, der nach außen und innen Zukunftsvisionen entwickelt, Problemlösungen kreiert und auf beiden Seiten Mitspieler gewinnt.*

▶ *Der Key Account Manager verfügt über die notwendige soziale Kompetenz, auch ohne direkte Weisungskompetenz das interne Team für die Interessen des Schlüsselkunden begeistern zu können.*

▶ *Der Key Account Manager erhält alle notwendigen Kompetenzen, muss sie aber auch nutzen und die Verantwortung für Profit und Loss übernehmen.*

▶ *Der Key Account Manager nivelliert die Interessen der Einzelabteilungen mit den Schlüsselkunden-Interessen und sorgt für einen Abbau eventueller Spannungen und Konfliktpotenziale.*

Die persönlichen Anforderungen an die Key Account Manager der Zukunft steigen beständig. Je nach Branche und Marktausrichtung steht der Verkauf, die Strategiebildung oder die Marktanalyse im Vordergrund. Trotzdem: Der Key Account Manager muss über alle drei Fähigkeiten verfügen. Es wird zunehmend schwieriger, geeignete Kandidaten auf dem freien Markt zu bekommen. Bilden Sie deshalb geeignete Mitarbeiter rechtzeitig nach den folgenden Hauptanforderungen aus:

▶ **Fachliche Fähigkeiten:** Verstehen des eigenen Geschäfts, in der Praxis erworbene Produktmanagement- und Vertriebserfahrungen und exzellente Verkaufsorientierung

▶ **Analytische Fähigkeiten:** Beherrschung der wichtigen Analysewerkzeuge, analytisches Denken, Erfahrung im Umgang mit der Informationstechnologie, Erarbeitung strategischer Konzepte und Aufbereitung strategischer Ziele

▶ **Hierarchische Kompetenz:** Format, eine Managementposition einzunehmen, unternehmerisches Denken und Handeln

▶ **Soziale Kompetenz:** auf Menschen eingehen und sie für sich und seine Ziele auf freiwilliger Basis begeistern zu können, Teamfähigkeit und Persönlichkeitsstärke

Schauen Sie die einzelnen Hauptanforderungen im Einzelnen an:

▶ **Fachliche Fähigkeiten:**
Die fachlichen Fähigkeiten umfassen einen theoretischen und einen praktischen Teil:
- Theoretischer Teil: Weiterbildung, Grundkenntnisse in Marketing, Vertrieb, Controlling, Logistik und Betriebswirtschaft
- Praktischer Teil: Kenntnisse über Ressourcen und die strategischen Ziele des eigenen Unternehmens und des Schlüsselkunden, um zum Erfolg des Key Accounts und einer Win-Win-Situation beizutragen

▶ **Analytische Fähigkeiten:**
Kenntnis der Prozessketten und Wertschöpfungsketten der Schlüsselkunden, um Partneringsysteme zu entwickeln und Key-Account-Durchdringungspläne aufzubauen:
- Anforderungen und Wunschvorstellungen der Key Accounts
- Rationale und emotionale Bedürfnisse der Entscheidungsträger und Entscheider
- Potenzial- und Ressourceneinschätzung – Chancen und Risiken – bei den einzelnen Key Accounts
- Bewertung der Wettbewerbssituation
- Entwicklung von Abgrenzungsstrategien in Zusammenarbeit mit den Key Accounts gegenüber deren Wettbewerbern
- Markt und Kunden des Key Accounts und deren Anforderungen und Wunschvorstellungen analysieren
- Möglichkeiten prüfen, Aufgaben des Schlüsselkunden, die nicht zu seinen Kernkompetenzen gehören, durch das eigene Unternehmen erledigen zu lassen

Vernetzung der eigenen Strategie mit den Interessen der Key Accounts durch Bestimmung der eigenen Vertriebsziele

▶ *Marktziele: Wo wollen/können wir tätig werden?*

▶ *Leistungsziele: Was verlangen die Schlüsselkunden und was können/wollen wir erfüllen?*

▶ *Weiche Faktoren und Bedürfnisziele: Welche Wünsche der Key Accounts müssen befriedigt werden und welche Stärken können/wollen wir zur Verfügung stellen?*

▶ *Anteilsziele: Welche Marktanteile können mit den Schlüsselkunden erreicht werden?*

▶ *Positionierungsziele: Welche Positionen wollen/können wir im Zusammenspiel mit den Key Accounts im Markt einnehmen?*

▶ *Unternehmensressourcen: Welche Ressourcen (Zeit, Geld, Know-how, Personal) sind vorhanden bzw. können in kurzer Zeit bereitgestellt werden, um die Schlüsselkunden zu unterstützen?*

▶ *Strategische Preisgestaltung: In welchem Preisbereich bewegen wir uns und welche Key Accounts verfolgen eine gleichartige Preisstrategie?*

▶ *Positive Mitspieler im eigenen Unternehmen und beim Key Account: Welche Teamplayer haben wir schon gewonnen und welche müssen noch gewonnen werden?*

▶ *Distributionsstrategie: Welche Schlüsselkunden unterstützen unser angepeiltes Vertriebskonzept?*

▶ *Leistungskategorien: Welche Grundleistung verlangt der Key Account/ Markt? Bei welchem Zusatznutzen kann für beide Gewinn herausspringen?*

▶ *Begleitleistungen: Mit welchen Begleitleistungen können/wollen wir (Service, Beratung, Garantien, spezielle Logistikleistungen) zum Schlüsselkunden-Erfolg beitragen?*

▶ Hierarchische Kompetenz:
Je entwickelter das Key Account Management in einem Unternehmen etabliert ist, desto ausgeprägter sind die Entscheidungskompetenzen des Key Account Managers. Unterschieden werden können folgende Ausprägungen:
– Der Key Account Manager in Stabspositionen:
Hat oft nur eine „beratende" Funktion. Beschäftigung mit Marktanalysen und Zielformulierungen. Nur bedingter Einfluss im nachfolgenden Entscheidungsprozess (Entscheidungen werden durch die Geschäfts-, Marketing- oder Vertriebsleitung getroffen).
– Eingliederung in die Linienorganisation:
Eine schwache Position ist die Positionierung unterhalb des Vertriebsleiters. Wenn nicht klar die Wichtigkeit des Key Account Managements gegenüber den anderen Kundenmanagern definiert und gelebt wird, kommt es schnell zu Abgrenzungsproblematiken und zum Kampf um die Unternehmensressourcen. Vermeiden Sie Verlierer-Gewinner-Situationen, wenn aus einem Kunden der Außendienstorganisation ein Key Account wird. Lösungsvorschlag: Stellen Sie den Key Account Manager hierarchisch auf die gleiche Stufe wie den Verkaufsleiter Außendienst. Die Bereichsziele sollten von beiden selbständig entwickelt und vor dem Management präsentiert werden. Eine grundsätzliche Vertriebsentscheidung kann vom Management für eine der Parteien getroffen werden. Damit wird verhindert, dass im Zweifelsfall ein Kampf um die internen Ressourcen zwischen den beiden Vertriebsausrichtungen ausgetragen wird.
– Ausrichtung als Matrix-Position:
In einer Matrix-Position ist der Key Account Manager sehr häufig Berater der einzelnen Produkt- bzw. Geschäftsbereiche. Die diversen Vertriebsaktivitäten zielen auf die gleichen Key Accounts. Der Key Account Manager hat die Aufgabe, möglichst auf freier Zielvereinba-

rung die internen Teampartner auf ein gemeinsames Ziel und eine bestimmte Vorgehensweise beim Key Account einzuschwören. Damit wird Beziehungsmanagement zu einem der wichtigsten Werkzeuge für den Erfolg des Key Account Managers, um Einfluss auf das Handeln von Unternehmensmitarbeitern zu nehmen. Immer wieder sind hierarchische Erschwernisse in einer Matrix-Positionierung zu entdecken, zum Beispiel ist der Key Account Manager fachlich und disziplinarisch unterschiedlichen Entscheidungsträgern zugeordnet. Außerdem sind nicht selten divergierende Bereichsinteressen zu befriedigen. Es ist deshalb wesentlich, die emotionalen Interessen der Mitspieler zu berücksichtigen und allen Teampartnern Angebote mit ausreichendem Vorteil und Nutzen zu unterbreiten. Dies zieht einen erheblichen Zeitbedarf für interne Abstimmungskoordinierung nach sich.

Wie auch immer Sie die Position des Key Account Managers ansiedeln, die hierarchische Kompetenz alleine ist nicht entscheidend für eine erfolgreiche Durchführung der Tätigkeit, sie erleichtert aber dem Key Account Manager seine Tätigkeit. Optimal wären:

- Verhandlungsrechte gegenüber dem Schlüsselkunden (Produktbereich, Konditionen, Gestaltung der Zusammenarbeit),
- Abschlussrechte gegenüber dem Key Account (Vereinbarungen über Aktivitäten und Geschäftsabwicklungsregelungen),
- interne Weisungsrechte (in Abstimmung mit dem Leiter Außendienst über aufgabenbezogene Aktionen im Innen- und Außendienst),
- Mitwirkungsrechte innerhalb der eigenen Organisation (Mitgliedschaft in Entscheidungsgremien des Marketings und Vertriebs, Produktmanagements, Strategiezirkeln etc.),
- Kontrollrechte (Kontrolle und Controlling des Tagesgeschäfts, der auf den Key Account bezogenen Tätigkeit etc.).

▶ **Soziale Kompetenz:**
Diese Kompetenz ist nur teilweise in Seminaren erlernbar, sondern gründet sich vor allem auf große Berufs- und Lebenserfahrung, eine geeigneten Grundtypologie (positives Denken, Gelassenheit, Humor, Belastbarkeit etc.) und eine ausgeprägte Teamfähigkeit. Positiver Umgang mit Menschen, Akzeptanz anderer Positionen, Fingerspitzengefühl – und trotzdem das stete Verfolgen der eigenen Ziele sowie die Fähigkeit, Menschen für seine Ideen und Visionen zu begeistern, fragen und zuhören können – all dies zählt zum sozialen Arbeitsfeld des Key Account Managers.

Eine der wichtigen Aufgaben des Key Account Managers ist die Pflege der Key-Account-Kontakte, unabhängig von aktuellen Projekten. Gerade dann kann er beweisen, dass er nicht nur bei den Auftragserteilungen anwesend ist, sondern sich ständig um die Belange des Schlüsselkunden annimmt. Der Kontakt zu den Partnern auf den unterschiedlichen Hierarchieebenen sollte ihm daher Spaß machen. Von Vorteil ist es, wenn er seine Sprache denen der Gesprächspartner anpassen kann und für ausreichenden Informationsfluss zwischen allen Beteiligten sorgt. Er sollte den Partnern dabei stets das Gefühl vermitteln, ernst genommen zu werden.

„Fertige" Key Account Manager gibt es nicht am Markt, sondern sie werden aufgrund von angenommenen Grundfähigkeiten dazu ernannt oder „rutschen" durch ihre Erfahrungen mit Großkunden in diese Aufgabe. Selten sind alle Fähigkeiten – Branchen- oder Fachkenntnissen, Methoden- und Sozialkompetenz – sofort von Beginn an abrufbar. Investieren Sie deshalb in die Ausbildung der Key Account Manager von morgen, auch auf das Risiko hin, dass Sie Mitarbeiter auf dem Qualifizierungsweg verlieren. Eröffnen Sie den Kandidaten die großartigen Perspektiven, die diese interessante Position mit sich bringt, und vermitteln Sie Ihre Unternehmensvision. Eine Rotation in den verschiedensten Bereichen des Unternehmens – Marketing, Controlling, Produktmanagement, Verkauf – schafft eine solide Grundlage für die positive Ausfüllung dieser Aufgabe. Geben Sie sich und den potenziellen Kandidaten Zeit für die Entwicklung.

Die Ausrichtung der Unternehmensaktivitäten auf die Key Accounts

Um durchschlagenden Erfolg im Key Account Management zu erzielen, ist die gesamte Ablauforganisation funktional und mental auf die Schlüsselkunden auszurichten. Den Schlüsselkunden zu dienen bietet die Chance, in einer Win-Win-Situation mit dem Erfolg des Kunden selbst zu wachsen. Voraussetzungen eines Gewinner-Gewinner-Spiels sind allerdings:

▶ In hart umkämpften Märkten unter Hyperwettbewerbsbedingungen ist ein Win-Win schwieriger zu realisieren. Prüfen Sie deshalb in solchen Märkten immer auch weitere Optionen – Märkte und/oder andere potenzielle Schlüsselkunden, um eventuell die eigenen Unternehmensressourcen anderweitig einzusetzen.

▶ Wer keinen akzeptierten Mehrwertnutzen aus Kundensicht anbieten kann, wird eine Win-Win-Partnerschaft nur bedingt erreichen können. Prüfen Sie, welcher Mehrwert und welche Leistung dem Schlüsselkunden geboten werden kann.

▶ Zwei Drittel aller potenziellen Kunden sind Mehrwertkäufer (Bauchkunden), ein Drittel Preiskäufer (Kopfkunden). Bevor Sie einen aufwendigen Durchdringungsplan für einen potenziellen Key Account entwickeln, prüfen Sie vorab, ob Ihr Kunde eine Partnerschaft oder einen Zulieferer sucht. Nur mit einem Partner, der Bereitschaft zu einer engeren Zusammenarbeit signalisiert, kann eine dauerhafte Win-Win-Situation hergestellt werden.

Aber auch die Mitglieder des Key-Account-Teams müssen die Win-Win-Situation bejahen. Das Wissen um die Bedeutung des Key Accounts für das eigene Unternehmen, die Entwicklung gemeinsamer strategischer Ziele und die Definition der konkreten Aufgaben zur Umsetzung der Ideen fördern die Akzeptanz durch das Team. Die wichtige Aufgabe des Key Account Managers ist, den Abstimmungsprozess zu koordinieren und Projekte nach vorne zu treiben. Schnittstellen ergeben sich insbesondere mit den Bereichen:

● Strategische Unternehmensplanung
● Marketing
● Controlling
● Kundenmanagement Innendienst
● Kundenmanagement Außendienst
● Produktmanagement
● Forschung & Entwicklung
● Anwendungstechnik
● Werbung & Verkaufsförderung
● Produktion

Der Key Account Manager benötigt einen nicht erheblichen Teil seiner Arbeitszeit für Markt- und Key-Account-Analysen und internen Abstimmungsbedarf, um die wesentlichen Informationen über die Schlüsselkunden an alle Prozessbeteiligten im Unternehmen weiterzuleiten. Auch wenn die neuen Medien sich in den Unternehmen durchgesetzt haben, sollte wichtiger Abstimmungsbedarf noch immer persönlich vorgenommen werden. Menschen verlangen immer noch nach emotionaler Ansprache. Mitspieler für Visionen und Ideen zu begeistern funktioniert leichter über weiche Argumente und über den Bauch als mit hard facts über den Kopf.

Um die Arbeit des Key Account Managers zu erleichtern, könnte man ihn ganz von der allgemeinen Vertriebsarbeit (organisationsorientiertes Key Account Management) freihalten oder sich – bei einer Doppelfunktion (prozessorientiertes Key Account) – ausreichender Unterstützung für nachgeordnete Aufgaben versichern. Stellen Sie für das Key Account Management auch die notwendigen Finanzmittel zur Verfügung, damit das breite Aufgabenspektrum erfüllt werden kann. Dies betrifft besonders die Investitionen in das Beziehungsmanagement mit bestehenden und potenziellen Key Accounts und den Aufbau von Datenbanken.

Kritisch wird es, wenn die verschiedenen Verkaufsbereiche innerhalb eines multiplen Vertriebs nebeneinander und unabgestimmt im Markt agieren. Gerade die Bereiche Kundenmanagement (Außen- und Innendienst), Produktmanagement und Vertriebscontrolling sind sehr eng mit dem Key Account Management verbunden. Daher sollte mit diesen Bereichen eine spezielle Abstimmung vorgenommen werden.

Zusammenarbeit zwischen Kundenmanagement und Key Account Management

Das Aufgabenfeld des Kundenmanagements hat sich durch vermehrte Zentralentscheidungen zu Gunsten des Key Account Managements gewandelt. Hinzu kommt der Trend, alle standardisierten Beschaffungsprozesse durch die neuen Medien abzuwickeln (Procurement). Jeder Vertriebsbereich kann, mehr als von vielen vermutet, zum Vertriebsgesamtergebnis beitragen. Informationsaustausch, Aufbau einer gemeinsam genutzten Datenbank, Erfahrungsaustausch zwischen allen Vertriebsbeteiligten oder gegenseitige Unterstützung bei der Tagesarbeit sind nur einige Betätigungsfelder, die aus Effizienzgründen vernetzt werden sollten. Eine optimale Gesamtbearbeitung des Marktes kann nur durch Zusammenarbeit von Kundenmanagement und Key Account Management erzielt werden. Das Kundenmanagement – Innen- und Außendienst – kann dabei in der Key-Account-Bearbeitung sehr hilfreich sein, zum Beispiel:

● in der regionalen Beratung und Betreuung von Niederlassungen des Key Accounts,

● bei der Einführung neuer Produkte oder Dienstleistungen,

● bei der lokalen Marktforschung,

● als Informationsgeber über die lokalen Gegebenheiten beim Key Account,

● bei Verkaufsförderungsmaßnahmen,

- als festes oder zeitweiliges Mitglied in einem erweiterten Key-Account-Team.

Gerade im Kundenmanagement interessieren sich die Mitspieler für die Frage: „Welchen Nutzen ziehe ich aus der Zusammenarbeit?" Bieten Sie deshalb kleine Anreize, zum Beispiel:

- variable Entlohnung für das Kundenmanagement auch bei Key-Account-Umsätzen/Deckungsbeiträgen,
- Einbindung des Kundenmanagements in einen Informationspool über die Zusammenarbeit mit den Key Accounts,
- besondere Verdienste des Kundenmanagementteams in Zusammenhang mit der Key-Account-Bearbeitung werden in der Firmenzeitschrift gewürdigt,
- Teilnahme des Key-Account-Teams an Vertriebstagungen, kurze Referate zum Status quo,
- Sonderaufgaben für besonders geeignete Kundenmanager im Key-Account-Bereich.

Die Rolle der Kundenmanager im Innendienst hat sich in den letzten Jahren erheblich gewandelt: vom Verkäufer 2. Klasse und „Abfalleimer" für ungeliebte Aufgaben des Außendiensts zu einem vollwertigen und wertigen Partner des Außendiensts. Für das Key Account Management kann der Innendienst die vielfältigsten Aufgaben übernehmen: als Vertriebscontroller, Kontakt- und Ansprechpartner für die Mitarbeiter des Key Accounts oder die Projektmanager. Vernetzen Sie die Innendienstaktivitäten mit den Aufgaben des Key Account Managements. Es ist unerlässlich, dass der Schlüsselkunde einen kompetenten persönlichen, jederzeit erreichbaren Ansprechpartner innerhalb Ihrer Organisation hat. Auch für die Kundenmanager im Innendienst sollte daher ein Anreizsystem ausgearbeitet werden, finanziell wie auch emotional.

Zusammenarbeit zwischen Produktmanagement und Key Account Management

Produktmanagement und Key Account Management erfüllen beide eine strategische Marketingfunktion: Das Produktmanagement sucht die Produktideen von morgen, um durch Innovationen Wettbewerbsvorteile zu erlangen. Zielsetzung ist unter anderem, mit weniger Einzelprodukten mehr Kundenanwendungen zu gewährleisten.

Das Key Account Management analysiert und wählt die wertigen Kunden von morgen in den strategisch definierten Marktbereichen aus. Zielsetzung ist beispielsweise, Kundenwünsche und -forderungen in Einklang mit der eigenen Vertriebsstrategie in neue Produktideen und Dienstleistungen umzuwandeln und dadurch wertvolle Wettbewerbsvorteile zu erlangen.

Den Produktmanager interessiert das Kundenpotenzial mit hoher Kaufbereitschaft, das die Unternehmensprodukte kaufen soll. Der Key Account Manager, verantwortlich für die Key-Account-Ergebnisse (sie machen in konzentrierten Märkten zwischen 50 bis 70 Prozent des Gesamtunternehmensumsatzes aus), interessiert sich für eine dauerhafte Partnerschaft und eine Gewinner-Gewinner-Position.

Beide Bereiche sind sowohl an einer Kosten- als auch an einer Leistungsführerschaft interessiert. Produkte, die sich erfolgreich bei Schlüsselkunden durchgesetzt haben, werden in der Regel auch Erfolgsbringer bei den restlichen Kunden. Optimal wäre die Mitgliedschaft des Produktmanagers im Key-Account-Team, sichergestellt werden sollte aber in jedem Fall die informelle und sachliche Zusammenarbeit und Vernetzung. Beide Bereiche verwenden die gleichen Marktdaten, um eine Harmonisierung der Produkt- und der Marktorientierung zu erreichen.

Die genannten Beispiele zeigen, dass der Erfolg des Produktmanagers auch vom Erfolg des Key Account Managers abhängt – und umgekehrt. Schwachstellen in der Zusammenarbeit dieser beiden Manager kann sich daher kein Unternehmen leisten.

Zusammenarbeit zwischen Vertriebscontrolling und Key Account Management

Das Vertriebscontrolling der Zukunft beschäftigt sich nicht nur mit dem Abgleich der Soll-Ist-Zahlen, sondern wird Trends anhand von wichtigen Indikatoren analysieren, wie sich Denk-, Werte- und Verhaltensströmungen verändern. Das Vertriebscontrolling ist damit ein wichtiger Bestandteil der Key-Account-Management-Tätigkeit. Ein weiterer Aspekt ist das Erkennen von ertragsstarken und Wert bringenden Key Accounts. Ein Großteil der Unternehmen bewertet seine Kunden immer noch am aktuellen Umsatz und Ertrag. Der überwiegende Teil kennt nicht die Kosten der Kundengewinnung, die

- das Zukunftspotenzial der Key Accounts einbezieht,
- den Wertverlust aus abgebrochenen Key-Account-Beziehungen ermittelt,
- die Kosten der Key-Account-Rückgewinnung quantifiziert.

Durch eine kennzahlengesteuerte Überwachung der Vertriebsaktivitäten bei Key Accounts wird vermieden, dass es zu unerkannten Fehlentwicklungen kommt. Key Account Management und Vertriebscontrolling bilden ein starkes Team. Der Vertriebscontroller kann entweder ein Mitglied des Key-Account-Teams sein oder in einer Zentralfunktion für einen aktuellen Informationsstand sorgen.

Die Zusammenarbeit der beiden Bereiche sorgt für Zahlentransparenz und Analyse der Daten. Zukunftsorientierte Maßnahmen können schneller und punktgenauer ergriffen werden.

Die Aufgabe des Vertriebscontrollings ist neben der Erhebung und Analyse von Kennzahlen die Steuerung von Lernprozessen und Professionalisierung im Key Account Management. Dabei gilt aber auch: „Alles, was gemessen werden kann, ist unwichtig, denn Einzigartigkeit lässt sich kaum messen." Das Vertriebscontrolling kann dazu beitragen, eine bessere Balance zwischen Key Account Management und internen und externen Beziehungen zu schaffen. Ein professionelles Vertriebscontrolling führt dazu, dass die Vertriebsziele und die zur Verfügung stehenden Ressourcen besser aufeinander abgestimmt werden.

Die Märkte werden immer komplexer. Wenig erfolgreich ist deshalb die Annahme, man wüsste bereits, was der Markt wünscht. *Nur den Kunden fragen,* was er will und was er erwartet, wird ebenso selten zum gewünschten Erfolg führen wie die ausschließliche Analyse und Auswertung von Feedback-Beschwerden. Nicht ganz ernst gemeint, aber eine bessere, obgleich risikoreichere Möglichkeit zur Bestimmung von Kundenanforderungen: Alles stoppen und abwarten, was die Kunden verlangen.

Messen Sie nur die wichtigen Schlüsselvariablen: Weniger ist mehr. Verknüpfen Sie stets Kennzahlen mit Erfolgsfaktoren, die Sie im Key Account Management unbedingt erfüllen sollten. Die Kennzahlen sollten immer die Bedürfnisse und Erwartungshaltungen der Key Accounts berücksichtigen und auf recherchierte Ziele oder Vorgaben ausgerichtet sein und nicht auf willkürlich gewählte Zahlen. Wenn sich das Umfeld und/oder die Strategie ändert, diskutieren Sie mit dem Vertriebscontrolling gemeinsam neue Kennzahlenkriterien. Fragen Sie immer: Was müssen wir genau im Key Account Management leisten, um uns von unserem direktesten Wettbewerber abzusetzen?"

Die emotionale Einbindung der Key-Account-Teammitglieder

Der Key Account Manager ist Führungsperson. Wolfgang Berger bringt es auf den Punkt: „Die Aufgabe der Führung ist nicht das Planen und Steuern, das Entscheiden und Kontrollieren, das Handeln und Agieren. Die Aufgabe der Führung besteht einzig und allein darin, das ganze Unternehmen auf die gleiche innere Frequenz einzustimmen und Resonanz zu schaffen."

Das Team auf freiwilliger Basis einzubinden, stellt an die soziale Kompetenz höchste Anforderungen. Sowohl als Mensch und Fachmann als auch als Partner gleichermaßen ernst genommen werden (man muss deswegen nicht immer geliebt werden), ist für den Key Account Manager nicht selten eine Gratwanderung. Die Betreuung und Begeisterung (manchmal auch Verblüffung) der internen Kunden stellt deswegen eine ebenso wichtige – manchmal noch wichtigere Aufgabe – dar wie die der externen Schlüsselkunden. Nur wenn Führung und Team auf einer Wellenlänge liegen, kann nachhaltige Leistung erbracht werden.

Teambildung bedeutet dabei die Akzeptanz der Andersartigkeit von Teammitgliedern. Anerkannte Heterogenität schafft Kreativität. Teambildung heißt aber nicht, dass Individualität kein Gewinn für das Team darstellt. Individualität ist förderlich für die Teamkultur. Je größer aber ein Team gebildet wird, desto schwieriger wird es, die gewünschte positive Teamdynamik zu erzielen. Deshalb wird kleineren Teams, vernetzt zu einem Ganzen, die Zukunft gehören. Berücksichtigen Sie bei der Teambildung die unterschiedlichen emotionalen Stärken der einzelnen Teammitglieder genauso wie die fachlichen Beiträge, die jedes Teammitglied beisteuern kann.

Ist das Key-Account-Team zusammengestellt, geht es an die Beantwortung und Bearbeitung folgender Fragen:

Prüfen Sie

▶ *Definieren Sie mit dem Team: „Was sind die zu bewältigenden Herausforderungen aus Kunden- und Eigensicht?"*

▶ *Analysieren Sie mit dem Team: „Was sind die Ursachen, Trends etc.?"*

▶ *Besprechen Sie mit dem Team die Optionen und Handlungsvariablen: „Welche Lösungsansätze gibt es und welche Chancen/Risiken bieten sie?"*

▶ *Treffen Sie mit dem Team möglichst eine einvernehmlich akzeptierte Mehrheitsentscheidung: „Welche Lösungen wollen/können wir für die Key Accounts und im Sinne der eigenen Vertriebsstrategie umsetzen?"*

Versuchen Sie auch bei Ihren internen Kunden das Prinzip – vom Markt her (interne Kunden) auf den Markt hin (Key Account Manager) – anzuwenden. Stellen Sie sich auf Wünsche und emotionale Bedürfnisse Ihres Teams ein und sehen Sie Standpunkte und Problematiken mit deren Augen. (Wie würde ich an deren Stelle reagieren und handeln? Was würde ich an deren Stelle denken? In welcher Situation befinden sich meine Mitspieler im Team? Was zeichnet ihre Standpunkte aus, etc.?)

Sie benötigen auch für Ihren persönlichen Erfolg ein integres Team, wobei Integrität bedeutet, sich als Teil des Unternehmens zu verstehen und ohne Vorbehalt in die Ziele einzubringen. Dazu gehört auch, Mehrheitsmeinungen mitzutragen, wenn man ein Minderheitsvotum abgegeben hat. Vergleichen Sie einen Key Account Manager mit einem Klaviervirtuosen. Ohne ein leistungsstarkes Orchester wird er kein herausragendes Klavierkonzert bieten können.

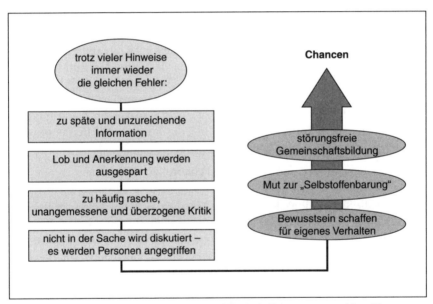

Abb. 4.13: Erfolgreiche Teamarbeit lebt von Offenheit, Transparenz und Beteiligung. Schlanke Organisationen verlangen „Unternehmer" im Unternehmen.

Teams, die sich untereinander bekämpfen, werden keine Erfolge erzielen und keine aufstrebenden Persönlichkeiten hervorbringen. Denn nicht nur der vermeintliche Verlierer erfährt Nachteile und Rückschläge, sondern auch der vermeintliche Gewinner innerhalb eines solchen Teams. Daher ist es gerade in der Position des

Teamleaders wichtig, das Team auf eine gemeinsame Linie einzustimmen. Unter folgenden „Spielarten" kann entschieden und unterschieden werden:

Das Nullsummenspiel:

● Ich schaffe Sieger und Verlierer. Je besser ich bin, desto schlechter sind die Anderen.

● Ich polarisiere und suche den Kampf.

● Im Wettbewerb untereinander ist es selbstverständlich, dass nur der Stärkere gewinnen kann.

Das „Wie-du-mir,-so-ich-dir"-Spiel:

● Ich verzeihe, bin nicht nachtragend.

● Ich kündige an, bin berechenbar.

● Ich beginne immer kooperativ.

● Ich behandle meinen Teampartner so, wie er mich behandelt.

● Ich wehre mich gegen unfaire Attacken von Teampartnern.

● Ich versuche stets, Konflikte zu deeskalieren.

Das Zwei-Gewinner-Spiel:

● Ich schenke dem Team meine Ideen.

● Ich lade die anderen Teammitglieder als Mitgewinner ein.

● Ich versuche immer, das Team vor „Fehlern" zu bewahren.

Probleme, die Sie gerade als Key Account Manager nicht bearbeiten, bearbeiten Sie nach einer Zeit. Treffen Sie deshalb Zielvereinbarungen mit dem Key-Account-Team und den anderen Bereichen und delegieren Sie so viel möglich. Das bindet Ihre Mitstreiter mit ein. Motivation bedeutet, einen Sinn (vor)zugeben. Der Key Account Manager ist für die Motive, das Team allerdings für die Motivation verantwortlich. Die gegenseitige Information der Teammitglieder über das laufende Geschäft und wichtige Details aus dem Geschäftsumfeld ist die Basis für kreative Zukunftsgedanken des Teams. Leider hat sich aufgrund der vielfältigen Aufgaben und der damit verbundenen Zeitengpässe eine E-Mail-Kultur in unsere Unternehmen eingeschlichen. Aber gerade auf die persönliche Ansprache kann nicht verzichtet werden. Versuchen Sie deshalb einen Mix zu finden zwischen standardisierten Informationen und persönlichen Meetings und Gesprächen. Steigern Sie Ihre Besprechungseffizienz:

▶ *Definieren Sie vorab den Zweck des Treffens, und gliedern Sie die Besprechungspunkte in Vermittlung von Informationen, Weitergabe von Handlungsanweisungen, Diskussion neuer Lösungsansätze oder Diskussion von Vorschlägen.*

▶ *Stellen Sie den Gesprächsteilnehmern alle notwendigen Unterlagen zur Verfügung mit der Aufforderung, sich einzulesen und vorzubereiten. Lassen Sie nicht zu, dass Teilnehmer unvorbereitet in das Meeting kommen.*

▶ *Begrenzen Sie die Zahl der Teilnehmer, und laden Sie nur die Teammitglieder ein, die direkt mit der Sachlage befasst sind.*

▶ *Reduzieren Sie die Sitzungsdauer; optimal ist eine Stunde, da danach die Konzentration nachlässt.*

▶ *Veranschlagen Sie für jedes Thema ein festes Zeitlimit.*

▶ *Wählen Sie unterschiedliche Moderatoren, zum Beispiel die jeweiligen Projektleiter.*

▶ *Beschränken Sie die Redebeiträge der Teilnehmer auf eine akzeptable Zeit, und halten Sie diese Spielregel konsequent ein.*

▶ *Halten Sie derartige Meetings auch einmal im Stehen ab, dies erhöht die Spannkraft.*

Finden Sie die Meetingkosten pro Stunde heraus, und buchen Sie diese Kosten auf das interne Key-Account-Management-Konto, damit der Key Account Manager oder ein anderer Bereich nicht aus der finanziellen Verantwortung entlassen wird.

Entlohnungssysteme für Key Account Manager und deren Teams

Im Vertrieb hat sich in den meisten Unternehmen und Branchen die variable Entlohnung der Vertriebsmitarbeiter im Außendienst etabliert. Mit sehr unterschiedlichem Erfolg werden persönliche Leistungen aufgrund von Zielvereinbarungen oder Vorgaben bewertet. Zwei Dauerthemen bestimmen die Diskussion:

● Die individuellen Leistungen sind nicht immer objektiv messbar.

● Mit Ausnahme von Umsatz- und Rohertragszahlen liegen Kennzahlen nicht oder nur teilweise als Bewertungsgrundlage vor.

● Arbeitgeber und Arbeitnehmer bewerten Ziele unterschiedlich.

Eine Erkenntnis setzt sich verstärkt in den Unternehmen durch: die klassische, umsatzorientierte variable Vergütung ist nur noch bedingt geeignet, sowohl dem Unternehmen als auch den Mitarbeitern gerecht zu werden. Gerade im Key Account Management mit seiner langfristigen Ausprägung können diese Systeme der Motivation des Key-Account-Management-Teams mehr schaden als nützen. Was sind die gravierendsten Schwachpunkte?

- Es wird Masse statt Klasse gefördert.
- Man „erkauft" sich Umsatz, und dadurch wird der Preisverfall gefördert.
- Es werden nur die umsatzstärksten Produkte verkauft und dadurch die strategische Produkt-Mix-Entwicklung vernachlässigt.
- Es wird nur auf die umsatzstarken kaufenden Kunden gesetzt und eventuell für die Neukundengewinnung oder den Ausbau bestehender Kunden mit Einkaufspotenzial zu wenig getan. Dadurch entwickelt sich Ihr Kunden-Mix nicht strategisch.
- Die Vertriebskosten fließen nicht ins Bewertungskriterium mit ein oder erhalten zu wenig Beachtung.

Doch was ist die Alternative? Eine Mischung aus Umsatz, Ertrag und strategischen Vertriebszielen wird Ihrer Unternehmenssituation in harten Verdrängungsmärkten am ehesten gerecht. Der Schwerpunkt liegt dabei allerdings auf der variablen Vergütung nach Deckungsbeitrag. Die Vorteile:

- gewinnorientierteres Denken und Handeln des Key-Account-Management-Teams
- konsequenteres Durchsetzen der eigenen Interessen in Preisverhandlungen
- Forcierung wertiger Produkte und Kunden
- aktives Kostenmanagement vor Ort

Wenn Sie ein neues variables Entlohnungssystem einführen wollen, müssen Sie die zusätzlichen Kosten berücksichtigen, die mit der Einführung entstehen. Achten Sie darauf, dass nur die Leistungsindikatoren ausgesucht werden, deren Messung und Bewertung kostenmäßig den zu erwartenden Mehrertrag nicht auffressen. Den Unternehmen entstehen auf der einen Seite Kosten aufgrund von Ineffizienz, wenn keine variable Vergütung eingesetzt wird (Opportunitätskosten). Diese Ineffizienzkosten sinken erfahrungsgemäß, je höher der Anteil der variablen Vergütung wird. Auf der anderen Seite entstehen aber Kosten, wenn man sich für die Einführung einer variablen Vergütung entscheidet (Anreizkosten). Diese steigen, je größer der Anteil der variablen Vergütung wird.

Grundsätzliche Überlegungen zur Entlohnung

Mit zunehmendem Wettbewerbsdruck empfiehlt es sich, den Anteil der variablen Vergütung an der Gesamtvergütung zu erhöhen. In wettbewerbsintensiven Branchen ist es ein Muss, sich mit einer Sprache und Zielausrichtung im Markt zu präsentieren und ein eigennutzorientiertes Verhalten (Fürstentümer) zu unterbinden. Dasselbe gilt für den ineffizienten Umgang mit Unternehmensressourcen. Auf der anderen Seite ist es schwierig, die variable Komponente in einem schwierigen Unternehmens- und Marktumfeld zu stark auszubauen, da ansonsten die Gefahr besteht, dass nur die kurzfristigen Erfolge gesucht und die mittel- bis langfristigen Vertriebsstrategien vernachlässigt werden. Der Aufbau eines Key Account Managements ist zum Beispiel eine zukunftsorientierte Ausrichtung der Vertriebsarbeit. Die generelle Idee, den Erfolg über variable Entlohnungsmodelle zu steigern, ist nur bedingt richtig. Es hängt von den unternehmensspezifischen Bedingungen ab, ob sich dadurch zusätzliche Erträge erwirtschaften lassen oder ob die Mehraufwendungen eher auf die Kosten durchschlagen.

Flexible und leistungsorientierte Entlohnungssysteme im Key Account Management sind schwieriger zu gestalten als für eine Außendienstorganisation. Neben den harten Faktoren ist ein großer Teil an weichen Faktoren als Bemessungsgrundlage zu berücksichtigen. Gleichwohl ist die Messbarkeit und Nachweisbarkeit von Leistungen die Basis für Akzeptanz durch das Key-Account-Team. Eine Ablehnung ist vorprogrammiert, wenn Aufgaben übertragen werden, ohne die notwendigen Kompetenzen zu erteilen, und dann anschließend die Leistungen variabel bewertet werden. Das Entlohnungsmodell wird dann nicht als fair und gerecht empfunden. Das Ergebnis: Das Team spielt nicht mit, und der Anreiz „verpufft". Oder Teammitglieder versuchen, Schwächen im System zu finden und auszunutzen mit dem Resultat, dass das System in der Folgezeit eventuell mehrmals geändert werden muss und dadurch neue Reibungsverluste erzeugt werden. Wenn die Bewertungsgrundlage nicht einvernehmlich akzeptiert wird, kann ungleiche Leistung die Atmosphäre im Team verschlechtern und eine einheitliche Stossrichtung des Teams auf dem Markt wird schwierig.

Weitere Ablehnung kann bei Entlohnungsmodellen entstehen, die als zu kompliziert empfunden werden. Wenn das Modell nicht verstanden wird, kann es leicht emotional als „Bedrohung" angesehen werden. Wenn das Entlohnungsmodell Faktoren mit einbezieht, die das Team nicht beeinflussen kann, identifiziert sich das Team nicht mit dem Ergebnis. Key Account Management ist in der Regel Teamarbeit. Wenn nicht leistungswillige Teampartner aus dem Teamprozess herausgenommen werden, fühlt sich das restliche Team dadurch bestraft, was sich wiederum nicht leistungsfördernd auf das Teamklima auswirkt.

Auf bestimmte Leistungsanforderungen sollte nicht verzichtet werden:

▶ **Profit- und Loss-Verantwortung:** Wer keine Profit- und Loss-Verantwortung besitzt, kann für das Ergebnis auch nicht verantwortlich gemacht werden.

▶ **Gewinnung neuer Key Accounts:** Ausbau des Marktanteils bei potenziellen Key Accounts ist eine wesentliche Key-Account-Management-Aufgabe.

▶ **Durchsetzung von Einsparpotenzialen bei gleichzeitiger Leistungssteigerung am Markt:** Das Key Account Management hat die Aufgabe, die exakten Key-Account-Anforderungen zu analysieren, alle nicht von den Kunden explizit geforderten Leistungen abzubauen und damit einen Teil der eingesparten Finanzmittel zur Stärkung der Kernkompetenzen und Sicherung der Marktposition zu verwenden.

▶ **Key-Account-Portfolio-Verantwortung:** Das Key Account Management steuert die Aktivitäten bei bestehenden Key Accounts und ist dafür verantwortlich, die Wachstumskunden zu identifizieren und mit gezielten Investitionsmaßnahmen diese in ihren Zielen zu unterstützen.

▶ **Key-Account-Strategienentwicklung:** Das Key Account Management analysiert die Bedürfnisse und Wünsche von Key Accounts. Es ist nachvollziehbar, ob diese Strategien erfolgreich umgesetzt werden konnten.

▶ **Akzeptanz durch die internen Key Accounts:** Der Key Account Manager ist oftmals ein Einzelkämpfer ohne großes Team bzw. hierarchische Kompetenzen. Er ist auf den Good-will anderer Partner angewiesen. Deshalb gehört eine interne Beurteilung, zum Beispiel eine 360-Grad-Befragung, zu den Leistungsanforderungen.

Eine leistungsfördernde Spreizung von Einkommenschancen und -risiken wird bei richtiger Anwendung eine Produktivitätssteigerung des Key-Account-Teams zur Folge haben. Eine Teamentlohnung wird den Gemeinschaftsgedanken fördern. Ein weiteres wesentliches Ziel: Das Team darf sich nicht auf den Vergangenheitserfolgen ausruhen und eine „Rentnermentalität" annehmen, sondern muss an der Leistungsspitze des Unternehmens stehen.

Es macht wenig Sinn, zu viele Entlohnungskomponenten einzubauen. Das verwirrt nur. Neben der Beeinflussbarkeit von Entscheidungen ist auch die Branche ein elementares Kriterium. Die Konsumgüterbranche ist eher an dem Geschäft heute interessiert, die Investitionsgüterbranche bewegt sich häufig im mittel- und langfristigen Bereich. Die Dienstleister tendieren je nach Markt zu der einen oder anderen Seite. Das Umsatz- und Ertragsvolumen ist im Konsumbereich als wichtige Messziffer gut geeignet, da Erfolge relativ schnell erkennbar sind. Ein Maschinenbauer kämpft dagegen über einen längeren Zeitraum um einen Projektauftrag. Den Key Account Manager dann nur nach kurzfristigem Umsatz oder Ertrag zu beurteilen, ist nicht sehr Erfolg versprechend. Entscheiden Sie, ob sie nach dem Prinzip „niedriges Fixum/hohe Prämie" oder nach dem Prinzip „hohes Fixum/niedrige Prämie" verfahren wollen.

Unternehmen, die ihr Entlohnungsmodell umstellen wollen, stoßen immer wieder auf Misstrauen und Ablehnung. Ich habe persönlich gute Erfahrungen mit einem Stufenmodell gemacht. Bieten Sie dem Team die neue Gehaltsidee an, weisen Sie aber darauf hin, dass der alte Vertrag weiterhin Bestand hat. Während des Jahres werden zu festgelegten Stichtagen die Ergebnisse der beiden Varianten miteinander verglichen und beurteilt. Der Vorteil für Sie: Sie lernen während dieses Prozesses noch dazu und erkennen etwaige Ungereimtheiten. Zum Ende des Jahres ziehen die Beteiligten eine Bilanz. Jeder Einzelne kann sich jetzt entscheiden, ob er zukünftig nach der neuen oder weiterhin nach der alten Regelung bezahlt werden möchte. Diese Vorgehensweise baut Stress, Vorurteile und Ängste ab, und wenn das neue System fair ist, erkennen Sie, ob die einzelnen Teammitglieder zu den selbstbewussten Profis oder zu den sicherheitsbefürwortenden Mitläufern gehören.

Ein weiteres Thema ist die Entlohnung nach Deckungsbeitrag. Eigentlich ein Muss im Key Account Management. Voraussetzung ist allerdings, dass das Unternehmen mit seinem Rechnungswesen in der Lage ist, die Berechnung sauber durchzuführen und der Key Account Manager die Kosten auch beeinflussen kann. Grundlage kann sein:

- **Deckungsbeitrag je Produkt/Produktgruppen:** Es besteht die Gefahr, dass dann nur die Schnelldreher gepusht werden.

- **Deckungsbeitrag je Key-Account-Bezirk:** Wenn der Account-Bezirk sauber vom nächsten Bezirk getrennt werden kann, ist diese Option durchaus sinnvoll.

- **Deckungsbeitrag je Key Account:** Vorteilhaft, weil dann der Kundenwert belohnt wird.

Unternehmen, die nach Deckungsbeitrag entlohnen wollen, aber aus Wettbewerbs- und Vertraulichkeitsgründen das Risiko scheuen, die tatsächlichen Deckungsbeiträge offen zu legen, haben die Möglichkeit, nicht mit den Original-Deckungsbeiträgen zu operieren, sondern mit Vertriebsdeckungsbeiträgen (politische Herstellkosten). Ein Vorteil dieser Vorgehensweise ist, dass sich dadurch auch die Vertriebspolitik leichter steuern lässt. Wenn zum Beispiel der tatsächliche Deckungsbeitrag 30 Prozent beträgt, der Vertriebsdeckungsbeitrag aber auf 50 Prozent festgesetzt wird, erhält der Key Account Manager bei Rabattzusagen eine überproportional geringere variable Entlohnung.

Die Entscheidung über Abgabepreise gehört bis zu einer festgesetzten Grenze (Stolperdraht) zur Kompetenz des Key Account Managers. Wenn er immer erst rückfragen muss, wird er zwangsläufig zum Anwalt des Kunden. Und das geht meistens zu Lasten der Konditionen. Vorteile einer variablen Entlohnung nach Vertriebsdeckungsbeitrag sind unter anderem:

- unternehmerisches Denken
- Verantwortungsübernahme für Profit und Loss
- Ausrichtung nicht nur nach Umsatz, sondern nach Ertrag
- Abbau unwirtschaftlicher Umsätze
- Kampf um jeden Prozentpunkt und Reduktion von reinen Preisverkäufen
- Betrachtung der Key Accounts nicht nur nach Umsatz, sondern auch nach Kundenwert
- Forcierung von deckungsbeitragsintensiven Produkten/Produktgruppen
- gemeinsame Zielsetzungen der Geschäftsführung und des Key Account Managements

Es sollen aber auch einige Nachteile nicht verschwiegen werden:

- Die Einflussgrößen sind zu unübersichtlich, zum Beispiel Produktzahl, unterschiedliche Verkaufspreise und Rabatte, Sonderkonditionen, ungenaue Zuordnung von Kundenkosten etc. Sie können vom Key Account Management nur sehr schwer übersehen werden.
- Die Einflussgrößen unterliegen ständigen Veränderungen.
- Der Key Account Manager kann aufgrund ständig wechselnder Einflussgrößen keine konsequente Planung vornehmen und erkennt deshalb seine persönlichen Vorteile nicht.
- Die Deckungsbeiträge hängen stark von den Produktionsgegebenheiten ab und können sich dadurch ständig erhöhen/reduzieren.
- Es kommt zu einer Einzelbetrachtung der Produktdeckungsbeiträge, die allerdings die Gesamtkosten nicht abdecken.
- Der Key Account Manager kann den Deckungsbeitrag nicht beeinflussen und übernimmt deshalb innerlich nicht die Verantwortung.

Bausteine eines Entlohnungssystems

Jedes Entlohnungssystem kann nur firmenspezifisch individuell entworfen werden. Faktoren wie Unternehmenshistorie, Branche, Wettbewerbsgebaren, Firmenstruktur etc. beeinflussen die Gestaltung. Nachstehend finden Sie nur einige Bausteine, die in einem Entlohnungsmodell eingesetzt werden können:

▶ **Die Sockelprovision:** Die Provision auf Umsatz/Ertrag wird nicht von Beginn an bezahlt. Sie bemessen die Vertriebskosten und verprovisionieren erst ab dem Break-Even-Punkt, dann allerdings mit einem höheren Prozentsatz.

▶ **Die Plus-/Minus-Deckungsbeitragsprovision:** Sie legen je Produkt/Produktgruppe einen Ziel-Deckungsbeitrag fest. Minus-Deckungsbeiträge werden als Malus gewertet und von den Plus-Deckungsbeiträgen abgezogen.

▶ **Basis- und Zielerreichungsprovision:** Sie provisionieren ab dem Break-Even-Punkt der Vertriebskosten. Die Basisprovision wird auf dem Vorjahresnettoumsatz/-ertrag festgelegt. Die eigentliche Steigerungsprovision wird bei Erreichung der gemeinsam ausgehandelten Zielerreichung geleistet.

▶ **Gesamtumsatz-/Deckungsbeitrags-Zielerreichungs-Provision:** Die Provision wird in einem Korridor von zum Beispiel 95 bis 115 Prozent gezahlt. Basis ist das gemeinsam vereinbarte Jahres-/Quartalsziel. Bei 95 Prozent wird eine kleine „Anerkennungsprovision" gezahlt. Die wirklich attraktive Provision kommt bei mehr als 100 Prozent zum Zuge.

▶ **Umsatz-/Deckungsbeitragsprovision:** Es werden sowohl Umsatz sowie der daraus resultierende Deckungsbeitrag vereinbart. Der Zielerreichungskorridor beträgt beim Umsatz 85 bis 115 Prozent, bei der Deckungsbeitragszielabweichung –5 Prozent bis +5 Prozent. Provision wird erst dann gezahlt, wenn einer der Parameter im Zielkorridor – Umsatz 100 Prozent/Deckungsbeitragsziel 100 Prozent – im Plus ist.

▶ **Zielübernahme-Provision:** Sie haben zwei Möglichkeiten: entweder das Ziel von oben herab zu bestimmen mit dem Risiko, dass der Key Account Manager am Ende des Bewertungszeitraums alle Unternehmensunzulänglichkeiten anführt, die ihn das Ziel nicht haben erreichen lassen; oder er legt sein Steigerungsziel selbst fest und erhält bei Zielerreichung einen Extrabonus auf seine Zielprovision. Vorteil: Er hat sich selbst festgelegt und ist dafür verantwortlich, Mitspieler zu finden, die helfen, das Ziel zu erreichen.

▶ **Potenzialkunden-Provision:** Der Key Account Manager benennt potenzielle Key Accounts, die nach seiner Recherche Investitionen wert sind. Umsatz und Ziel-Deckungsbeitrag werden festgelegt und bei Zielerreichung von 100 Prozent wird eine Provision gezahlt.

▶ **Ertragskorrektur-Provision:** Der Key Account Manager ist für Erlösschmälerungen und -erhöhungen, wenn sie in seinem Entscheidungsbereich liegen, verantwortlich. In einem Zielkorridor von –5 Prozent bis +5 Prozent wird festgestellt, wie sich die Zielabweichung vom Deckungsbeitrag entwickelt hat. Entsprechend wird ein Zu- oder Abschlag gezahlt.

▶ **Objektprovision:** Gemessen und verprovisioniert werden der Objektumsatz und der daraus resultierende Deckungsbeitrag, die beide gestaffelt werden, zum Beispiel Objektumsatz zwischen 100 T€ und 1000 T€ und Deckungsbeitrag zwischen 15 Prozent und 50 Prozent.

▶ **Kundenzufriedenheitsprovision:** Wenn Sie regelmäßig Kundenzufriedenheitsbefragungen durchführen, können Sie feststellen, wie zufrieden die Key Accounts mit der Betreuung sind. Auf einer Skala von 1 (sehr unzufrieden) bis 6 (höchst unzufrieden) erhalten Sie die Antworten und machen dies zu dem Provisionsbewertungskriterium.

▶ **Unternehmensgesamtergebnis-Provision:** Der/die Mitarbeiter erhalten eine Provision auf das Unternehmensergebnis vor Steuern. Nachteil dieser Provision: Die Beeinflussbarkeit durch die Mitarbeiter ist relativ gering.

Strategische Vertriebsziele und Entlohnungssysteme

Der Key Account Manager ist für das Erreichen der strategischen Ziele verantwortlich. Wählen Sie maximal drei bis fünf Ziele für einen Bewertungszeitraum aus, um eine nicht zu überschauende Komplexität zu vermeiden. Die wichtigste Fragestellung lautet hier: „Wie und mit welchen Methoden messe ich die strategischen Ziele (weiche und harte Faktoren)?"

Wenn die Frage nach der Messbarkeit nicht eindeutig beantwortet werden kann, ist das Ziel noch zu schwammig. Dann muss so lange an der Formulierung weitergearbeitet werden, bis allen Beteiligten das Ziel klar ist. Die strategischen Ziele sollten einem hohen Anspruch gerecht werden und wesentlich zum Unternehmenserfolg beitragen. Die Ziele können mit einem Gewichtungsfaktor versehen und entsprechend provisioniert werden. Weiche Ziele können ohne Probleme mit harten Zielen verknüpft werden, es bietet sich in den meisten Branchen geradezu an, die Ergebnisse von heute mit den Zielerreichungen von morgen zu verbinden.

Variable Entlohnungsmodelle sind keine Beliebigkeit, sondern ein sehr wichtiger Teil des Zielvereinbarungsprozesses und der Firmenkultur. Daher ist es nicht ratsam, Provisionen auszuzahlen, wenn das Ziel nicht erreicht wurde. Sonst droht die Gefahr, dass Leistungsprovisionen von den Mitarbeitern nicht mehr ernst genommen werden. Wenn Sie sich nicht in aller Konsequenz daran halten, sollten Sie dann eher auf ein Festentlohnungssystem gehen. Key Account Manager müssen begreifen, dass sie mit dem Entlohnungssystem gewinnen und verlieren können.

Zur Diskussion steht immer häufiger die variable Entlohnung von Teams und Innendienst. Dies ist nur zu begrüßen, um Ungleichgewichte bei Leistungsbeurteilungen abzubauen. Es ist selten der einzelne Key Account Manager, der für das positive Ergebnis verantwortlich ist und selten der Innendienst oder Support, der für die Negativergebnisse steht. In der Regel steht ein Team mit den unterschiedlichsten Fähigkeiten und Beiträgen für das Gesamtergebnis. Es ist richtig, dass der Key Account Manager mit seiner Sozialkompetenz die Teammitglieder begeistern, moderieren und auf möglichst freiwilliger Basis führen soll und damit eine sehr wichtige Position einnimmt. Aber ohne ein leistungsstarkes Team sind auch ihm die Hände gebunden. Aber:

- Key Account Manager und das Team verfolgen nicht unbedingt dieselben Ziele.
- Führung und erlebte Wertigkeiten werden unterschiedlich wahrgenommen.
- Den Kundenmanagern im Innendienst ist häufig nicht exakt klar, warum sie den Key Account Manager unterstützen sollen. Dasselbe gilt für den Außendienst.

Betrachten Sie einmal die Auswirkungen des Führungsverhalten in vielen Vertriebsorganisationen: Der Außendienst ist auf hohem Niveau verwöhnt worden, hat ein ausgeprägtes Anspruchsdenken entwickelt und ist trotzdem potenziell unzufrieden; der Innendienst fühlt sich zurückgesetzt, sucht Anerkennung und zeigt wenig Interesse, seine „Widersacher" zu unterstützen. Das Ergebnis: Sie haben ein ausgeprägtes Fraktionsverhalten. Und jetzt führen Sie noch ein Key Account Management ein. Sie werden es immer wieder erleben, dass auf einmal Innen- und Außendienst gemeinsam die Einführung bekämpfen. Entlohnungssysteme können neben der sachlichen Auseinandersetzung dazu beitragen, dass das Team zum Mittelpunkt wird. Dazu ist aber Folgendes notwendig:

- gemeinsame Ausrichtung auf die Key Accounts,
- veränderte Personalführung und -anspruch: das Teammitglied als Unternehmer im Unternehmen unter Akzeptanz von Restriktionen,
- klare Ziele und Ergebnistransparenz,
- Teams als Profit Center.

Starten Sie auf der 1. Stufe mit der Umstellung der variablen Entlohnung (nach Umsatz) des Außendienstes auf ein Zielprämiensystem (nach Ertrag). Führen Sie auf der 2. Stufe das ertragsorientierte Zielprämiensystem im Key Account Management und Kundenmanagement Innendienst ein.

Das System muss einfach und für die Teammitglieder überschaubar sein. Vereinbaren Sie mit dem Key-Account-Team ein gemeinsam akzeptiertes Ziel (harte Faktoren) = 100 Prozent. Die Basis für die Provisionszahlung kann zum Beispiel ein Zielerreichungskorridor zwischen 100 Prozent bis 120 Prozent Zielerreichung sein. Der Key Account Manager erhält zum Beispiel eine Provision auf die Gesamt-Deckungsbeitragszielerreichung. Das Team erhält gestaffelt entweder einen Euro-Betrag oder je nach Zielerreichungsgrad einen Prozentualen Aufschlag auf das Monatsgehalt.

Die errechnete Provision sollte nicht nach Köpfen verteilt, sondern nur Prozentual ausgeschüttet werden. Die Teamprovision bewirkt, dass sich die Teammiglieder gegenseitig dazu erziehen, das gemeinsame Ziel mit dem gleichen Einsatz zu erreichen. Der Vorgesetzte braucht sehr häufig weniger einzugreifen, da das Team selbst für Disziplin sorgt. Eine faire und akzeptierte Teamprovision befriedigt sowohl den Teamgeist als auch den persönlichen Egoismus der Teilnehmer. Sie erreichen damit noch ein weiteres Ziel: Selbststeuerung und Selbstmotivation aller Teammitglieder.

Ziehen Sie Betroffene rechtzeitig in Ihre Überlegungen mit ein und lassen Sie kritische Anmerkungen zu. Kalkulieren Sie gemeinschaftlich und korrigieren Sie während der Laufzeit bei neuen Entwicklungen schnell und flexibel. Gute Mitarbeiter arbeiten nicht nur, aber auch des Geldes wegen. Vor allen Dingen möchten sie das Gefühl bekommen, dass ihre Leistungen fair und gerecht beurteilt werden.

II Die Gestaltung einer Key-Account-Strategie

5. Vertriebsprozesse und Strategiebildung

Die Ausrichtung der eigenen Vertriebsprozesse auf die Key Accounts

Viele Vertriebsprozesse haben sich historisch entwickelt. Undifferenziert wurden die vorhandenen Ressourcen – Service, Beratung, Außendienstbetreuung etc. – an jeden Kunden in der gleichen Intensität nach dem Gießkannenprinzip abgegeben. Durch die Einführung eines Multi-Channel-Vertriebs, mit der Priorisierung der Vertriebsaktivitäten auf die potenziellen Key Accounts, stehen auch die Wertschöpfungsprozesse im Vertrieb auf dem Prüfstand. Grundsätzlich stehen folgende Faktoren im Vordergrund:

▶ **Der angestrebte Unternehmenserfolg:** Nur ein kontinuierlicher Markterfolg sichert langfristiges Wachstum und Überleben am Markt; er spiegelt sich in Aufträgen, Umsätzen, Erträgen und Bindung der wichtigen Kunden wider.

▶ **Der Kundendialog mit wertigen Kunden:** Ohne ihn ist kein Unternehmenserfolg zu erreichen. Persönliche, mediale Kommunikation und kundenorientierte Produkt- und Dienstleistungsangebote tragen zu einer Vernetzung mit den Erfolg versprechenden Abnehmern in den diversen Kundengruppen bei.

▶ **Ihre Unternehmensstrategie:** Verfolgung des Ziels, die potenziellen Erfolgsmöglichkeiten durch Verknüpfung Ihrer Unternehmensfähigkeiten mit einem klaren Marktziel und der Auswahl potenzieller Kunden zu verbinden.

Die Balance zwischen Leistungs- und Kostenführerschaft ist dabei ein wesentliches Erfolgskriterium. Es ist aber zu beobachten, dass bestimmte Fallstricke in der Prozessorientierung häufiger wiederkehren:

▶ **Unklare Ressourceneinschätzung:** Die eigenen Fähigkeiten und Ressourcen werden unrealistisch eingeschätzt. *Ergebnis:* keine zielgerichtete Nutzung der Vertriebsenergie zum Vorteil der wichtigen Kunden.

▶ **Schwammige Marktziele:** Markt- und Kundeninformationen sind nicht im Detail vorhanden. *Ergebnis:* Das Unternehmen läuft Gefahr, durch eine unklare Ausrichtung zu viele, nicht punktgenaue Aktivitäten zu starten und damit unnötig Energie zu verlieren.

▶ **Ungenügendes Wissen über den Markt, über Kundengruppen und Schlüsselkunden:** Strategien, Investitionsentscheidungen und die Marktkommunikation werden nicht auf die Key Accounts ausgerichtet. *Ergebnis:* Strategien, Investitionen und operatives Geschäft werden nicht auf der Grundlage von Fakten entwickelt, die Erfolgsquote sinkt.

▶ **Mangelhaftes Angebotsverhalten:** Der Angebotsprozess wird nicht gezielt und strategisch aufgebaut. *Ergebnis:* Viele Angebote werden reaktiv und nicht aktiv bearbeitet, Informationen über Wünsche und Forderungen der Kundenanfragen sind nicht im Detail vorhanden, es gehen zu viele Informationen während des Angebotsprozesses verloren oder werden nicht ausreichend beachtet, Lernprozesse für zukünftige Angebote und Vertriebsentscheidungen finden nur bedingt statt.

▶ **Unvollständiges Auftragsverhalten:** mangelnde After-Sales-Betreuung. *Ergebnis:* Kunden werden skeptisch und prüfen andere Anbieter, Chancen auf weitere Aufträge werden leichtfertig vertan, die Kundenzufriedenheit mit der Ausführung nicht überprüft.

▶ **Einseitige Umsatzorientierung:** keine ausreichende Kundenorientierung. *Ergebnis:* Wer die Bedürfnisse der Schlüsselkunden in einem Marktsegment nicht oder nicht ausreichend beachtet, muss hart um seinen Umsatz und Ertrag kämpfen.

Viele Anbieter sind nur deshalb noch so gut im Markt vertreten, weil ihre Wettbewerber gleichermaßen wenig kundenorientiert agieren. Spätestens beim Eintritt eines starken kundenorientierten Wettbewerbers gerät der Markt in Bewegung. Zwei Beispiele:

Fielmann brach in den geschlossenen Markt der Augenoptiker ein. Nicht allein der Preis war für den Erfolg verantwortlich, sondern auch die Tatsache, dass der Kunde ein Kassengestell als modisches Accessoire erwerben konnte. Fielmann konnte glaubhaft vermitteln, dass die Käufer Kunden und nicht Kassenpatentienten sind.

Dell wurde Weltmarktführer durch eine individuelle Kundenansprache im PC-Bereich. Die Kunden können ihren PC selbst zusammenstellen, die Logistik ist sehr schnell, die Auftragsnachbetreuung professionell. Dell gibt den Kunden das Gefühl, individuell wahrgenommen zu werden.

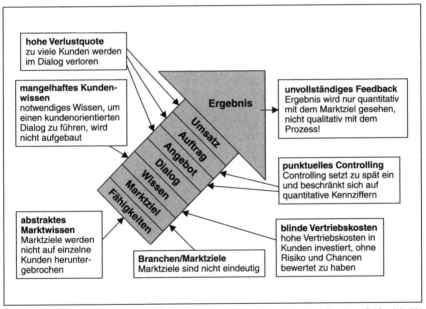

Quelle: Marzian, S./Smidt, W.

Abb. 5.1: Das teilweise ungenügende Wissen während der einzelnen Verkaufsstufen führt zu einem Ressourcenverzehr nach dem Gießkannenprinzip und kann zu einem K.O.-Faktor werden.

Meist wird der innovative Anbieter zunächst nicht ernst genommen. Anschließend wird Preisaggressivität beklagt, in der Folge wird versucht, das erfolgreiche Konzept zu kopieren.

Doch es geht auch einfacher: Versuchen Sie, oben genannte Fallstricke zu vermeiden. Entwickeln Sie ein in sich schlüssiges Vertriebskonzept unter Einbeziehung der Schlüsselkunden, Großkunden und B-/C-Kunden und unterbreiten Sie ein kundenorientiertes Angebot.

Die Strategiebildung im Key Account Management

Gerade im Key Account Management können Sie es sich nicht erlauben, gravierende Planungsfehler zu begehen. Führen Sie Ihrem Team immer wieder vor Augen, wie wichtig die Key-Account-Analyse und die daraus abzuleitende Strategie ist. Fehleinschätzungen können weitaus negativere Folgen nach sich ziehen als im herkömmlichen Vertriebsgeschäft.

Ziel Ihrer Strategie muss es sein, die Key-Account-Interessen und Ihre Stoßrichtung miteinander zu vernetzen. Stellen Sie sich folgendes vor:

▶ **Eigeninteressen:** Sie möchten Ihre Unternehmenspotenziale und -ressourcen Gewinn bringend vermarkten, die Ablaufprozesse so effizient wie möglich gestalten und mit den wertigen Kunden eine langfristige Beziehung aufbauen.

▶ **Kundeninteressen:** Der Kunde möchte sein Wissen in geldwerten Vorteil umwandeln, nahe bei seinen Kunden sein, deren Wünsche möglichst erfüllen und damit sein Geschäft dauerhaft absichern.

▶ **Gemeinsame Interessen:** Beide Seiten streben einen optimalen Gewinn an, das Produktsortiment sollte kundenbedarfsorientiert sein und der Informationsfluss zwischen Lieferant und Kunde sollte helfen, den Markt und die bedürfnisgleichen Kundengruppen mit den gewünschten Leistungen anzusprechen.

Ihr Leistungserfolg, vernetzt mit dem Kundenerfolg, wird bei erfolgreicher Zusammenarbeit zu einem Transaktions- und damit zu einem Strategieerfolg. Berücksichtigen Sie, dass Beziehungsmarketing in stetig wachsenden Commodity-Märkten das klassische Transaktionsmarketing ablöst. Erfolgsentscheidend ist also, mit den Gewinn bringenden Kunden heute und morgen ins Geschäft zu kommen. Voraussetzung ist, mit detaillierten Kenntnissen über die Kundenstrukturen und Wertschöpfungsketten und den Kundenwert für Ihr

Die Gestaltung einer Key-Account-Strategie

Unternehmen – Umsatz, Deckungsbeitrag, Kosten der Kundenbeziehung etc.
– die potenziellen Key Accounts zu bestimmen. Andererseits wird der Key Account in der Zukunft verstärkt prüfen, welche Lieferanten ihm Vorteile dabei bringen werden, sein Geschäft zu stärken. Professionelle Einkaufsteams bei den Key Accounts und das Key Account Management werden in Zukunft dazu übergehen, Lieferanten- und Kundenzyklusrechnungen aufzustellen – was bringt uns der Lieferant bzw. der Key Account in einem Zeitpunkt X an Gewinn?

Sie haben zwei grundsätzliche Möglichkeiten der Vorgehensweise:

Die Top-down-Strategie (das introvertierte Unternehmen):

- Sie möchten das Geschehen diktieren.
- Sie denken in Planzahlen, arbeiten mit Planzahlen und orientieren sich an Planzahlen.
- Sie sind stark mit sich selbst beschäftigt und haben kein Gefühl für die Wünsche der Kunden.
- Sie meinen zu wissen, was für die Key Accounts gut ist.

Die Bottom-up-Strategie (das extrovertierte Unternehmen):

- Sie erheben und verwerten regelmäßig die Marktinformationen.
- Die Fähigkeit, zuhören zu können, bestimmt die Unternehmenskultur in Ihrem Unternehmen.
- Die eigenen Ressourcen werden realistisch eingeschätzt und in erster Linie den potenziellen Key Accounts zur Verfügung gestellt.
- Die Key-Account-Wünsche stimmen mit der eigenen Unternehmensstrategie überein.
- Die Bereitschaft zur sachlichen und emotionalen Öffnung gegenüber den potenziellen Key Accounts ist vorhanden.

Erfolg versprechender, auch oder gerade, wenn Sie Marktführer in Ihrem Marktsegment sind, ist die strukturelle Einbindung der Key-Account-Interessen in Ihre Unternehmensplanung (bottom-up). Prüfen Sie zum Beispiel:

► Was sind die Kundenanforderungen im Detail?

► Nach welchen Kriterien wählen Key Accounts ihre wichtigsten Lieferanten aus?

► Welchen Nutzen erwarten Ihre Key Accounts von neuen Produkten oder Serviceleistungen?

► Mit welchen Stärken können Sie eventuelle Schwächen des Key Accounts kompensieren?

► Wer ist der vom Key Account anerkannte Wettbewerber und was bedeutet dies für Ihre Ausrichtung?

► Welche Investitionen sind zu tätigen, um den Key Account langfristig zu binden?

► Können beide Parteien ausreichend Gewinn aus der Partnerschaft ziehen?

Überlegen Sie weiterhin, welche Verzahnungen der Key-Account- und Eigeninteressen sinnvoll sind, zum Beispiel:

● Verzahnung von Forschung + Entwicklung

● gemeinsame Logistikkonzepte

● Verknüpfung der Marketingaktivitäten

● Aufbau eines Supply Chain Managements

● gegenseitige Lieferung von Marktdaten

● Übernahme von Leistungen (Outsourcing) durch einen der Partner

● gemeinsame Erschließung von Zusatznutzen-Potenzialen

Aber Vorsicht! Partnerschaft heißt nicht: Der eine ist Partner, und der andere schafft. Ihre Strategie ist darauf ausgelegt, von einem Gelegenheitslieferanten mit definierten Leistungen und standardisierten Produkten zu einem strategischen Partner der Key Accounts mit individuellen Angeboten zu werden. Je höher sie auf der Wertigkeitsskala der Key Accounts nach oben steigen, desto mehr wandeln Sie sich von einem Verkäufer zum Berater des Kunden. Die Folge: Wettbewerbsintensität, harte Preisgespräche und ständige Angebotssteigerungen gegenüber dem Key Account ohne zusätzlichen Gewinn für Ihr Unternehmen werden sich reduzieren.

Entwickeln Sie für Ihr Key Account Management einen konsequenten Strategieplanungsprozess:

- **Die strategische Planung:** Setzen Sie sich fundierte und durch die Analyse unterstützte Key-Account-Management-Ziele. Fragen Sie:
  - Wo stehen wir (Bestandsaufnahme) und wo wollen wir hin (strategische Planung)?
  - Wie schaffen wir das? (taktische Planung)

- **Die aktuelle Positionierung:** Ihre derzeitige Positionierung aus Eigen- und Kundensicht. Fragen Sie:
  - Wie sind unsere Produkte bzw. Dienstleistungen derzeit aufgestellt?
  - Wie ist die Position unseres Wettbewerbs aus Eigen- und Kundensicht?

- **Analysieren Sie die jetzige Situation:** Wie ist die aktuelle Positionierung Ihrer Leistungen, Produkte, Kundensituation, Ihres Wettbewerbs? Fragen Sie:
  - Welche Informationen benötigen wir, welche Kennzahlen benötigen wir zur Bewertung der jetzigen Situation, welche Position nehmen wir zurzeit konkret ein (Detail-Bestandsaufnahme)?

- **Entwickeln Sie eine Zielplanung:** Marketingziele, Umsetzungsziele, Einzelziele, Budgetziele. Fragen Sie:
  - Wie können wir die Strategie umsetzen (taktische Planung)?
  - Wo müssen wir unbedingt aus Sicht der Key Accounts besser sein als andere Anbieter (kritische Erfolgsfaktoren)?
  - Wie soll sich die Positionierung verändern (Marketingplanung)?

- **Entwickeln Sie Ihre kritischen Erfolgsfaktoren:** Welche Dinge müssen Sie unbedingt richtig machen, um erfolgreich zu sein? Fragen Sie:
  - Wie soll sich Ihre Positionierung (gegenüber der Situationsanalyse) ändern?

- **Planen Sie mit Ihrem Team die Umsetzung:** Key-Account-Bearbeitung, Produktentwicklung, Bereitstellung Service/Dienstleistungen. Fragen Sie:
  - Wer ist für was verantwortlich, in welcher Zeit soll welcher Schritt erreicht sein, wie überwachen wir den Erfolg/Misserfolg (Umsetzungsplanung)?

Bauen Sie auf Alleinstellungsmerkmale in Vertrieb und Marketing (USP/UMP). Alleinstellungsmerkmale werden heute von den Schlüsselkunden bestimmt und nur noch bedingt von den Lieferanten selbst. USP und UMP dienen dazu, Ihre Leistungen für die Key Accounts wertvoll und unverwechselbar zu machen. Bedenken Sie dabei: Weniger ist mehr. Vergleichen Sie den Markt mit einem Holzklotz, von dem Sie sich ein Stück (Marktanteil) abschneiden möchten. Sie haben jetzt zwei Möglichkeiten: Sie benutzen einen Fäustel mit breiter Auflegefläche und schlagen auf den Markt ein. Zu erwartendes Resultat: Sie drücken die Oberfläche ein, erzielen allerdings kein nachhaltiges Ergebnis. Die Alternative: Sie benutzen ein Beil mit einer schmalen, scharfen Oberfläche. Das Resultat: Mit kraftvollem Schlag spalten Sie ein Stück ab. Vergleichen Sie das Beispiel mit Ihren Alleinstellungsmerkmalen. Nicht die Masse von Vorteilsargumenten ist entscheidend für Ihren Erfolg, besser sind wenige Alleinstellungsmerkmale, die von den Key Accounts akzeptiert und als wertig angesehen werden und auf den Punkt kommen. Konzentrieren Sie sich auf die Stärken des eigenen Unternehmens und wichtigsten Forderungen Ihrer Key Accounts und wählen Sie nur die Vorteile aus, die eine hohe Abschlusswahrscheinlichkeit und große Verkaufschancen versprechen. Sorgen Sie dafür, dass zu erfüllende Kundenziele mit den eigenen Unternehmenszielen übereinstimmen (Gewinner-Gewinner-Spiel).

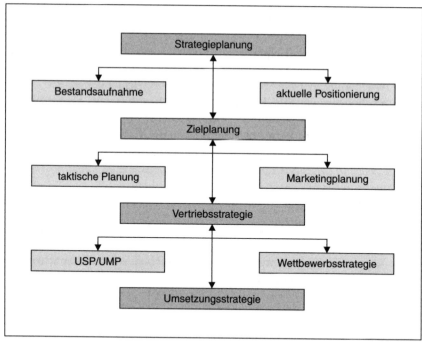

Abb. 5.2: Der Strategieplanungsprozess ist von oben nach unten durchzuführen. Die Umsetzungs-, Vertriebsstrategie und Zielplanung hat sich der Gesamtstrategie anzupassen.

Die Gestaltung einer Key-Account-Strategie

Beim Einstieg in neue Trends ist darauf zu achten, dass auch der Key Account mittel- und langfristig davon profitieren kann und die strategischen Spieler beim Kunden gewonnen werden können. Vermeiden Sie Investitionen in Bereiche, in denen der Wettbewerb Ihrem Unternehmen immer Schritte voraus ist, eine einmalige Stärke besitzt und schon lange beim Kunden präsent ist. Gefährlich wird es dann, wenn Sie ein Informationsvakuum haben und sich eventuell einen Blindflug leisten; Aktivitäten oder Projekte werden schnell zu einem Geld- oder Zeitgrab. Wenn Sie nicht sicher sind, ob die strategische Entscheidung erfolgreich für den Schlüsselkunden und damit auch für Sie ist, sagen Sie nein! Die Beendigung eines schwachen Projektes hilft, Ressourcen zu bewahren, die mit einer schwachen Strategie immer vergeudet werden. Durch negative Investitionsentscheidungen werden Ressourcen freigesetzt, die anderweitig besser eingesetzt werden können, negative Investitionsentscheidungen erlauben es, Zeit- und Geldressourcen umzulenken in Aktionen mit besseren, vorhersehbaren Resultaten. Dienen Sie den Interessen der Kunden nur in den Bereichen, in denen Sie Ihren besten Beitrag leisten können. Prüfen Sie unter anderem:

▶ *In welchen Bereichen können Sie für die beste Qualität sorgen?*

▶ *Was sehen ausgesuchte Kunden als beste Leistung an und wie können Sie dort Akzente setzen?*

▶ *Was bewerten die Kunden als größte Zuverlässigkeit und gibt es dort für Sie Alleinstellungsmerkmale?*

▶ *Mit welchen Leistungen garantieren Sie das beste Preis-Leistungsverhältnis?*

▶ *Wie können Ihre Produkte/Leistungen zum Kundengewinn beitragen?*

▶ *Welche Alleinstellungsmerkmale erhöhen die Benutzerfreundlichkeit?*

Schlüsselkunden und das eigene Unternehmen müssen zu Siegern werden. Kundenorientierung kann nicht bedeuten, dass Kunden Ihre Geschäftsentscheidungen treffen. Ihre Aufgabe ist es, die Märkte und Kundengruppen herauszufinden, für die Sie mit Ihren Ressourcen ein attraktives Angebot abgeben können. Die Beurteilung von Alleinstellungsmerkmalen in Marketing (UMP) und Vertrieb (USP) wird von den Key Accounts vorgenommen. Wer ihnen nicht zuhört, wird als Unternehmen schnell zum Mittelmaß, ohne klare und unverwechselbare Konturen. Kunden wollen von einer Unternehmensleistung überzeugt werden! Für die Kunden von morgen bedeutet eine wahrgenommene Positionierung auch Orientierung und Reduktion von Ungewissheit bei ihren Entscheidungen pro oder contra eines A-Lieferanten. Die Fülle der heutigen Angebote führt selbst bei Fachleuten nicht selten zu einer Überforderung. Die Aufgabe des Key Account Managements besteht in der überzeugenden Vermittlung eines attraktiven Bildes der eigenen Unternehmensleistungen zum Vorteil der wichtigen Kunden. Eine Einheitlichkeit des Angebots – Produkt, Service, Dienstleistung, Kommunikation etc. – vermeidet Irritationen.

Michael Porter hat in seinem Buch „Wettbewerbsstrategien" drei Optionen vorgestellt:

- Produktdifferenzierung
- Kostenführerschaft
- Nischenbesetzung

Nachteil dieser Positionierungen ist es, dass es möglich ist, in zwei der drei Optionen Alleinstellungsmerkmale aufzubauen. Wenn der Wettbewerb Ihr Unternehmen dann angreift, sind Sie unter Umständen gezwungen, eine Zwei-Fronten-Verteidigung aufzubauen. Gegen einen leistungsstarken Gegner führt das nicht selten zu einem Positionsverlust, auf jeden Fall aber zu höheren Kosten. Die Alternative hierzu ist eine aus Bottom up-Kundensicht aufgestellte Positionierung. Grundlage ist die Annahme, dass es drei Grundausrichtungen von Kundentypen gibt: die Produktorientierten, die Organisationsorientierten und die Kundenorientierten. Dementsprechend bieten sich drei Möglichkeiten der Positionierung an:

▶ **Die Produktorientierten:** Bauen Sie ein leistungsstarkes Analysesystem auf, um bei Veränderungen von Trends und Kundenverhalten sofort agieren und neue Produktangebote entwickeln zu können.

▶ **Die Organisationsorientierten:** Erfüllen Sie zu 100 Prozent die zugesagten Leistungen und richten Sie Ihre Organisation darauf aus.

▶ **Die Kundenorientierten:** Unterstützten Sie den Key Account in seinem Vorhaben, auf individuelle Kundenwünsche seiner Kunden einzugehen und bieten Sie ihm variable Sonderlösungen an.

Die amerikanischen Unternehmensberater Treacy und Wiersema fanden heraus, dass es Unternehmen sehr schwer fällt, in zwei oder drei Positionierungen gleichermaßen gut zu sein. Außerdem widersprechen sich teilweise die aus der Positionierung abgeleiteten Management- und Organisationssysteme.

Ein Chemieunternehmen stellt unter anderem Flüssigkunststoffe für die Beschichtung von Industrieböden her. Die Kunden sind Spezialisten aus dem Baugewerbe und haben die Eigenart, erst morgens zu bemerken, dass sie kurzfristig Ware für einen Auftrag benötigen. Das Chemieunternehmen hatte in der Vergangenheit ein Produktsortiment entwickelt, das den größten Teil der möglichen Anwendungsanforderungen erfüllte und produzierte dieses in großen Chargen. Gleichzeitig wurde die Logistik perfektioniert, so dass die Verarbeiter auch sehr kurzfristig beliefert werden konnten. Das Marketing wollte jetzt ein neues Alleinstellungsmerkmal kreieren: die Erfüllung von Produktsonderwünschen in kurzer Zeit. Das Vorhaben scheiterte. Das Unternehmen war auf operative Exzellenz ausgerichtet und nicht auf individuelle Problemlösungen. Die Produktionsmöglichkeiten waren auf kontinuierliche Chargen und nicht auf eine Kleinproduktion ausgerichtet, die Entwicklungsabteilung besaß nicht die personelle Manpower und der Vertrieb sah sich auf einmal mit vielen Sonderaufträgen konfrontiert.

Erarbeiten Sie sich durch Alleinstellungsmerkmale in einer Disziplin eine Führungsposition, verteidigen Sie diese durch stetige Weiterentwicklung gegenüber dem Wettbewerb und versuchen Sie, in den anderen beiden Disziplinen so gut wie möglich zu werden. Je allgemeiner eine Positionierung jedoch ist, desto angreifbarer wird sie auch. Arbeiten Sie deshalb heraus, welche Vorteile sich die von Ihnen angepeilten Kunden wünschen. Das könnte sein:

► Echte Alleinstellungsmerkmale durch besondere Produkt- und Leistungsmerkmale: Zum Beispiel können Kunden durch Ihre Leistungen Kosten, Zeit und Anstrengungen sparen.

► Virtuelle Alleinstellungsmerkmale durch emotionalen und suggestiven Nutzen: Zum Beispiel fühlen sich die Kunden mit der Verwendung Ihrer Leistung besser oder sicherer.

► Die Erfüllung von gestellten Kundennormen: Zum Beispiel Ihre Leistungen unterstützen den Kunden dabei, eine bestimmte Norm zu erfüllen.

► Die zielgruppenorientierte Platzierung von Produkt und Leistung: Die Frage der Auslobung ist oftmals diejenige, die über die Alleinstellungsakzeptanz entscheidet; gehört Ihr Getränk zum Beispiel zu den Durstlöschern oder zu den Energiedrinks?

► Die Schaffung von Kundenidentität mit Produkt und Leistung: Welche Kunden wünschen zum Beispiel welche Leistungen, um selbst von ihrer sozialen Gemeinschaft als gleichwertig anerkannt zu werden?

► Die emotionale Vermittlung von Produkt und Leistung: Welche Sehnsüchte, Ideale oder Traumwelten können zum Beispiel mit Ihren Produkten und Leistungen verknüpft werden?

Wenn Sie Ihre Alleinstellungsmerkmale zu schwach gestalten, werden Sie keinen überzeugenden Mehrwert anbieten können, bei einer Überpositionierung laufen Sie Gefahr, das angestrebte Ziel – Kosten- und Leistungsführerschaft – nicht zu erreichen. Schaffen Sie deshalb entweder:

● mehr Leistung für mehr Geld (das Mehr an Leistung muss auch bezahlt werden)

● mehr Leistung für das gleiche Geld (Vorsicht: Vermeiden Sie Mitnahmeeffekte der Kunden – „nice to have"!)

● die gleiche Leistung für weniger Geld (Vorsicht: Gerade bei Markenartikeln kann der Ruf auf Dauer darunter leiden!)

● weniger Leistung für viel weniger Geld (Discount: Nur die Leistungen anbieten, die die von Ihnen angepeilte Zielgruppe erwartet!)

Vermeiden Sie: mehr für weniger! Positionierung und Alleinstellung entsteht durch die Wahrnehmung Ihrer Verhandlungspartner bei den Key Accounts. Vergessen Sie nie: USP/UMP müssen den Key Accounts wichtig sein und Ihnen ein möglichst langes, profitables Geschäft in Aussicht stellen. Außergewöhnliche Erfolge gehen fast immer auf eine Konzentration der Kräfte und auf Spezialisierung zurück. Wer auf allen Gebieten gut sein will, kann nur durchschnittlich werden. Nur wer seine Stärken voll und ganz einsetzt, kann Spitzenleistungen erzielen. Bieten Sie vorrangig Ihren Key Accounts nur die Leistungen an, in denen Sie stark sind und mit denen Sie Ihren Kunden den größten Nutzen bieten können.

Für die taktische Zielplanung bieten sich die Fragen der nachstehenden Checkliste an:

○ Vorgehen: Was genau müssen wir tun, um jedes unserer Ziele zu erreichen?

○ Aktionspläne: Wann werden wir was tun?

○ Marketing-Budget: Welche Mittel benötigen wir bei der Durchführung unserer Pläne?

○ Milestones: Wie überprüfen wir, ob wir auf dem richtigen Weg sind?

○ **Die Marktanalyse:**

  ○ Wer sind die Marktteilnehmer (Hauptmitbewerber)?

  ○ Welche Vorteile besitzen unsere Produkte/Dienstleistungen gegenüber dem Wettbewerb?

  ○ Wie groß ist der Umsatz/Absatz des Wettbewerbs?

  ○ Wie groß ist der Markt insgesamt?

  ○ Welche Marktanteile können die Wettbewerber realistisch erreichen?

  ○ Zu welchem Preisniveau bieten die Wettbewerber an?

  ○ Wo gibt es neutrale Marktdaten?

  ○ In welchen Situationen gibt der Wettbewerb Nachlässe? In welcher Höhe?

  ○ Wie sieht das Profil unserer Kunden aus?

  ○ Werden unsere Produkte zur rechten Zeit am rechten Ort und zum richtigen Preis angeboten?

  ○ Gibt es zu beachtende saisonale Schwankungen?

○ **Die Kundenanalyse:**

  ○ Wer sind die potenziellen Key Accounts? Einkaufspotenzial, Attraktivität, Kaufwahrscheinlichkeit ... ?

  ○ Was sind Gründe für Key Accounts, mit uns zusammenzuarbeiten? Zusatznutzen, Einsparpotenzial, Cross Selling ... ?

  ○ Würden Key Accounts mehr kaufen, wenn das Produkt billiger wäre? Würden Sie mehr kaufen, wenn die Qualität besser wäre ... ?

  ○ Wie reagiert der einzelne Key Account auf unsere Kommunikationsbemühungen?

  ○ Wer ist der bisherige Hauptlieferant bei den einzelnen Key Accounts?

  ○ Wer von unseren potenziellen Key Accounts ist Marktführer auf seinem Gebiet?

  ○ Was finden die Key Accounts an unseren Leistungen attraktiv?

  ○ Was finden die Key Accounts an unseren Leistungen weniger attraktiv?

○ Warum kaufen Interessenten vom Wettbewerb?

○ Welche Alleinstellungsmerkmale können wir den Key Accounts bieten? Produkte, Dienstleistungen, Service ... ?

○ **Die Wettbewerbsanalyse:**

○ Welches Produkt verwenden unsere potenziellen Kunden im Augenblick?

○ Haben Sie es beim Wettbewerb gekauft? Ist gar nichts Derartiges im Einsatz? Ist ein Alternativprodukt im Einsatz?

○ Wer sind die aktuellen Wettbewerber?

○ Marktposition? Unternehmensposition? Vorzüge? Schwächen?

○ Wie sieht das Wettbewerbsangebot aus?

○ Produktausprägung? Service? Leistungsmerkmale? Preis? Verpackung? Vertriebswege?

○ Welche Alleinstellungsmerkmale haben die Mitbewerber? In Bezug auf welche Eigenschaften und auf welchen Nutzen?

○ Wie groß sind die Wettbewerber im Vergleich zu uns?

○ Wie hoch sind unsere Marktanteile im Vergleich zum wichtigsten Wettbewerber?

○ Werden wir von den wichtigen Key Accounts als wichtiger Lieferant angesehen?

○ Sind die Wettbewerber auf den gleichen Marktsektoren aktiv wie wir?

○ Welche Produkte stellen/vertreiben die Wettbewerber?

○ Welche Preisgestaltung bevorzugen die Wettbewerber im Vergleich zu uns?

○ Welche Vertriebswege/-kanäle benutzen sie?

○ Welche neuen Produkte haben sie in letzter Zeit eingeführt?

6. Die Key-Account-Analyse und der Kundenwert

Umsatz und Ertrag stehen bei der Betrachtung des Kundenwerts für Ihr Unternehmen meistens im Vordergrund. Nicht ausreichend berücksichtigt werden in vielen Unternehmen jedoch die Kosten, die für den Aufbau, Ausbau und Erhalt der Kundenbeziehung aufgewendet werden müssen. Viele Aktivitäten sind notwendig und selbstverständlich im Beziehungsprozess, müssen aber trotzdem bewertend berücksichtigt werden, zum Beispiel:

● Kosten der Angebotserstellung und Auftragsabwicklung

● Beratungs- und Besuchskosten

● Kulanzregelungen bei Reklamationen

- Boni/Skonti/Rabatte
- Finanzierungskosten
- Präsentations- und Dokumentationskosten
- Logistik/Versand
- Werbungs- und Verkaufsförderungskosten
- Schulungskosten
- Key-Account-Entwicklungskosten

Sie sind bestrebt, für Ihre potenziellen Key Accounts ein wichtiger Partner zu sein. Eine wesentliche Voraussetzung ist jedoch, dass der jeweilige Key Account einen ausgeprägten Wert für Ihr Unternehmen hat, damit sich der besondere Einsatz des Key Account Managements für ihn „lohnt". Die Kunden- und Lieferantendynamik (Entwicklung in der Zukunft) ist dabei interessanter als der Status quo (Kundenwert heute). Hinterfragen Sie deshalb, welche Kundenfunktionen der angepeilte Key Account quantitativ (Bruttoertrag ./. direkt zurechenbare Kosten der Kundenbeziehung) und qualitativ (sachlicher und fachlicher Mehrwert) für Ihr Unternehmen ausfüllt. Kundenfunktionen können unter Umständen sein:

- Partizipation am langfristigen Key-Account-Potenzial
- langfristige positive Ertragssicherung aus der Key-Account-Beziehung
- Know-how-Transfer heute und morgen
- gemeinsame Leistungsprozessoptimierungen
- Trendsetter und Vorbild für weitere potenzielle Key Accounts
- Aufbau einer gemeinsamen Markenbildung

Betrachten Sie das quantitative Potenzial des Key Accounts heute und morgen – Ertrag, Loyalität, Entwicklungskraft, Cross-Einkauf etc. – und das qualitative Potenzial heute und morgen – Referenzen, Synergien, Kooperationen, Informationen etc. Gerade die Beachtung der immateriellen Größen wird in schnellen Märkten immer wichtiger, zum Beispiel:

▶ Das Referenzpotenzial gibt Auskunft darüber, inwieweit der Key Account andere wichtige Kunden in ihrer Kaufentscheidung positiv beeinflussen kann und wie viele potenzielle Kunden sich nach dem Kaufverhalten des Key Accounts richten und ähnlich handeln.

▶ Das Cross-Selling-Potenzial lässt erkennen, ob der Key Account empfänglich für andere Leistungen des eigenen Unternehmens – Produkte, Dienstleistungen, Service etc. – ist und damit die Kundenbindung erhöht werden kann.

▶ Beim Informationspotenzial bewerten Sie, in welchem Rahmen der Key Account Ihnen und Ihrem Unternehmen innovative Hinweise geben kann, das eigene Unternehmen zu optimieren. Das können Anregungen zu Produkten sein, das Erkennen von Schwachstellen oder die Entwicklung neuer Leistungen.

▶ Das Synergiepotenzial liefert Hinweise darauf, wie bestimmte positive Erfahrungen der Kundenbeziehung auch auf andere Unternehmensbereiche übertragen werden können, zum Beispiel Pilotprojekte in der Entwicklung, Produktion, Logistik etc.

Problematisch ist die Potenzialmessung dieser Faktoren. Versuchen Sie trotzdem, Kennzahlen zu entwickeln, anhand derer Sie Messungen vornehmen können. Was in den meisten Unternehmen aber in diesem Potenzialbeurteilungsprozess deutlich wird, ist das fehlende Wissen um das Potenzial des Kunden. Allein dies rechtfertigt schon die Berücksichtigung der immateriellen Größen.

Betrachten Sie nicht nur die Key-Account-Rentabilität für eine Geschäftsperiode, sondern auch einen längerfristigen Geschäftszeitraum (Kundenlebenszyklus), je nach Branche unterschiedlich zwischen ein bis fünf Jahre unter Einbeziehung aller Erträge und Kosten der Kundenbeziehung. Es kann möglich sein, dass Sie im ersten Jahr der Key-Account-Beziehung negative Zahlen erreichen. Dies sollten Sie bewusst einplanen. Wichtig ist, dass Sie innerhalb einer Zeit x einen ROI und Ihr langfristiges Ziel – einen Ertrag in einem längerfristigen Geschäftszeitraum – erzielen. Spätestens zum Ende der zweiten Geschäftsperiode sollten Sie jedoch ein ausgeglichenes Geschäftsergebnis erreichen.

Selten liefern Sie dem Key Account 100 Prozent des Einkaufspotenzials in Ihrem Produktbereich. Analysieren Sie, was Ihren Wettbewerb so attraktiv macht, dass sich der Key Account nicht von ihm trennen möchte, oder welche Einkaufsstrategie dahinter steckt. Die Investition in bestehende Key-Account-Beziehungen zur Steigerung des Eigenanteils am Einkaufspotenzial ist günstiger als der Aufbau einer neuen Kundenbeziehung. Suchen Sie nach Ansatzpunkten, wie Sie Ihren Lieferanteil durch besondere Leistungen erhöhen können. Fragen Sie:

● Welche Punkte sind dem Key Account bei der Auswahl von Produkten und Lieferanten besonders wichtig?

● Was ist *das* Alleinstellungsmerkmal aus Kundensicht, um den Key Account zur Aufstockung des Lieferanteils zu bewegen?

Vernetzen Sie Ihren Wert für den Key Account mit dem Wert des Key Accounts für Ihr Unternehmen. Nur wenn beide Seiten genügend Vorteile aus der Kundenbeziehung erwarten können, ist das gewünschte Engagement möglich. Sie möchten alle Gewinnsteigerungspotenziale im Key Account Management wahrnehmen:

▶ **Stabilisierung der Key-Account-Beziehung und Reduktion der Dominanz von Preis und Konditionen**
Ansatzpunkte:
  – individuelle Leistungsgestaltung
  – maßgeschneiderte Beratungs- und Servicelösungen
  – gemeinsame Produktentwicklung
  – Erkennen von Marktchancen
  – schnelle Reaktionen auf Veränderungen
  – effiziente Ablaufprozesse

▶ **Steigerung der Partnerschaftswertigkeit**
Ansatzpunkte:
  – individuelle Partnerschaftsgestaltung
  – gemeinsame Ausnutzung von Marktchancen
  – Erkennen neuer Verkaufsmöglichkeiten
  – neue Dienstleistungsangebote für den Markt

▶ **Kosten reduzieren**
Ansatzpunkte:
  – Kosten nach Wertigkeit aussuchen und alle anderen Kostentreiber eliminieren
  – gemeinsames Controlling und Datenaustausch
  – Standardisierung und Automatisierung
  – Einleitung von gemeinsamen Lernprozessen

Diese drei Punkte führen, sofern sie gut gestaltet sind, in der Regel zu Umsatz- und Gewinnsteigerungen. Im Key Account Management sind Fehlinvestitionen kaum tolerierbar, da die negativen Auswirkungen nachhaltiger sind als bei „normalen" Kunden.

Moderne Vertriebscontrolling-Systeme analysieren, welche Kosten für einen Key Account aufgebracht werden müssen, um die Beziehung für ihn interessant zu halten:

● Produktherstell- und Bereitstellkosten
● Kosten der Auftrags- und Abwicklungsprozesse
● individuelle Leistungskosten für den Key Account – Sonderentwicklungen, Service, Vertriebsbetreuung etc.
● Marktbearbeitungskosten – Werbung, Verkaufsförderung, PR

Tab. 6.1: Fallbeispiel einer Customer-Lifetime-Value-Rechnung eines Investitionsgüterherstellers: entscheidend ist der langfristige Ertrag mit den wichtigen Top-Kunden unter Berücksichtigung der direkt zurechenbaren Kosten der Kundenbeziehung.

	1. Jahr	2. Jahr	3. Jahr	4. Jahr	5. Jahr	Summe
Bruttoumsatz	200.000	300.000	400.000	500.000	600.000	2.000.000
Bruttoertrag	110.000	165.000	220.000	275.000	330.000	1.100.000
vertriebliche Vorlaufkosten	10.000					10.000
Service-vorlaufkosten	25.000					25.000
begleitende Kosten	10.000	5.000	5.000	5.000	5.000	30.000
variable Kosten	50.000	75.000	100.000	125.000	150.000	500.000
kundenspez. Vertriebskosten	30.000	45.000	60.000	75.000	90.000	300.000
Marketingkosten	8.000	12.000	16.000	20.000	24.000	80.000
Sonderkosten			5.000		8.000	
jährlicher Einnahmenüberschuss	–23.000	6.380	39.997	87.597	135.342	246.316
Einnahmenüberschuss diskontiert	–21.620	5.997	37.597	82.342	127.221	231.537

Über die Kundenlebenswertrechnung können Sie feststellen, wie sich das Key-Account-Geschäftsergebnis von Geschäftsperiode zu Geschäftsperiode entwickelt. Listen Sie den monatlichen oder jährlichen Bruttoumsatz auf. Reduzieren Sie diesen um technologische, vertriebliche und begleitende Kosten. Tatsächliche Herstellungskosten oder Vertriebsherstellkosten werden abgezogen. Erfassen Sie die Kosten der Leistungserbringung (Vertriebs- und Key-Account-Betreuungskosten und direkt zurechenbare Vertriebsunterstützungskosten). Subtrahieren Sie andere Kosten aus der Key-Account-Betreuungsarbeit. Als Ergebnis erhalten Sie einen monatlichen oder jährlichen Einnahmen- oder Ausgabenüberschuss. Führen Sie diese Analyse regelmäßig fort und kumulieren Sie die Ergebnisse. Es ist sinnvoll, die Ergebnisse zu diskontieren, um ein zeitgenaues Resultat zu erhalten.

Die Gestaltung einer Key-Account-Strategie

Tab. 6.2: Fallbeispiel eines Kunden-Scoring eines Endkundenanbieters: auf Basis erhobener Kundendaten und daraus abgeleiteter Kennzahlen wird das Kaufverhalten analysiert und der Kunde je nach Wertigkeit unterschiedlich betreut.

Faktoren						
Startwert			25 Punkte			
Letztes Kaufdatum	bis 6 Monate	bis 9 Monate	bis 12 Monate	bis 18 Monate	bis 24 Monate	> 24 Monate
	+40 Punkte	+25 Punkte	+15 Punkte	+5 Punkte	–5 Punkte	–15 Punkte
Häufigkeit der Käufe in den letzten 18 Monaten			Zahl der Aufträge multipliziert mit dem Faktor 6			
Durchschnittlicher Umsatz der letzten 3 Monate	bis 1 T€	bis 5 T€	bis 10 T€	bis 50 T€	bis 100 T€	> 100 T€
	+5 Punkte	+15 Punkte	+25 Punkte	+35 Punkte	+40 Punkte	+45 Punkte
Anzahl Lieferungen	0 bis 1	2 bis 3	4 bis 6	7 bis 10	11 bis 15	> 15
	0 Punkte	–5 Punkte	–10 Punkte	–20 Punkte	–20 Punkte	–40 Punkte
Zahl der Werbesendungen seit letztem Kauf	Hauptkatalog	Sonderkatalog	Mailing			
	je –12 Punkte	je –6 Punkte	je –2 Punkte			

Die Key-Account-Analyse

Key Accounts, ob international oder national agierend, sind, unabhängig von der Branche, sowohl zentral als auch dezentral aufgestellt. Vorteile der dezentralen Organisationsform: Kleinere Einheiten schaffen eher eine Erhöhung der Schlagkraft, die Mitarbeiter fühlen sich verantwortlicher für die erzielten Ergebnisse. Es ist aber auch nicht unüblich, bei Schlüsselkunden sowohl eine Zentralisierung als auch eine Dezentralisierung vorzufinden. Geschäftseinheiten von Großunternehmen stellen sich teilweise sehr unterschiedlich auf. Vermeiden Sie deshalb Seifenblasen, wenn Sie von Ihren Key Accounts sprechen: Welches Profit-Center innerhalb der Key-Account-Gesamtorganisation meinen Sie, welche Leistungen und Angebote möchten Sie welchen Key-Account-Bereichen unterbreiten, welche Gesprächspartner von welcher Key-Account-Organisation müssen gewonnen werden? Unterscheiden Sie weiter nach den Einkaufsstrategien der unterschiedlichen Key-Account-Einkaufsteams, denn die Einkaufs-kriterien müssen innerhalb einer Key-Account-Gesamtorganisation nicht unbe-dingt gleich sein. Kriterien können zum Beispiel sein:

▶ **Single Sourcing:** Der Schlüsselkunde richtet seinen Einkauf in seinen wich-tigsten Kernsegmenten nur auf einen Lieferanten aus.

▶ **Multiple Sourcing:** Das Einkaufsvolumen wird auf mehrere Lieferanten aufgesplittet, um dadurch Risiken für den Key Account zu mindern und eine bessere Verhandlungsposition zu erhalten.

▶ **Modular Sourcing:** Der Key Account hat früher Einzelprodukte gekauft und sucht jetzt einen Systemlieferanten.

▶ **Global Sourcing:** Der Key Account betreibt ein internationales Beschaf-fungsmarketing.

▶ **Process Sourcing:** Der Key Account bindet den Lieferanten in seine Ablauf- und Wertschöpfungsprozesse ein oder überträgt ihm Aufgaben innerhalb der Prozesse.

▶ **Simultaneous Engineering:** Schlüsselkunde und Lieferant planen und ent-wickeln gemeinsam neue Produkte oder Leistungen.

Je nach Einkaufsstrategie sind unterschiedliche Ansätze zu finden, die eigenen Leistungen und Ressourcen auf die Key Accounts auszurichten, um die jeweili-gen Schlüsselkundenbereiche für sich zu gewinnen. Der Einkauf, der heute oftmals noch operativ von den Key Accounts vorgenommen wird, entwickelt sich stetig zu einem Werkzeug der strategischen Unternehmensführung. Ent-scheidungen über Outsourcing, Allianzen oder Vertriebsaktivitäten werden durch den Einkauf maßgeblich beeinflusst. Abbildung 6.1 zeigt, nach welchen Kriterien ein Unternehmen die Wichtigkeit der Einkaufsprodukte nach Ver-sorgungsrisiko und Einkaufsvolumen klassifiziert hat und welche Rück-schlüsse es auf das Einkaufsverhalten zieht:

▶ **Standardprodukte:**
  – Erfolgsfaktoren für den Einkauf: Abschluss eines Rahmenvertrags, Re-duzierung der Schnittstellen in der eigenen Organisation
  – Angestrebtes Einkaufsziel: Single Sourcing, Senkung der Prozesskosten

▶ **Engpassprodukte:**
  – Erfolgsfaktoren für den Einkauf: Reduktion der Engpassprodukte, Re-duktion des Volumens der Engpassprodukte am Gesamteinkaufsvolumen
  – Angestrebtes Einkaufsziel: Reduktion der Fehlteile in der Produktion

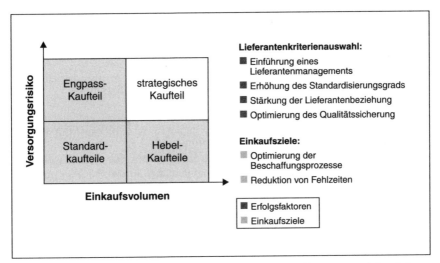

Abb. 6.1: Fallbeispiel Einkaufsstrategie: Einkaufsvolumen und Versorgungsrisiko sind zum Beispiel Kriterien, nach denen Key Accounts Lieferanten auswählen.

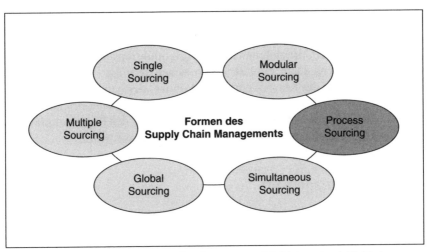

Abb. 6.2: Die Vernetzung zwischen Key Accounts und Anbietern durch Einbindung in die Wertschöpfungsketten wird zu einem gängigen Arbeitsmodell der Zukunft.

Die Key-Account-Analyse und der Kundenwert

▶ **Strategische Produkte:**
  – Erfolgsfaktoren für den Einkauf: Einführung eines Lieferantenmanagements, Erhöhung des Standardisierungsgrads, Ausbau der Lieferantenbeziehung, Qualitätssicherung
  – Angestrebtes Einkaufsziel: Reduzierte Bearbeitungszeiten

▶ **Hebelprodukte:**
  – Erfolgsfaktoren für den Einkauf: Festlegung des Rahmenvertragsvolumens, Erhöhung des Standardisierungsgrads
  – Angestrebtes Einkaufsziel: Verhandlungsfaktor für den Gesamteinkauf, Reduktion der C-Lieferanten, Reduktion der C-Lieferanten zu Gunsten der A-Lieferanten

Es zeigt sich in der Regel, dass Sie den Key Accounts am besten dann Vorteile bieten können, wenn Ihr Unternehmen von Beginn an in die Planung des Kunden einbezogen wird. Wenn Sie die Gesamtkosten während eines Produktlebenszyklus zugrunde legen, werden während der Planungsphase zwar nur zirka 5 Prozent der Gesamtkosten verursacht, dort liegen aber zirka 75 Prozent des Gesamtkosteneinsparpotenzials. In der Einführungsphase werden zirka 15 Prozent der Gesamtkosten veranlasst, der Anteil am Gesamtkosteneinsparpotenzial liegt dann bei zirka 15 Prozent. Die Hauptkosten liegen in der Nutzungsphase mit zirka 85 Prozent, das Kosteneinsparpotenzial liegt aber dann nur noch bei zirka 10 Prozent. Dies sind sicherlich Schwarz-Weiß-Zahlen und sind je nach Unternehmen (Branche, Produktionsmöglichkeiten, Produkt etc.) unterschiedlich. Eins ist jedoch sicher: Je früher Sie in den Wertschöpfungsprozess des Kunden einsteigen können, desto größer ist die Chance, gemeinsam Kosten- und Leistungsführerschaft auf ein hohes Niveau zu bringen. Prüfen Sie, welche besonderen Leistungen für den Key Account während der Planungsphase nachhaltig erbracht werden können.

Zielkundenmanagement

Sie haben Ihre grundsätzliche strategische Ausrichtung gefunden, eine generelle Marktanalyse vorgenommen und Ihre organisatorische Ausrichtung hinsichtlich des Key Account Managements überprüft. Die Anforderungen an den Key Account Manager sind definiert, und das Key-Account-Management-Team ist benannt. Sie akzeptieren, dass Ihre Ressourcen an Zeit und Finanzmitteln begrenzt sind. Jetzt geht es um die konkrete Auswahl Ihrer Schlüsselkunden. Ihr Ziel: Konzentration der Ressourcen auf die ertragreichen Kunden und Steigerung der Effizienz in der Key-Account-Organisation.

Noch einmal: Die Betrachtung der Entwicklungsdynamik ist dabei wichtiger als die Ist-Situation. Bewerten Sie deshalb sowohl den aktuellen als auch den potenziellen zukünftigen Gewinnbeitrag.

▶ **Abmelkkunden mit stagnierendem oder voraussichtlich negativem Wachstum:**
   – werden durch Anbieter mit neuen Leistungen im Markt überholt
   – zu langes Festhalten an alten Managementmethoden
   – schwache Nachfolger in einem Familienunternehmen
   – Ihr Lieferanteil: gering bis sehr hoch

▶ **Minuskunden mit sowohl hoher als auch sehr niedriger Marktattraktivität:**
   – hohe Marktattraktivität: Kunde ist bereits mit Ihrem Wettbewerber eine strategische Allianz eingegangen. Anforderungen des Kunden können mit Ihren Möglichkeiten nicht erfüllt werden.
   – niedrige Marktattraktivität: aufgrund fehlender Wettbewerbsfähigkeit kaum Marktchancen; Konzentrationsprozess wird Unternehmen dieser Größe aufsaugen; Bearbeitung kleiner, uninteressanter Marktanteile.
   – Ihr Lieferanteil: gering

Abmelk- und Minuskunden kommen für Sie als Key Accounts wohl kaum in Frage.

Sie interessieren sich für die:

▶ **Investitionskunden mit einer hohen Marktattraktivität** (wächst umsatzmäßig überproportional; erarbeitet sich durch Innovationskraft wachsende Marktanteile; überträgt erfolgreich Ideen in andere Geschäftsbereiche; Ihr Lieferanteil: gering bis sehr hoch)

▶ **Status-quo-Kunden mit leichtem Wachstum auf hohem Niveau** (hat ein sehr hohes Niveau und verteidigt seinen Marktanteil; fehlende Ressourcen, um einen Wachstumssprung zu erreichen; von ehemaligem Innovationsmarkt in einem Me-too-Markt angekommen; Ihr Lieferanteil: mittel bis sehr hoch).

Suchen Sie Ihre aktuellen oder potenziellen Schlüsselkunden unter diesen beiden Kundengruppen. Vergessen Sie aber nicht die potenziellen Schlüsselkunden von morgen. Heutige B-Kunden werden durch besondere Marktleistungen in Zukunft zum Schlüsselkunden. Betrachten Sie die Festlegung nicht als statisch, sondern überprüfen Sie mindestens einmal jährlich, ob Ihre Annahmen und analysierten Kriterien noch aktuell sind. Trennen Sie sich rechtzeitig von den „falsch" ausgesuchten Key Accounts, denn die dort investierten Ressourcen fehlen Ihnen dann bei den anderen potenziellen Schlüsselkunden.

Die Schlüsselkundenauswahl

Es gibt verschiedene Techniken, Schlüsselkunden zu selektieren. Ein relativ „objektives" Verfahren ist die Portfolio-Technik. Bewertungskriterien für die Auswahl könnten zum Beispiel sein:

▶ **Bewertung der Attraktivität des potenziellen Schlüsselkunden:** Das bedeutet für Sie Wachstum, Gewinnung von Marktanteilen, Trendsetter in seinem Markt etc.

▶ **Bewertung der eigenen Stärke bei dem potenziellen Schlüsselkunden:** Der Kunde ist an Ihren Unternehmensstärken interessiert und akzeptiert Ihre Vertriebsstrategie.

Beide Bewertungen werden sowohl subjektiv nach Ihrer persönlichen Einschätzung (vom Kundenwissen abhängig) als auch gestützt auf Befragungen, Erhebungen und Recherchen nach folgender Vorgehensweise durchgeführt. In dem Bewertungsprozess werden Sie schnell feststellen, welche Informationslücken über den Key Account noch vorhanden sind. Wenn Sie realisieren, dass die Lücken erheblich sind, bewerten Sie trotzdem – allerdings aus dem Bauch heraus – und erstellen Sie einen Plan, wie das Team innerhalb einer definierten Zeit diese Wissenslücken schließen kann. Es bietet sich an, die Klassifizierung im Team vorzunehmen, um unterschiedliche Sichtweisen und Erfahrungen zu berücksichtigen. Das Procedere ist einfach und für alle Teammitglieder nachvollziehbar.

Starten Sie mit der Bewertung der „Attraktivität der potenziellen Key Accounts aus Ihrer Sicht":

▶ **Kriterienauswahl:** Erarbeiten Sie die wichtigsten Attraktivitätskriterien (maximal zehn) aus Ihrer Sicht und für Ihr Unternehmen. Berücksichtigen Sie dabei Ihre Eigenstrategie und die Chance auf Zusammenarbeit mit dem potenziellen Schlüsselkunden im angepeilten Marktfeld.

▶ **Gewichtung:** Legen Sie fest, wie wichtig jedes einzelne Kriterium innerhalb der Erfolgskriterien für Ihre Kundenauswahl ist, zum Beispiel 1 = bedingt wichtig, 6 = muss in jedem Fall erfüllt werden.

▶ **Skalierung:** Benoten Sie jeden potenziellen Key Account durch eine Skalierung, zum Beispiel von eins bis sechs (1 = Kriterium wird nicht erfüllt, 6 = Kriterium wird voll erfüllt).

▶ **Summe:** Multiplizieren Sie die Gewichtung mit der Skalierung und addieren Sie die Einzelpositionen zur Gesamtsumme.

Tab. 6.3: Fallbeispiel „Bewertung von Kundenattraktivität": Bildung von Kriterien
für „Kundenattraktivität" und Bewertung durch Kennzahlen.

Kriterium	Skalierung					Gewichtung	Summe
	1	2	3	4	5		
Umsatz				X		4	16
Absatz			X			4	12
Potenzial					X	5	25
Meinungsbildnerfunktion			X			3	9
Produktmix		X				2	4
Differenzierungschancen			X			4	12
akezptierter Zusatznutzen				X		4	16
Serviceintensität		X				3	6
Unternehmensgröße			X			2	6
Anzahl der Entscheider			X			4	12
Gesamt							**118**

Wenn Sie jetzt potenzielle Schlüsselkunden nacheinander bewertet haben,
werden Sie eine Differenz zwischen den einzelnen beurteilten Unternehmen
feststellen.

Der schwierigste Teil dieser Vorgehensweise ist die Erstellung der wesentlichen Attraktivitätskriterien. Es ist empfehlenswert, mit kundennahen Teammitgliedern einen Workshop mit einem externen Moderator durchzuführen.
Wählen Sie maximal zehn Kriterien aus, nach denen Sie Key Accounts auswählen werden. Hinterlegen Sie für jedes Attraktivitätskriterium Kennzahlen,
nach denen Sie bewerten. Damit vermeiden Sie allgemeine Aussagen ohne Be-
wertungskraft. Einige Beispiele:

● Umsatz: 1 = 100 T€, 2 = 200 T€, 5 = 500 T€
● Rohertrag: 1 = 30 Prozent, 2 = 35 Prozent, 5 = 50 Prozent
● Entscheidungsträger: 1 = Nur Einkauf entscheidet, 2 = Einkauf und Produktion entscheidet, 5 = Netzwerk muss betreut werden (oder umgekehrt,
  je nach eigener Personalstärke)
● Produktmix: 1 = kauft nur ein Produkt, 2 = kauft eine Produktgruppe,
  5 = kauft nur bei uns

Überprüfen Sie Ihre Skalierung immer wieder anhand eigener Daten und Zahlen und durch Gespräche bei den Schlüsselkunden.

Tab. 6.4: Fallbeispiel „Eigene Stärke": Kriterienbildung für „Eigene Stärke", Spiegelung dieser Kriterien durch die Key Accounts und dadurch Abgleich Selbst-/Fremdeinschätzung.

Kriterium	Skalierung					Gewichtung	Summe
	1	2	3	4	5		
Eigene Leistungsqualität				X		5	20
Beziehungsqualität				X		4	16
Sortimentsbreite			X			4	12
Branchenkenntnisse					X	5	25
Flexibilität				X		4	16
Innovationskraft		X				3	6
Referenzen in der Branche			X			3	9
Wettbewerbsverhalten				X		2	8
Regionale Nähe			X			3	9
Markenbildung				X		4	16
Gesamt							**137**

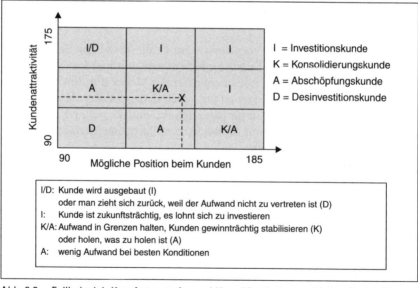

I = Investitionskunde
K = Konsolidierungskunde
A = Abschöpfungskunde
D = Desinvestitionskunde

I/D: Kunde wird ausgebaut (I)
oder man zieht sich zurück, weil der Aufwand nicht zu vertreten ist (D)
I: Kunde ist zukunftsträchtig, es lohnt sich zu investieren
K/A: Aufwand in Grenzen halten, Kunden gewinnträchtig stabilisieren (K)
oder holen, was zu holen ist (A)
A: wenig Aufwand bei besten Konditionen

Abb. 6.3: Fallbeispiel „Key-Account-Auswahl": auf Basis der ermittelten Kennzahlen „Kundenattraktivität" und „Eigene Stärke" (mögliche Position beim Kunden) wird die Key-Account-Auswahl unterstützt.

Die Gestaltung einer Key-Account-Strategie

Fahren Sie jetzt fort mit der Bewertung „Stärke des eigenen Unternehmens aus Eigensicht und Abgleich mit der Akzeptanz durch den Key Account". Werden Sie sich mit dem Team darüber einig, welche Stärken Ihr Unternehmen besitzt und wodurch Sie sich vom Wettbewerb absetzen können. Identifizieren Sie ebenfalls maximal zehn Stärken und gewichten Sie diese nach 1 = Randstärke bis 6 = Alleinstellungsmerkmal.

Es reicht aber nicht aus, dass Ihr Team diese Stärken sieht, die Key Accounts müssen sie ebenfalls akzeptieren. Wenn eine zu hohe Anzahl von attraktiven Key Accounts Ihre Stärken nicht sieht oder ablehnt, müssen Sie entweder neue Kunden auswählen oder über Ihre Vertriebsausrichtung nachdenken.

Bei der Bewertung der Akzeptanz der von Ihrem Unternehmen ins Feld geführten Stärken durch die potenziellen Key Accounts gehen Sie genauso vor wie bei der Bewertung „Attraktivität". Eine vorgeschaltete Kundenzufriedenheitsanalyse kann Sie dabei unterstützen. Die sollte von externen Beratern durchgeführt werden, um eine hohe Neutralität zu erzielen. Entscheidend ist nicht die Anzahl der befragten potenziellen Schlüsselkunden, sondern die Qualität der Befragung. Je mehr Arbeit Sie vorab in die Auswahl der Key Accounts investieren, desto größere Chancen haben Sie, spätere Fehlkosten durch Auswahl nicht kooperationsbereiter Kunden zu vermeiden. Tragen Sie die Ergebnisse in das Portfolio ein. Als Resultat aus den beiden Analysen erhalten Sie dann die Diskussionsgrundlage für die Vertriebsentscheidungen:

- Wer wird als Schlüsselkunde betreut?
- Wer wird als Großkunde betreut?
- Wer wird anderweitig betreut?

Gehen Sie nicht nur vom Ist-Zustand aus, sondern bewerten Sie auch das mögliche Kundenpotenzial der Zukunft. Vielleicht ergibt sich die Chance, mit den eigenen Ressourcen einem heutigen Großkunden zu einer Key-Account-Position im Markt zu verhelfen. Eine Kundenpotenzialanalyse unterstützt die Bildung eines Marktbearbeitungskonzeptes.

Gleichermaßen kann ein Kundenattraktivitäts-Portfolio entworfen werden, indem die Chance auf Zusammenarbeit mit der Stärke der eigenen Position beim Schlüsselkunden gekoppelt wird. Bei einem Großkunden wird die Abschlusswahrscheinlichkeit im Vordergrund stehen, bei einem Schlüsselkunden das Geschäft von morgen und die langfristige Verbindung. Daher sollte bei einer Key-Account-Analyse ein nicht zu kurzer Zeitrahmen beurteilt werden.

Ein weiteres wichtiges Entscheidungskriterium ist der Aufwand, der für die Erschließung eines Schlüsselkunden geleistet werden muss im Vergleich zu seiner langfristigen Attraktivität. Beachten Sie Ihre zur Verfügung stehenden Ressourcen. Es ist sinnvoller, nur fünf Key Accounts optimal zu betreuen als zehn nur halbherzig. Der Aufwand ist nicht nur aus betriebswirtschaftlicher Sicht zu sehen. Mittel- und langfristige Marktbearbeitungsstrategien sind genauso mit einzubeziehen. Es gibt keine Garantien für Erfolg. Das Restrisiko, in einen potenziellen Key Account zu investieren und kein zählbares Ergebnis zu erhalten, wird immer bleiben.

In erster Linie ist die generelle Zusammenarbeit mit einem Schlüsselkunden zu untersuchen, also Produkte, Dienstleistungen, gemeinsame Marktbearbeitung, Know-how-Transfer, gemeinsame Produktentwicklung etc. Alle Bereiche sollten gleichermaßen bewertet werden. Es gibt aber Branchen, bei denen der Schwerpunkt in einem bestimmten Bereich liegt. Dann es ist es sinnvoll, diesem Kriterium eine besondere Position bei der Bewertung des Schlüsselkunden einzuräumen. Vergleichen Sie zum Beispiel die Einkaufsmenge des potenziellen Key Accounts mit dem von Ihnen dabei erzielten Rohertrag.

Mit der Portfolio-Technik ist man in der Lage, Gesamtzusammenhänge visuell für das Key-Account-Team und die internen Mitspieler aufzubereiten. Es gibt noch weitere Möglichkeiten:

▶ **Das Verhältnis des Produktrohertrags zum kundenbezogenen Rohertrag:** Dadurch können Sie feststellen, welche Produktgruppen sich über-/unterproportional zum Gesamtergebnis des Schlüsselkunden entwickeln.

▶ **Das Verhältnis des durchschnittlichen Gewinns im Verhältnis zum Gewinn mit den jeweiligen Schlüsselkunden:** Manchmal haben Schlüsselkunden nicht immer das beste Umsatz-/Gewinnverhältnis, d. h., bei niedrigen Abgabepreisen müssen überproportionale Leistungen erbracht werden.

▶ **Wenn Sie eine interne Kosten- und Leistungsrechnung betreiben, können Sie schnell feststellen, ab welchem Zeitpunkt Ihnen Ihr Key Account keinen Nutzen mehr bringt.** Das muss nicht den sofortigen Ausstieg bedeuten, es sollte aber reagiert und die Vertriebsleistungen sollten entsprechend angepasst werden, um das eigene Unternehmen nicht zu gefährden.

Sollten derartige strategische Überlegungen und Portfolios mit dem Schlüsselkunden besprochen werden? Das hängt maßgeblich vom Reifegrad der Beziehung ab. Ist eine Key-Account-Beziehung noch nicht reif genug, sollte man den Kunden nicht überfordern. Ist die Beziehung jedoch schon weit entwickelt, bietet Offenheit viele Chancen zur weiteren persönlichen und sachlichen Entwicklung.

Alle Kundeninformationen, die während des Zielkundenmanagement-Prozesses gewonnen werden, sollten mit in die Unternehmensstragieplanung fließen. Da die Schlüsselkunden zu einem erheblichen Teil zum Geschäftsergebnis beitragen, ist die Key-Account-Planung unbedingt bei der Jahresplanung (bottom-up) zu berücksichtigen.

Die Einflussfaktoren bei der Schlüsselkundenauswahl

Bei der Auswahl von Key Accounts spielen qualitative und quantitative Gesichtspunkte eine wesentliche Rolle. Zu berücksichtigen sind ebenfalls die erheblichen Unterschiede in den einzelnen Marktsegmenten und den daraus abgeleiteten Vertriebsstrategien. Kriterien für die einzelnen Branchen könnten wie folgt aussehen:

▶ **Konsumgüterindustrie:** Umsatzgröße, Roherträge, Marktmacht des Schlüsselkunden Umsatzpotenzial, Produktdrehzahl in den Outlets etc. stehen im Vordergrund.

▶ **Investitionsgüterindustrie:** Umsatzgröße, Verwendungsraten der Produkte, Betriebsgröße, Innovationsentwicklung, Forschung und Entwicklung sind wichtig.

▶ **Dienstleistungssektor:** Umsatzgröße, Marktbedeutung, Marktmultiplikator, Nischenmarktbearbeitung mit Spezialwissen sind zu beachten.

Wichtige Kriterien für die Beurteilung von potenziellen Key Accounts sind weiterhin das Wissen um deren Unternehmensstrukturen, Unternehmensstrategien, Wettbewerbssituationen und Märkte.

Die nachstehende Checkliste verdeutlicht die Komplexität der Beeinflussungsfaktoren. Jeder Faktor für sich kann wichtiges Element für Sie in der Auswahl von Schlüsselkunden sein:

○ Ist der Schlüsselkunde zentral oder dezentral organisiert?

○ Kennen Sie bei einer dezentralen Ausrichtung die strategischen Ziele der einzelnen Geschäftseinheiten?

○ Wie sind die einzelnen Geschäftsfelder beim Schlüsselkunden organisatorisch/strategisch miteinander vernetzt?

○ Haben Sie zu den einzelnen Geschäftsbereichen gleich gute Beziehungen?

○ Ist die Geschäftsentwicklung in allen möglichen Geschäftsbereichen gleichermaßen positiv?

○ Ist Ihre Strategie identisch mit der des Schlüsselkunden und wo bestehen Differenzen?

○ Wenn Sie schon zusammenarbeiten, wie hat sich die Geschäftsbeziehung im Laufe der Jahre entwickelt?

○ In welcher Form hat der Schlüsselkunde Ihre Vorschläge angenommen und wie haben sie sich auf sein Geschäftsergebnis ausgewirkt?

○ Haben Sie ein Frühwarnsystem für den Fall installiert, dass in der Zusammenarbeit mit dem Schlüsselkunden die Entwicklung nicht wie geplant verläuft?

○ Haben Sie mehrere Pfeile im Köcher und können Sie auf nicht planmäßig verlaufende Entwicklungen sofort reagieren?

○ Haben Sie für die Zusammenarbeit mit dem Schlüsselkunden ein Betreuungsbudget aufgestellt und was passiert, wenn Sie dieses überschreiten?

○ Sind Ihre Unternehmensressourcen ausreichend, um die Anforderungen des Schlüsselkunden befriedigend zu erfüllen?

○ Sind Ihnen alle Anforderungen des Schlüsselkunden klar? Welche Punkte müssen noch geklärt werden?

○ Kennen Sie alle Entscheidungsträger/Entscheider/Umsetzer beim Schlüsselkunden?

○ Wie ist Ihre Position beim Schlüsselkunden im Vergleich zum Wettbewerb?

○ Wissen Sie, welche Leistungen die Verantwortlichen beim Schlüsselkunden von Ihnen als Lieferanten erwarten?

○ Wie und als was möchten Sie von Ihrem Schlüsselkunden angesehen werden?

10 hilfreiche Schritte bei der Auswahl von Schlüsselkunden

Die folgenden zehn Schritte können Sie bei der Auswahl der Schlüsselkunden unterstützen:

Schritt 1: Entwickeln Sie ein eigenes Strategiekonzept und beschreiben Sie aus Ihrer Sicht, mit welchen Argumenten und Dienstleistungen Sie Ihren Key Accounts in der Zukunft Vorteil und Nutzen bieten können.

Schritt 2: Notieren Sie alle potenziellen Kunden.

Schritt 3: Bestimmen Sie die erfolgversprechendsten bzw. potenzialstärksten Key Accounts unter Berücksichtigung Ihrer Unternehmensressourcen und Möglichkeiten.

Schritt 4:
Analysieren Sie die wichtigsten Kunden mit der Portfolio-Technik nach:

▶ Attraktivität:
- – aktueller Umsatz
- – Umsatztrend des Kunden
- – Wettbewerbssituation des Kunden
- – Wettbewerbssituation im Markt des Kunden
- – Preissensibilität/Konditionen beim Kunden
- – Meinungsbildnerfunktion im Markt

▶ Chancen beim Kunden:
- – Verwendungsmöglichkeiten von eigenem Problemlösungs-Know-how im jeweiligen Land
- – Wachstumschancen durch Einkaufspolitik (z.B: Single-Sourcing)
- – Bewertung der Beziehungsqualität
- – Leistungserwartung des Kunden
- – Bewertung des Einkaufsverhaltens
- – Segmentierungsvariablen Produkt (Normen, Low-Cost, Produkteigenschaften etc.), Logistik (Just in Time, Konsignationslager etc.)
- – Bestimmung der Ablaufprozesse (EDI-Fact, Vertriebsbetreuung, Kundendienst, After-Sales-Betreuung etc.)

▶ Kaufmännische Parameter:
- – Bedeutung und Kundenpotenzial für unser Geschäft
- – Bedeutung und DB-Kundenpotenzial für unser Geschäft
- – Wachstumschancen und –absichten des Kunden
- – Kundeneinkaufspotenzial in unserem Bereich

- Gesamteinkaufspotenzial des Kunden
- Bereitschaft zur Zusammenarbeit
- Bonität
- akzeptierte Alleinstellungsmerkmale in Marketing und Vertrieb

▶ Technische Parameter:
- Bedeutung der von uns angebotenen Technologie für Kunden und unser Geschäft
- Zukunftsaussichten, Trend für diese Technologie
- Herstellungssicherheit
- Sicherheit der Rohstoff- und Teileversorgung
- eigene Patente, GMS
- besonderes Know-how

Schritt 5: Erfassen Sie die gewonnenen bzw. bewerteten Informationen tabellarisch und speichern Sie sie in einer Datenbank. Sollte eine bestimmte Punktzahl bei der Attraktivitäts- bzw. Stärkenbeurteilung nicht erreicht werden, werten Sie dies als K.O.-Kriterium.

Schritt 6: Analysieren Sie, welchen Aufwand und welche Kosten Sie bereitstellen müssen, um die angepeilten potenziellen Key Accounts dauerhaft zu begeistern und zu verblüffen.

Schritt 7: Wählen Sie eine überschaubare Zahl von Key Accounts aus und legen Sie fest, mit welchen Werkzeugen und Vorteilsbildungen diese wertigen Kunden besonders gepflegt werden.

Schritt 8: Machen Sie einen Sicherheitscheck und unterziehen Sie die potenziellen Key Accounts noch einmal einer kurzen Analyse. Führen Sie noch einmal Ihre Kriterien auf, die dazu geführt haben, diesen Kunden zu einem Key Account zu machen. Vergeben Sie für jedes Kriterium eine kundenindividuelle Gewichtung (1 = erfüllt in etwa unsere Erwartungen, 6 = erfüllt unsere Erwartungen im vollen Umfang) und vergleichen Sie bei Ihrem jährlichen Check-up, ob sich aufgrund der Erkenntnisse aus der Tagesarbeit etwas verändert hat.

Schritt 9: Versuchen Sie herauszufinden, nach welchen Kriterien der potenzielle Key Account seine A-Lieferanten beurteilt und wie Ihr Unternehmen dabei abschneidet. Vergleichen Sie bei Ihrem jährlichen Check-up, ob sich aufgrund neuer Erkenntnisse aus der Tagesarbeit etwas verändert hat.

Schritt 10: Entwickeln Sie einen Key-Account-Durchdringungsplan.

Die Gestaltung einer Key-Account-Strategie

Die Informationsgewinnung in der Schlüsselkunden-Analyse

Bei der Schlüsselkunden-Analyse interessieren vor allem zwei Informationsbereiche:

● **das Geschäft von heute:** Daten, die benötigt werden, um ein maßgeschneidertes Angebot zum eigenen und zum Vorteil des Key Accounts zu unterbreiten,

● **das Geschäft von morgen:** Daten, um Trends beim Schlüsselkunden und in dessen Markt rechtzeitig zu erkennen.

Informationen erhalten Sie aus den verschiedensten Bereichen. Dabei stehen Ihnen Primär- und Sekundärmaterialien zur Verfügung.

Die Sammlung von Primärinformationen, zum Beispiel durch direkte Befragung der potenziellen Schlüsselkunden oder Fachgespräche, ist durch nichts zu ersetzen. Hier erhalten Sie Ihr Wissen aus erster Hand. Eine Möglichkeit, an dieses Wissen zu kommen, ist die Durchführung von Kundenbefragungen. Beachten Sie hierbei jedoch einige Grundregeln:

▶ *Erklären Sie den Adressaten Sinn und Vorteil der Befragung.*

▶ *Gebrauchen Sie im Anschreiben immer die persönliche Anrede.*

▶ *Legen Sie einen frankierten Rückumschlag bei.*

▶ *Testen Sie den Fragebogen durch Probeinterviews auf Verständlichkeit, Lücken etc.*

▶ *Geschlossene Fragen garantieren bessere Auswertbarkeit und ein Minimum an subjektiven Einschätzungen.*

▶ *Informieren Sie die Befragten nach der Auswertung der Umfrage über das Ergebnis.*

▶ *Revanchieren Sie sich mit einem kleinen Dankeschön-Präsent für das Mitspielen.*

Weitere Möglichkeiten der Informationserfassung bei der Key-Account-Analyse sind:

● Vertriebsdaten des Key Accounts: Verkaufsdaten geben Aufschluss über Umsatz, Drehzahlen, Bestellrhythmen, Deckungsbeiträge etc.

- Daten aus der Finanz- und Rechnungsabteilung geben Aufschluss über die Bonität, das Zahlungsverhalten etc.

- Veröffentlichungen der potenziellen Schlüsselkunden: Recherchemodul mit wichtigen Daten aus deren Öffentlichkeitsarbeit (Geschäftsberichte, Produktinformationen, Imagebroschüren)

- Informationen aus dem Netzwerk beim Schlüsselkunden: durch persönliche Kontakte gewonnene Informationen über strategische Ziele, taktische Planungen etc. des Key Accounts und das Ansehen des Wettbewerbs und des eigenen Unternehmens (Vertraulichkeitsregeln beachten!)

- Außendienst: liefert Details über die Aktivitäten Ihres Wettbewerbs beim Key Account – Produkte, Marketingideen, Service- und Beratungsleistungen etc.; Preisgestaltung des Wettbewerbs; Aktivitäten in den Bereichen Werbung und Verkaufsförderung; Trends im Markt des Key Accounts (Produkte, Preise, Logistik, Verkaufsförderung etc.)

Das Internet erlaubt es heute, Kundenrecherchen und umfangreiche Marktrecherchen über Suchmaschinen preisgünstig und flexibel vorzunehmen.

Wenn der Außendienst in eine gezielte Informationserhebung mit einbezogen wird, sollten auch hier einige Grundregeln eingehalten werden:

▶ *Setzen Sie den Außendienst nur dann ein, wenn seine eigentlichen Verkaufsaufgaben dadurch nicht vernachlässigt werden.*

▶ *Engagieren Sie keine Handelsvertreter oder Free Lancer, um einer „Manipulation" der Umfrageergebnisse aus Eigeninteresse vorzubeugen.*

▶ *Motivieren Sie den Außendienst für die Aufgabe und zeigen Sie ihm seine daraus resultierenden Vorteile auf.*

▶ *Die Auswertung der Umfrageergebnisse darf nicht der Beurteilung des Außendiensts unterliegen.*

▶ *Vermeiden Sie qualitative Fragen, die einer Interpretation bedürfen.*

▶ *Beschränken Sie die Frageaktion auf das Nötigste.*

▶ *Honorieren Sie die zusätzliche Arbeit des Außendiensts mit einer kleinen Aufmerksamkeit.*

▶ *Informieren Sie den Außendienst zügig über das Umfrageergebnis.*

Sekundärinformationen über Schlüsselkunden können gewonnen werden durch:

- Amtlichen Statistiken sind leicht und preiswert zu erhalten bei Landes- und Bundesbehörden.

- Statistiken der Forschungsinstitute und Verbände (IHK, Wirtschafts- und Interessenverbände) stehen Ihnen als Mitglied zum Teil kostenlos zur Verfügung. Beachten Sie angrenzende Wirtschaftsbereiche, um Trends festzustellen, die zeitversetzt auch in Ihrem Marktsegment Einzug halten könnten.

- Ihnen bekannte und befreundete Unternehmen (Zulieferer, Lieferanten, Unternehmen vor Ort).

- Fachzeitschriften und Fachliteratur.

- Messen und Ausstellungen bieten einen Überblick über das Marktgeschehen.

Gerade kleinere und mittlere Unternehmen werden kaum Mitarbeiter für die Gewinnung und Auswertung von Sekundärinformationen einsetzen. Um nicht auf die notwendige Erhebung von Daten zu verzichten, ist es ratsam, die Recherchearbeit auf mehrere Mitarbeiter zu verteilen. Legen Sie deshalb fest:

- Wer liest die Wirtschaftspresse?

- Wer stellt die Daten zusammen und nach welchen Kriterien?

- In welchen Zeitabständen kommen welche Teammitglieder zusammen und interpretieren die neuen Daten im Hinblick auf den bisherigen Wissensstand und den Maßnahmenkatalog?

Es ist vorteilhaft, nach klaren Kriterien und Gliederungen zu arbeiten. Der Entwurf von Checklisten vereinfacht die praktische Arbeit. Die kontinuierliche Informationserhebung optimiert den Kommunikationsprozess, um später den potenziellen Schlüsselkunden gezielter maßgeschneiderte Angebote unterbreiten zu können. Die Zeit, die vorher in die Analyse investiert wird, wird in der Regel in der Umsetzungsphase wieder eingespart. Das Praxisbeispiel eines Büromöbelherstellers verdeutlicht die Aussage:

Bei der Marktbearbeitung hatte der Büromöbelhersteller festgestellt, dass es im weitgehend besetzten Markt immer schwieriger war, ausschließlich Büromöbel nach Programm herzustellen und zu liefern. Umfangreiche Markterhebungen zeigten, dass die Konzentration auf die Ausstatter von Verwaltungsbauten im vorliegenden Verdrängungswettbewerb für einen Zukunftserfolg nicht mehr ausreichte. Die Angebotspalette wurde erweitert um Produkte für die Gestaltung und Ausstattung von Seminar- und Konferenzräumen bis hin zu Betriebsrestaurants. Dabei wurden auch in der Kundenansprache neue

Wege beschritten: Nicht das Möbel stand mehr im Vordergrund, sondern Ambiente und die Erfüllung der Bedürfnisse der Nutzer. Die Neuausrichtung hatte zur Folge, dass man sich auf Objekteinrichter als Schlüsselkunden konzentrierte. Heute betreut das Unternehmen Entscheider im Objektbereich (Architekten) und unterstützt damit die Marktbearbeitung seiner Partner (Objekteinrichter). Mit den Schlüsselkunden wurde ein Konzept entworfen, den Nutzern gemeinsam Leistungen anzubieten, zum Beispiel die innenarchitektonische Planung. Über die Vermarktung von Ambiente werden die Produkte heute mit großem Erfolg vertrieben.

Der Aufbau von Kennzahlensystemen

Setzen Sie auf die Qualität der Kennzahlen, nicht auf Quantität. Fassen Sie viele Faktoren möglichst zu wenigen Faktoren zusammen, um eine bessere Gesamtbewertung vornehmen zu können. Beachten Sie einige Fallstricke:

► Zu viele Daten führen zu zeitintensiven Analysen. Die Gefahr, falsche Kennzahlen zu verfolgen, ist groß: Verfolgen Sie daher nur die wesentlichen Daten.

► Die Kennzahlen sind zu kurzfristig ausgelegt oder Zahlen werden fast ausschließlich aus den Finanz- und Betriebsstatistiken gewonnen: Erfassen Sie gezielt langfristige Kennzahlen, zum Beispiel Kundenzufriedenheit, Marktpotenzialentwicklungen, Deckungsbeitragsentwicklungen, Vertriebskosten oder Wettbewerbsanalysen.

► Märkte werden immer komplexer. Wenig erfolgreich ist deshalb die Annahme, man wüsste bereits, was der Markt wünscht, oder man bräuchte *Nur* die Kunden zu fragen, was sie wünschen und erwarten. Auch die ausschließliche Analyse und Auswertung von Feedback oder Beschwerden ist wenig hilfreich.

Vermutungen können gefährlich werden, Kunden-Feedback bedeutet Reaktion statt Aktion und ist oftmals sehr unwirtschaftlich. Eine bessere, aber risikoreichere Möglichkeit zur Bestimmung von Key-Account-Anforderungen: Alles stoppen und abwarten, was die Kunden verlangen.

Die Entwicklung eines neuen bzw. verbesserten Kennzahlensystems benötigt nicht so viel Zeit, wie oftmals befürchtet wird, spart im Nachhinein jedoch sehr viel Zeit für die Analyse und die Auswertung und bietet die Chance für bessere Unternehmensentscheidungen. Es gibt zwei grundsätzliche Vorgehensweisen, Kennzahlensysteme im Key Account Management umzusetzen:

Die Gestaltung einer Key-Account-Strategie

Die Top-down-Strategie:

- Vorteil: schnelle Einführung, vermeidet Widersprüchlichkeiten
- Nachteil: In sich selbst steuernden Key-Account-Management-Organisationen werden sich die Teammitglieder gegen „Bevormundungen" dieser Art wehren und deshalb scheitert dieser Ansatz des Öfteren.

Parameter für ein Top-down-Kennzahlensystem können sein:

- Kundenzufriedenheit
- Umsatzanteil neuer Produkte
- Rohertragswachstum
- Marktanteil
- Kundenpotenzialentwicklung am Markt

Die Bottom-up-Strategie:

- Vorteil: großer Handlungsspielraum für das Key-Account-Management-Team, Kennzahlen werden selbständig erarbeitet und bietet Vorlagen für andere Vertriebsbereiche
- Nachteil: Wenn das Key-Account-Management-Team keinen ausreichenden „Reifegrad" besitzt, werden die Teammitglieder mit dem Freiraum nicht verantwortlich umgehen können.

Parameter für ein Top-down-Kennzahlensystem können sein:

- jährliche Umsatzsteigerungen
- Gewinn pro Mitarbeiter
- Anzahl der Beschwerden/Kundenzufriedenheitsindex
- geschäftliche Ziele im Vergleich zum Plan
- ABC-Kundenanalysen

Der Einsatz von Workflow-Systemen zur Optimierung der Key-Account-Management-Prozesse

Key Accounts legen großen Wert auf eine schnelle Bearbeitung ihrer Fragen, Einwände oder Beschaffungsprozesse. Das Key Account Management hat die Voraussetzungen zu schaffen, dass alle Prozesse schnell und variabel ablaufen, um diese Anforderung zu erfüllen. Die klassischen Bearbeitungsmuster – Transport der Akten, Informationen oder Vorgänge von A nach B nach starren Regeln – haben insgesamt, aber besonders aus Sicht der Key Accounts, ausgedient. Ohne ein durchgängiges Workflow-System ist eine optimierte

- Geschäftsprozessgestaltung, das heißt Überbrückung von Raum und Zeit, Kommunikations- und Informationsdrehscheibe, und
- Geschäftsprozessumsetzung, das heißt Flexibilität bei organisatorischen Änderungen, Integration unterschiedlicher Kommunikationsmedien,

nicht zu leisten. Workflow-Systeme sorgen für Transparenz, Reduktionen der Ablaufprozesse und Senkung der Prozesskosten. Ein unverzichtbares Medium für die Durchsetzung dieser Ziele sind elektronische Dokumente. Der Abbau der Papierverwaltung – Schreibtisch, Schrank, Sekretariat, Archiv – und Aufbau eines elektronischen Dokumentenmanagements – Erfassung, Einscannen von Unterlagen, Archivierung, Speicherung, Übertragung auf CD-ROM, elektronische Nachbearbeitung der Dokumente – sorgen für einen schnellen Zugriff auf alle notwendigen Daten zur Befriedigung der Key-Account-Fragen. Weitere Vorteile sind:

- schnelle Bearbeitung von unvollständigen Informationen
- Vernetzung von online/offline
- schnelle Änderungen von Datenbeständen
- paralleler Zugriff von verschiedenen Teammitgliedern
- Dokumentenechte Aufbewahrung
- Archivierung kompletter Daten und Unterlagen

Workflow-Systeme vermitteln Wissen und sind die Basis für Bewertungen. Der große Vorteil: Wissen ist nicht mehr reserviert für einzelne Personen, sondern das gesamte Key-Account-Management-Team partizipiert von den nun zugänglichen Informationen. Die neuen Medien, Intranet, Extranet, Internet und die zukünftigen mobilen Kommunikations-Hardwarelösungen bieten sich für den Datentransport an.

7. Die Grundlagen eines Key-Account-Durchdringungsplans

Kosten, an der richtigen Stelle eingesetzt, dienen der Stärkung der eigenen Marktkompetenz und der Umsatz- und Ertragserzielung. Installieren Sie, besonders im Vertrieb, kleine, sich selbst steuernde Einheiten, die für die Ergebnisse, für operative Jahresplanungen und Kennzahlenbildungen voll verantwortlich sind. Sie erhöhen damit die Chance, die in vielen Unternehmen übliche zweimonatige Planungsphase erheblich zu verkürzen. Vorteil: Auch in der Planungsphase können Sie sich um Ihre eigentliche Aufgabe, die Schlüsselkunden-Betreuung, kümmern. Es ist keine generelle Absage an Planungen. Überprüfen Sie aber den notwendigen Planungsumfang auf Effizienz und Aussagekraft und übertragen Sie die Verantwortung für die Detailplanung dem Key-Account-Management-Team.

Aldi als Milliardenunternehmen macht es vor: Nur ein Mindestmaß an Planung, kleine, verantwortliche Einheiten und teamübergreifende Zusammenarbeit bringen dem Unternehmen gewaltige Zeitvorteile. Der Erfolg gibt Ihnen Recht.

Der Start einer strategischen Zielsetzung fängt beim Schlüsselkunden an – bottom-up. Statt den Gesamtmarkt im Visier zu haben, sollten Sie Ihre Fragen auf jeden einzelnen Schlüsselkunden fokussieren.

Achten Sie darauf, dass nicht nur die möglichen Umsätze und Erträge geplant werden, sondern auch die Kosten für die Gestaltung der Kundenbeziehung erfasst werden. Nicht alle Kosten können Sie aus dem Finanz- und Rechnungswesen ableiten, zum Beispiel Kosten des Labors, Anwendungstechnik oder den Verwaltungsaufwand je Key Account. Versuchen Sie trotzdem, mit Kennzahlen und Verrechnungsschlüsseln so einfach wie möglich herauszufinden, ob Ihr Unternehmen nach Abzug aller direkt zurechenbaren Kundenkosten noch Spaß an einem Key Account hat. Zu erfassende Kosten sind unter anderem:

- Kosten der Angebotserstellung
- vom Kunden initiierte Änderungswünsche
- Kosten der Auftragsbearbeitung
- Beratungs- und Besuchskosten
- von ihnen akzeptierte Kulanzregelungen bei Reklamationen
- Boni, Skonti, Rabatte
- Erstellung von Dokumentationen
- Finanzierungskosten
- Erstellung von Präsentationsunterlagen
- Logistik, Versand
- Verkaufsförderung, Werbeunterstützung
- Schulungen
- Projektstudien

- Erstellung von Ausschreibungsunterlagen
- Kosten der Kundengewinnung und -entwicklung

Auf dieser Basis der Key-Account-Analyse können die Grundlagen der Zusammenarbeit, wenn möglich gemeinsam mit den Schlüsselkunden, erarbeitet werden. Alle Key Accounts zusammengenommen – sie machen den größten Teil Ihres Geschäftsergebnisses aus – ergeben dann eine Grundlage, auf der Sie den Ressourceneinsatz, den Sie für die Erreichung der Ziele benötigen, abschätzen können, zum Beispiel:

- Ressourcenabschätzung Produktion/Produktentwicklung
- Definition und Kostenschätzung für zu erbringende Dienstleistungen
- Anzahl der Teammitglieder und deren Personalentwicklung für eine optimale Key-Account-Betreuung
- Bestimmung der Marketingleistungen für erkennbaren Kunden-Mehrwert etc.

Anhand des Datenmaterials können Sie erkennen, ob Sie die notwendigen Ressourcen zur Verfügung haben oder ob Sie Ihr strategisches Ziel eingrenzen sollten. Erst wenn diese Frage geklärt ist, macht es Sinn, sich an die eigentliche strategische Zielsetzung, die Entwicklung von Key-Account-Durchdringungsplänen, zu begeben.

Die strategische Zielsetzung bedarf einer klaren Definition

- der jeweiligen Geschäftsbereiche des Kunden, mit denen eine Schlüsselkunden-Beziehung eingegangen wird,
- des exakten Mehrwerts und der Problemlösungen für den Schlüsselkunden,
- der genauen Leistungen für den einzelnen Key Account,
- der eigenen Position aus Eigen- und Schlüsselkunden-Sicht.

Ob Sie Ihr Strategiekonzept mit dem Key Account besprechen, hängt von der Beziehungsintensität und der Loyalität des Key Accounts Ihnen gegenüber ab. Doch wann immer es möglich ist, binden Sie den Schlüsselkunden in Ihre Konzepterstellung mit ein. Denn nur wenn er einverstanden ist, wird er bereit sein, sich für die Ideen einzusetzen. Bringen die Mehrzahl der Key Accounts Einwände und Gegenargumente schon in der Entwicklungsphase, sollten Sie diese sehr ernst nehmen. Damit vermindern Sie unnütze Aktivitäten und verhindern die Schaffung von Zeit- und Geldgräbern. Holen Sie sich das Statement der Key Accounts ein: „Erkennen Sie in diesem Konzept noch unser Unternehmen wieder, und ist es das Unternehmen, mit dem Sie in den letzten Jahren gerne zusammengearbeitet haben?" Haben Sie den Mut, sich ein „Nein" oder „Jein" einzuholen! Es bringt in jedem Fall einen Lernerfolg.

Versuchen Sie immer, Zielsetzungen auch mit dem Kundennutzen zu verbinden:

▶ Ziel: Durchführung von Marktanalysen und Auswahl von profitablen Marktsegmenten
- Kundennutzen: frühzeitiges Erkennen von Marktchancen mit langfristigen Erfolgsaussichten und Einbindung des Schlüsselkunden in die Recherchen

▶ Ziel: Identifikation und Entwicklung des Mitarbeiter-Know-how für ausgewählte Schlüsselkunden
- Kundennutzen: schnelles Zuordnen des geeigneten Mitarbeiters zur Befriedigung von bestimmten Kundenbedürfnissen; Entwicklung der Mitarbeiterqualifikation nach Kundenanforderungen

▶ Ziel: Entwicklung von Kundenbeziehungen und Identifikation von Geschäftschancen
- Kundennutzen: der Key Account hat einen verlässlichen und berechenbaren Partner, der die Ideen seiner Schlüsselkunden in seine Zukunftsüberlegungen mit einfließen lässt

▶ Ziel: Überprüfung und Selektion von Geschäftschancen
- Kundennutzen: Auswahl der Geschäftschancen, bei denen die Key-Account-Ansprüche zu einem überwiegenden Teil befriedigt werden können

▶ Ziel: Vertriebsprojektmanagement
- Kundennutzen: Beschleunigung des Ablaufprozesses

▶ Ziel: Steigerung der Kundenzufriedenheit
- Kundennutzen: durch gezielte Kundenumfragen schnellere Aufdeckung und Bereinigung von Schwachstellen

▶ Ziel: Auswahl, Unterstützung und Förderung des Lieferanten
- Kundennutzen: alles aus einer Hand, durch Unterstützungsmaßnahmen bessere Marktabdeckung, breiteres Produktportfolio durch gemeinsam entwickelte Partnerlösungen

▶ Ziel: Datengestützte Unternehmensentscheidungen
- Kundennutzen: gemeinsame, integrierte weltweite Datenbank

▶ Ziel: Auswahl von Partnerlösungen, Referenzen und Kontakten
- Kundennutzen: einheitliche Informationsquelle bezüglich der möglichen Lösungen

Eine derartige Verknüpfung von Unternehmenszielen und Kundennutzen zwingt Sie dazu, sich genau mit den Wünschen und Zielen der Schlüsselkunden auseinander zu setzen und sie so bis ins kleinste Detail kennen zu lernen. Dadurch vermeiden Sie Fehlinvestitionen durch unzureichende Kundenorientierung für das eigene Unternehmen.

○ Welche Geschäftsbereiche des Schlüsselkunden können Sie in der vom Kunden gewünschten Form betreuen?

○ Müssen Sie für unterschiedliche Bereiche des Schlüsselkunden differenzierende Strategien entwickeln?

○ Unterscheidet sich das Einkaufsverhalten der einzelnen Geschäftsbereiche des Schlüsselkunden?

○ Gibt es Überschneidungen zwischen Geschäftsbereichen des Schlüsselkunden, und laufen Sie Gefahr, zwischen die Fronten zu geraten?

○ Sind Entscheidungsträger und Entscheider identisch? Wenn nicht: Was muss getan werden, um beide zu gewinnen?

○ Ist Ihr Schlüsselkunden-Team mental und mit seinen Ressourcen einheitlich auf den Schlüsselkunden ausgerichtet?

○ Tragen alle Teammitglieder die getroffene Strategie mit oder verfolgen einzelne Mitglieder Eigeninteressen?

○ Erkennen alle Schlüsselkunden-Teammitglieder für sich ausreichenden persönlichen Nutzen, um sich in die Umsetzungsmaßnahmen einzubringen?

○ Hat die Zusammenarbeit mit Ihnen für Ihren Schlüsselkunden die gleiche Priorität wie für Sie oder ist sie für ihn nur eine „Randbeschäftigung"?

○ Besteht, wenn nicht alle Geschäftsbereiche des Schlüsselkunden sofort gleichermaßen optimal bedient werden können, für Sie die Möglichkeit, durch Ihre exzellente Arbeit auch die anderen Geschäftsbereiche zu gewinnen?

○ Wie ist die Geschäftsentwicklung mit dem Schlüsselkunden in den letzten Jahren verlaufen?

○ Kennen Sie alle Differenzen, die sich aus der Zusammenarbeit mit dem Schlüsselkunden bei Ihnen und beim Schlüsselkunden ergeben haben?

○ Wenn Differenzen erkennbar sind, gibt es schon Lösungsansätze?

○ Welche Trends deuten darauf hin, dass der Kunde auch in den nächsten Jahren noch ein Schlüsselkunde bei Ihnen sein wird?

○ Welche „Bedrohung" haben Sie von welchem Wettbewerber in der nächsten Zeit beim Schlüsselkunden zu erwarten?

○ Welches Produkt- und Dienstleistungsangebot ist für den Schlüsselkunden geplant?

○ Reicht dieses Sortiment aus, ist es zu klein oder zu breit gefächert?

○ Welche Produkte und Dienstleistungen erwartet Ihr Schlüsselkunde von Ihnen in den nächsten Jahren?

○ Welchen konkreten Beitrag aus Sicht des Schlüsselkunden für seine Marktbearbeitung können Sie sich leisten?

Der Aufbau eines Schlüsselkunden-Beziehungsnetzes

Stellen Sie sich einmal die Frage: Wenn Sie nur *einen* Kunden hätten:

● Wie sähen Ihre Ziele aus?

● Wie wäre Ihre Strategie?

● Wie würden Sie die Vertriebsarbeit organisieren?

● Wie würden Sie diesen Kunden bearbeiten?

● Wie würden Sie handeln, um erfolgreich zu sein?

Partnerschaft setzt auf Kooperation statt auf Kollision! Partnerschaft setzt die Bereitschaft zu einer engen und dauerhaften Beziehung voraus und verlangt die Überprüfung der eigenen Organisation, Ablaufprozesse und Werkzeuge!

Wenn ein potenzieller Key Account nicht den Vorteil und Nutzen erkennt, den die Position des Key Accounts für ihn bereithält, oder zu einer für beide Seiten vorteilhaften Vernetzung nicht bereit ist, ist ein „reines" Key Account Management mit ihm nicht zu etablieren. Betreuen Sie den Key Account dann lieber verkaufsaktiv im Großkundenmanagement. Key Account Management strebt gemeinsame Ziele an, zum Beispiel gemeinsame:

● Marktbearbeitungsstrategien

● Marktkommunikation

● Marktanteilsgewinnung

● Reduktion von Kosten

● Gewinnsteigerung

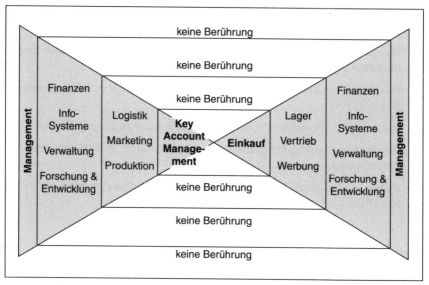

Quelle: Rolf Bickelmann

Abb. 7.1: Das „One-face-to-the-customer"-Prinzip heute: Der Vertrieb hält fast ausschließlich den Kontakt mit wenigen Gesprächspartnern beim Key Account.

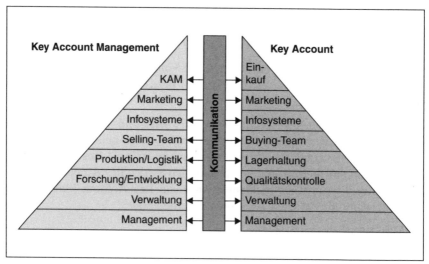

Quelle: Rolf Bickelmann

Abb. 7.2: Das Netzwerkprinzip von morgen: Das Key Account Management ist für die kommunikative Vernetzung der eigenen kundennahen Unternehmensbereiche mit den relevanten Abteilungen des Key Accounts verantwortlich.

Die Gestaltung einer Key-Account-Strategie

Die gemeinsamen Ziele können Veränderungen der Organisationsform zur Verbesserung der Zusammenarbeit, Veränderungen der Ablaufprozesse, Angleichung der EDV-Systeme und die Überprüfung der Unternehmens- und Führungskultur nach sich ziehen. Partnerschaften verlangen eventuell beiderseitige Investitionen in Veränderungsprozesse, EDV-Programmierungskosten, Organisationsveränderungen, gemeinsame Produktentwicklung und gemeinsame Marktbearbeitung. Ohne Vertrauen zwischen den beiden Top-Managements, den Geschäftseinheiten und den operativen Teams werden auch die sachlichen Forderungen nicht zu erfüllen sein. Deshalb ist zur Entwicklung eines gemeinsamen Geschäftsplans ein umfassendes Verständnis der internen Ziele und Strategien der Key Accounts, der Möglichkeiten und Grenzen der Key Accounts und der von beiden Seiten akzeptierten Erfolgskriterien und Controlling-Systeme erforderlich. Außerdem bedarf es einer gemeinsamen und einvernehmlichen Zielfindung und der Bereitschaft zur Änderung von Arbeitsprozessen.

Der Aufbau eines erfolgreichen Beziehungsmanagements setzt eine langfristige Planung voraus und den Willen, den Schlüsselkunden in seinem Tagesgeschäft zu begleiten. „Beziehungsmanagement ist eine Investition", sagt Hermann Diller daher zu Recht. Beziehungsmanagement ist ebenso wichtig wie eine effiziente Produktion, gute Produkte oder exzellenter Service, teilweise sogar wichtiger. Denn gerade in Commodity-Märkten sorgt ein professionelles Beziehungsmanagement für Schlüsselkunden und Anbietervorteile. Persönliche Beziehungen überlagern hier die geschäftlichen Transaktionen. Die Gestaltung eines strategischen Beziehungsmanagements bildet damit die Grundlage für die Geschäfte von morgen.

Aus diesem Grund ist es wichtig festzustellen, in welcher Beziehungsphase sich Ihr Unternehmen in der Zusammenarbeit mit dem jeweiligen Key Account befindet. Die verschiedenen Key-Account-Beziehungszyklus-Phasen laufen selten nach demselben Muster ab. Aber fünf Veränderungen können Sie als Grundmuster ableiten:

Der Key-Account-Beziehungszyklus

Sie haben die möglichen potenziellen Schlüsselkunden und deren Märkte analysiert und sind zu dem Schluss gekommen, dass ein bestimmter Kunde ein Key Account für Sie ist. Oder ein bestehender Kunde hat sich so positiv weiterentwickelt, dass er reif ist für die Übernahme in das Key Account Management. Nachstehende Phasen verdeutlichen noch einmal den Kontakt zwischen Ihnen und dem Schlüsselkunden:

Phase 1: Erstkontakt

Sie tasten sich heran und versuchen, eine Kontaktaufnahme zu möglichst vielen Mitarbeitern des Schlüsselkunden zu erreichen. Sie überprüfen und ergänzen vorhandene Informationen. Kleinere Aufträge werden zu Sonderbedingungen als Test erledigt. Es herrscht weder eine Lieferanten- noch eine Key-Account-Macht. Im Vordergrund stehen Ihre bisherigen Produkt- und Dienstleistungen. Das Vertrauen untereinander ist noch gering, der Schlüsselkunde sondiert neue oder zusätzliche Möglichkeiten. Daher ist es in dieser Zeit nur bedingt sinnvoll, über eine enge Partnerschaft konkret zu sprechen. Nicht alle Schlüsselkunden sind an einer engen Partnerschaft interessiert. Das Interesse beider Seiten: mehr vom Partner zu erfahren und eventuelle Informationsdefizite abzubauen.

Phase 2: Ausbau des Beziehungsnetzes

Erstes Vertrauen ist geschaffen, Informationsdefizite konnten abgebaut und erste Vorschläge zur Steigerung der Wettbewerbsfähigkeit des Schlüsselkunden unterbreitet werden. Die Chancen auf Ausbau des Beziehungsnetzwerks werden auf allen Hierarchie- und Kompetenzebenen – Entscheidungsträger, Entscheider und Umsetzer – genutzt. Erste weiter gehende Vereinbarungen werden getroffen. Der Schlüsselkunde legt großen Wert auf das Verhalten des Lieferunternehmens und dessen Leistungen bei Produkten, Dienstleistungen und Support. Sie streben den Ausbau des Lieferanteils am Einkaufspotenzial der Key Accounts an. Sie analysieren die Wertschöpfungskette der Key Accounts und prüfen, welche Vernetzungsmöglichkeiten mit welchen beiderseitigen Vorteilen möglich sind. Das Interesse beider Seiten ist der Ausbau der Beziehung.

Phase 3: Festigungsphase

Das Vertrauen des Schlüsselkunden zu Ihrem Unternehmen ist ausgereift, sie genießen einen hohen Status und Lieferantenmacht, das Beziehungsmanagement kommt voll zur Geltung. Sie werden zum Berater, Zuarbeiter und Ideengeber. Der Partner akzeptiert kleinere Unzulänglichkeiten. Beide Parteien schätzen die Vorzüge der Partnerschaft. Es kommt jetzt darauf an, so wenige Fehler wie möglich zuzulassen, um die Festigungsphase so lange wie möglich zu gestalten (zum Beispiel durch gemeinsame Marketingaktivitäten und Logistiklösungen, intensiven Informationsaustausch bis hin zu gemeinsamen Marktforschungen, Entwicklung von Exklusivprodukten für den jeweiligen Schlüsselkunden). Der Lieferanteil beim Schlüsselkunden wird bis zum möglichen Maximum erhöht. Das Interesse beider Seiten ist die Pflege der Beziehung.

Die Gestaltung einer Key-Account-Strategie

Phase 4: Sanierungsphase

Sie können den Schlüsselkunden nicht mehr ausreichend begeistern, Vorteil und Nutzen für den Key Account sind aus seiner Sicht nicht mehr ausreichend, das Liefersortiment ist nicht mehr up to date, Lücken im Beziehungsmanagement zeichnen sich ab, der Wettbewerb bietet eine bessere Performance. Der Kunde signalisiert Unmut über kleine Unstimmigkeiten (erste Anzeichen: scheinbare Terminnot beim Key Account, neue Wettbewerbsnamen im Gespräch, nebulöse Bemerkungen etc.), er führt erste Informationsgespräche mit anderen Lieferanten. Rasches Handeln ist notwendig, die Analyse der sachlichen und emotionalen Gründe des gestörten Verhältnisses, die Beseitigung von Zweifeln, das Angebot von neuem Schlüsselkunden-Nutzen dringend angezeigt. Überprüfen Sie dabei die eigenen Ressourcen und Strategien (nichts versprechen, was nicht gehalten werden kann). Das Halten eines Schlüsselkunden um jeden Preis kann zu einem sehr teuren Vergnügen werden und ist bestenfalls für eine begrenzte Übergangsfrist, bis eine Alternative gefunden ist, zu empfehlen. Das Interesse beider Seiten ist nun die Rettung der Beziehung.

Phase 5: Verlust

Der Schlüsselkunde hat sich für einen Lieferantenwechsel entschieden oder teilt den Kuchen in mehrere Anteile. Das ist schmerzlich, aber auch eine Chance für eine Neuorientierung. Halten Sie weiter den Kontakt, denn der neue Lieferant muss beweisen, dass er besser ist. Wenn das Liefervolumen in mehrere Anteile aufgeteilt wird, muss die Lieferbeziehung auf eine neue Basis gestellt werden. Lassen Sie sich nur unter bestimmten Auflagen dazu verpflichten, zu gleichen Konditionen weniger Volumen zu erhalten. Zeigen Sie weiterhin Interesse an einer Zusammenarbeit mit dem Schlüsselkunden. Lernen Sie aus Fehlern und bauen Sie sich umgehend Alternativen auf.

Beziehungen können sowohl vom Schlüsselkunden als auch vom Lieferanten gelöst werden. Wenn Sie merken, dass Sie aufgrund der Marktsituation und des Einkaufsgebarens einer Branche oder Ihrer wichtigsten Schlüsselkunden in die Enge getrieben werden, sollte das Management überlegen, wie die vorhandenen Ressourcen eventuell anderweitig dem Markt angeboten werden können. Besagt der Trend, dass der Zeitpunkt absehbar ist, an dem Sie in Ihrem heutigen Geschäft kein Geld mehr verdienen können, sollten Sie agieren und nicht abwarten, bis Sie keinen Gewinn mehr für Investitionen in neue Geschäftsfelder zur Verfügung haben. Ein Beispiel:

Ein Unternehmen der Kfz-Zulieferindustrie wurde durch den Einkauf der Automobilindustrie über Jahre trotz guter Beziehungen und Leistungen immer weiter in die Ecke gedrängt. Die Kosten wurden bis zum Vertretbaren reduziert, Sonderleistungen angeboten und Innovationen entwickelt. Das Management erkannte, dass dieses Procedere weitergehen würde und auf Sicht nicht durchzuhalten wäre. Man entschied sich in einer Zeit, in der noch Gewinn erwirtschaftet wurde, zu einem Einstieg in einen anderen Markt, in dem die Unternehmensfähigkeiten Gewinn bringender vermarktet werden konnten. Das Unternehmen tätigt heute nur noch zirka 30 Prozent seines Umsatzes mit der Automobilindustrie.

Das Beziehungsnetzwerk wird in den ersten zwei Phasen gezielt aufgebaut. Umfassend greift das Beziehungsmanagement in der Festigungsphase. Dezenz ist geboten, damit die Schlüsselkunden Angebote in der Erstkontakt- oder Ausbauphase nicht als Manipulation verstehen. Wenn Sie in der Erstkontakt- und Ausbauphase einen Kunden zu einem Event einladen, wird es dies vielleicht als Bestechungsversuch deuten. Laden Sie ihn in der Festigungsphase ein, fühlt er sich dagegen geehrt.

Analysieren Sie nicht nur möglichst exakt, in welcher Phase Sie sich mit dem Key Account generell befinden, sondern prüfen Sie auch, wie weit der Kontakt mit den einzelnen Netzwerkpartnern beim Key Account gediehen ist.

● Befinden Sie sich mit jedem Netzwerkpartner in der gleichen Phase oder gibt es Unterschiede in der Intensität der Beziehungen?

● Kennen Sie die Bedürfnisse und Wünsche aller Netzwerkpartner gleichermaßen gut?

Fordern Sie auch das Engagement Ihres Schlüsselkunden ein. Aber bedenken Sie auch, dass Beziehungen nicht erzwungen werden können. Treten Sie gezielt in Vorleistung, aber berücksichtigen Sie, dass Zurückhaltung auch den Aufbau von Beziehungen fördern kann. Die Bildung von Netzwerken eröffnet vielfältige Optionen für Ihr Unternehmen, zum Beispiel:

● Umfeldveränderungen in Technik, Politik, Wirtschaft etc. zu erkennen, zu verarbeiten und pro-aktiv darauf Einfluss zu nehmen,

● Verbindungen herzustellen zwischen Einzelpersonen und innerhalb von Organisationen,

- notwendige organisatorische Veränderungen/Anpassungen flexibel zu planen und durchzuführen,
- Marktnischen und Geschäftsideen zu erkennen und zu nutzen,
- individuelle Kundenwünsche zu erkennen und individuelle Lösungen anzubieten,
- dem Kunden gegenüber stark und groß zu erscheinen und nach innen klein und überschaubar zu bleiben,
- Initiative und Kreativität der internen Mitspieler zu fördern und zu nutzen,
- die Produktivität zu erhöhen,
- die Selbsthilfe der dezentralen Einheiten zu fördern und zu fordern,
- Ressourcen flexibel einzusetzen und zwischen den dezentralen Einheiten auszutauschen,
- Lernprozesse durch interdisziplinäre Zusammenarbeit in kleinen Einheiten und durch Job Rotation zu fördern,
- gemeinsame Interessen und Ziele zu verfolgen.

Vom Lieferanten zum strategischen Partner des Key Accounts

In harten Verdrängungsmärkten, verstärkt durch Commodity-Positionen, werden die drei kritischen Faktoren aus Lieferantensicht – Wettbewerbsvergleich, Preis und Produkt – zu entscheidenden Kriterien. Wer keine vom Key Account akzeptierte Alleinstellungsmerkmale anzubieten hat, sieht sich sehr oft gezwungen, seine Leistungen stetig zu erhöhen, um im Wettbewerb bestehen zu können. Und tappt nicht selten dabei in eine Kostenfalle.

Eine Chance, diese Me-too-Situation zu entschärfen, bietet der Auf- und Ausbau von Netzwerken im Kundenunternehmen. Doch ohne zielgerichtete Angebote zum Vorteil und Nutzen des Kunden wird auch das beste Netzwerk auf Dauer nur bedingt nützlich sein. Abschlussorientiert agieren heißt im Key Account Management: den Schlüsselkunden über die Selbstverständlichkeiten hinaus – gute Produktqualität, starkes Preis-Leistungs-Verhältnis etc. – zu bedienen. Somit werden Sie zunehmend zum Berater des Kunden. Ihre Aufgabe ist es, immer wieder zu prüfen, wie die Kundenwertigkeit und damit auch der Eigenvorteil erhöht werden kann. Die Entwicklung vom Massenkunden zu einer Partnerschaft mit dem Key Account verläuft in verschiedenen Phasen:

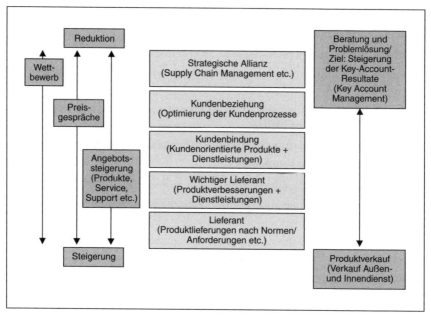

Abb. 7.3: Mit der Intensität der Beziehung lässt die Fokussierung auf Wettbewerb, Preis und einseitige Angebotssteigerungen nach, und die Vernetzung der Wertschöpfungsprozesse steigt.

Phase 1:

Viele Produktbereiche sind genormt, unterliegen Spezifikationen oder die Lieferanten und Abnehmer haben sich auf ein Qualitätsniveau geeinigt. Nur reaktives Eingehen auf diese Anforderungen macht Sie austauschbar: Viele erfüllen diese Anforderungen. Aus Sicht des Schlüsselkunden bieten Sie keine zusätzlichen Vorteile, mit denen sich der Schlüsselkunde am Markt differenzieren kann. Für ihn stehen Preis und Lieferfähigkeit im Vordergrund.

Phase 2:

Um aus der absoluten Vergleichbarkeit herauszukommen, verbessern Sie jetzt Ihre Produkte und Dienstleistungen. So besitzen Sie ein Plus mit der Chance auf eine gute, dauerhafte Zusammenarbeit. Sie sind jetzt in einer besseren Position, aber doch noch jederzeit austauschbar, denn immer noch sind Sie nicht so einzigartig, dass Ihnen nicht noch ausreichend Wettbewerber folgen könnten. Ihre Produktvorteile, die Sie entwickelt haben, können vom Wettbewerb kopiert werden. Der Preis wird kritisch, wenn der Wettbewerb gleiche Vorteile zu günstigeren Konditionen anbietet. Das verkäuferische Element steht immer noch im Vordergrund.

Phase 3:

Sie liefern nicht mehr ausschließlich top-down entwickelte Produkte, sondern hinterfragen, welche Produkte und Dienstleistungen dem Schlüsselkunden helfen, seinen Markterfolg zu stabilisieren bzw. auszubauen. Ideen des Schlüsselkunden fließen in die Unternehmensplanung mit ein. Ergebnis sind – bottom-up – kundenorientiertere Produkte und Dienstleistungen. Inzwischen sind Sie interessant für den Kunden, weil Sie neben der Lieferung von guten Produkten und Dienstleistungen zusätzliche Chancen für die Marktbearbeitung des Schlüsselkunden und neben dem nackten Preis weiteren Nutzen bieten. Die Anzahl der Wettbewerber auf dieser hohen Niveaustufe nimmt ab, nicht mehr nur der Verkauf steht inzwischen im Vordergrund, sondern auch ein partnerschaftliches Interesse.

Phase 4:

Das gegenseitige Vertrauen ist sehr hoch, es besteht ein Netzwerk persönlicher Beziehungen zwischen den beiden Unternehmen. Jetzt haben beide Parteien die Chance, über die jeweiligen Betriebsprozesse nachzudenken, nämlich darüber, welche Betriebsprozesse optimiert werden können, welche Aufgaben welcher Partner besser erfüllen und eventuell übernehmen kann, wie die beiderseitigen strategischen Ziele in der Zukunft noch besser vernetzt werden können, welche Kosten durch eine Vorleistung von einem der beiden Partner reduziert werden können oder welche Produkte entwickelt werden müssen, damit sich der Schlüsselkunde von seinen Wettbewerbern absetzen kann. Auch die Frage, mit welchen weiteren Wertschöpfungsbeiträgen Sie die Ziele des Schlüsselkunden unterstützen können, wird aufgegriffen. Der nackte Preis spielt zwar immer noch eine wichtige, aber nicht mehr die dominierende Rolle. Der Wettbewerb kann Ihnen nicht mehr unbedingt folgen, und das reine Produkt verliert an Bedeutung. Die Beziehung, die Zusammenarbeit und die gemeinsamen Ziele stehen zunehmend im Vordergrund. Der Key Account Manager wird verstärkt vom Verkäufer zum Berater.

Phase 5:

Die höchste Stufe des Beziehungsmanagements erfordert auch eine eigene reife Organisation. Der Key Account Manager ist Unternehmer und Berater. Er hat ausreichend Zeit, den Markt des Schlüsselkunden zu analysieren und ihm Vorschläge für Projekte zu unterbreiten. Das eigene Key-Account-Team ist mental und integer auf den Schlüsselkunden ausgerichtet. Der Kunde akzeptiert die Partnerschaft und erkennt die Vorteile, die sich für ihn ergeben, zum Beispiel, dass der Wettbewerb ihm nicht mehr bzw. nur noch bedingt folgen kann. Der Schlüsselkunde kann diese Partnerschaft in einem Segment nur einmal in dieser Form vergeben. Ideen, die über das Produktlieferprogramm hinausgehen, können angeboten werden, zum Beispiel gemeinsame Produktentwicklung, Einbindung in eigene Verträge mit externen Lieferanten (PKW-Leasingverträge, Nutzung gemeinsamer Einkaufsquellen), Erfahrungs- und Mitarbeiteraustausch bei EDV-Umstellungen etc. Gegenüber dem Wettbewerb haben Sie einen wesentlichen Vorsprung: Ihre Kenntnisse über die Ziele, die Anforderungen und den Markt des Schlüsselkunden und ein funktionierendes Netzwerk. Vermeiden Sie, dass sich Ihr Unternehmen des Schlüsselkunden zu sicher wird. Durch ständige Verbesserung der Leistungen für den Kunden verhindern Sie, dass der Wettbewerb eine Chance erhält.

Denken Sie immer daran: Ihre Alleinstellungsmerkmale im Marketing und Vertrieb werden heute vom Kunden bestimmt. Investitionsentscheidungen, gerade im Key Account Management, bedürfen einer sehr sorgfältigen Auswahl, da die Konsequenzen aufgrund der Wertigkeit und meist auch des Volumens gravierender sind als bei Standardentscheidungen bei denen man B- und C-Kunden im Auge hat.

Konzentrieren Sie sich deshalb bei Investitionsentscheidungen im Hinblick auf die Key-Account-Gewinnung auf die Stärken Ihres Unternehmens. Abschlusswahrscheinlichkeit und Verkaufschancen sind zu überprüfen und müssen positiv bewertet werden. Die zu erfüllenden Key-Account-Ziele sollten mit den eigenen Unternehmenszielen übereinstimmen, der Trend ausreichend Entwicklungschancen und Gewinn für beide Parteien bieten, die strategischen Spieler können gewonnen werden und eventuelle offene Flanken sind beherrschbar und kein K.O.-Faktor. Wenn Sie nicht sicher sind, dass die strategische Entscheidung erfolgreich für den Kunden und damit auch für Sie ist, dann sagen Sie nein! Die Beendigung eines schwachen Projektes hilft, Ressourcen zu bewahren, die mit einer schwachen Strategie immer vergeudet werden. Durch negative Investitionsentscheidungen werden Ressourcen freigesetzt, die anderweitig besser eingesetzt werden können. Negative Investitionsentscheidungen erlauben es, Zeit- und Geldressourcen umzulenken in Aktionen mit besseren, vorhersehbaren Resultaten. Dienen Sie den Interessen der Kunden nur in den Bereichen, in denen Sie Ihren besten Beitrag leisten können.

Die Gestaltung einer Key-Account-Strategie

8. Kundendurchdringungsplan und Key-Account-Analyse

Langfristige und partnerschaftlich gepflegte Kundenbeziehungen mit Key Accounts sind wirtschaftlicher, da die Kosten für Werbung, Organisation, Informationsbeschaffung und Transaktionen sowie für die Fehlerbehebung im Verlauf einer erfolgreich gelebten Beziehung sinken. Wenn das Entwicklungspotenzial des Schlüsselkunden nach dem Motto „Geht's dem Kunden gut, geht es uns auch gut" durch Ihre Unternehmensaktivitäten mit entwickelt wird und das Partnerschaftssystem auf einer gesunden Geben-Nehmen-Basis steht, können auch Sie sich entwickeln und wachsen. Führen Sie sich immer wieder vor Augen: Jeder unzufriedene Kunde stärkt Ihren Wettbewerb. Wenn Sie die Wünsche Ihrer Key Accounts vernachlässigen, stärken Sie damit das Umsatzpotenzial Ihres Wettbewerbs.

Zufriedene Key Accounts zeigen eine geringere Preissensibilität, der Preis wird für sie unter Umständen ein sekundäres Entscheidungsmerkmal beim Kauf. Vergessen Sie auch nicht die Motivation des Key-Account-Teams. Die Arbeit mit Schlüsselkunden, die man gut kennt, macht mehr Spaß. Man wird miteinander vertrauter. Die Gefahr, etwas falsch zu machen, sinkt deutlich, weil man die Wünsche seiner Kunden schon kennt und weiß, worauf sie besonderen Wert legen.

Verpassen Sie keine Chancen. Wenn Sie nicht hautnah mit Ihren Kunden „leben", ist die Gefahr groß, dass Sie Veränderungen und Entwicklungen erst dann spüren, wenn es schon zu spät ist. Key Accounts, die von Ihren Leistungen begeistert sind, kommen wieder.

Ein Kundenentwicklungsplan ist auf die emotionalen und rationalen Wünsche und Ziele des Schlüsselkunden auszurichten, ohne jedoch die eigene Strategie aus den Augen zu verlieren (Win-Win-Strategie). Wenn es zu größeren Konflikten zwischen der Befriedigung der Key-Account-Bedürfnisse und der eigenen Strategieausrichtung kommt, sollten Sie prüfen, ob Ihre strategische Ausrichtung stimmt, die Unternehmensressourcen realistisch eingeschätzt sind und die richtige Key-Account-Auswahl getroffen wurde.

Starten Sie einen Kundendurchdringungsplan immer mit einer Informationserhebung über die Kundensituation und den Stand der Kundenbeziehung heute:

▶ **Gesamtmarktsituation im Markt des Key Accounts?**

▶ **Position des Schlüsselkunden in seinem Markt?**

▶ **Position der wichtigsten Wettbewerber des Schlüsselkunden?**

▶ **Leistungen und Positionen der eigenen Wettbewerber aus Sicht der potenziellen Key Accounts?**

▶ **Welche kritischen Probleme und Geschäftsmöglichkeiten hat Ihr Kunde, die Ihr Unternehmen durch Vorleistungen lösen kann. Welches Profit-Potenzial ist für den Kunden zu erkennen?**

▶ **Welche Werkzeuge setzt er zur Optimierung seiner Prozessabläufe ein: Welche verwendet er, was kosten sie ihn, wo sind ihre Schwächen und wer verteidigt diese beim Kunden?**

▶ **Wie sieht der Key Account Ihr Unternehmen und Ihren Wettbewerb?**

▶ **Was macht der Wettbewerb aus Sicht des Key Accounts besser als Ihr Unternehmen und warum hat sich der Key Account in der Vergangenheit für den Wettbewerb entschieden?**

Wenn Sie bestimmte Daten und Fakten aus Ihrer Datenbank nicht abrufen können, notieren Sie diese, und machen Sie es sich zur Aufgabe, diese offenen Fragen durch Gespräche mit Ihren Schlüsselkunden zu klären.

Aber auch die Machtstrukturen innerhalb des Unternehmens des Schlüsselkunden sind für den Entwicklungsplan entscheidend. Zum Beispiel:

● Gibt es Machtgruppen beim Key Account und wer sind die jeweiligen Mitspieler?

● Wie denkt und fühlt die Mehrheit der Key-Account-Mitarbeiter?

● Wer sind die Entscheidungsträger, Entscheider und Umsetzer?

● Wer bekleidet die gehobenen Positionen beim Key Account?

Unternehmen sind keine homogene Einheiten, sondern komplexe sachliche und soziale Gebilde. Ziel für das Key-Account-Team ist es herauszufinden, was der größte gemeinsame Nenner – rational und emotional – beim Key Account ist. Analysieren Sie, wer die heutigen Werkzeuge verteidigt und welche Schwächen vorhanden sind. Wie sieht Ihr Lösungsansatz für die Probleme und ungenutzten Möglichkeiten des Kunden aus? Ermitteln Sie, wie hoch die Kosten der bisherigen Lösungen für den Kunden sind, welche positive Kosten-Nutzen-Rechnung Sie für den Kunden aufstellen können. Finden Sie heraus, was die optimale Lösung für das Kundenproblem und -ziel ist und wie sich der Mehrwert für den Kunden und das eigene Unternehmen rechnet.

Ein Hilfsmittel, das interne Netzwerk eines Key Accounts transparenter und sichtbarer zu gestalten, ist die Erstellung eines Organisationssoziogramms. Bilden Sie die Organisationsstruktur des Kunden ab und vermerken Sie in jedem Kästchen die persönlichen und sachlichen Motive, die die Netzwerkpartner mit ihren Aufgaben verbinden. Notieren Sie ebenfalls die Beziehungsstufe, in der Sie sich mit dem Netzwerkpartner befinden. Zu guter Letzt schreiben Sie die Möglichkeiten auf, die Sie den Gesprächspartnern zur Verfügung stellen können, damit diese ihre Ziele erreichen werden.

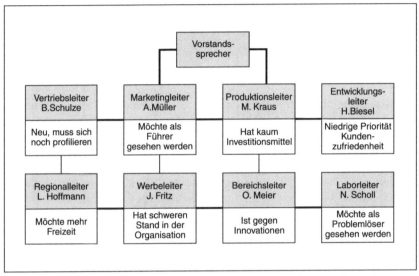

Abb. 8.1:   Jeder Funktionsträger innerhalb des Organigramms besitzt neben seinen sachlichen/fachlichen Aufgaben persönliche Motive, die er in dieser Funktion befriedigen möchte.

Ein weiterer Punkt ist die Beziehungsqualität der Key-Account-Mitarbeiter untereinander. Finden Sie heraus, wer mit wem ein gutes oder neutrales Verhältnis unterhält oder sich in einer Kampfsituation befindet. Sie verringern dadurch die Gefahr, im Kundenunternehmen zwischen die Mühlsteine von Beziehungskrisen zu kommen.

Erfahrungsgemäß stellen nur wenige Unternehmen gezielt einen Key-Account-Durchdringungsplan auf. Das Geschäft entwickelt sich zufällig. Investieren Sie die Zeit in das Management-Tool „Kundendurchdringungsplan".

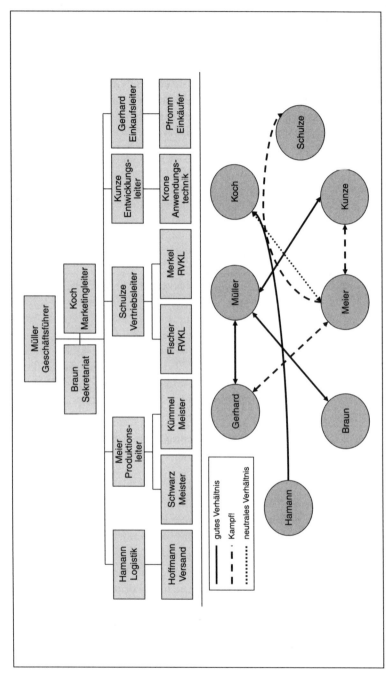

Abb. 8.2: Die Gefahr, von Mitarbeitern des Key Accounts innerhalb des Beziehungsnetzwerks für deren Interessen instrumentalisiert zu werden, ist vorhanden. Das Wissen um die Beziehungen der Teammitglieder beim Key Account ist wichtig, um nicht zwischen die Mühlsteine bei kundeninternen Konfliktsituationen zu geraten.

Bei kleineren Kunden können Sie sich aus Effizienz- und Kostengründen keine aufwendigen Recherchen erlauben. Anders bei Schlüsselkunden: Bewerten Sie deren Potenzial und projizieren Sie den realistischen Anteil am Einkaufsvolumen des Key Accounts in die Zukunft. Damit wird Ihre Unternehmensplanung, die auch durch die beiderseitigen Geschäftsinteressen abgesichert ist, ein anderes Gewicht bekommen. Nur wenn beide Partner ihre Ressourcen in die Waagschale werfen, besteht eine gute Chance auf einen gemeinsamen Strategie- und Markterfolg. Den Erfolg Ihres Kundendurchdringungsplans können Sie an Ihrer Umsatz- und Ertragsentwicklung ablesen.

Um ein strukturiertes Arbeiten und Vorgehen zu erleichtern, befindet sich auf den folgenden Seiten ein Vorschlag, wie unter Berücksichtigung mehrerer Schritte ein gezielter Kundendurchdringungsplan erstellt werden kann.

Schritt 1: Die Informationsbeschaffung

Fast 80 Prozent der deutschen Unternehmen bewerten ihre Kunden noch immer mit der ABC-Analyse. Aber nicht jeder umsatzstarke Kunde ist für Sie auch ein guter Kunde. Hohe Rabatte und Leistungen können dazu führen, dass Sie bei diesen Kunden nur geringe Gewinne oder sogar Verluste einfahren. US-Marktforscher haben herausgefunden, dass 20 Prozent der Kunden 225 Prozent zum Gesamtertrag beitragen, 20 Prozent der Kunden erhebliche Verluste einfahren und die restlichen 60 Prozent sich nahe der Gewinnschwelle bewegen. Machen Sie nur die Kunden zu Key Accounts, bei denen heute und morgen eine gute reale Ertragschance vorliegt.

Je mehr Daten, Fakten und Informationen Ihnen zur Key-Account-Analyse vorliegen, desto besser. Zu unterscheiden sind:

- „Erfolgsfaktoren": Das, was Sie beherrschen müssen, um Ihre Ziele und die Ziele des Schlüsselkunden zu erreichen.

- „Kritische Erfolgsfaktoren": Das, was Ihnen unbedingt gelingen muss, damit Sie Wettbewerbsvorteile für sich und den Key Account erringen können.

Um sich in den einzelnen gewonnenen Informationen nicht zu verlieren, bietet es sich an, die thematisch gleichen Details unter einem Erfolgsfaktor zu sammeln und zu bewerten. Das schützt Sie vor einem unkoordinierten Vorgehen und sorgt dafür, dass Ihr Unternehmen und das Key-Account-Team von den gleichen Fakten sprechen.

Tab. 8.1:   Das Key Account Management analysiert und hinterfragt, wie der Key Account das eigene Unternehmen und den Wettbewerb sieht, um festzustellen, ob eine realistische Erfolgschance auf langfristige Zusammenarbeit vorhanden ist.

Kriterien	Wettbewerb	Eigenes Unternehmen
Alleinstellungsmerkmal vorhanden	6	5
Preis-Leistungs-Verhältnis	4	5
Netzwerk beim Schlüsselkunden	4	5
Wissen über den Schlüsselkunden	3	5
Bereitschaft zur Partnerschaft	4	5
Seine Position zu uns	0	6
Seine Position zum Wettbewerb	4	0
Beziehung zu Entscheidern	3	5
Akzeptanz der Produkte	4	5
Akzeptanz der Leistungen	4	5
Gesamt	36	46

Tab. 8.2:   Zum Schluss des Auswahlprozesses bewertet das Key Account Management, ob eine strategische Zusammenarbeit mit dem potenziellen Key Account Erfolg versprechend ist.

Kriterien	Gewichtung
Kunde erfüllt unsere Strategiekriterien	5
Akzeptanz durch Selling-Team	6
Multiplikator für unser Geschäft	6
Langfristig positive Entwicklung	5
Know-how-Transfer durch Kunden möglich	4
Steigender Kundenwert	5
Gewinnungsaufwand/Kundenmehrwert positiv	6
Positive Erlös-/Ertragsentwicklung	5
Ausschöpfung von Potenzialreserven möglich	4
Alleinstellungsmerkmale gegenüber Wettbewerb	4
Gesamt	50

Die Gestaltung einer Key-Account-Strategie

Lassen Sie sich darauf ein, von Ihren Key Accounts bewertet zu werden. Fragen Sie nach: „Nach welchen Kriterien bewerten Sie Ihre A-Lieferanten und wo stehen wir nach Ihrer Sicht?" Haben Sie keine Sorge, sich ein negatives Ergebnis einzuhandeln. Sie können nur gewinnen und einen Lernprozess in Ihrem Unternehmen anstoßen. Es geht dabei auch nicht um „richtig" oder „falsch", sondern um subjektive Sichtweisen. Doch die entscheiden über Ihren Erfolg oder Mißerfolg. Nachstehend finden Sie einen Vorschlag, wie Sie die Analyse aufbauen können:

▶ *Finden Sie heraus, nach welchen Kriterien der Key Account seine Lieferantenwahl vornimmt. Analysieren Sie die Kundensicht und Ihre Position und die des Wettbewerbs auf der Basis von Fakten aus der Datenbank und subjektiven Einschätzungen aus Gesprächen mit Ihrem Schlüsselkunden (1 = Forderung wird kaum erfüllt; 6 = Forderung wird optimal erfüllt).*

▶ *Überprüfen Sie als Nächstes Ihre Strategiekriterien und überprüfen Sie, inwieweit der potenzielle Key Account die von Ihnen aufgestellten Kriterien erfüllt (1 = wird nicht erfüllt; 6 = wird optimal erfüllt).*

▶ *Gleichen Sie jetzt die Ergebnisse aus Fremd- und Eigensicht miteinander ab und checken Sie, ob mit diesem potenziellen Key Account ein Gewinner-Gewinner-Spiel möglich ist.*

Streben Sie nicht die hundertprozentige Lösung an, sie wird Ihnen kaum gelingen. Wenn Sie 70 bis 80 Prozent eines möglichen Optimums erreicht haben, wird eine weitere Verbesserung überproportional viele Ressourcen verzehren. Fragen Sie sich, ob es nicht effizienter ist, Ihre Unternehmens- und Mitarbeiterressourcen in den Ausbau der Stärken zu stecken, statt noch weitere fünf Prozentpunkte bei Ihren „Schwächen" abzubauen. Bilden Sie das Optimum (best practice) und den von Ihnen und dem Schlüsselkunden gerade noch akzeptierten Zustand (worst case) ab. Entscheider darüber, ob diese Ziellücke akzeptiert werden kann, ist der Kunde. Leben Sie mit bedingt „unbefriedigenden" Zuständen, wenn diese nicht zu einem K.O.-Faktor aus Sicht der Kunden werden.

Die nachfolgende Checkliste kann Ihnen helfen, die Ist-Situation beim Schlüsselkunden zu verifizieren.

Zusammenarbeit mit Schlüsselkunden – Eigensicht

Eigene strategische Zielsetzung

O Wo möchten wir kurzfristig stehen?

O Wenn wir von unserer Vision träumen, was ist dann unser großes Ziel?

O Kann der Schlüsselkunde uns bei der Verwirklichung dieser Vision helfen?

O Passt unser strategisches Ziel mit dem des Schlüsselkunden zusammen?

O Was passiert, wenn wir den Schlüsselkunden bei der Umsetzung unseres strategischen Ziels verlieren?

O In welche Abhängigkeit begeben wir uns, wenn wir uns sehr eng an den Schlüsselkunden binden?

O Überwiegen die Chancen und sind die Risiken kalkulierbar?

Die Akzeptanz des Schlüsselkunden durch das eigene Team

O Sieht die Mehrzahl der Mitarbeiter Ihres Teams die Zusammenarbeit mit dem Schlüsselkunden positiv?

O Hat das Schlüsselkunden-Team die Erfahrung gemacht bzw. das Gefühl, bei dem Schlüsselkunden etwas bewegen zu können?

O Hat das Schlüsselkunden-Team die Möglichkeit, kreative Ideen und Projekte gemeinsam mit dem Schlüsselkunden umzusetzen?

O Akzeptiert der Schlüsselkunde die Rolle des Schlüsselkunden-Teams als Coach und Berater?

Der Schlüsselkunde als Multiplikator

O Ist der Schlüsselkunde Trendsetter und richten sich andere Kunden nach dessen Entscheidung?

O Arbeitet der Schlüsselkunde in Normungsgremien/Interessenverbänden etc. mit und vertritt auf diese Weise auch unsere Anliegen?

O Ist die Beziehung eine Zweibahn-Strasse und erhalten wir auch vom Schlüsselkunden Know-how/Ideen etc.?

O Können wir mit dem Schlüsselkunden Innovationen testen und gemeinsame Erfahrungen sammeln?

O Können wir Einrichtungen, zum Beispiel Labor, technische Einrichtungen etc. des Schlüsselkunden für unsere Entwicklungszwecke nutzen?

○ Kann uns der Schlüsselkunde in Geschäftsbereichen/Märkten mitziehen, in denen wir heute nicht oder nur sehr schwach vertreten sind?

○ Ist der Schlüsselkunde bereit, uns als Referenzgeber bei anderen Kunden zu nennen?

Der Geschäftstrend des Schlüsselkunden

○ Gewährleistet seine Geschäftsentwicklung, dass wir seine Daten ohne Risiko in unsere Geschäftsplanung mit einfließen lassen können?

○ Ist das Produktsortiment des Schlüsselkunden veraltet oder sorgt er rechtzeitig für Novitäten?

○ Ist der Schlüsselkunde an Wachstum interessiert und ist er bereit, die notwendigen Investitionen dafür bereit zu stellen?

○ Zeigen seine Verkaufszahlen ein einheitliches Bild oder schleppt er eventuell Verlustbringer mit sich herum?

○ Entwickeln sich sowohl seine Erlöse als auch die Erträge gleichermaßen positiv oder bemerken Sie ein Ungleichgewicht?

○ Weitet der Schlüsselkunde sein Geschäft sowohl in der Region als auch in den Geschäftsfeldern aus?

○ Wenn eine Konzentration am Markt stattfindet, gehört er dann zu den Gewinnern oder Verlierern?

Potenzialausschöpfung des Schlüsselkunden

○ Nutzt der Schlüsselkunde alle möglichen Marktpotenziale?

○ Würden Sie zu den Nutznießern gehören, wenn die Marktpotenzialreserven ausgenützt würden?

○ Hat sich Ihr Lieferanteil beim Schlüsselkunden in den letzten Jahren kontinuierlich erhöht?

○ Wie hoch ist Ihr Lieferanteil beim Schlüsselkunden im Vergleich zu dem Ihres wichtigsten Wettbewerbers?

○ Gibt es Blockaden, die ein mögliches schnelleres Wachstum verhindern?

○ Nimmt Ihr Schlüsselkunde neue Ideen von Ihnen an und ist er bereit, sie in seinem Unternehmen umzusetzen?

○ Bestehen Möglichkeiten, dass Sie Nebenbereiche (keine Kernkompetenz), in denen Sie stark sind, vom Schlüsselkunden als Dienstleistungsgeschäft übernehmen?

○ Mindert eine negative emotionale Einstellung der Mitarbeiter beider Partner die Chance, schneller zu wachsen?

Schritt 2: Die Ist-Beurteilung

Die richtige Verdichtung von Daten ist eine wesentliche Erfolgsvoraussetzung, um zu zielführenden Rückschlüssen zu kommen. Versuchen Sie dabei, mit höchstens acht bis zwölf kritischen Erfolgsfaktoren auszukommen. Zu viele Informationen verwirren und finden mit steigender Komplexität immer weniger Mitspieler. Die Ist-Beurteilung muss von jedem Teammitglied ohne große Probleme verstanden werden, nicht nur von den Verfassern oder Spezialisten.

Betrachten Sie sowohl Ihr Unternehmen als auch das des Schlüsselkunden. Die Strategien und Positionen beider Unternehmen müssen zu einem überwiegenden Teil deckungsgleich sein, um ein Gewinner-Gewinner-Spiel zu starten.

Je mehr die Stärken des Schlüsselkunden mit Ihren Stärken verknüpft werden können, umso größer sind die Chancen auf einen gemeinsamen Erfolg. Es gilt, für beide Parteien die generellen kritischen Erfolgsfaktoren zu definieren:

Stärken des eigenen Unternehmens, zum Beispiel:

- Produkt
- Dienstleistungen
- Service
- Marketingkommunikation
- Forschung + Entwicklung
- Vertrieb
- Logistik
- Produktion
- Finanzen

Stärken des Schlüsselkunden, zum Beispiel:

- hoher Marktanteil
- starke Marktpenetrierung
- Marktkompetenz
- Innovationsfreudigkeit
- Wachstumsstreben
- Trendsetting
- Marktmultiplikation

Die Gestaltung einer Key-Account-Strategie

Hinterfragen Sie noch einmal selbstkritisch, ob Sie wirklich Alleinstellungsmerkmale besitzen und welchen konkreten Beitrag Sie zu welchem Key-Account-Strategieziel beitragen wollen/können. Bewerten Sie unter diesem Gesichtspunkt Ihre Marktchancen und die des Schlüsselkunden:

Marktchancen des eigenen Unternehmens, zum Beispiel:

● Absatzsteigerungen

● Technikführerschaft

● Cross Selling

● neue Abnehmergruppen

Marktchancen des Schlüsselkunden, zum Beispiel:

● Marktführerschaft

● Produktsystemführerschaft

● Nischenbearbeitung

● Alleinstellungsmerkmale bei Dienstleistungen, Support etc.

Bedenken Sie, dass Ihre Unternehmensleistungen erst bei Akzeptanz durch die Kunden zu einem Erfolgsmerkmal werden. Erst die mittel- und langfristige Nutzung der Marktchancen entscheidet über den dauerhaften Erfolg. Überlegen Sie sich genau, ob Sie nicht durch Einsatz Ihrer Ressourcen bei anderen Schlüsselkunden oder durch die Verfolgung alternativer Verkaufsziele eventuell höhere Ergebnisse erzielen könnten. Überprüfen Sie deshalb die Trends:

Der Geschäftstrend:

● mittelfristige Entwicklung

● Stärkenausnutzung (Eigensicht) im gegenwärtigen Trend

● Chancenausnutzung (Eigensicht) im gegenwärtigen Trend

Ein Megatrend unterteilt sich meistens in einzelne Bereiche. Einen Megatrend zu „begreifen" ist oftmals für das praktische und operative Geschäft schwierig. Analysieren Sie daher, für welche „Untertrends" Sie die richtigen, zum Erfolg führenden Antworten haben. Konzentrieren Sie sich auf maximal drei bis vier Trends und verknüpfen Sie diese mit Ihren Marktchancen und Stärken. Nur wenn Sie hier eine durchgehende Linie ziehen können, wird eine echte Chance daraus.

Eine Trendherausforderung anzunehmen bedeutet, dass Sie aus Ihrer Stärke heraus die Marktchancen mit Ihren Schlüsselkunden in Erfolgsergebnisse umwandeln können. Zur Umsetzung reicht ein Produktangebot allein nicht aus, sondern Sie benötigen Mitspieler beim Schlüsselkunden. Bewerten Sie daher im folgenden die Qualität Ihres Netzwerks:

- Entscheidungsträger: initiieren die generelle Strategie beim Key Account und sind für die Gesamt-Performance verantwortlich.
- Entscheider: sorgen für die Umsetzung der Unternehmensstrategie im Kundenunternehmen.
- Umsetzer: sind für die operative Umsetzung verantwortlich.
- Einflussnehmer: sind nicht direkt mit der Sachlage befasst; werden gehört, sind primär an der Stärkung und Wahrung der eigenen Kompetenzen interessiert.
- Promotoren: setzen sich auf Basis gemachter Erfahrungen für uns ein.
- Gegner: setzen sich für unseren Wettbewerb ein.
- „Kontrolleure": sind sehr interessiert an Preis/Leistung.
- Controlling: sorgt für die Einhaltung der Regeln.

Die unterschiedlichen Funktionsträger beim Schlüsselkunden haben unterschiedliche emotionale und sachliche Interessenslagen. Die Geschäftsführung ist zum Beispiel an der Unternehmenssicherung interessiert (emotionale Motive, zum Beispiel: Gewinn- und Machtstreben), die Entscheider streben die Optimierung der Prozessabläufe an (emotionale Motive, zum Beispiel: Anerkennung, Sicherheit) und die Umsetzer ein Minimum an Schnittstellenproblemen (emotionale Motive, zum Beispiel: Bequemlichkeit, Gewohnheit). Das hat zur Folge, dass Sie für ein Angebot unterschiedliche Argumentationsketten aufbauen müssen, um den jeweiligen Gesprächspartner zu erreichen. Hinzu kommen weitere Fragen:

- Sind Entscheidungsträger und Entscheider identisch?
- Mit welchen Personen im Netzwerk stehen wir in welcher Beziehungsphase?
- Wer lehnt uns ab? Wer verteidigt den Wettbewerb?
- Für wen bedeuten die von uns propagierten Innovationen Einschnitte in seinen Arbeitsprozess?

Die Gestaltung einer Key-Account-Strategie

Identifizieren Sie die Mitglieder des Key-Account-Netzwerks nach Mitspielern, Neutralen und Gegnern und finden Sie heraus, welche persönlichen Motive dahinter stehen. Um nicht unvorbereitet auf Einwände des Schlüsselkunden und Attacken des Wettbewerbs zu sein, analysieren Sie Ihre offenen Flanken:

Schwächen des eigenen Unternehmens, zum Beispiel:

- ungeklärte Unternehmensziele
- unmotiviertes Team
- ungenügende Finanzmittel
- unbefriedigende Prozessabläufe im Unternehmen
- Personalressource im Vertrieb im Verhältnis zu den Kundenanforderungen zu gering
- Netzwerk beim Key Account nicht ausgebaut
- zu wenige Mitspieler beim Key Account
- keine ausgeprägte Dienstleistungskultur

Hinterfragen Sie bei den nicht abzubauenden Schwächen, welche Auswirkungen sie auf die Realisierung Ihrer Marktchancen im gegenwärtigen Trend haben können oder werden. Besprechen Sie offensichtliche Schwächen mit Ihren Schlüsselkunden, mit denen Sie sich in der Festigungsphase befinden. Es kann sein, dass für sie diese Schwächen nicht entscheidend in der Frage der Zusammenarbeit sind oder die Kunden Ihre „Schwächen" positiver sehen. Wenn der Key Account eine bestimmte Schwäche allerdings als mittelfristigen K.O.-Faktor sieht oder darauf hinweist, dass in diesem Punkt gerade die Stärke Ihres Wettbewerbers liegt, sollten Sie sich zügig über Änderungsmöglichkeiten Gedanken machen.

Sie verfügen nun über eine detaillierte Ist-Beurteilung hinsichtlich Ihrer Schlüsselkunden-Beziehung. Sie werden in der Strategieplanung feststellen, dass Sie hier und da noch Korrekturen in der Ist-Analyse vornehmen müssen. Das Fundament ist aber ausreichend, um in die strategische Key-Account-Durchdringungsplanung einzusteigen. Ein Beispiel dafür finden Sie auf der folgenden Seite.

▶ *Unsere Stärken*

- *Unsere neue Produktrange XYZ erfüllt schon heute die neuen Normen, die erst ab nächstem Jahr gelten.*
- *Die Produktionsserienreife wurde erfolgreich getestet.*
- *Im technischen Servicebereich besitzen wir ein Alleinstellungsmerkmal am Markt.*

▶ *Schlüsselkunden-Stärken*

- *Der Schlüsselkunde wird im Markt als Trendsetter anerkannt.*
- *Der Schlüsselkunde verfügt über ein flächendeckendes Vertriebsnetz in der EU.*
- *Der Schlüsselkunde sucht neue Erfolg versprechende Produktsortimente, um seine wachsende Commodity-Situation zu ändern.*

▶ *Unsere Marktchancen*

- *Die Marktführerschaft in der neuen Technologie übernehmen*
- *Den heutigen Marktanteil in diesem Marktsegment ausbauen*
- *Durch die neue Produktrange das übrige Sortiment mitziehen*

▶ *Schlüsselkunden-Marktchancen*

- *Die Alleinstellungsposition am Markt gegenüber dem Wettbewerb wieder stärken*
- *Neue Marktsegmente angehen und die Nischenpolitik ausbauen*
- *Wieder verstärkt als Trendsetter anerkannt werden*

▶ *Der Geschäftstrend*

- *Reduzierung des Energieverbrauchs*
- *Europäisierung des Geschäfts*
- *EU-Gesetze/Normen lösen nationale Regelungen ab*

▶ *Das Netzwerk*

- *Mitspieler: Klaus Müller (Vertriebsleiter), Fritz Stein (Marketingleiter)*
- *Neutral: Hans Mustermann (Einkäufer)*
- *Gegner: Joachim Berg (Logistik)*

▶ *Unsere Schwächen*

- *Kein ausgeprägtes Vertriebsnetz in der EU*
- *Nicht ausreichende Finanzmittel zum Aufbau eines flächendeckenden Servicenetzes*
- *Die Produktorientierung dominiert die Verkaufsorientierung*

Schritt 3: Die strategischen Einzelziele

In der Ist-Beurteilung wurden bereits die wesentlichen kritischen Erfolgsfaktoren beleuchtet. Offen sind noch die Fragen:

● Wie möchten Sie von Ihren Schlüsselkunden gesehen werden?

● Als was möchten Sie von Ihren Schlüsselkunden angesehen werden?

Bilden Sie Beispiele für Ihre qualitativen strategischen Einzelziele, etwa:

● als Unternehmen, das bekannt dafür ist, Zusagen einzuhalten,

● als Unternehmen, das bereit ist, auch in schwierigen Marktzeiten zu seinen Partnern zu stehen,

● als Unternehmen, das den Kunden hilft, Ihre Ablaufsprozesse zu optimieren,

● als Unternehmen, das gemeinsam mit seinen Top-Partnern neue Märkte aufbaut.

Obwohl die vorgenannten Beispiele vage klingen, beinhalten sie dennoch konkrete Ziele: Zuverlässigkeit, Partnerschaft, Prozessoptimierung, Marktaufbau. Diese Ziele werden aber nur dann wertvoll, wenn sie vom Schlüsselkunden anerkannt und in dessen Unternehmen umgesetzt werden. Dann erhält das Key-Account-Team eine große Chance: Es hat die Möglichkeit, den Einführungsprozess zu begleiten, dadurch das Netzwerk weiter auszubauen und gleichzeitig den Weg für weitere Projekte zu ebnen.

Beziehen Sie möglichst viele Teammitglieder in die Gestaltung eines Key-Account-Durchdringungsplans ein. In diesen Gärungsprozessen besteht die große Chance, die eigenen Mitarbeiter für die Key Accounts und die Vernetzung zu begeistern. Im Folgenden finden Sie ein Praxisbeispiel, wie strategische Einzelziele in mehreren Schritten bestimmt werden können:

1. Bildung eines Kreativteams

▶ Aufgabe: interne Schlüsselkunden von den Vorteilen des Mitspielens zu überzeugen und strategische Einzelziele zu erarbeiten

▶ Methode: Ideensammlung, Quer- und Neudenken, Entwerfen von Zukunftsvisionen, die momentan vielleicht noch nicht verwirklicht werden können

Es bietet sich an, dass der Key Account Manager, soweit er über Moderationserfahrung verfügt, die Moderation übernimmt. Er liefert die Grundlage mit seinen Informationen über den Schlüsselkunden und dessen Markt.

2. Einsatz der Metaplan-Technik

▶ Aufgabe: das Wissen und die Kreativität der Teammitglieder abfragen und den größten gemeinsamen Gruppennenner finden

▶ Methode: Einsatz unterschiedlicher Moderationstechniken; sammeln Sie in einem dreistündigen Brainstorming zwischen 150 und 300 Ideenkarten und lassen Sie auch redundante Ideen zu; jede Karte gilt

Planen Sie für die Kartensammlung einen halben Tag ein, begrenzen Sie die Zeit für die Kreativphase nicht.

3. Selektion der Karten

▶ Aufgabe: Bildung von Themengruppen und Zuordnung der einzelnen Karten

▶ Methode: Verdichtung zu maximal zehn kritischen strategischen Einzelzielen

Auf die Titel der strategischen Einzelziele sollte sich einstimmig geeinigt werden. Achten Sie darauf, dass alle Teammitglieder an diesem Prozess beteiligt sind und keine Gewinner/Verlierer geschaffen werden.

4. Bestimmung der Rangfolge

▶ Aufgabe: Bestimmung der Prioritätenfolge; nicht jedes der Themen wird zum jetzigen Zeitpunkt für den Schlüsselkunden und das eigene Unternehmen von gleicher Wichtigkeit oder Dringlichkeit sein

▶ Methode: Auswahl von auf drei bis vier strategischen Einzelzielen mit einer geeigneten Auswahlmethode. Weitere mögliche Auswahlmethoden:
  - demokratisches Abstimmen (Gefahr: Widerspiegelung unternehmerischer Machtstrukturen im Abstimmungsergebnis)
  - Punktvergabe nach einem Bewertungsschlüssel (Gefahr: starke Teilnehmer setzen die Maßstäbe)

Eine sehr praxisnahe Auswahlmethode ist die Paar-Vergleich-Matrix. Dabei werden jeweils zwei strategische Einzelziele nach Wichtigkeit und Dringlichkeit gegenübergestellt. Es wird gefragt: „Was ist wichtiger für das Geschäft des Schlüsselkunden und unser Unternehmen, der kritische Erfolgsfaktor 1 oder 2?" Danach folgt die Frage: „Was ist dringlicher für das Geschäft des Schlüsselkunden und unser Unternehmen, der kritische Erfolgsfaktor 1 oder 2?"

Die Gestaltung einer Key-Account-Strategie

Starten Sie mit dem strategischen Einzelziel 1 und bewerten Sie 1 gegen 2, 1 gegen 3, 1 gegen 4, 1 gegen 5 ... Dann fahren Sie mit dem strategischen Einzelziel 2 fort und bewerten 2 gegen 3, 2 gegen 4, 2 gegen 5, 2 gegen 6 ... Im jeweiligen Kästchen wird das als wichtiger/dringlicher bewertete strategische Einzelziel notiert. Am Ende des Prozesses werden die „gewonnenen" Punkte jedes strategischen Einzelziels addiert. Diejenigen mit den höchsten Punktzahlen müssten diejenigen sein, denen die wichtigste Priorität einzuräumen ist.

Es kann durchaus einen Unterschied in der Bewertung der „Wichtigkeit" und „Dringlichkeit" geben. Nicht alles, was wichtig ist, ist gleichzeitig dringlich und umgekehrt. Die Gruppe entscheidet über die Rangfolge. Die Priorität liegt allerdings immer auf der Wichtigkeit und dann erst auf der Dringlichkeit.

Die Paar-Vergleich-Matrix verlangt einen sehr erfahrenen und neutralen Moderator. Die Teilnehmer verteidigen Ihre Karten und Positionen. Eine demokratische Abstimmung darf nicht stattfinden. Es wird so lange diskutiert, bis sich alle dem Ergebnis verpflichtet fühlen. Im Diskussionsprozess kommt häufig hinzu, dass die Kernaussage des strategischen Einzelziels geändert wird und die Karten umgehängt oder noch zu ergänzende Karten hinzugefügt werden.

Tab. 8.3 Die Paar-Vergleichs-Matrix bewertet und vergleicht jeweils zwei kritische Erfolgsfaktoren nach „Wichtigkeit" und „Dringlichkeit" miteinander.

Strategische Einzelziele	Erfolgs-faktor							Gesamt-summe Dring-lichkeit
		1	2	3	4	5	6	
Netzwerkausbau mit Key Accounts	1		1	1	1	5	1	4
besserer Service	2	1		2	4	5	6	1
Vorleistung bei Werbung	3	1	2		4	5	6	0
Vertriebsunterstützung	4	4	4	4		5	4	2
exklusive Produktentwicklung	5	5	5	5	5		5	5
gemeinsame Marktbearbeitung	6	6	6	6	6	6		2
Gesamtsumme Wichtigkeit		2	1	0	3	4	5	

5. Bearbeitung

▶ Aufgabe: Unterteilung der strategischen Einzelziele nach verschiedenen Kriterien

▶ Methode: Entwurf eines separaten Formulars für jedes strategische Einzelziel; Unterscheidung nach Stärken, Marktchancen, Markttrends, Netzwerken und strategischen Einzelzielen

▶ Hilfe: Übernahme der Daten aus vorherigen Analysen

6. Überprüfung und Absicherung

Überprüfung der Unternehmensressourcen auf die kritischen Erfolgsfaktoren, die sich im Sinne des Schlüsselkunden schnellstens umsetzen lassen. Besprechen Sie die Analyse auf jeden Fall mit Ihren Schlüsselkunden, mit denen Sie sich in der Festigungsphase befinden (Vorsicht bei Kunden aus der Start- und Ausbauphase: Informationen landen beim Wettbewerb, Ihr Kundendetailwissen ist noch nicht ausgereift, das Beziehungsnetzwerk steht noch nicht etc.). Die Kunden werden, selbst bei anfänglichem Nicht-Gefallen, das Bemühen um Ihre Interessenwahrnehmungen trotzdem positiv bewerten.

Schritt 4: Das Projekt-Screening

Bei komplexen Projekten besteht die Gefahr, dass ein unverhältnismäßig hoher Aufwand im Verhältnis zur Erfolgschance und Projektattraktivität betrieben wird. Das Wissen um die folgenden Kundeninteressen ist nicht selten wenig ausgeprägt.

● Was erwartet der Kunde hinsichtlich Preis, Produkteigenschaften und -qualität?

● Welche besonderen Dienstleistungen schätzt der Kunde?

● Welche Form der Beratung wird gewünscht?

● Welcher Service ist begleitend angemessen?

Weiterhin sind die weichen Faktoren zu berücksichtigen, um Erfolgschancen abzuschätzen:

● Besteht ein Netzwerk zwischen Key Account und unserem Unternehmen auf hoher Vertrauensebene?

● Schätzen die Entscheider unser Key-Account-Management-Team?

● Partizipiert der Key Account von unserem Image im Markt?

Die Gestaltung einer Key-Account-Strategie

Es bietet sich an, ein Scoring-Modell zu erarbeiten, in dem Sie für die einzelnen Fragen je Wertigkeit und/oder Wichtigkeit eine Punktzahl, zum Beispiel zwischen 1 und 6, vergeben. Ihr Vorteil:

- Zeitnah können Sie die Veränderungen von maßgebenden Faktoren beurteilen und eventuelle Entscheidungen über die Fortführung des Projekts treffen.

- Sie erkennen sehr schnell, bei welchen Faktoren Sie aus Kundensicht „schwächeln" und wo Chancen bestehen, nachzubessern.

- Sie erkennen K.O.-Faktoren und vermeiden bei einem rechtzeitigen Ausstieg ein Zeit- und Geldgrab.

- Sie erkennen Vorbehalte von Kunden und sind damit näher am Kunden.

- Sie setzen Ihre Ressourcen nur dort ein, wo es sinnvoll und Erfolg versprechend ist.

- Projekte können je nach Wertigkeit und Abschlusswahrscheinlichkeit mit unterschiedlicher Intensität vorangetrieben werden.

- Sie verbessern Ihre Wettbewerbsfähigkeit, indem Sie sich besonders dort engagieren, wo der Wettbewerb Schwächen aufweist.

In die Key-Account-Gewinnung starten Sie mit einem Projekt. Analysieren und bewerten Sie, bevor Sie mit allen Konsequenzen einsteigen, Ihre Stärken, Marktchancen, Markttrends und Schwächen. Steigen Sie erst bei einer positiven Geschäftserwartung in die Erstkontakt- oder Ausbauphase ein. Wenn die Rechercheannahmen korrekt waren und der Bedarf, die Projektwertigkeit und die Abschlusswahrscheinlichkeit richtig eingeschätzt wurden, steigen Sie in den Angebotsprozess ein. Allzu häufig werden umfangreiche Angebote ohne hinreichendes Wissen abgegeben und zudem der Kundendialog zwischen der Angebotsabgabe und der Kundenentscheidung vernachlässigt.

Planungs- und Entwicklungsvorarbeiten erfordern im Projektgeschäft sowohl zeitlich als auch finanziell meist ein intensives Engagement. Der Key Account Manager muss daher unmittelbar prüfen, ob die eigenen Unternehmensressourcen in dem angepeilten Projekt gut aufgehoben sind oder nicht. Um den Entscheidungs- und Durchführungsprozess virtuell durchzuspielen, bietet sich ein projektbezogenes Screening-Verfahren an. Es empfiehlt sich, das Screening-Verfahren in drei Phasen zu unterteilen, um mehrmals die verschiedenen Erfolgsparameter abprüfen zu können. Gleichen Sie stets auch Ihre Interessen mit denen des Key Accounts ab.

Unterteilen Sie den Prozess in die Stufen:

- Projektidee
- Vorentscheidungsprozess
- Entscheidungsprozess

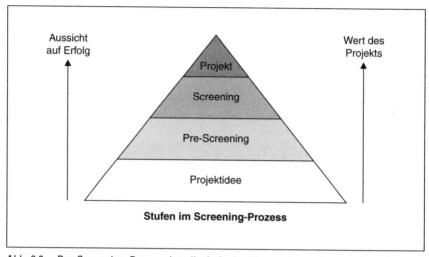

Abb. 8.3: Der Screening-Prozess hat die Aufgabe, Unternehmen davor zu bewahren, Ressourcen in wenig Erfolg versprechenden Projekten zu vergeuden und bei negativer Bewertung sofort zu stoppen bzw. die Vorgehensweise zu modifizieren.

Bremsen Sie den Angebotsprozess, wenn Sie merken, dass Sie bei wesentlichen Punkten keine Gewinnsituation erzielen können. Prüfen Sie dann, ob Allianzen, Outsourcing oder Leistungsveränderungen die offene Flanke bzw. die K.O.-Faktoren „heilen" können. Beenden Sie im Zweifelsfall den Angebotsprozess in der begonnenen Form, ehe ein nicht Erfolg versprechendes Projekt zu einem Zeit- und Geldgrab wird.

Die Qualität der Analyse aufgrund von Recherchen, Datenbanken und Key-Account-Gesprächen spielt im weiteren Ablauf eine wesentliche Erfolgsrolle. Die Fragestellungen im Vorentscheidungs- und Entscheidungsprozess sind von den kritischen Erfolgsfaktoren her identisch, unterscheiden sich jedoch in ihrem Detaillierungsgrad. Es wird im Vorentscheidungsprozess weniger Energie auf die letzte Detaillierung gelegt. Auf jeder Stufe des Entscheidungsprozesses ist jederzeit ein Stop-or-Go möglich.

Die Gestaltung einer Key-Account-Strategie

Das Screening-Verfahren bietet Ihnen fünf generelle Entscheidungsvarianten:

- großes Interesse am Projekt und entsprechendes Engagement
- Annahme des Projekts, aber nicht um jeden Preis
- Partnersuche, mit dem sich Risiken und Chancen teilen lassen
- „kleiner" Einstieg und Beobachtung des weiteren Fortgangs
- Entscheidung gegen das Projekt

Wenn die Projektidee durch das Key-Account-Team angenommen wurde, ist der Weg frei, in den Vorentscheidungsprozess einzusteigen. Im Vorentscheidungsprozess wird das Projekt möglichst detailliert identifiziert und dem eigenen Unternehmensteam präsentiert. Das Projektteam schätzt die Chancen und Risiken ein. Konnten die wesentlichen Fragen positiv beantwortet werden, treten Sie in den Entscheidungsprozess ein.

Zum Ende des internen Entscheidungsprozesses werden die strategischen Einzelziele und der daraus abgeleitete Maßnahmenplan auf den Prüfstand gestellt. Das Account-Team bereitet die Projektpräsentation für das eigene Haus auf und stellt sie den internen Entscheidern vor. Eine positive Entscheidung bedeutet einen Einstieg in die Angebotsphase.

Der Vorteil des Screening-Verfahrens ist die systematische Beurteilung der Projektchancen. Es verhindert ein blindes Weiterkämpfen in wenig aussichtsreichen Konstellationen und weitet den Blick für neue Angebotsvariationen. Im negativen Fall haben Sie keine Hemmungen, an jeder Stufe des Prozesses auszusteigen. Das erspart unnötige Kosten, wenn erkennbar wird, dass die Erfolgswahrscheinlichkeit zu gering ist und sichert gleichzeitig einen optimalen Einsatz der eigenen Ressourcen.

Das Screening-Verfahren bietet sich vor allen Dingen dann an, wenn individuelle Produkte und Leistungen entwickelt werden müssen. Das betrifft zurzeit noch hauptsächlich die Investitionsgüterindustrie. Da Dienstleistungen und Service aber immer mehr zu wichtigen Produkten werden, betrifft die Vorgehensweise alle Wirtschaftsbereiche. Das Screening-Verfahren hilft mit zu verhindern, dass Sie auch in Zukunft mit 20 Prozent Ihrer Produkte oder Angebote 80 Prozent Ihres Erfolgs bestreiten.

* Für die zwei folgenden Tabellen (Seite 190 bis 196) gilt:

Bewertung: Bewerten Sie die Wichtigkeit der Frage für Ihre Entscheidung;
1 = nicht sehr wichtig 6 = sehr wichtig

Informationsstatus: Bewerten Sie Ihren derzeitigen Informationsstand;
1 = keine Informationen 10 = Besitz aller Informationen

Status: Multiplizieren Sie Bewertungen x Informationsstatus und tragen Sie die Summe hier ein.

Der Vorentscheidungsprozess			
	*Bewertung	*Informations-status	*Summe
Ist erkennbar, dass das Projekt realisiert wird?			
Reichen Ihre Ressourcen hinsichtlich Technik/Finanzmittel/Mitarbeiter/Zeit aus, das Projekt zu realisieren?			
Gibt es politische Gruppen oder Interessenvertretungen, die das Projekt in eine bestimmte Richtung lenken?			
Können wir aus diesem Projekt Referenzen für zukünftige Projekte ableiten?			
Sind Lizenzabkommen bei Wettbewerbern/eigenem Unternehmen/Key Account zu berücksichtigen?			
Fördern/behindern gesetzliche Regelungen das Projekt?			
In welchem Maße und durch wen soll dieses Projekt finanziert werden?			
Wenn wir in die finanzielle Vorleistung gehen müssen, wie sehen die Finanzierungsgarantien aus?			
Sind staatliche Hilfen oder andere Förderungsmaßnahmen denkbar?			
Welche Vorteile/Nachteile hat unser Wettbewerb bei den vorgenannten Punkten und wie wird er reagieren/ agieren?			
Besteht eine reale Chance, das Projekt zu gewinnen?			
Reichen die analysierten Daten aus, das Projekt umfassend zu beurteilen?			
Haben wir in der Vergangenheit erfolgreich mit dem Key Account zusammengearbeitet?			
Kennen wir alle wichtigen Entscheidungskriterien des Key Accounts?			
Wer ist der Projektentscheider beim Key Account?			

Die Gestaltung einer Key-Account-Strategie

Der Vorentscheidungsprozess			
	*Bewertung	*Informations-status	*Summe
Welches Beziehungsnetzwerk besteht zwischen dem Key Account und unserem Wettbewerb?			
Inwieweit akzeptiert der Key Account neue Ideen, die von unsem Unternehmen eingebracht werden?			
Besteht die Möglichkeit, zusätzlich zu unserem Projektangebot weitere Leistungen anzubieten?			
Wenn ja, welche Leistungen können wir zusätzlich anbieten?			
Gibt es externe Beeinflusser, die berücksichtigt werden müssen?			
Können wir das Projekt allein durchführen oder benötigen wir einen Partner?			
Wenn ja, welchen Partner benötigen wir und welche Rolle soll er spielen?			
Können wir ihn aussuchen oder wird er uns vom Auftragnehmer zugewiesen?			
Auf welcher Basis könnte die Kooperation erfolgen?			
Können wir Referenzen aus früheren ähnlichen Projekten vorweisen, um dem Key Account unsere Leistungsstärke zu demonstrieren?			
Kennen wir die exakten Bewertungskriterien für die Auftragsvergabe?			
Sind uns alle technischen Anforderungen bekannt?			
In welcher Zeit soll das Projekt durchgeführt werden und können wir mit unseren Ressourcen den Zeitplan einhalten?			
Kennen wir alle Wettbewerber für das Projekt und kennen wir seine Stärken/Schwächen?			
Welche Stärken/Schwächen haben wir?			
Welche Wertigkeit hat das Projekt für den Key Account und für unser Unternehmen?			
Besitzen wir Vorteile, mit diesem Projekt den Eintritt in einen neuen Markt zu schaffen?			
Könnte dieses Projekt uns für zukünftige ähnliche Projekte als Referenz dienen?			
Treten wir mit diesem Projekt in einen angestammten Markt unseres größten Wettbewerbers und welche Reaktion ist von ihm zu erwarten?			

Kundendurchdringungsplan und Key-Account-Analyse   191

Der Vorentscheidungsprozess			
	*Bewertung	*Informations- status	*Summe
Zeigt die Erstkalkulation, ob wir die Chance auf Gewinn/Verlust haben?			
Welche Vorteile können wir bieten, um uns von unserem Hauptwettbewerber zu differenzieren und wie wird die Differenzierung vom Markt wahrgenommen?			
Würde das Projekt das Beziehungsnetzwerk zu unserem Key Account stärken und dadurch zu Folgeaufträgen führen?			
Sehen wir Risiken in der Spezifikation? Wie verhalten wir uns diesbezüglich?			
Gibt es Zahlungsrisiken? Wie können wir sie minimieren?			
Gibt es Finanzierungsrisiken? Welche Möglichkeiten sehen wir, diese zu minimieren?			
Sehen wir generelle Ausführungsrisiken? Wenn ja, welche, und wie gehen wir damit um?			
Sind unsere strategischen Einzelziele und der Maßnahmenplan Erfolg versprechend?			
Passt das Projekt zu unseren bisher aufgestellten strategischen Einzelzielen?			
Wenn nein: Könnten durch das Projekt neue strategische Einzelziele definiert werden?			
Sind wir uns unserer Stärken bewusst, um das Projekt erfolgreich umzusetzen?			
Bietet das Projekt Marktchancen für weitere Aufträge?			
Entspricht das Projekt den bis jetzt von uns wahrgenommenen Trends, oder haben wir mit dem Projekt die Chance, einem neuen Trend zu folgen?			
Haben wir unsere Schwächen analysiert, und was bedeuten sie für die Angebotsphase?			
Besitzen wir gegenüber unserem Wettbewerber eine offene Flanke, und wie könnten wir sie schließen?			
Ist der Maßnahmenplan in sich schlüssig, oder entdecken wir noch Lücken?			
Sind alle unsere Teammitglieder mit an Bord, oder müssen wir noch einige abholen?			
Gesamtsumme			

Die Gestaltung einer Key-Account-Strategie

Der Entscheidungsprozess			
	*Bewertungen	*Informations-status	*Summe
Ist erkennbar, dass das Projekt tatsächlich realisiert wird?			
Auf welcher Grundlage nahm der Schlüsselkunde seine Ausschreibungsentscheidung vor?			
Kennen wir die emotionalen und rationalen Gründe für die Ausschreibungsentscheidung?			
Haben wir die Möglichkeit, den Entscheidungsprozess noch zu beeinflussen?			
In welchem Stadium des Entscheidungsprozesses befindet sich das Projekt zurzeit?			
Ist der Schlüsselkunde bereit, uns in der Entwicklungsphase durch einen „Letter of Intent, Letter of Agreement" abzusichern?			
Ist der Schlüsselkunde bereit, uns in der Entwicklungsphase Exlusivität zu gewähren?			
Sind in der Vergangenheit Konzepte erarbeitet oder Entwicklungen betrieben worden?			
Wie sind Projektabläufe in der Vergangenheit beim Schlüsselkunden verlaufen?			
Ist die politische Situation am Projektort stabil oder ist mit Störungen zu rechnen?			
Gibt es Finanzierungsrisiken? Wenn ja, besteht die Möglichkeit, diese abzusichern?			
Ist der Schlüsselkunde oder die politische/gesetzgeberische Institution empfänglich für Zuwendungen?			
Wenn ja, in welcher Höhe und in welcher Form werden sie erwartet?			
Gibt es politische oder gesellschaftliche Restriktionen hinsichtlich Investitionen, Techniktransfer etc.?			
Kennen wir alle an dem Projekt interessierten Parteien, und welchen Einfluss haben sie auf den Fortgang des Projekts?			
Welches Projektvolumen können wir insgesamt erwarten?			
Welcher Gewinn ist unter Berücksichtigung aller Risiken zu erwarten?			
Wie hoch sind die Kapitalkosten auf die Projektvorfinanzierung?			
Verletzen Sie mit dem Projekt eventuell Gesetzesvorschriften oder Lizenzrechte?			
Wie hoch ist der anzunehmende Cash-flow?			

Der Entscheidungsprozess			
	*Bewertungen	*Informations- status	*Summe
Kann davon ausgegangen werden, dass der anvisierte Zeitplan auch tatsächlich eingehalten wird?			
Wie hoch wird der Finanzierungsbedarf für Entwicklung, Einkauf, Produktion, Material etc. in unserem Unternehmen werden?			
Können wir vom Schlüsselkunden sichere Finanzierungsgarantien erhalten?			
Wie könnten wir uns selbst kostengünstig finanzieren?			
Welche Finanzierungsmöglichkeiten besitzt unser Wettbewerb, und ist dies ein Vorteil/Nachteil für uns?			
Ist die Zukunftssicherheit unseres Schlüsselkunden gewährleistet?			
Besteht eine reale Chance, das Projekt zu gewinnen?			
Kennen wir die Schlüsselkunden-Organisation und die dahinter stehenden Personen ausreichend?			
Wer sind die am Projekt beteiligten Personen?			
Wer ist Entscheidungsträger, Entscheider oder Umsetzer?			
Welche emotionalen Motive haben die einzelnen Personen, und in welchem Verhältnis stehen sie zu uns?			
Wer ist unser Verteidiger und Gegner, wer ist neutral beim Schlüsselkunden?			
Wer ist der Verteidiger und Gegner des Wettbewerbs, wer verhält sich neutral?			
Über welche Kompetenzen verfügen unsere Gesprächspartner?			
Gibt es im Hintergrund eine „graue Eminenz" und sonstige Beeinflusser?			
Wie sind die Entscheidungsfindungsprozesse in diesem Projekt beim Schlüsselkunden verlaufen? Gibt es Verlierer/Gewinner?			
Wie ist der Status unseres Beziehungsnetzwerks beim Schlüsselkunden, und was müsste noch getan werden, um es eventuell zu verbessern?			
Wie sieht das Beziehungsnetzwerk unseres Wettbewerbs beim Schlüsselkunden aus?			
Was sind die kritischen Erfolgskriterien für den Schlüsselkunden?			

Die Gestaltung einer Key-Account-Strategie

Der Entscheidungsprozess			
	*Bewertungen	*Informations- status	*Summe
Welche Position (Wichtigkeit) nehmen wir beim Schlüsselkunden generell und im Projekt im Einzelnen ein?			
Würde der Schlüsselkunde uns als Berater akzeptieren, oder sucht er nur einen preis- günstigen Lieferanten?			
Können wir das Projekt alleine durchfüh- ren, oder benötigen wir selbst noch einen Partner?			
Welche Kompetenz, die wir nicht abdecken können, soll der Partner erfüllen?			
Welche weiteren Fähigkeiten erwarten wir von unserem potenziellen Partner?			
Welche Kriterien sind uns bei der Referenz- recherche bei unserem Partner wichtig?			
Benötigen wir den Partner über das gesamte Projekt hinweg oder nur in Einzelphasen?			
Welche Strategie verfolgt unser potenziel- ler Partner, und welche Auswirkungen hät- te eine Zusammenarbeit mit ihm für den späteren Marktauftritt?			
Wie sehen seine Kooperationskonditionen aus?			
Haben wir ausreichend Referenzen, um un- sere Kompetenz zu beweisen?			
Erfüllen wir unsere eigenen Bedingungen bezüglich Wirtschaftlichkeit, angemesse- nem Ressourcenverzehr etc.?			
Verdienen wir ausreichend in diesem Pro- jekt, und haben wir die Chance auf weite- ren Gewinn aus zukünftigen ähnlichen Pro- jekten?			
Welche Wettbewerber haben wir, und was sind ihre jetzigen und zukünftigen strategi- schen Ziele?			
Was sind die Stärken und Schwächen un- seres Wettbewerbs?			
Bei welchen seiner Schwächen können wir Stärken entgegensetzen, und wie wird dann seine Reaktion aussehen?			
Besitzen wir ein Alleinstellungsmerkmal gegenüber unserem Wettbewerb? Wenn ja, welches ist es?			
Welche Wertigkeit hat das Projekt für den Schlüsselkunden und für unser Unterneh- men?			
Können wir mit dem Projekt in einen neuen für uns interessanten Markt einsteigen?			

Kundendurchdringungsplan und Key-Account-Analyse

Der Entscheidungsprozess			
	*Bewertungen	*Informations-status	*Summe
Bietet sich das Projekt als Referenzprojekt an?			
Wie viele Wettbewerber sind mit in diesem Projekt geforderten Leistungen schon im Markt?			
Befinden wir uns mit unserer heutigen Angebotsrange noch im Trend, und kann das Projekt uns für die Zukunft noch einen zusätzlichen Schub geben?			
Akzeptiert uns der Markt als Trendsetter und unterstützt dieses Projekt unser Image?			
Was bedeutet es für unser Unternehmensteam, wenn wir in dem Projekt erfolgreich sind? Stolz, Gleichgültigkeit, ... ?			
Welche Auswirkungen hat das Projekt auf die Gesellschafter, Aktionäre, Banken, ... ?			
Wenn alle Risiken (worst case) bedacht werden, gehen wir dann immer noch als Gewinner vom Feld?			
Sind unsere strategischen Ziele und der Maßnahmenplan Erfolg versprechend?			
Wurden die kritischen Erfolgsfaktoren aus Kundensicht intensiv genug erarbeitet?			
Wurden die kritischen Erfolgsfaktoren aus eigener Sicht intensiv genug erarbeitet?			
Weichen die kritischen Erfolgsfaktoren aus Kundensicht/Eigensicht voneinander ab? Was bedeutet dies?			
Können unsere Stärken für das strategische Ziel noch ausgebaut werden, oder dient das Projekt der Stärkenerweiterung?			
Welche exakten Marktchancen nehmen wir durch dieses Projekt künftig zusätzlich wahr?			
Welchem Trend können wir durch die Projekterfahrung künftig besser begegnen?			
Hilft uns das Projekt durch Know-how-Transfer, störende Schwächen zu beheben?			
Zeigt der Maßnahmenplan Lücken?			
Sind wir bereit, dem Schlüsselkunden den Maßnahmenplan zu zeigen?			
Gesamtsumme (Legen Sie einen Stolperdraht in Form einer Mindestsumme fest, bei der Sie ein „Go" aussprechen)			

Die Gestaltung einer Key-Account-Strategie

Schritt 5: Die Bestimmung positiver und negativer Investitionsentscheidungen

Der Unterschied zwischen B-/C-Kunden, Großkunden und Schlüsselkunden besteht vor allem darin, dass in den ersten beiden Fällen das Tagesgeschäft, die sofortige Abschlussorientierung, der Umsatz und Ertrag von heute im Vordergrund stehen und im letzteren Fall die strategische Partnerschaft und das Geschäft von morgen die Überlegungen bestimmen.

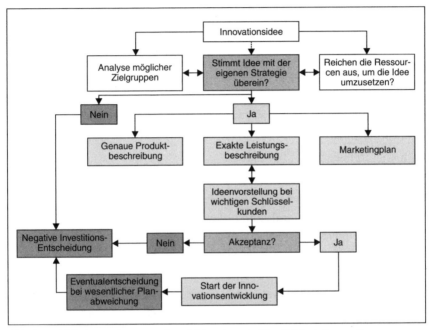

Abb. 8.4: Viele Innovationen werden nicht zu den erhofften Erfolgsbringern, Ressourcen werden dadurch nicht zielführend eingesetzt. Beteiligen Sie Key Accounts am Entscheidungsprozess, um die Akzeptanz der geplanten Innovation zu prüfen.

Für Investitionsentscheidungen im Zusammenhang mit Key Accounts gilt dasselbe: Sie sollen so schnell wie möglich Gewinne abwerfen. Da Ressourcen immer begrenzt sind, stellt sich die Frage, für welche Marktchancen, Trends und Key Accounts Ressourcen eingesetzt werden sollen. Das „Gießkannenprinzip" ist wenig Erfolg versprechend. Mit den zuvor gewonnenen Informationen ist man nun in der Lage, gezielte Antworten auf die Ressourcenverwendung zu geben. Dabei wird immer von den Stärken ausgegangen: Denn

Schwächenminimierung ohne strategischen Ansatz kostet erheblich mehr Kraft und Ressourcen als Stärkenmaximierung.

Versuchen Sie deshalb, eine Balance zu finden zwischen Innovations- und Preisstrategie:

Innovationsstrategie:

- Alleinstellungsmerkmale in Marketing und Vertrieb
- vom Key Account akzeptierter Zusatznutzen bei Produkten, Service und Dienstleistungen
- ausreichend Ressourcen vorhanden für den die Key-Account-Gewinnung/ Key-Account-Projekte
- ausreichend Kapazitäten, um individuelle Innovationen zu entwickeln
- starkes Key-Account-Management-Team

Preisstrategie:

- Kostenführerschaft
- operative Exzellenz
- konsequentes Benchmarking zur Vermeidung von Innovationsruinen
- exzellente Marktkenntnis und Preisstrategien auf Basis bedürfnisgleicher Kundengruppen
- hohe Flexibilität unter Berücksichtigung von Kosten

Wer die Motive seiner potenziellen Key Accounts nicht kennt, kann kein auf Fakten aufgebautes Angebot unterbreiten. Zunehmend entscheiden die Wahrnehmung der Schlüsselkunden und deren individuelle Bedürfnisse über Erfolg oder Misserfolg. Aber: Die individuelle Bedürfnisbefriedigung muss für das eigene Unternehmen erfüllbar sein. Es macht wenig Sinn, immer die Eier legende Wollmilchsau sein zu wollen! Sie treffen immer wieder auf zwei Kundentypen:

- Der preisbewusste ist wenig serviceorientiert, gut vorinformiert, pickt „Rosinen" und verspürt wenig Wunsch nach Partnerschaft.
- Der auf einen Wertezuwachs fixierte erwartet perfekte Leistungen, verlangt ausreichend Beratung, wünscht sich „Mehrwert" und ist offen für eine Partnerschaft.

Im Key Account Management stehen Investitionsentscheidungen nicht immer im direkten Zusammenhang mit konkreten sofortigen Verkaufsergebnissen.

Die Gestaltung einer Key-Account-Strategie

Ziel ist es, mit den Schlüsselkunden langfristige Marktchancen wahrzunehmen und gemeinsam auf Trends zu reagieren. Investitionen sind daher oftmals mittel- bis langfristig angelegt. Gerade deshalb sind alle Investitionsentscheidungen doppelt abzuwägen. Lassen Sie sich deshalb nicht unter Zeitdruck setzen, wenn die Informationsbasis über den Key Account und sein Geschäft ungenügend ist. Investitionen in Chancen und Trends vorzunehmen bedeutet, Misserfolge zu vermeiden.

Die Frage einer Investitionsentscheidung stellt sich aber nicht nur bei Neukunden, sondern auch bei einem bestehenden Schlüsselkunden in der Sanierungsphase. Ein Wettbewerber hat ein besseres Preisangebot abgegeben. Welche Möglichkeiten bleiben?

- Ausstieg aus dem engen Key-Account-Verhältnis oder Überführung in den Großkundenvertrieb.
- Preissenkung oder Abgleichung der Leistungen.
- Mehr an Leistung, die dem Key Account im eigenen Marktbemühen spürbar weiterhilft.

Wichtig ist dabei das Erkennen der Grenzen, an denen eine Investition nicht mehr mit dem generellen strategischen Ziel übereinstimmt. Ressourcen sollten keinesfalls vergeudet werden, sondern stattdessen in neue Schlüsselkunden, Märkte, Trends und Chancen investiert werden.

Schritt 6: Strategievernetzung mit Schlüsselkunden

Vernetzungsstrategien werden aus freier Entscheidung heraus getroffen und verknüpfen zwei in den Grundsätzen gleiche Interessenlagen. Unter Schwarz-Weiß-Gesichtspunkten sind die folgenden Strategieansätze denkbar:

1. Differenzierungsstrategie:

Der Schlüsselkunde legt Wert auf Alleinstellungsmerkmale gegenüber Wettbewerb und Markt bei

- Produkten,
- Dienstleistungen,
- Support und Service,
- Vertriebskompetenz,
- Marketingkommunikation etc.

Die Aufgabe des Key Account Managers: Unterstützung des Key Accounts bei dessen Differenzierungsbemühungen.

2. Qualitätsstrategie:

Der Schlüsselkunde sieht ein bestimmtes Qualitätsniveau als seinen Strategievorteil im Markt bei

- Produkteigenschaften,
- Lieferservice,
- Technischer Beratung,
- After-Sales-Service etc.

Aufgaben des Key Account Managers: Auffinden der Qualitätsmerkmale des Schlüsselkunden (rational/emotional), Unterbreitung eines Angebots zur Unterstützung seiner Qualitätsstrategie.

3. Nischenstrategie:

Der Key Account will eine Marktnische bearbeiten (nicht zu verwechseln mit Randsortimenten). Die Bearbeitung von Nischen erfolgt auf Basis von drei Grundvoraussetzungen:

- Wachstumspotenzial der Nische
- Nische bringt ausreichend Erträge
- Alleinstellungsmerkmale gegenüber dem Wettbewerb

Aufgaben des Key Account Managers: Definition der Nische des Schlüsselkunden, der Alleinstellungsmerkmale und der Leistungen; Hilfestellung bei Absicherung und Ausbau der Nischenbearbeitung.

4. Kompetenzstrategie:

Der Schlüsselkunde setzt auf Kompetenz. Know-how ist wesentliches Erfolgsmerkmal. Einsetzbar ist diese Strategie bei

- Forschung und Entwicklung,
- Entwicklung kundenspezifischer Angebote,
- Kundenqualifizierung,
- Kompetenztransfer in Kundenunternehmen etc.

Aufgaben des Key Account Managers: Definition des Begriffs Kompetenz beim Schlüsselkunden; Stärkung der Kompetenzstrategie durch eigenes Know-how.

5. Preisstrategie:

Der Schlüsselkunde legt Wert auf die Preiskomponente (entweder im oberen oder im unteren Bereich angesiedelt – Top/Discount).

Aufgaben des Key Account Managers: Top-Bereich: Lieferung zielgerichteter Produkte und Dienstleistungen aus Sicht der Kunden des Key Account und unterstützende Marketingangebote; Discount-Bereich: Lieferung nur der Leistungen, die der Key Account zur Verwirklichung seiner Strategie benötigt.

6. Kostenstrategie:

Der Schlüsselkunde hat das Ziel, seine Unternehmenskosten zu minimieren, um konkurrenzfähig zu bleiben.

Aufgaben des Key Account Managers: Analyse der Kundenwertschöpfungsprozesse und Angebote zur Prozessoptimierung beim Kunden, zum Beispiel im Bereich

● der Logistik,

● der Ablauforganisation in der Verwaltung, Produktion,

● des Datentransfers,

● der Übertragung von Aufgaben des Key Accounts auf das Anbieterunternehmen etc.

Denken Sie immer an Preisanpassungen nach oben, wenn der Key Account durch Ihre Mehrleistungen Kostenreduzierungen im gesamten Wertschöpfungsprozess erreichen kann.

7. Zeitvorsprungstrategie:

Der Schlüsselkunde strebt einen Zeitvorsprung gegenüber dem Wettbewerb an. Durch einen intensiven Einsatz von Marketingaktivitäten und besonderen Leistungen soll eine Erhöhung des Marktanteils oder ein Kompetenzvorsprung aus Sicht der Kunden des Key Accounts am Markt erzielt werden. Anzutreffen bei

● Markteinführung neuer Produkte,

● Einführung neuer Unternehmensleistungen,

- Einführung neuer Logistikkonzepte,
- Einführung neuer Technologien etc.

Aufgabe des Key Account Managers: zu prüfen, wie man einen Beitrag zur Profilierung des Schlüsselkunden liefern kann.

8. Zeitvorsprung-Qualitäts-Preisstrategie:

Ihr potenzieller Key Account möchte die anerkannte Führerschaft in puncto Zeit, Qualität und Preis übernehmen. Diese Positionierung ist kaum zu befriedigen. Prüfen Sie, welche der Eigenschaften Sie am besten erfüllen können und versuchen Sie, bei den anderen Anforderungen so gut wie möglich zu sein.

In der Regel kommt eine der vorgenannten Schwarzweiß-Strategien selten in reiner Form vor, sondern die Key-Account-Positionierung setzt sich aus verschiedenen Einzelstrategien zusammen. Finden Sie heraus, ob der Schlüsselkunde überhaupt eine in sich schlüssige Strategie besitzt. Wenn nicht, haben Sie unter Umständen die Möglichkeit, eine Beraterfunktion einzunehmen und zielgerichtet eine Vernetzung der Strategien der Partner anzubieten. Damit steigt die Chance, dass sowohl Ihre Interessenslage als auch die des potenziellen Key Accounts Berücksichtigung findet. Sie werden somit zum Unternehmensberater des Kunden, und beide Parteien können an der Optimierung ihrer Wertschöpfungsprozesse arbeiten.

9. Die Einbeziehung von Key Accounts in die Produkt- und Leistungsentwicklung

Nur ein geringer Anteil aller am Markt neu eingeführten Produkte und Leistungen entwickelt sich befriedigend in der gewünschten und geplanten Form. In vielen Unternehmen werden gerade einmal zwei Prozent der Produktideen umgesetzt, davon entwickeln sich dann 20 bis 30 Prozent der Innovationen zu Erfolgsbringern. Das heißt im Umkehrschluss: Es werden erhebliche Ideenressourcen vergeudet und zu wenige Innovationen erfolgreich im Markt platziert. Sie glauben dies nicht? Dann schauen Sie sich einmal die „Rennliste" Ihres Unternehmens an und finden Sie heraus, mit wie viel Prozent Ihrer Produkte Sie wie viel Prozent Ihres Umsatzes und Ertrags erzielen. Das hat zwei Gründe:

Die Gestaltung einer Key-Account-Strategie

1. In der Vergangenheit dachten wir im Marketing über Konvex- oder Konkav-Strategien nach. Die zentrale Frage lautete: Kleckern oder Klotzen? In Zeiten, in denen die Halbwertzeiten von Innovationsvorsprüngen derart zusammengeschmolzen sind, die Markttransparenz für schonungslose Vergleichbarkeit sorgt und die Imitatoren sehr schnell nachfolgen, können Sie die langsamen Markteinführungen vergessen.

Entweder Sie verschaffen Ihrem Produkt oder Ihrer Leistungsidee innerhalb von kurzer Zeit die notwendige Öffentlichkeit oder Sie müssen akzeptieren, dass Sie zwar die Vorreiteridee gehabt haben, andere Anbieter aber zu günstigeren Bedingungen das Rennen machen werden. Sie haben vielleicht die Vorarbeit geleistet, aber Ihr Wettbewerb schöpft den Erfolg ab. In vielen Unternehmen gehen immer noch zirka 80 Prozent des Gesamtbudgets in die Entwicklung und nur 20 Prozent in die Markteinführung.

2. Kunden werden nur bedingt in die Entwicklung neuer Produkte und Ideen einbezogen. Es ist verständlich, dass B- und C-Kunden und Partner, zu denen keine tiefen und loyalen Beziehungen bestehen, nicht gefragt werden. Was ist aber mit den Key Accounts aus Ihrer Festigungsphase? Sie haben die Kriterien dafür aufgestellt, warum ein Kunde für Sie ein Key Account ist. Weshalb werden die Kompetenzen dieser wertigen Kunden nicht genutzt und damit gleichzeitig die wichtigen Multiplikatoren für die Markteinführung gewonnen?

Beispiel

Nur jedes siebte Unternehmen des Maschinenbaus entwickelt neue Produktideen mit Kunden, nur jedes fünfte setzt diese Ideen auch um. Die Wirtschaftswoche fand heraus: Für viele Techniker ist Qualität das, was sie selbst als solche definieren. Nur jeder zweite Manager von 270 Investitionsgüterherstellern befragte die Anwender nach deren Produkterfahrungen. Nur 45 Prozent messen einer gemeinsamen Produktentwicklung einen hohen Stellenwert zu und nur jeder siebte kann sich vorstellen, Mitarbeiter vorübergehend bei Kunden zu beschäftigen.

Eine Untersuchung von Diebold zeigt: Mit Kundenhilfe entwickelte und umgesetzte Produktideen verbesserten sich in 75 Prozent aller Fälle erkennbar positiv. Die Entwicklungszeit konnte bei 60 Prozent der Innovationen reduziert werden, und die Gewinnschwelle wurde bei 45 Prozent der gemeinsam entwickelten Innovationen schneller erreicht. Ergebnis: In 40 Prozent der Fälle wurde ein höherer Deutungsbeitrag erzielt.

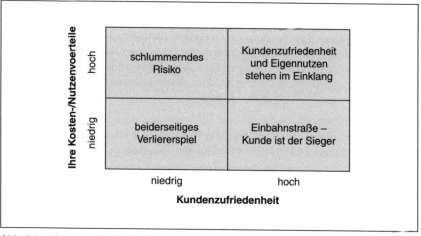

Abb. 9.1: Kundenzufriedenheit muss sich für beide Geschäftspartner rechnen und beiderseitigen Vorteil und Nutzen bringen.

Sehr oft wird ein Großteil der Neuproduktkosten in die Forschung und Entwicklung gesteckt, sodass nur noch ein ungenügender Anteil für die Markteinführung übrig bleibt. *Das Ergebnis:* Der Vertrieb kämpft mit den entwickelten Produkten am Markt um Anerkennung und Akzeptanz, erhält selbst aber nur noch beschränkte finanzielle Mittel für die Einführungsphase und damit nicht die notwendige Unterstützung.

Abhilfe schaffen gezieltere Recherchen und Marktanalysen über Trends, Chancen und Risiken. Eine weitere Chance besteht darin, die Schlüsselkunden aus der Festigungsphase, zu denen ein loyales und vertrautes Verhältnis besteht, mit in den Produktentwicklungsprozess einzubeziehen. Wenn Schlüsselkunden im Vorhinein „ja" zu dem Projekt sagen, können sie es hinterher nur noch schwer ablehnen.

Die Gestaltung einer Key-Account-Strategie

Einer meiner Kunden aus der Gebrauchsgüterindustrie hatte eine neue Produktidee bis zur Endphase entwickelt. Er war in der Recherchephase sehr sorgfältig vorgegangen, hatte sogar durch ein sehr renommiertes Marktforschungsinstitut eine Marktanalyse vornehmen lassen. Auf die Frage jedoch, welche Schlüsselkunden am Produktentwicklungsprozess teilgenommen hätten, reagierte er sehr erstaunt. Nach vielen Diskussionen wurden schließlich fachlich kompetente Mitarbeiter von drei eng mit dem Unternehmen verbundenen Key Accounts eingeladen. Sie hielten die Produktidee generell für gut, die Durchführung allerdings für nicht praxisgerecht. Die Entwicklung wurde noch einmal gründlich überdacht und modifiziert. Bei der Markteinführung standen die drei Schlüsselkunden an der Spitze und sorgten für den ersten guten Push in den Markt.

Betrachten Sie jetzt einmal die Key-Account-Sicht. Sie haben nicht selten die Schwierigkeit, passgenaue Leistungen für Ihr Unternehmen einzukaufen. Hinzu kommt, dass die Betrachtung von Prozesskosten inzwischen im harten Verdrängungswettbewerb einen hohen Stellenwert erlangt hat. Key Accounts bevorzugen zunehmend Anbieter, die sie mit individuellen Leistungen zu reduzierten Prozesskosten bei ihrer Marktbearbeitung unterstützen können. In einer derartigen Konstellation wird die alleinige Preissicht zurückgedrängt.

Gerade in der Investitionsgüterindustrie werden verstärkt Anbieter akzeptiert, die zu einer Systempartnerschaft bereit sind. Diese Key Accounts erwarten,

● dass man sich in die Position und Aufgaben der Key Accounts aus eigenem Antrieb hineinversetzen und kundenorientierte Problemlösungen anbieten kann,

● dass die Bereitschaft zu einer offenen und fairen Zusammenarbeit besteht.

Ihr Vorteil: Durch die Zusammenarbeit werden Sie schneller und flexibler als Ihr Wettbewerb, Ihr Unternehmen gewinnt durch den Know-how-Transfer, und Ablaufprozesse können überprüft und eventuell verschlankt werden. Ein weiterer Vorteil: Derartige Systempartnerschaften müssen nur in seltenen Fällen, in denen Patent- oder Schutzrechte tangiert werden, durch Verträge abgesichert werden. In Systempartnerschaften wächst außerdem das Vertrauen der Teams untereinander. Wenn Sie es dann noch schaffen, eine elektronische Vernetzung durch EDI (Electronic Data Interchange) mit den Key Accounts einzuführen, sind Sie so schnell nicht mehr durch den Wettbewerb abzulösen.

Key Accounts werden aber auch Ihre Arbeit nachhaltig unterstützen. Sie erhalten zum Beispiel Feedback über Zufriedenheit mit den angebotenen Leistungen und viele neue Ideen. Dieses Monitoring ist für Sie kostenlos, fordern Sie es immer zur Bestimmung Ihrer Ist-Position ein.

Akzeptieren Sie in der Diskussion mit den eingebundenen Key Accounts, dass im Rahmen der Produktbewertung bei Ihren Interessen und denen der Schlüsselkunden durchaus unterschiedliche Zielsetzungen virulent werden können.

Beispiele für Interessen der Schlüsselkunden:

- hoher Gewinn/große Spanne beim Weiterverkauf
- Kostenersparnisse durch Einsatz des Produkts (Investitionsgüter)
- Verbesserung der Flächenproduktivität und des Frequenznutzens (Konsumgüter)
- Erzielung von Zusatznutzen aus Sicht seiner Kunden
- Kompetenz- und Imagegewinn durch Einsatz/Vertrieb der Produkte
- gesteigerte Gesamtwirkung des Sortiments
- Ausbau des Marktanteils oder höhere Potenzialausschöpfung
- Abrundung seines Preismixes
- Optimierung seines Wertschöpfungsprozesses

Beispiele für Ihre Interessen:

- Ersatz von Produkten, die sich in der Abmelkphase befinden
- Wachstumssicherung
- Steigerung des Umsatzes und des Ertrags
- Kompetenzausbau in puncto Innovation, Leistung, Image
- Alleinstellungsmerkmale gegenüber dem Wettbewerb
- Gewinnung von Marktanteilen
- Risikostreuung durch Gewinnung neuer Einsatzgebiete
- Auslastung überschüssiger Kapazitäten
- Verbesserung des Produktionsprozesses und Kostenreduzierung

Vernetzen Sie die beiderseitigen Interessen auf Basis der größten gemeinsamen Nenner und stellen Sie eine einvernehmliche Vorteilsargumentation auf, zum Beispiel:

▶ Neuprodukte sollen Vorteil, Nutzen und Gewinne bringen.

▶ Neuprodukte ersetzen die Produkte in der Abmelkphase (haben ihren Lebenszyklus bereits überschritten) und sorgen für den Gewinn von morgen.

Die Gestaltung einer Key-Account-Strategie

► Neuprodukte sollen sich gegenüber den Alt- und den Wettbewerbsprodukten absetzen durch:
- bessere Technologie
- gesteigertes Preis-/Leistungsverhältnis
- breitere Anwendungsgebiete
- zeitgemäßes Design
- Berücksichtigung der Zeittrends
- rationale und emotionale Alleinstellungsmerkmale
- höhere Funktionssicherheit
- Patente, Gebrauchsmusterschutz

Stellen Sie Ihren wertigen Kunden immer die Fragen:

● Was wird von dem neuen Produkt oder der Leistung erwartet?
● Was bringt ihm die Neuerung konkret an Vorteil und Nutzen?
● Kann er sich damit von seinem Wettbewerb absetzen?
● Welche Aufgabe muss das Produkt erfüllen, um von dem Key Account als
vorteilhaft angesehen zu werden?
● Wo will bzw. kann der Kunde das Produkt einsetzen?

Key Account Manager haben sehr oft aufgrund Ihrer vielfältigen Aufgaben
das zeitliche Problem, die Rechercheaufgaben in der notwendigen Qualität
wahrzunehmen.

*Ein IT-Unternehmen hat eine gute Lösung gefunden. Dort wurde ein Mitarbei-
ter mit der Rechercheaufgabe betraut. Auf gezielte Anforderung des Key Account Managements analysiert er die gewünschten Märkte, Key Accounts,
Wettbewerb etc. Das Key Account Management erhält anschließend Dossiers
über Kontaktdaten, Key-Account-Struktur, Key-Account-Marktanteile und
Wettbewerbssituation, Wettbewerbsprodukte, Fragen der Key-Account-
Branche – Konjunkturprognosen, Branchendaten – innerhalb von wenigen Tagen. Damit wird der Key Account Manager freigehalten für die Betreuung der
Key Accounts.*

Bieten Sie Ihren Key Accounts nur die Produkte oder Dienstleistungen an, mit
denen der Kunde seine individuellen Bedürfnisse nach seinen Maßstäben befriedigen kann. Ihr Angebot muss sich an den individuellen Bedürfnissen der
Key Accounts orientieren und nicht umgekehrt, denn Kunden möchten keine
Leistungen finanzieren, die nicht unbedingt im Zusammenhang mit ihren individuellen Bedürfnissen stehen.

Logistiksysteme, Vertriebsideen, Marketingkommunikation, Service und Beratung etc. werden heute immer mehr zu den eigentlichen Produkten. Die Neuprodukteinführung wird nur dann erfolgreich sein, wenn die Schlüsselkunden diese annehmen. Sollte zum Beispiel ein neues Rabattsystem eingeführt werden, ohne es vorab mit den Schlüsselkunden zu diskutieren, kann es leicht zu einer Ablehnung durch die Schlüsselkunden kommen.

Laden Sie Ihre loyalen und innovativen Key Accounts zum Mitmachen und Mitgestalten ein. Damit wird der Schlüsselkunde, je weiter die Partnerschaft vertieft ist, immer mehr auch zu Ihrem persönlichen Berater. Der Erfolg einer cross-funktionalen Vernetzung hängt aber in erster Linie nicht von den Werkzeugen, sondern von den beteiligten Menschen ab. Eine offene Kommunikation über Ziele und deren Erfüllung ist ein wesentliches Merkmal für die erfolgreiche Umsetzung von Veränderungen. Ein tragfähiges Konzept beruht auf Partnerschaft und gegenseitigem Vertrauen.

Die Gestaltung von operativen Einzelzielen: Benchmarking und Kundenzufriedenheit

„Vom Markt her – auf den Markt hin" bedeutet, sich intensiv mit den Wünschen und Anforderungen der wichtigsten Kunden auseinander zu setzen. Die regelmäßige Messung der Kundenzufriedenheit ist eine ausgezeichnete Methode, um herauszufinden, was die Key Accounts von ihren Anbietern erwarten. Das befähigt Sie, sich selbst realistische Stretch-Ziele zu setzen, um Schlüsselkunden mit den gewünschten Erwartungen zu bedienen. Laden Sie kontinuierlich Ihre Key Accounts zu Gesprächen und Diskussionen ein, um deren Sichtweisen und Strategien kennen zu lernen und mit den Ihrigen abzugleichen. Schaffen Sie sich die Lufthoheit über das Informationswissen am Markt.

Benchmarking

Auf der Grundlage Ihrer Marktrecherchen, Ihrer Gespräche mit wichtigen Kunden und Kundenzufriedenheitsmessungen legen Sie Ihre Zielmarke (Benchmark), das heißt Standards und Normen für die „beste Leistung", fest:

▶ Sie analysieren durch Fragen, Kundenzufriedenheitsmessungen oder kontinuierliche Datenerfassungen, welche Kriterien die wichtigsten Kunden zur Beurteilung von Bestleistungen anlegen.

▶ Sie beurteilen den Wettbewerb, andere Marktteilnehmer oder vergleichbare Unternehmen und deren Leistungen, um festzustellen, in welcher Form Sie die Kundenzufriedenheit besser als andere erfüllen können.

Benchmarking ist kein simpler Vergleich von Kennzahlen, sondern die Analyse der Prozesse, Methoden, Konzepte, Strategien und Ideen erfolgreicher Unternehmen aus Key-Account-Sicht, um deren positive Qualitäten auf das eigene Unternehmen zu übertragen. Benchmarking-Projekte sind in vielen Bereichen möglich, zum Beispiel in der Logistik, in Marketing und Vertrieb, in der Produktion, im Einkauf, im Personal sowie im IT-Bereich etc. Benchmarking-Kennziffern dienen sowohl der Leistungsidentifikation als auch der Frühwarnung bei einer ungenügenden Performance.

Gefährlich ist eine ausschließliche Wettbewerbssicht beim Benchmarking dann, wenn Entwicklungen aus anderen Märkten die eigene Branchensicht aufweichen. Benchmarking richtet seinen Fokus auf die kritischen Unternehmensprozesse und Erfolgsfaktoren. Benchmarking ohne aktive Mitarbeit des Managements wird schwer durchzusetzen sein, da es als integriertes Element der Unternehmensplanung anzusehen ist und Geduld voraussetzt.

Wie weit Sie analytisch und strategisch Ihren Unternehmensbenchmark setzen, liegt an Ihrem Wollen und Können. Benchmarks können folgendermaßen gesetzt werden:

▶ **Interner Vergleich:** Wird eingesetzt bei Großunternehmen – Leistungsvergleich mit anderen Unternehmensbereichen

▶ **Interner Vergleich (best practice):** Vergleich mit der jeweils besten Leistung im Unternehmen

▶ **Wettbewerbsvergleich:** Vergleich mit dem Branchendurchschnitt

▶ **Wettbewerbsvergleich (best in class):** Vergleich mit dem Branchenführer

▶ **Industrievergleich (best of domestic):** Vergleich mit dem Industrieführer in dem jeweiligen Heimatmarkt

▶ **Industrievergleich (best of global):** Vergleich mit dem Weltmarktführer

Um die Situation Ihres Unternehmens einzuschätzen, ist es wichtig, sich zunächst einen Überblick über die Position im Markt zu verschaffen.

Benchmarking

Erkennen von Stärken und Schwächen

O Wie zufrieden sind die Befragten mit den Leistungen unseres Unternehmens insgesamt/bei einzelnen Kriterien?

O Welche sind aus Kundensicht die wichtigsten Kriterien für die Kundenzufriedenheit/Lieferantenauswahl?

O Bei welchen Kriterien werden die Kundenwünsche befriedigt, wo bestehen noch Defizite?

Erkennen von kunden- und unternehmenspezifischen Merkmalen

O Wie schneiden unsere einzelnen Niederlassungen im Vergleich zum Durchschnitt/"best in class" ab?

O Wie schneidet unser Unternehmen im Vergleich zum Wettbewerb bei Durchschnitt/"best in class" ab?

O Existieren spezielle Kundengruppen, die sich bei der Bewertung/Anforderung von anderen Kundengruppen wesentlich unterscheiden?

O Worin unterscheiden sich zufriedene von unzufriedenen Kunden, und was sind die wesentlichen Zufriedenheitsfaktoren?

O Wo bestehen Ansatzpunkte, um die unzufriedenen Kunden in Zukunft stärker an sich zu binden?

Erkennen der vom Kunden wahrgenommenen Positionierung am Markt

O Wie gut/schlecht erfüllen die Wettbewerber/Wettbewerbsprodukte die Marktanforderungen?

O Wo sind die Wettbewerber/Wettbewerbsprodukte besser als wir am Markt?

O Wo bestehen Differenzierungschancen gegenüber dem Wettbewerb/den Wettbewerbsprodukten?

Erkennen von Veränderungen

O Haben sich innerhalb der letzten zwölf Monate gravierende Markt- und Anforderungsveränderungen ergeben?

O Ist die Kundenzufriedenheit innerhalb der letzten drei Jahren kontinuierlich gestiegen?

Erkennen von Maßnahmen mit großer Hebelwirkung

O Wo besteht schneller Handlungs-/Nachholbedarf?

O Wo bestehen Einsparungspotenziale?

○ Was sind die strategisch erforderlichen Maßnahmen, und wie können wir uns gegenüber dem Wettbewerb differenzieren?

○ Welche Erkenntnisse aus der Analyse können sofort umgesetzt werden?

○ Welche Erkenntnisse können wir sofort zu Standards erklären und direkt umsetzen?

○ Welche Erkenntnisse können wir mit zeitlicher Verzögerung umsetzen?

Erkennen der Wettbewerbsleistungen

○ In welchen Leistungen/Produkten ist der Wettbewerb von den Kunden anerkannt?

○ Was sind die Kaufgründe für Kunden beim Wettbewerb?

○ Welche Personenressourcen hat der Wettbewerb und welche Vorteile/Nachteile bieten sie?

○ Welche Kundenbindungsmaßnahmen des Wettbewerbs greifen und welche Faktoren bilden das Gerüst?

○ Welches Alleinstellungsmerkmal bei Produkten/Service/Dienstleistungen hat der Wettbewerber?

Seien Sie sich bewusst, dass der Erwerb einer möglichst umfassenden Kunden- und Marktkenntnis und das Schließen eventueller Lücken nicht von heute auf morgen zu leisten ist. Da hilft auch die kurzfristige Einführung eines CAS-/CRM-Systems nicht. Außerdem hilft das reine Sammeln von Daten an sich nicht weiter, die eigene Wettbewerbssituation zu verbessern. Sich für die Belange der Kunden einzusetzen und sich dem Urteil der Key Accounts selbstkritisch zu stellen, hat in erster Linie mit dem Selbstverständnis und Interesse des gesamten Unternehmensteams an einer Kundenorientierung zu tun. Wenn diese Ausrichtung nicht top-down vom Management vorgelebt und in die Teams gepflanzt wird, wird auch eine massive Ansammlung von Markt- und Kundendaten Ihr Unternehmen nicht weiterbringen. Klären Sie zunächst erst einmal ab:

Prüfen Sie

▶ *Welche Kundenwünsche müssen das eigene Unternehmen und der Wettbewerb erfüllen, um vom Kunden akzeptiert zu werden?*

▶ *Welche Kriterien legt der Kunde zu Grunde, um ein Kaufbedürfnis zu befriedigen?*

▶ *Wie können und sollen die Daten verarbeitet und anschließend in Aktivitäten umgewandelt werden?*

Das *Deutsche Kundenbarometer* dokumentiert jährlich die Erwartungen deutscher Kunden. Beispiel:

● 99 Prozent erwarten rechtzeitige Information bei Nichteinhaltung von Zusagen.
● 98 Prozent unterstellen die Verständlichkeit von Rechnungen als selbstverständlich.
● 94 Prozent erwarten einen zugesagten Rückruf innerhalb von 24 Stunden.
● 93 Prozent erwarten eine Beschwerdeantwort innerhalb einer Woche.
● 92 Prozent erwarten auch in Stoßzeiten eine freundliche Bedienung.
● 83 Prozent erwarten, unter Hotline-Nummern jederzeit auf persönliche Ansprechpartner zu treffen.
● 80 Prozent erwarten eine umfassende Servicebereitschaft der Ansprechpartner.

Es ist sinnvoll, Benchmarking auf mehreren Säulen aufzubauen:

Säule 1:
Festlegen der kritischen Erfolgsfaktoren für das Benchmarking in Workshops unter Beteiligung von Marketing- und Vertriebsmanagern, Controllern und Entscheidern der Schlüsselkunden. Dies ist der wichtigste Part, da hier die weitere Ausrichtung bestimmt wird.

Säule 2:
Nachfolgend werden Merkmale definiert, die einen firmen- oder branchenübergreifenden Vergleich ermöglichen und die potenziellen Benchmark-Partner festgelegt.

Säule 3:
Befragung der wichtigsten Kunden dazu, welche dieser Parameter für ihr Geschäft entscheidend sind. Herausfiltern dieser wesentlichen Hauptkriterien. Dabei gilt: so viele Hauptkriterien wie nötig, so wenige wie möglich.

Säule 4:
Befragung der Schlüsselkunden mithilfe eines detaillierten Fragebogens fernmündlich (Call Center) bzw. persönlich zur Identifikation der „besten Leistung".

Säule 5:
Analyse der Fragebogenergebnisse. Aufstellung der eigenen Defizite gegenüber dem Idealprofil der Schlüsselkunden, dem „best practice" (höchster Standard heute) und den wichtigsten Wettbewerbern.

Säule 6:
Aufstellen der wichtigsten Verbesserungspotenziale (wichtig und dringlich), um eigene Ressourcen in Abstimmung mit den strategischen Zielen auf die wesentlichen Baustellen zu lenken.

Säule 7:
Umsetzen der Maßnahmen in die Praxis und kontinuierliche Zielüberprüfung.

Benchmarking muss ständig wiederholt werden, denn erst der Regelkreis „Vergleich und Verbessern" führt zu einem kontinuierlichen Optimierungsprozess. Legen Sie allerdings viel Wert auf die Auswahl eines geeigneten Partners. Die zwei Parameter – der Benchmark-Partner sollte ähnliche Strukturen aufweisen und offensichtlich besser sein als das eigene Unternehmen – gilt es zu beachten. Ein weiteres Problem sind begrenzte Zeit- und Kostenbudget von Benchmark-Projekten, die Gefahr von „faulen" Kompromissen bei der Auswahl von Benchmark-Partnern wird dadurch erhöht. Die Lösung ist die Nutzung von Benchmarking-Datenbanken, die bei der Auswahl von geeigneten Benchmark-Partnern helfen. In einem internen Workshop können Ihnen die folgenden Fragen helfen, die richtigen Benchmark-Partner zu finden:

● In welchen Branchen müssen Unternehmen in dem von uns angepeilten Benchmark-Projekt besondere Leistungen bringen, um am Markt bestehen zu können?

● Welche Unternehmen in den von uns ausgesuchten Branchen erbringen besonders gute Leistungen?

● Von welchem Unternehmen erwarten wir, dass es auch in der Zukunft auf den von uns ausgesuchten Benchmarks besonders gute Leistungen bringen und damit zum Trendsetter werden wird?

Die Auswahl potenzieller Benchmark-Kandidaten

● Auswahl geeigneter Kriterien (Unternehmenskultur, Marktanteil, Marketingstrategie, Produktmix etc.)

● Bewertung der potenziellen Benchmark-Partner an Hand der gewählten Kriterien

● Auswahl der Benchmark-Kandidaten, die den Kriterien genügen

● Gewinnung weiterer Informationen über die verbliebenen Benchmark-Kandidaten

● Reduktion der Benchmark-Partner auf maximal fünf Unternehmen

- Offenes Benchmarking: Direkte Ansprache der potenziellen Benchmark-Partner und Eruierung, ob Sie bei dem Projekt mitarbeiten. Die Chance ist dann besonder groß, wenn es sich nicht um einen direkten Wettbewerber aus Ihrer Branche handelt. Bei einem positiven Bescheid sollten Sie vereinbaren, welche Fakten und Details sie austauschen wollen/können.
- Verdecktes Benchmarking: Sie vermeiden die Offenlegung Ihres Benchmark-Projekts und gewinnen die Benchmark-Daten aus internen und externen Quellen, um so zu einem Benchmark-Ergebnis zu kommen.

▶ *Richtet sich die Marktorientierung unseres Unternehmens nach den Key Accounts?*

▶ *Unterstützen wir die Key Accounts in ihrer Marktbearbeitung, und an welchen Kriterien machen die Kunden dies fest?*

▶ *Ist unsere Auftragsbearbeitung zeitnah und unkompliziert?*

▶ *Wie bewerten die Key Accounts bestimmte Unternehmensleistungen, und in welchem Rahmen sind sie bereit, dafür zu bezahlen?*

▶ *Nach welchen Kriterien messen wir Kundenzufriedenheit?*

▶ *Nach welchen Kriterien messen die Key Accounts Beziehungsqualität?*

▶ *Nach welchen sachlichen und emotionalen Kriterien treffen die Key Accounts Kaufentscheidungen, und welche Kriterien erfüllen wir?*

▶ *Wie und nach welchen Kriterien beurteilen die Key Accounts unseren Wettbewerb, und wie stehen wir in diesem Ranking da?*

▶ *Wie ist ein Wissensmanagement optimal aufgebaut, und wie schnell werden Informationen daraus in Veränderungsprozesse umgesetzt?*

Vermitteln Sie die Benchmarks Ihres Unternehmens in die Key-Account-Teams. Das alleine reicht aber nicht aus, denn aus der Festlegung, was für Ihr Unternehmen eine „best practice" ist, werden mit Sicherheit konkrete Maßnahmen abgeleitet, um den Standard zu halten und zu erreichen. Doch genau hier liegt der Schwachpunkt: Die Teammitglieder möchten exakt wissen, was sie tun müssen, um das Ziel „Bester im Markt, im Produkt, in der Leistung etc." zu erreichen. Verknüpfen Sie jede Maßnahme zur Verbesserung der Best-practice-Situation mit einer individuellen Zielvereinbarung mit Einzelpersonen oder mit dem Team. Nur dann besteht die Chance, den Kundenlernprozess auch in kritische Erfolgsfaktoren für Ihr Unternehmen umzumünzen.

Die Gestaltung einer Key-Account-Strategie

Die Key-Account-Erwartungen erfüllen

Kundenerwartungen zu erfüllen und dabei zielgerichtet und ohne unnötige Kosten besser als der Wettbewerb zu sein, erhöht die Marktchancen deutlich. Verschiedene Untersuchungen verdeutlichen die positiven Ergebnisse, die durch ein professionelles Benchmarking erzielt werden können:

- 7,25 Prozent steigt der ROI für jedes Prozent nachhaltig erhöhter Kundenzufriedenheit.

- 25 Prozent der zu Wettbewerbern wechselnden Kunden tun dies wegen mangelnder Produktgüte oder zu hohem Preis.

- Um 25 bis 85 Prozent steigt der Gewinn durch Reduzierung der Abwanderungsrate um 5 Prozent.

- Bis zu 75 Prozent der zu Wettbewerbern wechselnden Kunden stören sich an mangelnder Servicequalität.

- 95 Prozent der verärgerten Kunden bleiben dem Unternehmen treu, wenn das Problem innerhalb von 5 Tagen gelöst wird.

- Fast 100 Prozent beträgt die Wahrscheinlichkeit, dass zufriedene Kunden zu den besten Werbeträgern des Unternehmens werden.

- Um 300 Prozent größer ist bei *sehr zufriedenen* Kunden im Vergleich zu nur *zufriedenen* Kunden die Wahrscheinlichkeit, dass sie nachbestellen.

- 300 Prozent teurer ist es, Neukunden zu gewinnen, als einen verlorenen Altkunden zurückzuholen.

- 600 Prozent teurer ist es, neue Kunden zu gewinnen, als vorhandene zu halten.

Kundenzufriedenheit und Erreichung eines Benchmarks ist allerdings kein Selbstzweck. Verlieren Sie nie Ihr Ziel aus den Augen: Kundenzufriedenheit muss sich für Ihr Unternehmen lohnen. Schaffen Sie eine Balance zwischen Ihren Nutzen- und Kostenvorteilen und der Kundenzufriedenheit:

- Sie haben keine Nutzen- und Kostenvorteile, die Kundenzufriedenheit ist niedrig: Es handelt sich um ein beiderseitiges Verliererspiel.

- Sie haben Nutzen- und Kostenvorteile, die Kundenzufriedenheit ist niedrig: Sie sind zwar kurzfristig der Gewinner, bei dauerhafter Kundenunzufriedenheit riskieren Sie aber den Verlust der Kundenbeziehung.

- Sie haben keine Nutzen- und Kostenvorteile, die Kundenzufriedenheit ist hoch: Der Key Account ist zwar zufrieden, aber Sie werden auf Sicht keinen Spaß an dieser Einbahnstraßen-Beziehung haben und irgendwann Ihre Bemühungen einstellen.

- Sie haben Nutzen- und Kostenvorteile, der Key Account ebenso: Genau darum geht es, um die Etablierung eines beiderseitigen Gewinnerspiels.

Die Parameter für Kundenzufriedenheit verändern sich ständig, die Anforderungen an die Anbieter wechseln. Die Investition in die Erfüllung von Kundenzufriedenheit hat zum Ziel, die Kundenbindung zu erhöhen. Vergegenwärtigen Sie sich und Ihrem Team immer wieder, dass Vorteile, die Sie den potenziellen Kunden heute geben, morgen nicht ohne Not wieder weggenommen werden können. Gerade bei Key Accounts können die Vorteilsangebote erhebliche Ressourcen verzehren. Ehe Sie Leistungen erhöhen, um die Kundenzufriedenheit zu erhöhen, prüfen Sie vorher:

▶ *Was braucht der Kunde (Kundenbedürfnis)?*

▶ *Was will der Kunde (Kundenforderung)?*

▶ *Was bekommt der Kunde auch von anderen Anbietern (Kundenstandard)?*

Bewerten Sie regelmäßig, nachdem Sie den Key Accounts neue Leistungen angeboten haben, ob Sie damit das gewünschte Ziel auch erreichen:

▶ *Wie bewertet der Kunde die neue Leistung (Kundenzufriedenheit)?*

▶ *Verändert sich die Einstellung des Kunden gegenüber Ihrem Unternehmen positiv (Kundenloyalität)?*

▶ *Können Sie den Kunden mit der Zusatzleistung an sich binden (Kundenbindung)?*

Wenn Sie keinen nachhaltigen Nutzen für den Kunden und Ihr Unternehmen aus dem Mehrangebot feststellen können, zögern Sie nicht und nehmen Sie den „Mehrwert" vom Markt. Alles, was umsonst ist, wird gerne mitgenommen nach dem Motto „nice to have". Fragen Sie also nicht nur „Womit bist du zufrieden?", sondern auch „Wie wichtig ist dir dieser Punkt?" Der einfachste und beste Maßstab ist immer noch: Wäre der Kunde bereit, für diese besondere Mehrleistung im Zweifelsfall auch zu bezahlen? Deswegen sollte Zufriedenheit auch stets mit Wichtigkeit für den Kunden verknüpft werden. Liefern Sie den Kunden nur das, was ihm wichtig ist. Ermitteln Sie die Kundenzufriedenheitstreiber und die Kostentreiber.

Die Gestaltung einer Key-Account-Strategie

▶ *Viele Produktvarianten im Angebot erhöhen die Kosten erheblich, die Kundenzufriedenheit wird dadurch aber je nach Branche nur bedingt erhöht (viele Kunden setzen voraus, dass Sie ihre Probleme lösen, ungeachtet der Produktvielfalt).*

▶ *Sie bieten ein Finanzierungsmodell an, die Kosten steigen überschaubar (zurzeit niedrige Zinsen), die Kundenzufriedenheit ist aber gleich Null (jeder bietet ein Finanzierungsmodell an, manche Branchen finden ohne Finanzierung kaum noch Kunden).*

▶ *Sie haben ein starkes, kundenorientiertes Team, die Kunden fühlen sich bestens betreut: die Kosten sind gleich null, die Kundenzufriedenheit steigt immens.*

Der Abbruch einer Key-Account-Beziehung erfolgt in der Regel nicht von heute auf morgen, sondern oftmals in vielen kleinen Schritten. In einer empirischen Studie analysierte Kristin Butzer-Strothmann die Ursachen für einen Geschäftsabbruch. Wichtige Punkte waren unter anderem:

● Die Qualität der zugesagten Leistung hatte sich verschlechtert (80,8 Prozent).

● Die Liefertermine wurden nicht immer eingehalten. Dies führte zu Produktionsproblemen im Kundenunternehmen (81,3 Prozent).

● Der Lieferant hatte Leistungen zugesichert, die er nicht erfüllen konnte (76,3 Prozent).

● Der Lieferant hielt sich nicht an Vertragsabsprachen (76,3 Prozent).

● Der Kunde hatte das Gefühl, dass sein Lieferant über einen nicht ausreichenden Leistungswillen verfügte (60,1 Prozent).

● Ein Wettbewerber des Lieferanten bot für die gleiche Leistung einen günstigeren Preis (58,8 Prozent).

● Der Preis der zugesicherten Leistung hatte sich erhöht (51,3 Prozent).

● Ein Wettbewerber bot einen besseren Service (45,1 Prozent).

● Ein Wettbewerber des Lieferanten brachte ein technisch besseres Produkt auf den Markt (41,3 Prozent).

● Der Lieferant konnte sich nicht an den technischen Fortschritt anpassen (42,5 Prozent).

Es ist auffallend, dass die häufigsten Wechselgründe beim Lieferanten selbst gesehen wurden und weniger beim Wettbewerb. Unter Zufriedenheit wird der

Grad der Erfüllung von Erwartungen verstanden. Erwartungen können jedoch nicht erfüllt werden, wenn man sie nicht kennt. Nicht jede Erwartung, die bekannt ist, wird auch erfüllbar sein. Denn das Ziel ist nicht allein, zufriedene Kunden zu schaffen, sondern auch, profitable Geschäfte zu machen. Das geht wiederum nur über zufriedene Kunden, deren Erwartungen erfüllt werden können.

Erwartungen entstehen aus vielen Quellen: Erfahrungen, Einstellungen, Vorlieben, Marketingaktivitäten. Es ist betriebswirtschaftlich allerdings unsinnig, durch Übererfüllung Kosten zu produzieren, die der Kunde dann hinterher durch den Kaufpreis nicht honoriert.

Kundenzufriedenheit kann mit den folgenden grundsätzlichen Methoden gemessen werden:

1. Ereignisorientiert:
   - nach einer/jeder Lieferung
   - nach einer/jeder Beschwerde
   - nach einer/jeder Produkteinführung etc.

2. Merkmalorientiert:
   - anhand standardisierter Merkmale
   - im Rahmen zeitlich festgelegter Intervalle etc.

Die Indikatoren (beurteilte Kriterien) werden gewichtet mit der Bedeutung (beurteilte Wichtigkeit) und anschließend mit der Wettbewerbspositionierung (Benchmarking) verglichen. Erfasst werden sollten nur die Faktoren, die messbar und nachvollziehbar sind. Daraus ergeben sich Fragestellungen wie:

▶ Kundenerwartungen: Woran denken Sie, wenn Sie sich die Verwendung/Nutzung dieser Produkte/Dienstleistungsangebote vorstellen?

▶ Kundenzufriedenheit: Welche Erfahrungen (positive/negative) haben Sie in der Zusammenarbeit mit unserem Unternehmen gemacht?

▶ Kundenzufriedenheits-Benchmark: Welche Erfahrungen (positive/negative) haben Sie in der Zusammenarbeit mit unserem Wettbewerber gemacht?

▶ Kundennutzen: Welche Vorteile erwarten Sie aus den Produkten/dem Service/den Dienstleistungen beim Kauf oder aus der Zusammenarbeit?

▶ Zukünftiger Kundenvorteil: Welche zusätzlichen Vorteile müssten Ihnen die Produkte/der Service/die Dienstleistungen in Zukunft bieten, damit Sie sich für einen Marktanbieter entscheiden?

Es gibt eine Reihe von Einflussfaktoren, die nachweislich auf die Kundenzu-friedenheit einwirken, zum Beispiel bei Zufriedenheitsmessungen im Zusam-menhang mit dem Produktangebot (Beispiele):

- Qualität und Zuverlässigkeit
- Preis-/Leistungsverhältnis
- Aussagekraft und Verständlichkeit der schriftlichen Unterlagen
- partnerschaftliche Zusammenarbeit mit dem Kunden
- Lieferzuverlässigkeit
- Flexibilität bei Produkten und Lieferung
- schnelle Reaktion bei Problemen
- Kundenservice
- Kulanz bei Reklamationen
- Eignung des jeweiligen Produkts

Die so genannten weichen Faktoren nehmen jedoch immer mehr an Bedeu-tung zu, zum Beispiel:

- Verlässlichkeit: Zuverlässigkeit, Sorgfalt, Kontinuität
- Entgegenkommen: Schnelligkeit, Flexibilität, Kulanzverhalten
- Souveränität: Höflichkeit, Ehrlichkeit, Kompetenz
- Einfühlungsvermögen: Erreichbarkeit, Verständnis, Kommunikation
- Materielles Umfeld: Erscheinungsbild des Unternehmens (Gebäude etc.), technische Hilfsmittel, Personen

Aber auch das allgemeine Auftreten löst Zufriedenheit/Unzufriedenheit aus, zum Beispiel:

- Freundlichkeit und Schnelligkeit der Telefonzentrale
- Erreichbarkeit des Ansprechpartners am Telefon
- Freundlichkeit und Fachwissen des Ansprechpartners am Telefon
- Ausstattung und Atmosphäre der Geschäftsräume
- Freundlichkeit und Hilfsbereitschaft des Außendienstpersonals
- Qualität der Beratung vor Ort
- Einhaltung von Terminzusagen

Um ein Höchstmaß an verlässlichen Aussagen zu erhalten, sollte geprüft wer-den, welche unterschiedlichen Messansätze angewendet werden können:

1. Messung verschiedener Indikatoren (Kriterien) zu einem Zeitpunkt

2. Messung an unterschiedlichen Kundengruppen
   (a.) A-, B- oder C-Kunden
   (b.) Führungskräfte vs. Sachbearbeiter
   (c.) Techniker vs. Kaufleute

3. Messung pro Kundenstandort/Geschäftsbereich

4. Messung für unterschiedliche Unternehmenseinheiten (Beispiele)
   (a.) für Business Units
   (b.) pro Land
   (c.) pro Verkaufsniederlassung
   (d.) pro Produktbereich

5. Messungen über die Zeit (gleiche Kriterien, zeitabhängig)

Die Ergebnisse der Kundenzufriedenheitsmessung und die daraus folgenden Anforderungen können in drei Kategorien unterteilt werden:

Die Kategorie A (sehr wichtig) der Kundenzufriedenheitsmessung ist unbedingt zu erfüllen und gegebenenfalls zu übertreffen, denn dort bestehen Chancen, den Wettbewerb zu schlagen. Vorab sind aber immer die Kostenauswirkungen zu kalkulieren.

Die Kategorie B (wichtig) sollte erfüllt werden, vor allen Dingen dann, wenn die Kostenauswirkung im Rahmen bleibt. Die positive Kundenwahrnehmung ist in diesem Bereich aber schon eingeschränkt.

Die Kategorie C (weniger wichtig) sollte nur dann erfüllt werden, wenn dies ohne erhebliche Mehrkosten möglich ist, denn dort kann man sich weder vom Wettbewerb differenzieren noch erscheint man in den Augen der Kunden leistungsfähiger.

Ein Baustein bei der Hinterfragung von Kundenzufriedenheit ist die CIT-Methode (Critical Incident Technique). Bei dieser Spielart der Kundenzufriedenheitsanalyse betrachtet und bewertet man die kritischen Momente während des Kundenbeziehungsprozesses. Diese Methode bietet sich besonders für die Bewertung von Ablaufprozessen und Dienstleistungen an. Man versucht herauszufinden, wie die Kunden den gesamten Kundenkontaktprozess sachlich und emotional erleben oder konzentriert sich auf bestimmte positive und negative Bereiche. Dadurch kann herausgefunden werden, welche Ereignisse der Key Account besonders intensiv wahrnimmt, sodass Sie ihm in Erinnerung bleiben. Wenn Sie die Erwartungen nicht erfüllen, kennen Sie nun zumindest die Mindestanforderungen, die es zu erfüllen gilt. Wenn Sie die Erwartungen erfüllen, sollten Sie den entsprechenden Bereich weiter ausbauen, da er scheinbar von Ihrem Schlüsselkunden als wichtig angesehen wird.

Es ist ratsam, offene Fragen zu stellen und kritische Bemerkungen besonders intensiv zu hinterfragen. Die CIT-Methode kann in die allgemeine Zufriedenheitsanalyse einfließen, sie eignet sich aber besonders für ausgesuchte Befragungen. Fragebeispiele sind:

- Gibt es ein Erlebnis mit unserem Unternehmen, bei dem Sie sich als Kunde besonders gut/schlecht gefühlt haben?
- Um welches Ereignis hat es sich gehandelt, als Sie unsere Leistung als besonders gut/schlecht empfunden haben?
- Welche konkreten Punkte, welche Reaktionen oder Ansprachen von unserer Seite haben zu Ihrer Zufriedenheit/Unzufriedenheit geführt?
- Wann und wo ereignete sich dieses Ereignis?
- Sind Sie davon ausgegangen, dass unser Verhalten normal/anormal war?
- Was konkret hätten Sie in diesem Augenblick von uns als Lieferant erwartet?
- Welche Rückschlüsse haben Sie aus unserem Verhalten gezogen?
- Welche Konsequenzen haben Sie aus unserem Verhalten gezogen?

Kundenzufriedenheitsanalyse im Verbund mit Benchmarking

Auf Basis der Kundenzufriedenheitsanalyse bekommt das Benchmarking ein festes Fundament. Jetzt ist bekannt, was der Markt und die Kunden wünschen und fordern. Die Betrachtung des Wettbewerbs aus Sicht der Kundenanforderungen gibt Aufschluss darüber, wo das eigene Unternehmen heute steht und morgen stehen muss.

Nun gilt es, das Key-Account-Team davon zu überzeugen, welche Vorteile Kundenzufriedenheitsanalysen und Benchmarking dem eigenen Unternehmen und ihnen selbst bringen (zum Beispiel Erhaltung der Arbeitsplätze durch Behauptung der Marktstärke). Jeder Mitarbeiter im Unternehmen, besonders aber das Key-Account-Team, übernimmt eine wichtige Rolle in diesem Prozess.

Legen Sie mit dem Team konkret fest, welche Informationen erfragt werden sollen, um eventuell eigene Geschäfts- oder Kundenprozesse zu optimieren, um besser und kostengünstiger als der Wettbewerb Kundenbedürfnisse zu erfüllen. Die Betrachtung des Marktes, des Geschäfts, der Wettbewerber und der eigenen Kunden sollte möglichst umfassend ausfallen.

Kundenzufriedenheitsanalyse

▶ **Vorbereitung**
- Bildung eines interdisziplinären Kundenzufriedenheitsteams
- Analyse und Definition der Zielgruppen
- Zieldefinition
- Ermittlung der Stichprobengröße
- Ermittlung der relevanten Erwartungen der Kundenzufriedenheit (Katalogerstellung)
- Festlegung und Umfragemethodik

▶ **Durchführung**
- Pre-Test
- Festlegen der Stichprobengröße
- Vorbereitung der Zielgruppe auf die Kundenzufriedenheitsanalyse
- Durchführung der Befragung (mindestens einmal pro Jahr)

▶ **Nachbereitung**
- Analyse und Aufbereitung der Umfrageergebnisse
- Berechnung des Kundenzufriedenheitsindexes
- interne Vorstellung des Umfrageergebnisses, Erläuterung der Daten hinsichtlich der Kundenzufriedenheit, des Wettbewerbs und möglicher Maßnahmen

▶ **Konsequenzen ziehen**
- Erarbeitung und Umsetzung von Maßnahmen mit hoher Hebelwirkung zur Erhöhung der Kundenzufriedenheit
- Auftrag an das Controlling/Berichtswesen zu messen, ob die beschlossenen Maßnahmen umgesetzt werden und greifen

Es gilt herauszufinden, wie das Geschäft in der Vergangenheit aussah, um die Veränderungsprozesse nachvollziehen zu können. Dabei ist festzustellen, ob es in den letzten Jahren einschneidende Veränderungen gegeben hat, die sich auf den Markt, den Wettbewerb und die Kunden ausgewirkt haben. Man sollte sich fragen, ob es generelle Veränderungen im Marktumfeld gegeben hat, da ansonsten Gesamtzusammenhänge nicht richtig verstanden werden können.

Es folgt eine Analyse des Absatzgebiets hinsichtlich demografischer Strukturen, Veränderungen der Kaufgewohnheiten, politischer Einflüsse etc. Finden Sie heraus, wie sich aufgrund dessen die Service- und Produktleistungen der Wettbewerber verändert haben, und setzen Sie sich mit Ihrem Wettbewerber auseinander. Machen Sie es sich zu Ihrem Ziel, so viel wie möglich von den Wettbewerbern zu erfahren:

Die Gestaltung einer Key-Account-Strategie

▶ **Welche Strategie verfolgt der Wettbewerb?**

▶ **Welche Service- und Dienstleistungen bietet er an?**

▶ **Welche Stärken akzeptieren die Kunden beim Wettbewerb?**

▶ **Welche Ressourcen besitzt der Wettbewerb und wie geht er damit um?**

▶ **Welche Zukunftspläne verfolgt der Wettbewerb?**

Dabei ist es wichtig, kleinere Störungen und Schwächen der Konkurrenz nicht überzubewerten. Versuchen Sie auch nicht, den Wettbewerber zu kopieren, sondern stellen Sie sicher, dass bei Übernahme von Wettbewerbsleistungen die Wettbewerbskultur und -methoden in das eigene Unternehmensumfeld passen.

Geben Sie den Unternehmensmitarbeitern immer ein Feedback über die Analyseergebnisse. Sie möchten wissen, was diese Analysen für sie persönlich bedeuten und wie sie in der Zukunft mitwirken können, die notwendigen Maßnahmen umzusetzen, um die Stretch-Ziele zu erreichen.

Eine immer wieder gestellte Frage ist: „Sollten wir Analyseergebnisse mit wertigen Kunden besprechen?" Meiner Meinung nach ja. Achten Sie nur darauf, dass Sie die Ergebnisse an die loyalen Kunden weitergeben. Ihre Chance ist der Abgleich Ihrer Analysen mit der Sichtweise der wichtigsten Key Accounts. Sie können zum Beispiel dadurch schnell feststellen, ob Sie die richtigen Fragen stellen. Haben Sie den Mut zur Transparenz und stellen Sie sich der kritischen Bewertung Ihrer besten Kunden.

Die Stärken-Schwächen-Analyse (SWOT)

Die Feldorganisation im Vertrieb beschäftigt sich mit dem Umsatz und Ertrag heute. Das Key Account Management hat neben der Ergebnisverantwortung auch noch eine strategische Aufgabe zu erfüllen: Analyse, Planung und Ausrichtung der eigenen Unternehmensressourcen zur Befriedigung von Schlüsselkunden-Bedürfnissen. Durch die Kundenzufriedenheitsanalyse und Benchmarking ist inzwischen bekannt, welche Anforderungen zu erfüllen sind.

Jedes Unternehmen hat sowohl Stärken als auch Schwächen – aus Eigen- und Kundensicht. Diese Sichtweise kann sowohl objektiv als auch subjektiv sein, denn empfundene Schwächen bei einem Key Account können von einem anderen Key Account als Stärke angesehen werden. Die Sichtweise wird auch durch den Reifegrad der Key-Account-Beziehung und die Spielregeln einer Branche beeinflusst.

Es ist daher wichtig herauszufinden, welche Stärken und Schwächen man aus Eigensicht und aus Sicht der Schlüsselkunden besitzt und welche Chancen und Risiken sich daraus ergeben. Für die angemessene Positionierung bietet sich die SWOT-Analyse an.

Strengths   = Stärken
Weaknesses   = Schwächen
Opportunities   = Chancen
Threats   = Risiken

▶ Stärken bieten nur dann Chancen, wenn Sie gezielt mit Vorteil und Nutzen für den Key Account eingesetzt werden und darüber hinaus möglichst emotionale Bedürfnisse befriedigen. Prüfen Sie, welche Folgen es nach sich zieht, wenn Sie die Stärken nicht nutzen.

▶ Schwächen bieten Chancen, wenn Sie konsequent abgebaut und in Stärken umgewandelt werden können. Versuchen Sie aber nicht, Schwächen um jeden Preis abzubauen (nur bei hoher Wertigkeit – K.O.-Faktor). Fragen Sie, welche Folgen es nach sich zieht, wenn Sie die Schwächen so belassen.

SWOT-Analysen lassen sich gut in Workshops mit Teams durchführen. Dies bietet den Vorteil, dass die Teammitglieder sich als Mitverantwortliche darüber klar werden, welche Stärken sie besitzen, ausbauen oder halten sollten und welche Schwächen entweder behoben oder akzeptiert werden müssen. Mit der Metaplan-Technik werden nacheinander separat aus eigener Sicht die Stärken und Schwächen notiert, die die Kundenzufriedenheitsmessung und das Benchmarking ergeben haben. Zu ergänzen sind die Faktoren, die aus eigener Unternehmenssicht noch fehlen.

Schritt 1:

Berücksichtigt werden müssen mit unterschiedlicher Gewichtung alle Schlüsselfaktoren, die im Marketing-Mix befriedigt werden sollen: Zu beantworten sind folgende Faktoren und zwar immer für das eigene Unternehmen und den Wettbewerb:

● Preis: Marktpreisniveau
● Produkt: vom Markt geforderte Produktideen
● Promotion: Standard in der Kommunikation

- Platzierung: Vertriebswege
- Positionierung: Verankerung im Kundenbewusstsein
- Personen: Personalressourcen zu Erfüllung der Kundenanforderungen
- Profit: Profit zur Vorantreibung der Unternehmensentwicklung
- Politik: Spielregeln, Freiräume und Restriktionen
- Service und Dienstleistungen: Angebotserwartungen des Marktes und einzelner Kunden

Schritt 2:

Ergänzen Sie die Fragestellungen um folgende Punkte:

▶ *Wie entwickelt sich der Markt und was kann das eigene Unternehmen mit den vorhandenen Ressourcen dieses Jahr in diesem Marktumfeld erreichen?*

▶ *Wie ist die Preissituation und welcher Gewinn/welche Spanne ist bei der jetzigen Kostensituation realistisch?*

▶ *In welcher Phase stehen die eigenen Produkte im Produktlebenszyklus, in welcher Position befindet sich der Wettbewerb, und welche Strategie ist für diese Phase erforderlich?*

▶ *Wer sind die Schlüsselkunden im Zielmarkt, und was ist nach deren Meinung die eigene Besonderheit bzw. die des Wettbewerbs?*

▶ *In welchem Zeitrahmen müssen Maßnahmen umgesetzt werden, um die geschäftlichen und finanziellen Ziele zu erreichen?*

▶ *Über welche Ressourcen verfügen wir bzw. der Wettbewerb zur Durchsetzung der im Marketing-Mix entwickelten Strategien?*

▶ *Gibt es zu beachtende/neue/geänderte gesetzliche Bestimmungen oder Erfordernisse in Bezug auf eigene Produkte/Leistungen?*

▶ *Verfügt das eigene Unternehmen bzw. der Wettbewerb über die erforderlichen Lizenzen/Patente/Warenzeichen etc.?*

▶ *Stehen eigene bzw. Wettbewerbsprodukte mit kürzlich registrierten Warenzeichen o. Ä. in Konflikt?*

▶ *Welches Strategieziel verfolgt das eigene Unternehmen bzw. der Wettbewerb?*

▶ *Welches ist das Schlüsselproblem bzw. die Schlüsselchance des Key Accounts?*

▶ *Welches Marketingziel soll primär erreicht werden?*

▶ *Welche konkreten Ergebnisse werden von der Umsetzung dieser Strategie erwartet?*

▶ *Wem konkret sollen Leistungen angeboten werden und wer sind die Mitbewerber?*

▶ *Welche Vorteile/Nutzenaspekte bietet das eigene Unternehmen bzw. der Wettbewerb?*

▶ *Welche Verkaufsförderungsmaßnahmen bieten sich an, um den Kundennutzen zu steigern?*

▶ *Wie soll das Controlling zur Planumsetzung gestaltet werden?*

▶ *Welche Restriktionen sind zu beachten (Personaleinsatz, Finanzen, Medien, ...)?*

▶ *Welche Kosten sind bei der Umsetzung der getroffenen Maßnahmen zu berücksichtigen?*

▶ *In welchem Zeitrahmen sollen die Maßnahmen durchgeführt werden (Zeitplan)?*

▶ *Welche Auswirkung haben die Maßnahmen auf das Key-Account-Team (mit eigenem Personal durchführbar? Externe erforderlich? Kosten? Verfügbarkeit? Zeitrahmen? ...)?*

▶ *Reicht die Qualifikation des Teams aus, um die Maßnahmen umzusetzen oder sind Vorab-Schulungen erforderlich (Zeitrahmen? Kosten? Verfügbare Talente? ...)?*

▶ *Welche Auswirkungen haben diese Maßnahmen auf die Logistik (Geänderte Lieferverpflichtungen? Mehrkosten? Fuhrpark ausreichend? Outsourcing? ...)?*

▶ *Welche Umsätze würden durch diese Maßnahmen voraussichtlich generiert werden?*

▶ *Welcher Betriebsgewinn kann dadurch erhalten werden?*

▶ *Sind alle Annahmen durch eine Gewinn-und-Verlust-Rechnung untermauert?*

▶ *Wurde die Gewinn-und-Verlust-Rechnung durch das Rechnungswesen überprüft?*

Die Gestaltung einer Key-Account-Strategie

Vor der Analyse ist zu unterscheiden, welche der Unternehmensteilbereiche untersucht werden sollen, zum Beispiel:

- eigene Marktposition
- eigene Marktstrategie
- Mitarbeiter – Qualität, Quantität, Potenzial
- Führungskultur
- wirtschaftliche Rahmenbedingungen
- Forschung & Entwicklung
- Produktion
- Marketing und Vertrieb
- Abstimmung zwischen den Unternehmensbereichen

Schritt 3:

Bei der Metaplan-Technik werden Einzelpunkte gesammelt. Um ein auswertbares Bild zu erhalten, sollten mindestens 200 Karten gesammelt werden. Bilden Sie dann maximal zwölf verschiedene Oberbegriffe, denen die einzelnen Karten zugeordnet werden. Diese Oberbegriffe sind die kritischen Erfolgsfaktoren Ihres Unternehmens. Entscheiden Sie sich für ein praktikables Auswahlverfahren:

1. Sie lassen Punkte von den Beteiligten kleben. Nachteil: sehr subjektive Auswahl ohne große Aussagekraft. Vorteil: schnelle Entscheidung.

2. Sie verwenden die im vorherigen Kapitel beschriebene Paar-Vergleichs-Matrix und stellen die Obergriffe bewertend nebeneinander nach Wichtigkeit und Dringlichkeit. Nachteil: höherer Zeitbedarf. Vorteil: Team muss sich auf ein Ergebnis einigen, das Für und Wider der Argumente wird ausgiebig besprochen (Tab. 9.1).

3. Auf Basis einer Scoring-Tabelle (Tab. 9.2) bewerten Sie Ihre Position im Vergleich zum Wettbewerb und hinterfragen die zukünftige Entwicklung. Die Faktoren werden nach einer einheitlichen Skala bewertet, zum Beispiel von 1 (sehr gut = Anforderung voll erfüllt) bis 6 (ungenügend = Anforderungen nicht erfüllt), um einen Überblick über die derzeitige Einschätzung

Tab. 9.1: Fallbeispiel: Liefersortiment. Schritt 1: mit der Paar-Vergleichs-Matrix bestimmen Sie Ihre kritischen Erfolgsfaktoren (X).

	Kriterien zur Beurteilung des Liefersortiments	
	Merkmale	**Erläuterungen**
	Cross-Selling	Sinnvolle Ergänzung des Sortiments durch andere Produkte
X	Produktprogrammbreite	Quantitative Beurteilung der unterschiedlichen Produktarten
	Qualitätsstandard	Mindesterfüllung der Key-Account-Anforderungen
X	Innovationsverhalten	Trendsetting durch neue lösungorientierte Kundenangebote
	Technischer Vorsprung	Produktvorteile im Vergleich zum Wettbewerb
X	Kundenwunscherfüllung	Befriedigung der Kundenanforderungen
	Flexibilität bei Kundenwünschen	Schnelle Reaktion auf Änderungswünsche der Key Accounts
X	Preis-Leistungs-Verhältnis	Preisangemessenheit im Verhältnis zum Wettbewerb/Markt
	Markenimage	Ausbau und Pflege des Markennamens
	Umweltverträglichkeit	Geringe Umweltbelastung, Entsorgung der Verpackung etc.

zu erhalten. Weiteres Beurteilungskriterium ist: Sind Maßnahmen zur Verbesserung der eigenen jetzigen Situation eingeleitet worden? Zum Beispiel 1 (Maßnahmen wurden eingeleitet) bis 3 (Maßnahmen wurden noch nicht getroffen) und Berurteilungskriterium für Ihren Wettbewerb, zum Beispiel 1 (Maßnahmen wurden noch nicht getroffen) bis 3 (Maßnahmen wurden eingeleitet).

4. In einer zweiten Matrix notieren Sie die Mindestpunktzahl von 3 und die Höchstpunktzahl von 12, klassifizieren die zukünftige Wettbewerbsbedeutung dieser Oberbegriffe als A (entscheidend), B (begrenzt entscheidend) oder C (gering entscheidend) und positionieren jeden Oberbegriff auf der Matrix (Tab. 9.3).

Die Gestaltung einer Key-Account-Strategie

Tab. 9.2: Fallbeispiel Liefersortiment. Schritt 2: die kritischen Erfolgsfaktoren werden nach drei Kriterien beurteilt und mit der zukünftigen Wettbewerbsbedeutung verknüpft.

Beurteilung einzelner Merkmale des Liefersortiments					
	Beurteilung Ihrer derzeitigen Position im Vergleich zum Wettbewerb	Wurden Maßnahmen zur Verbesserung Ihrer Position eingeleitet?	Hat Ihr Wettbewerb Maßnahmen zur Verbesserung seiner Position eingeleitet?	Summe	Zukünftige Wettbewerbsbedeutung
Produkt-programmbreite	4	2	3	9	B
Innovations-verhalten	3	3	2	8	A
Kundenwunsch-erfüllung	1	1	1	3	A
Marken-image	6	3	2	11	C
	1 = sehr gut, Anforderungen voll erfüllt	1 = Maßnahmen wurden eingeleitet	3 = Maßnahmen wurden eingeleitet		A = entscheiden
	6 = ungenügend, Anforderungen nicht erfüllt	2 = Maßnahmen wurden getroffen	2 = Maßnahmen wurden getroffen		B = begrenzt
		3 = Maßnahmen wurden noch nicht getroffen	1 = Maßnahmen wurden noch nicht getroffen		C = gering

Tab. 9.3: Fallbeispiel Liefersortiment. Schritt 3: Sie können anhand der Matrix ablesen, welche Stärken und Schwächen Ihre kritischen Erfolgsfaktoren aufweisen und einen Maßnahmenplan entwickeln.

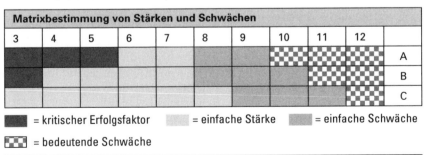

Matrixbestimmung von Stärken und Schwächen										
3	4	5	6	7	8	9	10	11	12	
										A
										B
										C

■ = kritischer Erfolgsfaktor   ▨ = einfache Stärke   ▨ = einfache Schwäche

▨ = bedeutende Schwäche

Schritt 4:

Diskutieren Sie jetzt konkret mit Ihrem Team: Welche Chancen und Risiken ergeben sich aus der Analyse für das eigene Unternehmen? Was muss geändert werden, um die Kundenzufriedenheit bei den Key Accounts zu erhöhen? Die Einschätzung sollte so exakt wie möglich definiert werden, damit es nicht zu einer Übererfüllung (Kostenerhöhung aus Mehrleistungen werden vom Schlüsselkunden nicht honoriert) oder Untererfüllung (Kosten werden verursacht, ohne den Kundenwunsch zu treffen) kommt.

Grundsätzliche Maßnahmen aus den Ergebnissen könnten zum Beispiel sein:

● Neudefinition der Tätigkeitsfelder

● Trennung von unrentablen Geschäftsfeldern

● Trennung von Schlüsselkunden, deren Anforderungen auf längere Sicht mit den zur Verfügung stehenden Ressourcen nicht erfüllt werden können

● Straffung der internen Ablaufprozesse

● Stärkung der Innovationsbestrebungen

● Investition in die Mitarbeiterqualifikation

Ein Team wird immer dann für die Umsetzung zu motivieren sein, wenn es konkret weiß, was seine Aufgabe ist, welche Kompetenz es erhält und welche Verantwortung damit verbunden ist. Es ist daher auch sinnvoll, Zeitpunkte festzulegen, bis zu denen Änderungen umgesetzt werden müssen. Sorgen Sie für die notwendigen Ressourcen zur Erledigung dieser Aufgaben.

Die SWOT-Analyse unterstützt bei der konkreten Strategieentwicklung. Gleichzeitig gewährt sie auch eine transparente Darstellung der Stärken/ Schwächen und Chancen/Risiken für das Key-Account-Team und die anderen kundennahen Unternehmensmitarbeiter.

Leiten Sie aus der SWOT-Analyse Ihre Alleinstellungsmerkmale ab. Bedenken Sie aber stets: Ihre Key Accounts entscheiden, ob Ihr ausgewähltes Alleinstellungsmerkmal in Marketing und Vertrieb tatsächlich eines ist.

Beschwerden und Reklamationen für die Key-Account-Analyse nutzen

Es ist immer wieder aufs Neue erstaunlich, wie wenig die Informationen und gewonnenen Erfahrungen aus Beschwerden und Reklamationen analysiert und genutzt werden, um Key-Account-Prozesse zu optimieren. Solange Key

Accounts sich noch melden – und zwar auch bei Themen, die für Sie ärgerlich sind – sind sie an einer Zusammenarbeit interessiert. Nicht die Reklamation ist entscheidend, sondern wie damit umgegangen wird.

Voraussetzung für die lernende Key-Account-Management-Organisation ist eine konstruktive Fehlerkultur. Befähigen Sie Ihre Teammitglieder, Fehler zu erkennen, zu vermeiden und zu lösen. Je früher Sie Unzufriedenheitspotenziale erkennen, desto eher können Folgeschäden vermieden werden. Installieren Sie Systeme, die das Team und die Organisation unterstützen. Installieren Sie Service- und Qualitätschecks, und werten Sie die Daten regelmäßig aus. Beschwerdehandbücher, Software und der Aufbau interner Kommunikationskanäle helfen beim Aufspüren und bei der Analyse problematischer Prozesse.

Der offensive Umgang mit einer Kundenunzufriedenheit erzeugt beim Kunden eine positive Außenwirkung und sorgt im Key Account Management für eine lernende Organisation. Jede Reklamation ist eine Chance zur Verbesserung. Beschwerden, die im Sinne des Kunden fair und unbürokratisch gelöst werden, bergen ein Begeisterungspotenzial und machen Key Accounts zu potenziellen Empfehlungsträgern. Schnelle, flexible und individuelle Lösungen signalisieren deutlich den Wert, den Sie der Key-Account-Beziehung beimessen.

Scheuen Sie sich nicht, Ihre Schlüsselkunden direkt und konkret nach deren Meinung zu befragen, selbst auf die Gefahr hin, dass Ihr Team negativ beurteilt wird. Schätzen Sie diese kostenlose Beratungsleistung Ihrer Kunden. Fragen Sie Ihre Gesprächspartner:

▶ *Wie sehen Sie die Qualität unserer Produkte und Serviceleistungen?*
  - *Kundenurteil Produktqualität*
  - *Kundenurteil Servicequalität*
  - *Einhalten von Qualitätsversprechen*
  - *Beurteilung der Fehlerquote*

▶ *Wie beurteilen Sie unsere Key-Account-Management-Prozesse?*
  - *Einhalten von Lieferterminen*
  - *Einhalten von sonstigen Terminzusagen*
  - *problemloser Ablauf von Standardprozessen*
  - *Reduzierung der Komplexität für die Kunden bei Standardprozessen*

▶ *Wie schätzen Sie unsere Flexibilität beim Umgang mit Ihnen?*
- *Flexibilität bei der Konditionengestaltung*
- *Flexibilität bei Sonderwünschen*
- *Produktmodifikationen sind möglich*
- *Flexibilität bei der Abwicklung von Reklamationen*

▶ *Wie bewerten Sie die Qualität unserer Vertriebsarbeit?*
- *Beratungskompetenz der Key Account Manager*
- *Engagement des Key-Account-Management-Teams bei Kundenanforderungen*
- *Anstreben einer Win-Win-Situation durch den Key Account Manager*
- *Sachkompetenz des Key-Account-Management-Teams*

▶ *Reicht Ihnen unsere Offenheit im Informationsverhalten?*
- *Information des Key Accounts über alle Situationen, die ihn betreffen*
- *frühzeitige Informationen über Prozess- oder Produktänderungen*
- *transparente Informationspolitik über Ziele und Visionen des eigenen Unternehmens*

▶ *Haben Sie das Gefühl, dass Ihre Kundenanregungen ernst genommen werden?*
- *schnelle Reaktion auf Kundenanregungen*
- *Einbeziehung in die Produktentwicklung*
- *gemeinsame Prozessoptimierung mit dem Ziel Kostenreduzierung*

Konzentrieren Sie sich auf die zwei wesentlichen Faktoren: Qualität des Leistungsangebots und Interaktion mit dem Kunden.

Die richtigen Zusatznutzen und Serviceleistungen herausfinden

Die reinen Produktleistungen werden von den Key Accounts heute als selbstverständlich angesehen. Mit einem Argument wie „beste Qualität" können Sie keinen informierten Key Account mehr überraschen. Die eigentlichen „Produkte" der Zukunft sind die Qualität des Key-Account-Management-Teams, der Service, die Beratung, Dienstleistungen und Coachingangebote. Erinnern sie sich noch einmal an das Thema „Kundenzufriedenheitstreiber" und „Kostentreiber". Nicht irgendwelche Angebote zu unterbreiten bringt Sie weiter, sondern die passgenaue individuelle Lösung unter Berücksichtigung von bedürfnisgleichen Kundengruppen. Gerade Key Accounts erwarten von Ihnen eine individuelle Betreuung.

▶ *Was ist die Basisanforderung des Key Accounts? Die Nichterfüllung wird zum K.O.-Faktor.*

▶ *Was ist der erwartete Zusatznutzen des Key Accounts? Eine Übererfüllung wird leicht zum Kostentreiber.*

▶ *In welcher Form können wir unsere Serviceleistungen dauerhaft den Schlüsselkunden vermitteln?*

▶ *Wie können wir die Serviceleistungen aus Kundensicht in Angeboten wertig gestalten?*

Bilden Sie im Rahmen eines Servicemanagements einen flexiblen und zeitnahen Leitfaden für ein Serviceprofil. Der Leitfaden verdeutlicht internen und externen Kunden ihre Serviceleistungen und deren besonderen Nutzen. Er hält alle Informationen fest, um die gewünschte Key-Account-Zufriedenheit zu erhöhen. Servicequalität und Einzelleistungen sind darin klar beschrieben und für die Betroffenen nachvollziehbar. Der Leitfaden vermittelt Kundennutzen und den geschaffenen Mehrwert und hilft dadurch, das Vertrauen bei den Key Accounts zu erhöhen, Berechenbarkeit zu schaffen und das Image auszubauen. Bereiche eines Serviceprofils sind unter anderem:

● Zieldefinition der Serviceleistungen

● Definition der Serviceleistungen nach Wert- und Bedarfsprofil des einzelnen Key Accounts

● Serviceangebote unter Berücksichtigung der Messkriterien „Erhöhung der Key-Account-Zufriedenheit, Bindung und Loyalität"

● Definition der Standardserviceleistungen

● Definition der Mehrleistungen

● Controlling der Akzeptanz durch die Key Accounts

Das Servicemanagement hilft Ihnen im Key Account Management besonders dann gegenüber dem Wettbewerb abzugrenzen, wenn

● Sie sich in preisdominierten Märkten bewegen,

● Sie über ein Produktangebot im Top-Bereich verfügen,

● Ihre Key Accounts hohe Forderungen an die Anbieter stellen,

● geringe Margen Sie zwingen, den Service zielgerichtet und unter Beachtung der Kosten anzubieten,

- Ihre Standardleistungen austauschbar sind,
- Sie über spezielle Serviceleistungen Kundenbindung erzielen können.

Fragen Sie:

- Passt das geplante Servicepaket zu unserem Unternehmen?
- Wie können wir den Servicegedanken in unserem Unternehmen etablieren und leben?
- Ist unsere jetzige Organisationsstruktur geeignet, die Serviceleistungen mit hoher Qualität erbringen zu können?
- Welches Ziel verfolgen wir mit unserem Servicemanagement?
- Welche Serviceleistungen erwarten unsere Key Accounts?
- Welche Serviceleistungen wollen wir welchen Key Accounts anbieten?
- Welchen Service bietet unser Wettbewerb und wir können wir aus Key-Account-Sicht einen Mehrwert liefern?
- Wie werden wir feststellen, dass der Service von den Key Accounts positiv wahrgenommen wird und sich in Mehrwert für unser Unternehmen niederschlägt?
- Können wir unsere Versprechen hinsichtlich Service einhalten?

Liefern Sie nur den Zusatznutzen und die Serviceleistungen, die von den Schlüsselkunden als wertig und wichtig angesehen werden. Ob Pre-Sales oder After-Sales, standardisierter oder individueller Zusatznutzen: Helfen Sie Ihren Key Accounts, durch Ihre Leistungen Wettbewerbsvorteile zu erringen. Die Reduktion von Komplexität ist einer der Bereiche, die immer stärker im Fokus der Kunden stehen. Verkaufsberatung, Lieferservice, Warenwirtschaft oder Finanzierung sind nur einige Beispiele. Schulungen, Trainings, Wartungsverträge, Hotlines, persönliche Beratung, Wartung, Entsorgung und lesbare Gebrauchsanleitungen sind weitere Ansätze für gezielten Zusatznutzen.

Die unterschiedlichen Gesprächspartner in Ihrem Beziehungsnetzwerk beim Key Account verbinden mit der gleichen Serviceleistung unterschiedliche Vorstellungen. Was interessiert die Kontaktpartner?

Management:

▶ *Niedrige Kosten, Amortisation, Sicherheit, geringe Wartungskosten, Produktivität, Kosten-Nutzen-Vergleich*

  – *Die Basis Ihres Zusatznutzens könnte sein: Sicherheit, Flexibilität, Innovation, Trend-Technologie, Strategieunterstützung*

Einkauf:

▶ *Kosten, Zuverlässigkeit, Profilierung*

  – *Die Basis Ihres Zusatznutzens könnte sein: Konditionen, unkomplizierte Verträge, individuelle Verträge, kurze Kommunikationswege*

Vertrieb:

▶ *Kundenzufriedenheit, einfach zu verkaufen, technisch ausgereift, Sicherheit, problemlose Markteinführung*

  – *Die Basis Ihres Zusatznutzens könnte sein: Unterstützung der Vertriebsstrategie, gemeinsames Marketing, besondere Leistungen für definierte Märkte, risikolosere Projektarbeit, umfangreiche Produktdokumentationen*

Anwender:

▶ *Komplettlösung, praxisnahe Anwendbarkeit, schnelle Erreichbarkeit, kurzer Response, Funktionalität der Lösungen, geringe Fehlerrate, weniger Stress.*

  – *Die Basis Ihres Zusatznutzens könnte sein: Beratung in allen Phasen, Projektierung, Referenzen, Hotline, Mitarbeit des Lieferanten.*

Produktion:

▶ *Integrierbarkeit der Produktlösung, Erweiterbarkeit, Ausfallsicherheit, Standardkomponenten, Verfügbarkeit, Einsatzflexibilität*

  – *Die Basis Ihres Zusatznutzens könnte sein: Beratung, Service, Schulung, Risikominimierung, Komplettangebot, Ersatzteillieferungen*

Alle Serviceleistungen sollten für den Key Account eine hohe Attraktivität und ein positives Image besitzen, die Kundenloyalität steigern und die Kosten- und Leistungsführerschaft beider Partner erhöhen. Zum Aufbau zielgerichteter Serviceleistungen analysieren Sie vor der Einführung:

▶ **Was erwartet der Key Account?**

▶ **Wodurch fühlt er sich positiv überrascht?**

▶ **Welche Serviceleistungen erfüllen oder übertreffen seine Erwartungen unter Berücksichtigung von Trends, Wettbewerb etc.**

▶ **Stehen uns ausreichend Ressourcen zur Verfügung, um das Serviceangebot optimal zu gestalten?**

▶ **Wer organisiert und kontrolliert Kosten, Ressourcen, Akzeptanz, und wie?**

Um Ihre Ressourcen sinnvoll zu nutzen, bieten Sie nur gezielte Leistungen an und vermeiden das Gießkannenprinzip:

● sinnvolle und interessante Serviceleistungen aus Key-Account-Sicht,

● Modulangebote je nach Key-Account-Wertigkeit,

● einfache Verfügbarkeit,

● einfache und verständliche Vermittlung an Key Accounts und Key-Account-Management-Team.

Erstellen Sie in jedem Fall ein Servicebudget und führen Sie durch Umfragen, Kennzahlenanalysen etc. Erfolgskontrollen durch. Alle Serviceleistungen und Zusatznutzen, die nachvollziehbar keinen Mehrwert für Ihre Key Accounts und damit auch für Unternehmen bringen, gehören unverzüglich und radikal auf den Prüfstand. Übersetzen Sie Ihre Aussagen immer in Vorteile für den Kunden, und entdecken Sie seine individuellen Bedürfnisse (privat/geschäftlich). Befriedigen Sie die hierarchische Position, den Status Ihrer Gesprächspartner und das Kundenziel.

Die Wettbewerbsanalyse

Ohne eine konsequente Wettbewerbsanalyse wird es immer riskanter, die Überlebens- und Zukunftssicherung von Unternehmen zu gewährleisten. Die Wettbewerbsanalyse ist ein unverzichtbares Früherkennungsinstrument, um Chancen und Risiken rechtzeitig zu erkennen. Ein Aspekt, den die meisten Unternehmen vernachlässigen, ist der Blick über den „Tellerrand" der eigenen Branche. Branchengrenzen lösen sich auf, positiv erlebte Erfahrungen wünschen sich die Kunden von allen Lieferanten. Damit kann ein C-Lieferant oder ein Anbieter aus einem gänzlich anderen Bereich zum Meinungsbildner und Trendsetter bei den wertigen Kunden werden. Deshalb die Forderung: Verlassen Sie Ihre Branchenwelt, und informieren Sie sich darüber, was am gesamten Markt an Produktideen, Dienstleistungen, Möglichkeiten zum Outsourcing etc. angeboten wird. Das kann für Sie eventuell die Kundenanforderung von morgen sein.

Wenn Sie heute online bei Ryanair buchen, bekommen Sie 10 Minuten später per E-Mail die Bestätigung Ihrer Flugdaten zugesandt. Umfangreiche Prozessabläufe sind nicht mehr nötig, um eine Auftragsbestätigung zu erhalten. Die Warenverfügbarkeit wird sofort geprüft und die Transaktionsdetails werden unmittelbar mitgeteilt.

Warum geht so etwas nicht bei Anbietern anderer Produkte? Hier werden die Maßstäbe der Zukunft gesetzt. Es geht auch darum, Zeit zu gewinnen, um notwendige strategische Änderungen vorzubereiten und umzusetzen. Kunden

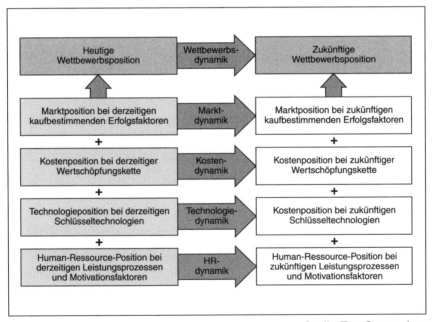

Quelle: Tom Sommerlatte

Abb. 9.2: Die Dynamik von morgen ist wichtiger als die Position heute. Die Schnelligkeit der Umfeld- und Marktveränderungen verlangt eine dauerhafte Beschäftigung mit den Trends von morgen.

bestimmen heute über die Richtigkeit von Alleinstellungsmerkmalen in Marketing und Vertrieb. Deshalb: Je früher Sie durch Früherkennung Risiken minimieren und Chancen erkennen, desto größer ist Ihre Chance, sich Wettbewerbsvorteile zu verschaffen.

Aufgabe der Wettbewerbsanalyse ist die Überprüfung der Konkurrenz hinsichtlich ihrer Stärken und Schwächen. Sie liefert wesentliche Orientierungspunkte für die eigene Positionierung und Wettbewerbsstrategie. Dort anzusetzen, wo der Wettbewerb aus Key-Account-Sicht schwach ist, setzt voraus, über das entsprechende Wissen zu verfügen. Je nach Wichtigkeit und verfügbaren eigenen Ressourcen (Mitarbeiter, Datenbank etc.) bieten sich einfache Vergleiche bis hin zu umfangreichen Recherchen und Bewertungen an. Dabei ist die Zahl der analysierten Wettbewerber nicht entscheidend. Relevant sind vielmehr die Kompetenzen und Stärken der einzelnen Wettbewerber. Um eine bessere Strukturierung und Übersichtlichkeit zu erzielen, bietet es sich an, drei Gruppen zu bilden:

▶ **Marktführer:** Diese Unternehmen haben aus Key-Account-Sicht eine besondere Position im Hinblick auf Produktangebot, Produktverfügbarkeit, Marktmacht und Marke. Sie sind zum Beispiel interessiert an:

- einer Vergrößerung des Gesamtmarktes,
- neuen Leistungsabnehmern,
- neuen Produkteinsatzzwecken,
- gesteigerten Verwendungsraten,
- einer Erhaltung des Marktanteils und an Innovationen durch bewusste Wettbewerbskonfrontation,
- einer „Verfolgung" der Marktherausforderer,
- einer Vergrößerung des Marktanteils,
- Marktdurchdringungsstrategien und
- gezielten Wettbewerbsstrategien.

▶ **Marktherausforderer:** Sie streben die Marktführerschaft an und suchen die Performance zum Beispiel über:

- niedrigere Preise,
- Spitzenprodukte,
- Ausweitung der Produktverwendung,
- Produktinnovationen,
- verbesserten Service,

- Innovationen auf der Distributionsebene,
- Reduktion der Produktionskosten und
- intensivere Werbung und Verkaufsförderung.

▶ **Marktmitläufer:** Sie beteiligen sich nur marginal an der Marktdurchdringung und haben meist eine untergeordnete Marktstellung. Dies wird zum Beispiel deutlich an:

- der Nachahmung des Marktführers,
- niedrigeren Produktionskosten,
- bewussten Marktsegmentierungen,
- bewusster Konzentration auf die eigenen Stärken,
- Nachdruck auf Gewinn statt auf dem Marktanteil.

▶ **Nischenbearbeiter:** Nischenbearbeiter konzentrieren sich auf ein begrenztes Angebot am Markt in bestimmten Marktbereichen. Für Nischenbearbeiter ist der Schlüssel zum Erfolg die Spezialisierung. Sie achten zum Beispiel darauf, ob:

- die Nische von ausreichender Größe und Kaufkraft ist,
- die Nische Wachstumspotenzial hat,
- die Nische von den größeren Unternehmen übergangen/vernachlässigt wird,
- die Fähigkeiten des Unternehmens besonders geeignet sind, bestimmte Kundenbedürfnisse zu erfüllen,
- das Unternehmen aufgrund der bereits aufgebauten Stärke seine Position gegen Angriffe eines größeren Anbieters verteidigen kann.

Wichtige Ziele der Wettbewerbsanalyse sind unter anderem:
- laufende Marktbearbeitung und -analyse
- Preispolitik
- Servicepolitik
- Distributionspolitik
- Kommunikationspolitik
- Sortimentspolitik
- Marketingaktivitäten

Prüfen Sie zum Beispiel:

▶ *Welche Produkte verwenden unsere potenziellen Key Accounts im Augenblick?*

▶ *Welche dieser Produkte kommen von welchem Wettbewerber?*

▶ *Sind Alternativprodukte des Wettbewerbs im Einsatz?*

▶ *Wer sind die aktuellen Mitbewerber?*

▶ *Wie ist deren Marktposition?*

▶ *Wie ist deren Unternehmensposition?*

▶ *Was sind deren Vorzüge?*

▶ *Was sind deren Schwächen?*

▶ *Wie sieht das Wettbewerbsangebot konkret aus?*

▶ *Welche besondere Ausprägung haben die Produkte, der Service, der Preis, die Verpackung, die Vertriebswege etc.?*

▶ *Welche Alleinstellungsmerkmale besitzen die Mitbewerber aus Key-Account-Sicht?*

▶ *Wie groß sind die Wettbewerber im Vergleich zu uns?*

▶ *Wie groß sind ihre Marktanteile?*

▶ *Wo haben sie ihren Sitz?*

▶ *Sind sie zentral oder dezentral aufgestellt?*

▶ *Sind sie auf den gleichen Marktsektoren aktiv wie wir?*

▶ *Welche Produkte stellen sie her/vertreiben sie?*

▶ *Wie ist die Preisgestaltung im Vergleich zu unserer?*

▶ *Welche Vertriebswege/-kanäle benutzen sie?*

▶ *Haben sie in letzter Zeit neue Produkte eingeführt?*

Bauen Sie sich Ihre Wettbewerbsdatenbank auf und informieren Sie die Teammitglieder regelmäßig über die neuesten Erkenntnisse. Bleiben Sie geradlinig und vermitteln Sie auch die Facts, in denen Ihre Mitbewerber besser oder leistungsstärker sind. Dann weiß das Team, welche Anstrengungen unternommen werden müssen, um gleichzuziehen oder besser zu werden. Nicht alle Leistungen sind aus Key-Account-Sicht gleich wichtig und wertig. Finden Sie deshalb gemeinsam mit dem Team heraus, in welchen Punkten Ihr Unternehmen unbedingt eine Vormachtstellung erreichen muss und welche Bereiche eventuell vernachlässigt werden können. Sie werden es nie schaffen, überall eine Spitzenposition zu erzielen. Konzentrieren Sie sich auf das Wesentliche.

Teilleistungen zur Erreichung von Kunden-zufriedenheit	Einfluss auf Kunden-zufriedenheit	Gewich-tung heute	Gewich-tung morgen	Qualitätsposition		
				Eig. Unt.	Wettb. 1	Wettb. 2
Kundenberatung	Schlüssel-leistung	1,00	0,80	4,00	4,00	3,00
Gewährleistung	Schlüssel-leistung	1,00	0.9	5,00	4,00	5,00
Lieferfähigkeit	Basisleistung	0,50	0,30	4,00	5,00	5,00
Qualitäts-konstanz	Basisleistung	0,50	0,30	4,00	4,00	5,00
Kenntnis Pro-dukt-/Marktan-forderungen der Kunden	Schrittmacher-leistung	0,50	0,60	2,00	4,00	2,00
Komplett-angebot	Schrittmacher-leistung	0,20	0,80	1,00	4,00	3,00
Marktposition heute				14,20	15,30	14,20
Marktposition morgen				12,10	15,10	11,90

5 = sehr gut   4 = gut   3 = mittel   2 = schlecht   1 = sehr schlecht

Quelle: in Anlehnung an Tom Sommerlatte

Abb. 9.3:   Fallbeispiel: zur Bestimmung der derzeitigen und zukünftigen Marktposition ist der Einsatz einer Bewertungsmatrix sinnvoll. Stärken und Schwächen werden dadurch schneller sichtbar.

10. Werkzeuge zur effektiven Unterstützung des Key Account Managements

Wer strategisch den Key-Account-Management-Prozess steuern will, kann auf Vertriebswerkzeuge nicht verzichten. Sie unterstützen das Team dabei, gezielt und auf der Basis von Daten und Fakten die eigene Strategie mit der des Key Accounts zu vernetzen. Software-Lösungen liefern den schnellen Zugriff und versetzen alle kundennahen Teammitglieder in den gleichen Wissensstand.

Category Management

Category Management (CM) basiert auf zwei Grundsäulen: auf der optimalen gemeinsamen Ansprache von Kunden oder Kundengruppen durch zwei Partner einer Vertriebskette, zum Beispiel Hersteller und Handel, sowie der Einführung eines Vertriebswerkzeugs zur Optimierung des Warenflusses.

Leitbild des CM ist der Verwender. Die Vertriebspartner haben die gleichen Zielgruppen im Fokus, verwenden die gleichen Bewertungskriterien und steuern auf das gleiche Vertriebsziel hin. Das Ziel ist, aus Sicht der Verwender eine hohe Warengruppenkompetenz und damit Kundenzufriedenheit zu erlangen. Der Marktanteil soll gemeinsam durch zwei Strategien gesteigert werden:

● Gewinnung neuer Käufer durch Definition größerer potenzieller Zielgruppen,

● Steigerung der Bedarfsdeckung und Potenzialausschöpfung durch Einsatz der Marketing-Mix-Faktoren.

Nicht die Einzelprodukte liefern den maximalen Erlös, sondern die gesamte Warengruppe. Es ist zu klären, welche Rolle der Key Account bzw. der Absatzkanal für Ihr Unternehmen spielt und ob dort alle Möglichkeiten innerhalb der Warengruppen abgedeckt werden können.

Der Category Management Report definiert Category Management als einen „Handels- und Industriepartnerprozess zur Steuerung der Warengruppen als strategische Geschäftseinheiten, der bessere Geschäftsergebnisse ermöglicht durch die Konzentration auf das Erzeugen von Kundennutzen". Die Zusammenarbeit zwischen Key Account und Anbieter wird bewusst in den Vordergrund gestellt, Category Management wird zu einem immer wichtigeren

Werkzeug zwischen Lieferanten und Schlüsselkunden. Allerdings wird die Aufgabenverteilung der Vertragspartner unterschiedlich definiert: Im Idealfall vereinbaren Hersteller und Key Account einen gemeinsamen Steuerungsprozess. Dabei übernimmt der Key Account die Steuerung der Warengruppen, den Herstellern wird eine Beraterfunktion des Key Accounts auf der Warengruppenebene zugedacht. Eine Wissensvernetzung des Lieferanten über die speziellen Details seiner Warengruppen mit den Informationen des Schlüsselkunden über seinen Markt verstärkt eine gezieltere Vorgehensweise bei Waren übergreifenden Sortimentskombinationen.

Category Management wird bei Herstellern aber nicht nur auf die direkte Kooperation mit dem Key Account bezogen, sondern ist teilweise für die gesamte Absatzorganisation zu einem gültigen Organisationsprinzip geworden. Damit wird CM aus Herstellersicht, bezogen auf Kunde und Endverbraucher, zu einem koordinierten, marktorientierten Steuerungsinstrument. Category Management kann damit folgende Aufgaben übernehmen:

- Einführung eines Warengruppendenkens, Abschied von der reinen Produktbetrachtung hin zu einer Sortiments- oder Warengruppenbetrachtung.
- Intensivierung der Zusammenarbeit zwischen Lieferanten und Herstellern zur gemeinsamen Marktbearbeitung.
- Ausrichtung eines Sortiments/einer Warengruppe (Category) als strategisches Einzelgeschäftsfeld.
- Verbesserte Erfüllung der Verbraucherbedürfnisse durch optimierte Vertriebsstufenprozesse.
- Einführung einer Absatzorganisation nach Warengruppen.

CM baut auf sechs zusammenwirkenden Komponenten auf:

- die Unternehmensstrategie
- die Gestaltung der Geschäftsprozesse
- die Zielvereinbarung
- die Neuausrichtung der Organisation
- der Einsatz der Informationstechnologie
- die systemübergreifende Kooperation durch die Partner

Die Verankerung von CM als Warengruppenphilosophie soll dazu beitragen, Koordinationsprobleme zwischen den Parteien abzubauen und eine Planungs-, Kontroll- und beiderseitige Argumentationsebene zur Verfügung zu haben, auf der sich beide Parteien bewegen können. Kriterien für die Gestaltung von Categories können Logistik, Cross Selling-Aspekte, Suchverhalten am Verkaufspunkt (POS) etc. sein. Dementsprechend werden die Aufgaben innerhalb von CM gestaltet, zum Beispiel:

- Koordinierungsmaßnahmen der Produktmanager
- Koordinierung von Produktmanagement und Trademarketing
- Produktprogrammplanung aus Sicht der Schlüsselkunden
- Koordinationsmaßnahmen für die Aktivitäten der einzelnen Key Account Manager
- Gestaltung kundenorientierter Werbe- und Verkaufsförderungsmaßnahmen
- Planung der Absatzlogistik
- Gestaltung von Marketingkonzeptionen
- Schnittstellenkoordinierung für Unternehmensbereiche
- direkte Zusammenarbeit mit dem Schlüsselkunden

Es ist sinnvoll, darüber nachzudenken, CM organisatorisch im eigenen Unternehmen zu verankern. Hauptakteure sind hierbei der Vertrieb und das Marketing. Diese beiden Bereiche erhalten Unterstützung durch spezialisierte Einheiten, zum Beispiel Entwicklung, Logistik, Marktforschung etc. Als Koordinationsstelle im Vertrieb ist der Key Account Manager verantwortlich. Das Produktmanagement kümmert sich um das Endverbrauchermarketing.

Der intensivere Einsatz von Category Management wird zu einer verstärkten Teambildung führen und eine Aufweichung strikter Abteilungsgrenzen zur Folge haben. Die Anforderungen der Schlüsselkunden werden diesen Prozess mit beeinflussen. Diese Teams können sowohl als festes Team als auch auf der Projektbasis zusammenarbeiten und Mitglieder aus den Bereichen EDV, Finanzen oder Controlling integrieren.

Category Management kann ebenfalls als Profit-Center unter Führung eines Key Account Managers implementiert werden. Das Profit-Center übernimmt damit Aufgaben des Produktmanagements, des Marketings und zum Teil der Geschäftsleitung. Damit wird CM als ein in sich geschlossener Aufgabenkomplex wahrgenommen. Eine umfassende Kompetenzzuteilung ist in dieser Konstellation selbstverständlich.

Category Management ist ein Denk- und Arbeitswerkzeug. Im Kern ist CM nichts anderes als ein Reengineering-Prozess. CM ist ohne Key Account Management nur bedingt durchführbar. Denn die Vernetzung von Hersteller- und Kundeninteressen, gemeinsame Marketingaktivitäten etc. werden in erster Linie nur mit den Schlüsselkunden durchgeführt. Die Anforderungen an die

Unternehmensorganisation und das Mitarbeiterteam sind bei CM sehr hoch und daher nur bedingt durch eine herkömmliche Außendienstorganisation umzusetzen.

Der Key Account Manager hat im CM die Aufgabe eines Prozessmanagers. Er sorgt dafür, dass das eigene Unternehmen in seiner Gesamtheit in Richtung Verwender und Key Account ausgerichtet ist. Er ist für den Abbau von Spannungsfeldern zwischen den internen (eigenes Team) und externen Kunden (Key Account) verantwortlich. Es ist sein Ziel, innerhalb der Warengruppe einen Wettbewerbsvorteil gegenüber den Anbietern zu erlangen. Der Key Account Manager ist für die Strategieentwicklung, die Netzwerkpflege im Marketing, in der Logistik, im Beschaffungsmanagement und in der Administration verantwortlich. Ihm obliegt die gemeinsame Planung, Durchführung und Kontrolle maßgeschneiderter CM-Projekte.

Efficient Consumer Response (ECR)

Efficient Consumer Response (ECR) ist eine Strategie, bei der Key Accounts und Anbieter Methoden der engeren Zusammenarbeit erforschen, um vermeidbare Kosten in der Distributionskette abzubauen und dem Verbraucher besser zu dienen. Hauptziel ist die Reduzierung der Prozesskosten in der Warenwirtschaft bei Herstellern und Key Accounts. Prozessbeschleunigung und Prozessfehlerfreiheit sind weitere Richtungspunkte. Mit der Vernetzung der Unternehmensinteressen beider Geschäftspartner wird selbstverständlich auch eine engere Kundenbindung verfolgt. ECR schaut über die Warengruppenbetrachtung (CM) hinaus auch auf die Funktionen Logistik und EDV. Die zwei Grundprinzipien von ECR sind:

- Orientierung am Endabnehmer – Lieferung hoher Qualität in großer Auswahl und mit höherem Service in einem vom Kunden akzeptierten Preis-/Leistungsverhältnis.

- Zusammenarbeit zwischen Key Account und Key Account Management zu beiderseitigem Nutzen.

Vorreiter von ECR waren die Großunternehmen, kleinere Hersteller ziehen aber kontinuierlich nach. Im Gegensatz zu den Großunternehmen steht bei ihnen die Kundenbindung mehr im Vordergrund als die Kostenreduktion. Die Umsetzung von ECR in die Unternehmenspraxis dauert erfahrungsgemäß zirka zwei Jahre. Nach Erfahrungen in Unternehmen ist eine Kostenersparnis von zirka zwei bis sechs Prozent realistisch, wobei beide Partner profitieren.

Wie beim Category Management geht es auch bei ECR darum, die teilweise unkoordinierte Vorgehensweise zwischen Herstellern und Key Accounts zu beiderseitigem Nutzen kooperativer zu gestalten. Ziel eines ECR-Konzepts ist es, den Waren- und Informationsfluss ganzheitlich zu steuern und zu optimieren. Dabei tangierte Bereiche sind hauptsächlich:

- Warenwirtschaftssystem und EDI
- Prozesskostenrechnung
- Logistik (Transport/Lagerung)
- Administration/Verwaltung
- Kooperatives Marketing
- Sortimentsgestaltung
- Verkaufsförderung
- Produktentwicklung

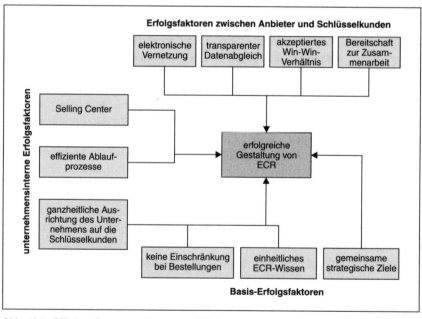

Abb. 10.1: Efficient Consumer Response (ECR) ist die Kundensicht des Category Managements und wird durch verschiedene Sach- und Beziehungsfaktoren beeinflusst.

Die Gestaltung einer Key-Account-Strategie

Im Prinzip ist in der Investitionsgüterindustrie vor vielen Jahren mit Just-in-Time begonnen worden, ähnliche Prozesse anzustoßen. ECR greift aber noch umfassender in die Wertschöpfungskette ein und ist damit noch zielführender. Durch Harmonisierung der Prozessabläufe soll eine kostengünstigere und verbesserte Konsumentenbedienung erreicht werden. Die Schaffung eines Distributionssystems, bei dem die Produktion durch die Konsumentennachfrage gesteuert wird, steht im Vordergrund. ECR bietet sich als Managementwerkzeug in der Zusammenarbeit zwischen den Anbietern und Schlüsselkunden an.

Ein wesentlicher Erfolgsfaktor in der Umsetzung von ECR ist die Datentransparenz. Hier tun sich noch viele Unternehmen schwer, dem Partner Einblick in die eigenen Daten zu geben. Beide Parteien haben aber die Aufgabe, sich über die möglichen Einsparpotenziale beiderseits Gedanken zu machen. Eine Prozessanalyse ohne umfangreiches Datenmaterial ist nur bedingt möglich. Eine Vernetzung der Daten vom Endverkaufspunkt (POS) bis zur Rohstofflieferung bei der Industrie schafft die Basis, nicht Wert schaffende Aktivitäten möglichst zu eliminieren. Aspekte bei der Umsetzung von ECR sind zum Beispiel:

- Bestimmung und eventuelle Reduktion der Lagerbestände durch POS-Daten
- Übertragung des Bestellwesens vom Handel auf den Lieferanten
- Reduktion von Bestandslücken beim Handel
- konstantere Lieferzeiten und -mengen
- herstellerübergreifende Sortimentsgestaltung
- Sortimentsgestaltung mittels POS-Daten
- individuelle Niederlassungs-Sortimentsgestaltung
- Reduktion von Rabatten und Sonderkonditionen
- Einbeziehung der Schlüsselkunden in die Produktentwicklung
- Forcierung von Produktinnovationen

Ein weiteres Thema ist die Prozesskostenrechnung, die teilweise nur bedingt oder gar nicht durchgeführt wird. ECR unterstützt das Vorhaben, eine Transparenz aller betrieblichen Abläufe zu erhalten. Die Kosten für die Bearbeitung von Angeboten, Aufträgen, Rechnungen etc. sind ebenso wenig erfasst wie die betrieblich bedingten Kosten. Warengruppen werden zum Beispiel untereinander subventioniert, oder es herrscht keine Kostentransparenz in der Logistikkette. Es erfolgt keine Kostenbetrachtung über die Unternehmensgrenzen hinweg. Das Resultat ist eine fehlende Kostenübersicht. ECR bietet die Chance,

- die Prozesskostenrechnung einzuführen,

- die in den individuellen betrieblichen Bereichen anfallenden Kosten zu ermitteln und diesen Bereichen direkt zuzuordnen,
- eine Artikel-/Sortiments- und Warengruppenrentabilität vorzunehmen,
- die Kunden- und Lieferantenrentabilität zu ermitteln.

Die Warenwirtschaft ist ein Kostenfaktor, der in vielen Unternehmen und in der Zusammenarbeit mit Partnern positiv beeinflusst werden kann. Wenn Präsenzlücken vorhanden sind, treiben Ad-hoc-Beschaffungsaktionen die Kosten und die Fehlerquote nach oben. Ein nicht vollständiger Lagerbestandsüberblick verführt zu Angstbestellungen. Die Warendisposition wird mit zeitlich zu hohem Personal- und Verwaltungsaufwand betrieben und Informationsverknüpfungen in der Logistikkette fehlen. ECR schafft Verbesserungen durch

- optimierte Lagerbestände,
- Lieferantenanbindung durch EDI,
- Transparenz der Bestände,
- erhöhte Flexibilität und Lieferfähigkeit gegenüber Kunden,
- Inventurerleichterungen,
- reduzierte Wertberichtigungen.

Die Logistik ist in den letzten Jahren als Kosteneinsparfaktor erkannt worden. Stark schwankende Frachtaufkommen sowie ungenutzte Frachtraumkapazitäten verursachen hohe Frachtkosten. Durch unterschiedliche und zahlreiche Verpackungseinheiten und Palettenabmessungen wird ein erhöhter Handlings- und Lageraufwand betrieben. ECR unterstützt die Kostenreduktionsbemühungen durch

- gesicherte Entscheidungsgrundlagen,
- faire Abstimmungen zwischen Endkunden, Handel und Industrie,
- die richtige Verfügbarkeit von Produkten (Zeitpunkt, Menge, Qualität),
- eine vernetzte Transportkoordination

zu einer besseren Laderaumausnutzung zu kommen.

Nachlieferungen und Reklamationen bedeuten erhöhte Administrationskosten und führen zu Zeitverlusten und hohem Papier- und Personalaufwand. Aufgrund von Übertragungsfehlern kommt es zu Reklamationen und Nachlieferungen, deren Kosten oftmals höher liegen als der eigentliche Warenwert. Der Informationsaustausch zwischen den Marktpartnern ist teils mangelhaft und wird durch eine nicht abgestimmte technische Ausstattung erschwert. Durch Einsatz von ECR kann diese Situation verbessert werden:

- Der durchgängige Datentransfer ermöglicht einen effektiveren Informations- und Kommunikationsaustausch zwischen Kunden, Handel und Industrie.
- Abläufe werden optimiert, und Zeitgewinn schafft Raum für neue Aktivitäten.
- Ein reibungsloserer Ablauf sorgt für eine Motivationssteigerung bei Kunden und Mitarbeitern.
- Die Reklamationsrate sinkt.
- Die Übermittlungskosten sinken.

Die Marktbearbeitung zwischen Lieferanten und Schlüsselkunden ist oftmals unkoordiniert. Deshalb steht der gemeinsame Kunde nicht im Mittelpunkt des Informationsaustauschs. Daten aus Marktforschung und Statistiken stehen beiden Partnern nicht ausreichend zur Verfügung, um sich gemeinsam Gedanken über eine einheitliche Marktbearbeitung machen zu können. Dadurch kommt es zu einem unabgestimmten Marketing zwischen Lieferanten und Schlüsselkunden. Als ein Ergebnis findet Produktentwicklung ohne Berücksichtigung von Kundenbedürfnissen statt. ECR trägt durch ein kooperatives Marketing dazu bei, die unbefriedigende Situation zu verbessern:

- umfassender Informationsaustausch über alle relevanten Marktdaten zwischen den Partnern
- abgestimmte Vertriebssteuerung
- schnelles Erkennen von Marktpotenzialen
- rechtzeitiges Erkennen sich ändernder Märkte
- Verknüpfung von Einkauf, Vertrieb, Logistik etc.
- gemeinsame Sortimentsgestaltung, Verkaufsförderung und Werbung
- gemeinsame Produktentwicklung

Die organisatorische Hauptverantwortung liegt in der Praxis beim Vertrieb und damit häufig beim Key Account Management. Die Umsetzung des ECR-Konzepts bringt Auswirkungen für die Herstellerorganisation mit sich. Eine abteilungsübergreifende Zusammenarbeit schafft das Fundament für die erfolgreiche Umsetzung, wobei der Key Account Manager die Rolle des Koordinators, Moderators und Motivators übernimmt. Die Prozessorientierung spielt eine ebenso große Rolle. Der Wandel von einer funktionsorientierten zu einer prozessorientierten Ablauforganisation erfordert in erster Linie eine Änderung der Denkhaltung der Teammitglieder und schließt Kampf- und Machtspiele aus. Multifunktionale Kundenteams übernehmen die Betreuung der Handelspartner. ECR wird die Entwicklung des Category Managements stärken. Bei der Einführung neuer Management-Tools können Umsetzungsprobleme auftreten:

▶ *Einer der Partner möchte einen größeren Anteil am Einsparpotenzial einstreichen und es kommt zu einem Verteilungskampf.*

▶ *Einer der Partner ist organisatorisch nicht ausreichend auf die ECR-Einführung vorbereitet.*

▶ *Die bisherige Beziehung zwischen dem Lieferanten und dem Key Account war von Machtspielen geprägt und kann sich nicht so schnell auf ein gemeinsames Vorgehen umstellen.*

▶ *Die für ECR notwendigen Personalressourcen stehen noch nicht zur Verfügung.*

▶ *Das Wissen der Mitarbeiter um ECR und seine Vorteile ist mangelhaft.*

▶ *Der Handelspartner will durch ECR seine Einkaufsposition stärken.*

ECR wird die Aufgaben des Außendiensts bei Partnern mit ECR-Konzepten verändern. Das Produktmanagement und das Key Account Management werden kundennäher arbeiten. ECR bietet die Chance, die Zusammenarbeit zwischen den Geschäftspartnern zu stärken und das Beziehungsmanagement zwischen Industrie und Key Accounts auf eine verbesserte Grundlage zu stellen. ECR bietet die Möglichkeit, zu einem erhöhten Einsparpotenzial in der Wertschöpfungskette und zu einer größeren Kundennähe zu kommen. Dazu bedarf es allerdings eines umfassenden Verhaltens- und Kulturwandels zwischen den Lieferanten und Schlüsselkunden.

Donald Dufek hat es auf den Punkt gebracht: „Viele glauben, dass ECR nur mit Technologie zu tun hat. Das stimmt nicht. ECR besteht zu 80 Prozent aus Menschen und nur zu 20 Prozent aus Technologie." Nur mit einer veränderten Denkhaltung der Vertriebspartner in einem gemeinsamen Bemühen um den Verwender kann ECR erfolgreich gestaltet werden. Und nur dann lassen sich die Konsumenten dauerhaft binden und begeistern.

ECR verlangt von allen Beteiligten im Key Account Management ein hohes Maß an Flexibilität. Das entspricht nicht immer dem Wunsch der Teammitglieder. Deshalb bedarf es eines kontinuierlichen Veränderungsprozesses durch Wissenserwerb und durch das Erlernen neuer Fähigkeiten.

Die Gestaltung einer Key-Account-Strategie

Supply Chain Management

Die Prozesskosten der Schlüsselkunden und im eigenen Unternehmen zu senken, ist ein wesentliches Element im Key Account Management. Ziel beider Partner in einem Gewinner-Gewinner-Spiel ist die Erreichung oder Verteidigung einer herausragenden Marktstellung in den Bereichen Entwicklung, Technologie und Produktion. Dies auf der reinen Angebotsbasis zu erreichen, wird schwierig. Kundenorientierung ist die Verpflichtung, bei der Gestaltung der eigenen Ablaufprozesse die Kundeninteressen mit zu berücksichtigen. Die Gestaltung dieser strategischen Partnerschaft bindet auch die Zulieferer mit in die Verantwortung ein. Ziele von Supply Chain Management sind unter anderem

- die Verkürzung von Durchlaufzeiten,

- Qualitätssteigerungen,

- die Verbesserung der Kostenstrukturen,

- die einvernehmliche Zusammenarbeit mit strategischen Zulieferern,

- strategische Allianzen mit strategischen Zulieferern.

Supply Chain Management ist eine Managementfunktion, die bereichs- und funktionsübergreifend koordiniert und die Wertschöpfungskette umfassend steuert und überwacht und damit die Interessen der Schlüsselkunden in den Mittelpunkt des eigenen Unternehmens stellt. Steigende Komplexität und wachsende Dynamik führen zu neuen Herausforderungen für die logistische Wertschöpfungskette. Bewährte Koordinationsmechanismen wie Planung, Steuerung, hierarchische Führung und operative Steuerung werden obsolet. Die Gewährleistung einer Prozessorientierung durch unternehmensinterne Reorganisationsmaßnahmen führt weg von der vertragsorientierten Verbindung zwischen Hersteller und Key Account und hin zu einem aktiven Beschaffungsnetzwerk. Beide Parteien besinnen sich auf ihre Kernkompetenzen mit dem maximalen Wertschöpfungsgrad. Process Sourcing wird zu einer Beschaffungslogistik-Strategie für die Schlüsselkunden.

Offenheit und Prozessorientierung sind die wesentlichen Voraussetzungen für die Umsetzung von Supply Chain Management. Der Key Account Manager analysiert die Unternehmens- und Organisationsstrukturen und übernimmt die Aufgabe, auch durch Reengineering für eine möglichst gleiche strukturelle Prozessausrichtung beider Unternehmen auf allen Ebenen, und damit für die Schaffung einer internen und externen Prozesstransparenz zu sorgen.

Je größer eine Organisation ist, desto schwieriger wird die Umsetzung. Deshalb ist eine Unterteilung in kleinere Unternehmensbereiche empfehlenswert (Fraktalisierung). Kleinere Einheiten bieten außerdem den Vorteil, dass Lernprozesse schneller umgesetzt und cross-funktionale Teams gebildet werden können. Prozess- und ressourcenorientierte Kennzahlensysteme bilden das Fundament für Entscheidungen. Die Kunden-Lieferanten-Beziehung gestaltet sich von einer einseitigen zu einer wechselseitigen Beziehung.

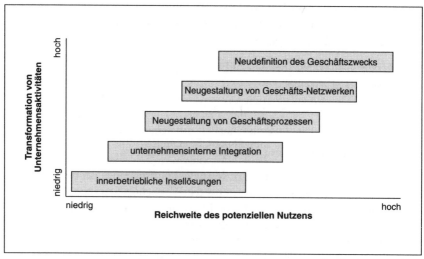

Quelle: Joachim Sahr

Abb. 10.2: Die Bereitschaft des Key Accounts und Anbieters, eine intensive Vernetzung zuzulassen, entscheidet über die Gestaltung des Transformationsprozesses und damit auch über den potentiellen Nutzen für beide Parteien.

Zu empfehlen ist eine langfristige vertragliche Bindung, um eine unternehmensübergreifende Qualitätssicherung zwischen Lieferanten und Herstellern zu garantieren. Helfen können dabei die frühzeitige Einbindung des Lieferanten in die Produktentwicklung, der wechselseitige Know-how-Transfer und die unternehmensübergreifende DV-Vernetzung (EDI). Gleichzeitig muss die Bereitschaft vorhanden sein, sich als „gläsernes Unternehmen" zu präsentieren.

Diese Form der Prozessorientierung erfordert den Übergang von einer funktionalen zu einer prozessorientierten Struktur. Der Erfolg der cross-funktionalen Vernetzung hängt aber in erster Linie nicht von den Werkzeugen, sondern von den beteiligten Menschen ab. Eine offene Kommunikation über Ziele und

Die Gestaltung einer Key-Account-Strategie

deren Erfüllung ist ein wesentliches Merkmal für die erfolgreiche Umsetzung von Veränderungen. Ein tragfähiges Konzept beruht auf Partnerschaft und gegenseitigem Vertrauen. Mangelnde Beteiligung der Mitarbeiter heißt immer: Widerstand, und der führt zu Energieverlust und Störungen in der Umsetzung.

Werkzeuge, Supply Chain Management umzusetzen, sind:

- Professionelles Informationsmanagement: Datenbanken und Recherchen stehen beiden Parteien zur Verfügung; die Partner informieren sich über Planungen, die die jeweils andere Partei tangieren
- Installation eines durchgängigen Workflow-Systems
- Regelmäßige gemeinsame Meetings (Umgangsregeln aufstellen)
- Einrichtung von genormten Schnittstellen bei Datenverarbeitungssystemen
- Standardisierung von Datenbankstrukturen
- Teleworking/Intranet/Internet/Videokonferenzen

Supply Chain Management bietet gute Chancen für Schlüsselkunden und Lieferanten. Das Management-Tool unterstützt das Ziel, schneller Leistungen an den Markt zu bringen. Die Reaktions- bzw. Aktionszeiten verkürzen sich, Entwicklungsintervalle können reduziert werden bei gleichzeitig geringeren Prozesskosten. Hierarchien können abgebaut werden und es wird eine höhere Flexibilität erzielt. Das Interesse an einem gemeinsamen Wachstum verstärkt sich durch die Durchsetzung beiderseitiger Interessen und bildet das Fundament für eine Wertschöpfungsmaximierung durch Konzentration auf die jeweiligen Kernkompetenzen. Eine partnerschaftliche Offenlegung von Stärken und „Schwächen" schafft Vertrauen.

Einige Risiken sind aber zu bedenken. Da Supply Chain Management nur mit ausgesuchten Key Accounts gelebt werden kann, erhöht die Beschränkung auf wenige Partner das Ausfallrisiko. Ferner kann es zu einem Verlust von wichtigem Know-how zur Stärkung der Kernkompetenzen kommen. Ein anderer Aspekt ist ein eventueller Verlust der Marktpräsenz. Hinzu kommt, dass Änderungen in der Strategie nur zusammen mit dem Partner gemeinschaftlich möglich sind. Durch die zunehmende Vernetzung wird eine klare Abgrenzung der Bereiche und Kompetenzen schwieriger. Als Lieferant ist man in der Regel in verschiedene logistische Ketten eingebunden und hat dadurch diverse Anforderungen zu erfüllen. Die Möglichkeit, selbst definierte Kraft an den Markt zu bringen, kann durch das Eingehen von Partnerschaften eingeschränkt werden.

Supply Chain Management wird im Key Account Management zu einem immer wichtiger werdenden Werkzeug, um die Vernetzung zwischen dem Schlüsselkunden und dem eigenen Unternehmen und damit eine stärkere Kundenorientierung zu erreichen. Zufriedene Schlüsselkunden sind der Schlüssel zum dauerhaften Erfolg.

Schätzen Sie Chancen und Risiken ab, bevor Sie tief einsteigen oder entsprechende Angebote unterbreiten. Prüfen Sie auch, ob Ihr Unternehmen und der Schlüsselkunde für eine derartige Partnerschaft reif sind. Denn eine Überforderung schadet der Idee und wird nicht zum gewünschten Erfolg führen. Ideen für eine Eigenprüfung bietet die nachfolgende Checkliste:

Supply Chain Management (SCM)

○ Wie wird SCM in unserem Unternehmen definiert?

○ Welche Vorteile bringt SCM dem Key Account und uns?

○ Welchen langfristigen strategischen Vorteil haben wir und der Key Account bei der Einführung/Umsetzung von SCM?

○ Sind wir bereit, SCM in unserem Unternehmen zuzulassen?

○ Ist der Key Account bereit, SCM in seinem Unternehmen zuzulassen?

○ In welchen Bereichen können wir uns die Umsetzung von SCM vorstellen?

○ Wie werden wir den Erfolg von SCM messen?

○ Welche Chancen werden wir durch SCM bei den Key Accounts/am Markt erhalten?

○ Welche Risiken gehen wir durch die Einführung von SCM ein?

○ Wo stehen wir heute in der Partnerschaft mit dem Key Account, und wohin können wir uns durch SCM entwickeln?

○ Welche Anforderungen stellen wir an eine SCM-Strategie?

○ Wie gestalten wir Beschaffungsmarktanalysen?

○ Nach welchen Kriterien suchen wir potenzielle Schlüsselkunden, um SCM umzusetzen?

○ Nach welchen Kriterien suchen wir potenzielle Vorlieferanten, um SCM umzusetzen?

○ Wollen wir mit der Einführung von SCM gleichzeitig einen Zertifizierungsprozess einführen?

○ Welche Auswirkungen erwarten wir von SCM auf den kontinuierlichen Verbesserungsprozess?

○ Welche Kostenpotenziale können wir durch Einführung von SCM bei den Schlüsselkunden und in unserem Unternehmen einsparen, und was bedeutet dies für unsere beiderseitige Wettbewerbsposition?

○ In welcher Form gestalten wir Teams, wer wird Teilnehmer in den cross-funktionalen Teams, und wie werden diese Teams gesteuert?

○ Nach welchen Kriterien werden Benchmarks von beiden Partnern aufgestellt, und wer ist für den Analyseprozess verantwortlich?

○ Wie transparent werden die Kosten für den Partner dargestellt, und wie werden mögliche Einsparpotenziale aufgeteilt?

○ Wie gestaltet sich die Produktentwicklung unter Berücksichtigung von SCM?

○ Ist es möglich, Leistungen, die nicht zu den Kernkompetenzen eines Partners gehören, durch den anderen Partner erledigen zu lassen?

○ Besteht die Möglichkeit, einen gemeinsamen Einkauf von Produkten/Dienstleistungen am Markt zu installieren?

○ Können wir die SCM-Strategien und Zielsetzungen mit unserem Partner schriftlich vereinbaren?

○ Was passiert, wenn sich ein Partner nicht an die Vereinbarung hält?

○ Wie werden wir die SCM-Prozesse in die Unternehmen einführen und gestalten?

○ Wie gestalten wir eine Kostendatenbank?

○ Auf welcher Basis werden Preiskalkulationen innerhalb der Partnerschaft vorgenommen?

○ Welche SCM-Projekte wollen wir mit welcher Priorität angehen, und wie werden die Resultate bewertet?

○ Wie wird das SCM-Berichtswesen gestaltet, und wer sind die Empfänger?

○ Wann und mit welchen Teilnehmern werden regelmäßig Meetings abgehalten?

○ Wie reagieren wir, wenn SCM-Teilnehmer sich nicht an Spielregeln halten und den Koordinationsprozess stören?

○ Zu welchem Umgangston und Handlungsmuster innerhalb unserer Partnerschaft verpflichten wir uns?

○ In welcher Form wird das Commitment der SCM-Teilnehmer zu akzeptierten Projekten eingeholt, und wie können die Teilnehmer zum Mitspielen animiert werden?

○ Wie gehen wir mit den verschiedenen Stimmungen und mit der Moral in den Teams um?

○ An welchen Kriterien machen wir gute/schlechte Stimmungen fest?

○ Ab welchem Zeitpunkt denken wir darüber nach, ob wir aus einem SCM-Projekt aussteigen?

Internationales Profit Management im Key Account Management

Die globalen Wachstumsperspektiven für das Key Account Management und die Key Accounts sind fantastisch. Es entstehen zunehmend multinationale Unternehmen mit nationaler und internationaler Identität. Ein sicheres Indiz für diese Aussage ist der strategische Einkauf der Key Accounts über Landesgrenzen hinweg. Aber nicht nur der Einkauf steht im Fokus, sondern auch die professionelle Nachbetreuung. Interessant sind die folgenden Zahlen aus einer Untersuchung von Prof. Dr. Wildemann, TU München:

● 1980 betrug die Eigenfertigung 71 Prozent, der Fremdbezug 29 Prozent.
● 1991 betrug die Eigenfertigung 65 Prozent, der Fremdbezug 35 Prozent.
● 2000 betrug die Eigenfertigung 60 Prozent, der Fremdbezug 40 Prozent.

Die Bedeutung der Einkaufs- und Betreuungsprozesse für den Unternehmenserfolg steigt kontinuierlich. Aber nicht mehr nur der reine Produktpreis entscheidet, sondern die gesamten Prozesskosten sind dabei relevant. Gerade die Nachbetreuungskosten werden in vielen Branchen einen erheblichen Teil des Kosteneinsparpotenzials ausmachen. Gefragt ist nicht mehr der Preis pro Stück, sondern der Preis pro Funktion. Prüfen Sie, ob es nicht aus beiderseitiger Sicht Ertragschancen links und rechts des Produkts durch Leistungsübertragung gibt. Konzentrieren Sie sich innerhalb der Analyse auf die Wertschöpfungsbereiche im Produktlebenszyklus, in denen Sie nachhaltig für eine Reduktion der Kosten aus dem Produktgebrauch sorgen können. Wartungsverträge, Schulungen, Ersatzteilservice etc. sind nur einige Punkte aus einer unüberschaubar großen Zahl von Möglichkeiten. After-Sales-Service ist generell ein Thema in einer Kundenbeziehung, besonders aber im internationalen Key Account Management. Wer es schafft, den Key Accounts international bestimmte Leistungen in hoher Qualität zu bieten, kommt ein Stück weit aus der harten Preisverhandlungsschiene heraus.

Wir bewerten heute die Profit-Center „Landesgesellschaften" separat. Das sollte auch vom Prinzip her nicht geändert werden. Doch was machen Sie, wenn Sie die Chance erhalten, ein Rahmenabkommen mit vielen ertragreichen Gesellschaften abschließen zu können, allerdings mit dem Wermutstropfen, zwei bis drei „Kröten" schlucken zu müssen? Wenn Ihr Vertriebscontrolling international nicht sehr zeitnah Profit und Loss der einzelnen Gesellschaften aufbereiten kann, lassen Sie eher die Hände von solch einem Geschäft. Ansonsten akzeptieren Sie kalkulierbare Verluste bei wenigen Produkten oder einer einzelnen Warengruppe und schauen nur auf das Gesamtergebnis mit dem Key Account. Nehmen Sie aber dann die regionale bzw. nationale Profit- und Loss-Verantwortung von den Schultern der dortigen Verantwortlichen und schaffen Sie ein zentrales globales Key-Account-Ergebnis.

Der Ansatz für ein wirksames Erfolgscontrolling wäre dann:

▶ Jeder Key Account wird losgelöst von der regionalen Grenze ein eigenständiges Profit Center.

▶ Alle Umsätze und Kosten werden dem zentralen Profit Center zugerechnet.

▶ Alle regionalen und nationalen Vertriebseinheiten setzen sich für die Erreichung des Profit-Center-Ziels ein.

▶ Der internationale Gesamterfolg ist der Verdienst aller Mitspieler.

▶ Alle Geschäftsprozesse im Zusammenhang mit der Key-Account-Betreuung werden transparent auf Effizienz überprüft.

▶ Die Überprüfung der Key-Account-Zufriedenheit wird national und international gewertet und durch Benchmarking gewichtet.

▶ Aufbau einer Vertriebs-Balanced-Scorecard mit den Bereichen:
  – Prozesse – Kennzahlen: Kosten je definierter Leistung. *Ziel:* effiziente Ablaufprozesse und Serviceleistungen.
  – Key Account – Kennzahlen: Reduktion der Prozesskosten und Fehlerquote beim Key Account. *Ziel:* Erhöhung der Produktqualität und Reklamationsrate.

- Finanzen – Kennzahlen: Return on Investment, Return on Service-investitionen. *Ziel*: Profitabilität der Kundenbeziehungen und Ertragswachstum.
- Unternehmensstrategie – Kennzahlen: Anteil neuer Produkte > X Prozent am Gesamtumsatz, Eigenanteil am Einkaufspotenzial der Key Accounts > Y Prozent. *Ziel*: gemeinsames Wachstum und Rolle als Trendsetter im Markt.

Betrachten Sie neben der Wertschöpfungskette auch die Problemlösungskette des Key Accounts, um Ansätze zu finden, Chancen für beiderseitige Profiterhöhungen auszumachen. Selbstverständlich geht es auch um marktgerechte Preise, ohne die kann sich weder der Anbieter noch der Key Account seine Wettbewerbsstärke erhalten. Doch ein Preis setzt sich neben dem Rechnungsbetrag auch noch aus Herstellkostenreduzierung, Einsparungen bei Investitionen, Reduktion der Beschaffungs- und Verfügbarkeitsrisiken usw. zusammen.

Procurement – ganzheitliches Beschaffungsmanagement

In der Vergangenheit haben Einkäufer als Entscheider über Auswahl und Einsatz von Produkten fungiert. Diese Produktorientierung wird bei den Key Accounts abgelöst durch einen strategischen Einkauf, der unter Berücksichtigung der gesamten Wertschöpfungs- und Problemlösungskette, von der Produktion bis zum Vertrieb, von einem Einkaufsteam (Buying-Center) getätigt wird.

Dabei kommt dem Electronic Procurement in Zukunft eine besondere Rolle zu. Electronic Procurement ist die elektronische Unterstützung des Einkaufs, um eine höhere Lieferantenbündelung und eine Reduktion der Beschaffungskosten zu erreichen. Diese Standardisierung und Automatisierung der Beschaffung führt gerade bei bedarfs- und nicht plangesteuerten C-Produkten zu hohen Einsparungen.

Welchen Wandel das Key Account Management in den nächsten Jahren erwarten kann, machen die folgenden Zahlen aus dem Geschäftsleben deutlich:

- 100 Prozent nutzen E-Mails.
- 100 Prozent nutzen das Internet.
- Zirka 5 Prozent arbeiten mit Internet-Katalogen.
- Zirka 1 bis 3 Prozent führen regelmäßig Internet-Auktionen durch.
- Zirka 3 Prozent führen das Beschaffungsmanagement als eigenständiges Profit-Center.
- 0 Prozent führen das Beschaffungsmanagement als eigenständige GmbH.

Gerade die letzten drei Positionen werden sich nach meiner Einschätzung in den nächsten Jahren schubweise verändern und zu einer Gefahr oder Chance für Key Account Manager werden. Analysieren Sie rechtzeitig unter anderem:

▶ *Ist der Einkauf noch der alleinige Entscheider oder gibt es einen Trend zum Buying-Center bei Ihrem jeweiligen Key Account?*

▶ *Welche Einkaufsparameter verändern sich durch die Teilnahme anderer Unternehmensbereiche an Einkaufsprozessen?*

▶ *Verändern sich durch die veränderten Einkaufsprozesse auch die Marketing- und Vertriebsaktivitäten des jeweiligen Key Accounts?*

▶ *Auf welche Positionen legt der strategische Einkauf kurzfristig, mittelfristig und langfristig besonderen Wert?*

▶ *Wird beim jeweiligen Key Account ein Electronic Procurement eingeführt, und was bedeutet dies für Ihr Unternehmen?*

▶ *Welche besonderen Leistungen werden von Ihnen als Anbieter verlangt, um das Beschaffungsmanagement bei der Realisierung seiner Ziele zu unterstützen?*

Eine weitere Besonderheit ist in den letzten Jahren diskutiert worden: Competitive Teamwork (CT). Key Accounts, die am Markt als Wettbewerber auftreten, arbeiten in bestimmten Bereichen zusammen. Einige Automobilhersteller haben dies inzwischen vorexerziert, auch wenn CT bis jetzt die große Erfolgsstory noch nicht nachweisen konnte. Klar ist aber, dass der Trend zur Verringerung der Fertigungstiefe weiter anhält. Für die Anbieter bedeutet dies allerdings, dass durch die steigende Markttransparenz und den internationalen strategischen Einkauf die bekannten Geschäftsbeziehungen nicht mehr so stabil sein werden wie gewohnt.

Investieren Sie im Key Account Management in Lösungen, die der strategischen Zielsetzung der Key Accounts angepasst sind. Verdeutlichen Sie in Ihren Aussagen den Mehrwert Ihres Angebots, zum Beispiel: Wir liefern Produkte, Serviceleistungen, Beratung, Rahmenverträge etc. an Profit Center, Geschäftsbereiche, Niederlassungen etc., um einen Beitrag für den Mehrwert (Prozesskostensenkungen, Reduktion der Produktvielfalt, neue Technik etc.) zu leisten.

Buying-Center von international tätigen Unternehmen haben nicht selten ein wiederkehrendes Problem: Die „Landesfürsten" haben kein Interesse an

internationalen Rahmenvereinbarungen, da sie sich in ihrer Entscheidungsgewalt eingeschränkt sehen. Sie haben in einer solchen Situation drei Möglichkeiten:

▶ Sie unterstützen die „Landesfürsten". Vorteil: Sie werden zum Liebling der
Landesgesellschaft. Nachteil: Wenn später einmal eine Direktive von oben
kommt, könnte das Langzeitgedächtnis des Buying-Centers greifen und ...

▶ Sie halten sich aus den Machtkämpfen heraus. Vorteil: Sie haben keinen
Ärger mit einem der Ansprechpartner. Nachteil: Jeder Gesprächspartner
erwartet von Ihnen eine klare Positionierung und Sie geraten zwischen die
Mühlsteine.

▶ Sie unterstützen das Buying-Center in der Umsetzung der Strategie. Vorteil: Sie werden zum Freund des Buying-Centers. Nachteil: Wenn Sie den
„Landesfürsten" nicht mit ausreichend Vorteil und Nutzen überzeugen,
könnte er die Zusammenarbeit mit Ihrem Haus torpedieren.

Checken Sie deshalb sehr sorgfältig die Machtverhältnisse heute und morgen
ab, und halten Sie sich stets eine Option offen. Procurement wird bei Key
Accounts zum Standard werden bzw. ist es heute schon. Arbeiten Sie nicht gegen den Trend, sondern werden Sie zum Teil dieser Entwicklung.

Customer Relationship Management (CRM) im Key Account Management

Über CRM ist in den letzten Jahren viel diskutiert und berichtet worden.
Schon die Definition von CRM ist sehr uneinheitlich. Die „offizielle" Definiti-
on des CRM-Forums im DDV lautet: „CRM ist ein **ganzheitlicher Ansatz** zur
Unternehmensführung. Er integriert und optimiert auf der Grundlage einer
Datenbank und **Software** zur Marktbearbeitung sowie eines **definierten Ver-
kaufsprozesses abteilungsübergreifend** alle kundenbezogenen Prozesse in
Marketing, Kundendienst, Forschung und Entwicklung u. a. Zielsetzung von
CRM ist die **gemeinsame Schaffung von Mehrwerten** auf Kunden- und Liefe-
rantenseite über die Lebenszyklen von Geschäftsbeziehungen. Das setzt vo-
raus, dass CRM-Konzepte Vorkehrungen zur **permanenten Verbesserung der
Kundenprozesse** und für ein **berufslebenslanges Lernen der Mitarbeiter** enthalten". CRM optimiert weder Kundenprozesse noch gestaltet es Kundenbe-
ziehungen, sondern ist ein Teil eines Gesamtpakets der Vertriebsausrichtung.
Welche positiven Auswirkungen ergeben sich durch CRM für das Key
Account Management?

- Alle Kundenprozesse werden integriert.
- Prozesse können durch Nutzung von Datenbanken optimiert werden.
- Durch konsequente Informationserhebungen und -auswertungen wird eine größere Kundennähe geschaffen.
- Durch aussagekräftigere Daten erhöht sich das Wissen über die Key Accounts.
- Gezieltere Mehrwert-Angebote können unterbreitet werden.
- Ständige Leistungsoptimierung zur Verbesserung von Key-Account-Beziehungen.

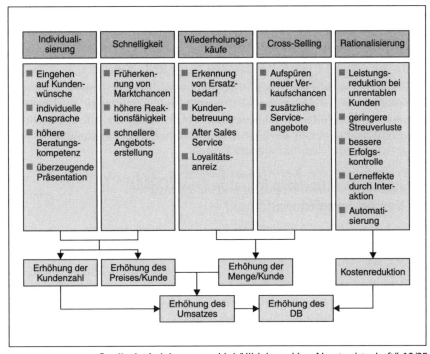

Quelle: in Anlehnung an Link/Hildebrand in „Absatzwirtschaft" 10/95

Abb. 10.6: Kundenorientierte CRM-Systeme bringen den Anbietern viele Vorteile, ihre Leistungen auf den Punkt zu bringen. Ziel von CRM-Systemen ist es, von Kunden nicht als wichtig angesehene Leistungen zu streichen und damit Kosten zu reduzieren und wichtige Leistungsfaktoren in der von Kunden gewünschten Form zu erfüllen und damit den Umsatz/Ertrag zu erhöhen.

CRM bietet dem Key Account Management wichtige Unterstützungen für seine tägliche Arbeit, unter anderem:

- Kundendatenbanken zur Durchführung von gezielten Marketingaktivitäten
- Data-Mining zur Erstellung von Key-Account-Profilen
- Kundenwertbestimmung durch Einsatz von Analysewerkzeugen
- schnellere individuelle Angebots- und Leistungserstellung
- Wettbewerbsanalysen und Gestaltung eines Wissensmanagements
- Key-Account-Management-Leistungen über eBusiness-Anbindungen
- Steuerung des Reklamationsmanagements zur Verbesserung der Unternehmensleistungen
- Vertriebscontrolling
- Gestaltung von Workflow-Systemen

Mitte der achtziger Jahre war das Ziel von CRM „Kundenzufriedenheit", Mitte der neunziger Jahre war „Kundenbindung" im Fokus, seit Anfang 2000 ist das Ziel von CRM „Systematisches und individualisiertes Management von Kundenbeziehungen und Steigerung des Kundenwerts". Alle relevanten Informationen über eine Kundenziehung helfen, Interaktionen schneller und zielgerichteter durchzuführen, zum Beispiel:

▶ **Profitabilität der Key-Account-Beziehung:** Key-Account-Umsatz und Zahlungsverhalten, Nettogewinn/Jahr, Nettogewinn über einen längeren Zeitraum kumuliert etc.

▶ **Stabilität der Key-Account-Beziehung:** Steigerung des Lieferanteils durch Cross Selling, Eigenanteil am Einkaufsvolumen, Kundenzufriedenheitsindex, Kundenloyalitätsindex etc.

▶ **Ressourceneinsatz zur Key-Account-Bindung:** Kosten für Service und Beratung, direkt zurechenbare Vertriebs- und Kontaktkosten, Logistikkosten, durchschnittlicher Auftragswert etc.

Kundenbeziehungen müssen als Vermögen angesehen werden, in das sowohl Key Accounts als auch Anbieter investieren, um einen Return on Investment zu erzielen. CRM als Datenanalyse liefert Ihnen Detailinformationen, um Beziehungsprozesse zu optimieren und um daraus für zukünftige Gestaltungen der Zusammenarbeit zu lernen. Teilen Sie CRM in verschiedene Segmente auf:

▶ **CRM-Strategien:** Welche Optionen besitzen wir in der Auswahl von Key Accounts
  - Welche Stärken besitzen wir aus unserer Sicht?

- Wie werden unsere Stärken von den potenziellen Key Accounts wahrgenommen?
- Wie werden wir unsere Stärken gezielt einsetzen?

▶ **CRM-Konzept:** Wie bauen wir die Key-Account-Beziehung systematisch auf?
- Wie nutzen wir unser Key-Account-Wissen und wie setzen wir es in Aktivitäten um?
- Wie erhöhen wir den Wert der Key-Account-Beziehung?

▶ **CRM-Umsetzung:** Welche Optionen stehen uns bei der Umsetzung zur Verfügung?
- Welche konkreten Maßnahmen werden wir durchführen?
- Was tun wir, wenn diese Maßnahmen nicht greifen?

▶ **CRM-Controlling:** Wie steuern und analysieren wir die Key-Account-Beziehung?
- Was sind die wichtigsten Forderungen unserer Key Accounts und wie erfüllen wir sie?
- Wie lauten die Kennzahlen für den Beziehungswert, und wie messen wir sie?
- Wie gehen wir mit Abweichungen intern und extern um?

▶ **CRM-Erfahrungsbox:** Wie binden wir Key Accounts mit ein, und wie beurteilen wir unseren Lernerfolg?
- Wie lauten die Kennzahlen für „Lernerfolge"?
- Nach welchen Kriterien beurteilen wir die Kundenzufriedenheit und die Loyalitätsrate?
- Wie nehmen wir Wünsche und Forderungen, von Key Accounts auf und wie werden sie in neue Ideen umgesetzt?

CRM und Internet werden zu einer noch höheren Automatisierung von Standardprozessen führen und damit das Ende der Auftragsabholer im Key Account Management einläuten. Key Account Manager der Zukunft werden die Funktionalitäten von CRM-Systemen noch systematischer ausschöpfen. Web-EDI (Standard für die elektronische Übermittlung von Geschäftsdokumenten) und EDIFACT (Weltstandard Electronic Administration, Commerce and Transport – umfasst eine Vielzahl von internationalen Normen, die eine einheitliche Darstellung von Daten beim Datenaustausch ermöglichen), werden sich im Key-Account-Geschäft durchsetzen. Das Key Account Management muss diese CRM-Bausteine aktiv mitgestalten. Dies geht aber nicht ohne die Key Accounts. Diese müssen in den Gestaltungsprozess mit eingebunden werden.

Die Einführung von CRM in die Unternehmen führt nicht selten zu Reengineering-Projekten. Interessant ist das Ergebnis einer Untersuchung der Universität Mannheim über Gründe, die zum Scheitern derartiger Projekte führen:

- 2 Prozent führen Zeitdruck für die Ablehnung von Reengineering-Projekten an.
- 8 Prozent der Unternehmen rationalisieren, statt sich auf die Optimierung von Prozessen zu konzentrieren.
- 9 Prozent konzentrieren sich auf Einzellösungen.
- 11 Prozent konzentrieren sich auf Teilprozesse.
- 15 Prozent beklagen den mangelnden Einsatz der Führungskräfte für Veränderungen.
- 16 Prozent sehen falsches Führungs- und Kommunikationsverhalten der Vorgesetzten.
- 22 Prozent sehen eine Ablehnung durch den Widerstand des mittleren Managements.

Interessant ist auch eine Untersuchung der Schwetz Consulting über typische Fehler beim Einsatz von CRM-Systemen:

- 83 Prozent der Mitarbeiter akzeptieren das CRM-System nur bedingt.
- 83 Prozent beklagen Probleme mit der Software.
- 79 Prozent sind nicht ausreichend über die Nutzungsmöglichkeiten informiert.
- 79 Prozent bemängeln Probleme mit dem Datenaustausch.
- 74 Prozent monieren Probleme im Umgang mit der Hardware.
- 56 Prozent sehen Defizite bei der Anwenderschulung.
- 55 Prozent vermissen Funktionen.
- 50 Prozent haben Probleme mit dem Projekt- und Zeitmanagement.
- 31 Prozent berichteten über Schwierigkeiten mit dem Betriebsrat.
- 28 Prozent fühlten sich schlecht beraten.

Fazit: Achten Sie rechtzeitig auf Fehlerquellen. Betreiben Sie eine intensive interne Kommunikation, um Vorbehalte frühzeitig aus dem Weg zu räumen. Nehmen Sie sich ausreichend Zeit für die Vorbereitung und Einführung.

Customer Relationship Management ist eine Lebensaufgabe und nie beendet. Die Prozesse mit den Key Accounts gehören immer wieder auf den Prüfstand, viele Dinge können noch verbessert werden. Der Treiber muss das Management sein, CRM kann nicht an die IT-Abteilung, an das Marketing oder an das Key Account Management delegiert werden. Diese Bereiche sind verantwortlich für die Umsetzung.

CRM hilft, die Verkaufsprozesse des eigenen Unternehmens und die Entscheidungsprozesse der Schlüsselkunden zu beleuchten und auszuwerten. Deshalb ist CRM kein Selbstzweck, sondern unterstützt das Ziel, für beide Partner einen Mehrwert zu schaffen. Alle Unternehmensbereiche werden durch CRM einbezogen und damit die Kundenverantwortung auf eine breite interne Basis gestellt. Für viele Mitarbeiter, auch im Key Account Management, bedeutet dies eine Umstellung der Denkausrichtung und die Bereitschaft zur aktiven Gestaltung von Veränderungsprozessen.

Ertragsmanagement im CRM

CRM hilft Ihnen bei Ihrem Vorhaben, ein kennzahlengestütztes Ertragsmanagement einzuführen oder auszubauen. Klassische Vertriebsstrukturen – Gebiets- statt Zielgruppenorientierung, Key Account Manager als Einzelkämpfer, Umsatz- statt Ertragsorientierung, ungerechte Vergütungen – ziehen negative Konsequenzen nach sich: mangelnde Key-Account-Nähe, keine ganzheitliche Key-Account-Bearbeitung, Ertragsminderung, ungenügende Ausschöpfung des Key-Account-Einkaufspotenzials oder Forcierung der „falschen" Vertriebsziele. Sie haben folgende Möglichkeiten, dem entgegenzuwirken:

- Key-Account-Management-Teams mit unterschiedlichen Aufgabenzuordnungen
- Ausrichtung des Key Account Managements auf Key Accounts statt auf Postleitzahlen
- das Key Account Management als Profit-Center
- Erhöhung des variablen Einkommens auf Basis des Ertrags und Vergütung mehrerer Leistungskriterien
- Zielprämien statt Provisionen

Das Ertragsmanagement basiert auf dem Profit-Center-Prinzip. Das Key Account Management wird zum Unternehmen im Unternehmen und genießt durch Selbststeuerung einen hohen Wirkungs- und Entscheidungsspielraum. CRM liefert Daten und Kennzahlen zur Steuerung der Vertriebsaktivitäten. Profit Center waren in der Vergangenheit große und komplexe Einheiten. Profit Center im Key Account Management heute sind kleine Einheiten bis hin zur Beurteilung eines einzelnen Mitarbeiters. Vorteil dieser Betrachtung: Alle Prozesse werden transparent, jeder Mitarbeiter ist in die Key-Account-Management-Zielsetzung eingebunden und handelt synergetisch. Beurteilen Sie die Profit Center aber nur nach den Kennzahlen, die Sie selbst beeinflussen können. Eine Abkehr von dieser Vorgehensweise kann dazu führen, dass Profit Center für Leistungen belohnt oder bestraft werden, die sie nicht erbracht haben.

Das Ertragsmanagement fußt auf selbstständigem und eigenverantwortlichem Handeln und bindet das Key-Account-Management-Team in messbare Leistungsziele mit ein. Gemessen werden können unter anderem:

- Deckungsbeitrag des Profit Centers
- Gewinnung von neuen Key Accounts
- Forcierung bestimmter Produkte bei den Key Accounts
- Ausbau des Beziehungsnetzwerks auf definierte Entscheidungsträger

Heute wird der Key-Account-Management-Prozess in Einzelaktivitäten unterteilt mit der Folge eines enormen Abstimmungs- und Zeitbedarfs. Darunter leidet die Produktivität und Flexibilität in der Key-Account-Betreuung. Geben Sie deshalb Ihre funktionalen Strukturen auf und favorisieren Sie eine ganzheitliche, prozessorientierte, kundennahe und ergebnisorientierte Teamstruktur. Bündeln Sie alle Funktionen und Aufgaben, die zur Betreuung eines Key Accounts notwendig sind, in einem Team. Sie erhalten mehr Know-how, reduzieren die Anzahl der Schnittstellen und steigern damit die Effizienz.

Bilden Sie die Key-Account-Management-Prozesse in einem CRM-System ab und beachten Sie die folgenden Prinzipien:

To do

▶ **Bilden Sie Teams unter Einbeziehung aller relevanten Unternehmensbereiche mit Key-Account-Kontakt.**

▶ **Differenzieren Sie Ihre Leistungen nach Wichtigkeit für den Key Account, um durch Vermeidung von Übernutzen den Ertrag zu steigern.**

▶ **Reduzieren Sie die Komplexität Ihrer Vertriebsprozesse, um Zeit und Kosten zu sparen.**

▶ **Fokussieren Sie sich auf definierte Leistungen für die Key Accounts.**

▶ **Etablieren Sie zentrale „Zulieferer" zur Leistungserfüllung für die Key Accounts.**

▶ **Nutzen Sie ein zeitgemäßes Vergütungssystem als Umsatz- und Ertragshebel.**

Die Gestaltung einer Key-Account-Strategie

Ihr Erfolg steigert sich durch die Reduzierung der Kosten für das Sortiment und die nicht zielgerichteten Leistungen, durch die Maximierung des Deckungsbeitrags und durch höhere Produktivität und einen Gewinn bringenden Marktanteil. Ein erfolgreiches Ertragsmanagement kann nur durch eine dauerhafte Key-Account-Bindung erreicht werden.

Nicht mehr das Einmalgeschäft ist entscheidend, sondern die langjährige Key-Account-Beziehung. After-Sales-Service wird verstärkt zum Bestandteil des gesamten Verkaufsprozesses. Serviceleistungen werden nur noch dann implementiert, wenn sie den vom Key Account gewünschten und deutlich wahrnehmbaren Mehrwert liefern. Wer sich nicht regelmäßig um die Key-Account-Wahrnehmung „Zufriedenheit mit unserem Unternehmen" kümmert und die Ergebnisse in Maßnahmen umsetzt, kann schnell die Kundennähe verlieren. Ertragsmanagement setzt ein wirksames Controlling voraus, in dem die Key-Account-Zufriedenheit ein wichtiges Kriterium ist, das entsprechend bewertet wird.

Rechnen Sie alle Umsätze und Kosten dem Profit-Center zu. Mitglieder des Key-Account-Teams, die bisher uninteressante Margen oder eventuell sogar Verluste hatten, werden somit auch zu Gewinnern. Prüfen Sie aber trotzdem, ob nicht auch dort Verbesserungen zu erzielen sind. Lassen Sie sich nicht von dem Gesamtergebnis blenden.

Ertragsmanagement wird nicht durch einzelne Maßnahmen erreicht, sondern durch kombinierte und vernetzte Aktivitäten. Es ist nicht die Sache einzelner Abteilungen, sondern bezieht das gesamte Unternehmen mit ein. Ertragsmanagement kann nur erfolgreich umgesetzt werden, wenn es als wichtiger Bestandteil der Unternehmenskultur auch gelebt wird.

Die Balanced Scorecard

In der Vergangenheit haben die einzelnen Unternehmensbereiche unabhängig voneinander ihre Zielplanungen aufgestellt mit dem Ergebnis, dass sich Zielgrößen widersprochen haben. Zum Beispiel plant die Verwaltung einen Abbau der Personalkosten und der Vertrieb einen Ausbau der Mitarbeiterzahl. Die Balanced Scorecard hat zum Ziel, in sich konsistente Planungen aufzustellen. Sie ist damit ein Instrument der strategischen Unternehmensführung, mit dessen Hilfe Sie eine Strategie in konkrete und operative Maßnahmen übersetzen können. Für jede Ebene werden strategische Zielsetzungen bestimmt und mit Kennzahlen, Zielwerten und Maßnahmen konkretisiert. Die so definierten Zielvorstellungen werden durch Ursache-Wirkungsketten auf Durchgängigkeit geprüft und die Verknüpfungen visualisiert.

Nicht nur für das gesamte Unternehmen kann eine Balanced Scorecard aufgestellt werden, sondern auch für einzelne Unternehmensbereiche, zum Beispiel das Key Account Management. Zur Umsetzung bieten sich die folgenden Schritte an:

▶ *Definieren Sie Ihre Vision (machbares und ehrgeiziges langfristiges Ziel – Wo möchten wir in x Jahren stehen, und was möchten wir erreichen?)*

▶ *Definieren Sie Einzelziele (die Meilensteine auf dem Weg zur Vision – Welche Einzelziele müssen erreicht werden, um das Gesamtziel zu erreichen?)*

▶ *Legen Sie die aus der Vision abgeleiteten Strategieziele fest: Finanzziele, Leistungs- und Prozessziele, Kunden- und Marktziele, Mitarbeiterziele.*

▶ *Bestimmen Sie die Kennzahlen und Messkriterien (verwenden Sie nur messbare Kennzahlen).*

▶ *Bestimmen Sie die Zielwerte (streben Sie nur Ziele an, die Sie auch erreichen können).*

▶ *Selektieren Sie die Maßnahmen (Einsatz von Werkzeugen, Aktivitätenplanung, Maßnahmenplanung etc.).*

▶ *Setzen Sie die Maßnahmen um, überprüfen Sie in festgelegten Zeitabständen, ob die Zielerreichung realistisch ist oder ob Korrekturmaßnahmen notwendig werden.*

In einer Balanced Scorecard (BSC) für Ihr Key Account Management ist jedes Ziel gleichwertig und kann nicht zulasten eines anderen Ziels vernachlässigt oder bevorzugt werden. Es wird akzeptiert, dass das Erreichen eines Ziels die Erfüllung anderer Ziele fördert oder sogar erfordert. Damit die Balanced Scorecard von den Mitarbeitern nicht nur als Management-Spielzeug angesehen wird, beziehen Sie die Mitarbeiter mit in den Zielsetzungsprozess ein. Nur wenn die formulierten Ziele von der überwiegenden Zahl der Mitspieler akzeptiert werden, werden sich letztere aktiv in die Umsetzungsprozesse einschalten. Ein Beispiel:

Ein Unternehmen führte die BSC ein. Das Key Account Management baute sich eine eigene Vertriebs-Scorecard auf. Es wurde ein gemeinsames Verständnis der generellen Ziele herbeigeführt. Auf dieser Grundlage wurden die Ziele definiert und anschließend in persönliche Zielvereinbarungen überführt. Dabei wurden Abteilungsziele, Teamziele und persönliche Ziele miteinander vernetzt. Als Leistungsbewertung dienten:

▶ *der Beitrag zur Wertsteigerung,*

▶ *der Zielerreichungsgrad,*

▶ *die Persönliche Weiterentwicklung,*

▶ *der Beitrag zum kontinuierlichen Verbesserungsprozess.*

Als variable Komponenten der Leistungshonorierung dienten:

▶ *der Beitrag zum Leistungsergebnis,*

▶ *eine Kombination aus dem Erfolg einer Geschäftsperiode und der mittelfristigen Potenzialausschöpfung,*

▶ *Anreize für zukünftige Leistungen.*

Wo vorher endlose Debatten stattfanden und Begründungen präsentiert wurden, warum dies und jenes nicht erfolgreich umgesetzt werden konnte, ging es jetzt über Zielvereinbarungen und Kennzahlen an die Geldbörsen der variabel entlohnten Mitarbeiter. Das Ergebnis: Die Mitarbeiter setzten sich konsequenter und zielstrebiger für die vereinbarten Vereinbarungen ein.

Zielsetzungsideen für den Vertrieb könnten sein:

● Aufbau neuer Vertriebswege

● Trennung von unrentablen Kunden

● Bereinigung von nicht erfolgreichen Sortimenten

● Bereitstellung neuer Service- und Dienstleistungen

● Umsetzung neuer Pricing-Strategien

● Erhöhung des Eigenanteils an Schlüsselkunden-Potenzialen

● erfolgreiche Einführung neuer Produkte/Sortimente

● Steigerung von Cross Selling

● Gestaltung eines Partnerschaftskonzepts mit ausgesuchten Top-Kunden

● Erweiterung des Kundenmanagements durch neue Ideen und Leistungen

- kontinuierliche Messung der Kundenzufriedenheit
- Reduktion der ineffizienten Prozessleistungen
- Verringerung der Schnittstellen innerhalb der Verkaufsabwicklungsprozesse

Die Balanced Scorecard, richtig eingesetzt, bietet eine gute Chance, sich von dem einseitigen Umsatz- und Absatzplanungsprocedere zu trennen und durch ganzheitliche Betrachtungen zu ersetzen. Gerade im Key Account Management mit seiner mittel- und langfristigen strategischen Vertriebsausrichtung kann dieses Planungswerkzeug Sie unterstützen, gemeinsam mit dem Team die langfristige Ausrichtung zu konkretisieren.

Informationsmanagement

Wer über das Wissen am Markt verfügt bzw. Informationen gezielt seinen Kunden weiterreicht, besitzt einen erheblichen Wettbewerbsvorteil. In der Vergangenheit wurden Informationen in der Regel persönlich gewonnen oder den Kunden übermittelt. Die Zeiten, in denen man sich Kontaktbesuche leisten konnte, sind gerade im Key Account Management vorbei. Die Schlagkraft zu erhöhen hat zur Folge, dass die persönliche Informationsvermittlung möglichst der konkreten Akquisitionsphase vorbehalten werden sollte.

Doch wenn Sie Ihre Key Accounts informell vernachlässigen, wird der Wettbewerb schnell in Lücken hineinspringen können. Schaffen Sie ein Informationsmanagement, um die Key Accounts regelmäßig mit für sie wichtigen Informationen zu versorgen. Binden Sie dadurch Ihre wertigen Kunden ein und liefern Sie kontinuierlich Ideen, wie sie ihr Geschäft verbessern können. Ein gut gemachtes Informationsmanagement übernimmt auch einen Teil der Beratungsleistung.

Herkömmliche Druckmedien und Versandarten, zum Beispiel Mailings, sind zu zeitaufwändig in der Herstellung, zu teuer und nicht zeitnah genug. Deshalb bietet sich der Einsatz von E-Mails an. Aber Vorsicht: inzwischen verstopfen ungefragte E-Mails unsere elektronischen Papierkörbe. Holen Sie sich von Ihren Key Accounts das Einverständnis, wenn Sie einen elektronischen Newsletter an sie versenden wollen. Akzeptieren Sie ein Nein des Kunden.

Die Form eines Newsletter ist eine effiziente und kostengünstige Form der regelmäßigen Kontaktaufnahme mit Key Accounts. Damit er aber von der ausgewählten Zielgruppe akzeptiert wird, beachten Sie einige Spielregeln:

- Kommen Sie bei den Beiträgen auf den Punkt und vermitteln Sie nur die wichtigsten Informationen. Bieten Sie den Key Accounts an, dass sie weitere ergänzende Details in Papierform oder per Internet abrufen können.

- Publizieren Sie Fach-, Branchen- und Insiderinformationen, damit die Wertigkeit des Newsletters aus Kundensicht sehr hoch ist. Vermeiden Sie allgemeine Aussagen, das wird die Adressaten nur langweilen.

- Verwenden Sie einen journalistischen Schreibstil, damit Fachchinesisch oder stilistische Fauxpas vermieden werden.

- Animieren Sie alle Teammitglieder, den Newsletter mitzugestalten, damit Ihnen die Themen nicht ausgehen.

- Binden Sie externe Quellen und Autoren ein, damit nicht nur die ausschließliche Sichtweise Ihres Unternehmens zur Wort kommt.

- Gestalten Sie den Newsletter auch optisch interessant, vermeiden Sie aber unnötigen Schnickschnack.

Grenzen Sie gezielt das Informationsmanagement gegenüber Ihren anderen Kommunikationsmitteln ab. Herkömmliche Kommunikationsmittel sind oftmals statisch, erfüllen für einen bestimmten Bereich aber immer noch einen wichtigen Zweck, so zum Beispiel Kataloge, Produktinfos etc. Das Informationsmanagement dagegen muss sehr schnell und flexibel sein. Es kann beispielsweise zu einem Gesprächsforum weiterentwickelt werden. Versenden Sie die Newsletter in regelmäßigen Abständen, mindestens aber einmal monatlich. Die Key Accounts werden dadurch an die Kommunikation gewöhnt.

Vermeiden Sie auch zu viele Punkte. Die Leser der Key Accounts sind selten dazu bereit, mehr als fünf bis zehn Minuten für das Lesen zu verwenden. Schreiben Sie in kurzen Sätzen und vermitteln Sie schon in der Überschrift, worum es eigentlich geht. Fragen Sie mindestens einmal jährlich die Adressaten, ob sie mit der Vorgehensweise und den Inhalten einverstanden sind, damit notwendige Veränderungen schnell initiiert werden können.

III. Umsetzung der Key-Account-Management-Strategien

11. Gespräche und Verhandlungen mit Key Accounts

Nicht selten „stolpert" der Key Account Manager in wichtige Gespräche ohne umfassende Vorbereitung hinein. Oder er konzentriert sich nur auf das Verkaufen seiner Idee und vernachlässigt die Position des Key Accounts. Wer vorher in die Key-Account-Analyse investiert und die Ziele beider Parteien berücksichtigt, spart im Nachhinein Zeit in der Verhandlungsführung und reduziert die Zahl der Kampfgespräche.

Führen Sie sich vor Augen, dass Wissen Macht ist. Sorgen Sie dafür, dass Sie genau so viel oder vielleicht sogar mehr über den Verhandlungsgegenstand wissen als Ihre Gesprächspartner, und beschaffen Sie sich so viele Informationen wie möglich über Ihre Gegenüber und die Erwartungen, mit denen sie in die Verhandlung gehen. Beschaffen Sie sich die Informationen, die aus Sicht der Key Accounts den höchsten Stellenwert haben. Prüfen Sie vor jedem Gespräch, ob sich in der Zwischenzeit wesentliche Parameter und Werte verändert haben. Zu viele Informationen sind besser als zu wenige.

Gehen Sie in kein Top-Gespräch ohne eine Vision, die längerfristigen Nutzen und Chancen für beide Partner eröffnet und den Mut gibt, in größeren Dimensionen zu denken. Nur wer mutig ist, offensiv denkt und sich in dem Maße engagiert, wie es die Vision verlangt und verdient, wird von seinen Gesprächspartnern ernst genommen und geschätzt. Begeistern kommt von Geist!

Die emotionale Verhandlungsführung

Negativ gestimmte Gesprächspartner zu überzeugen ist sehr schwer bis unmöglich. Sie hören bei allen Argumenten nur das Negative heraus und sind selten zu einer positiven Kooperation und Mitarbeit bereit. Deshalb ist die wichtigste Voraussetzung von Verhandlungen, positive Emotionen zu erzeugen.

Versuchen Sie immer, durch positiv interpretierte Körperhaltungen, dem Gesprächspartner angepasste Bewegungen und Tonalität eine emotionale Nähe herzustellen. Die non-verbale Sprache vermittelt Ihrem Gegenüber Bestätigung oder Ablehnung seiner Werte und Normen. Je stärker emotionale Nähe hergestellt werden kann, desto leichter ist eine gezielte Führung des Gesprächspartners möglich. In der Führungsphase wird es leichter für Sie, sachliche Informationen zu verdeutlichen. Entwickeln Sie ein Wir-Gefühl durch:

- Aufbau einer Sympathiebeziehung,
- verbale Vermittlung von gemeinsamen Chancen,
- Herausarbeitung des emotionalen und sachlichen Nutzens für den Gesprächspartner,
- Vertrauensvorschuss auf eine faire Verhandlung,
- Beweis, dass Sie auch in kritischen Verhandlungsphasen zu dem „Wir" stehen.

Entwickeln Sie eine Anerkennungs-Ideenliste, bleiben Sie aber jederzeit glaubwürdig. Verhalten Sie sich vorbehaltlos konstruktiv – ohne Rücksicht darauf, ob der Gesprächspartner sich gleichwertig verhält. Setzen Sie auf Rationalität, Verständnis, Ehrlichkeit, Offenheit, Wertschätzung und Objektivität. Alle verbalen und non-verbalen Signale, die auf Vorwürfe, Kritik, fehlende Anerkennung oder Widerspruch hinauslaufen, erzeugen negative Reaktionen wie Kampf, Angriff, Unsachlichkeit oder Rückzug. Stärken Sie stattdessen das positive Selbstwertgefühl des Gesprächspartners.

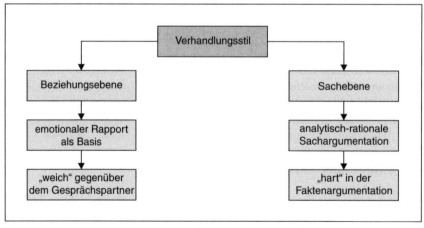

Abb. 11.1: Die Berücksichtigung der sachlichen und emotionalen Ebenen bei den Gesprächspartnern erleichtert die Verhandlungsführung.

Menschen senden ständig Signale, die von dem Gegenüber über die Sinneswahrnehmungen Riechen, Hören und Sehen wahrgenommen werden und einen Filter passieren. Alle Filter sind unbewusst. Die Signale gehen in Sekundenbruchteilen durch das Gehirn. Das Gehirn entscheidet aufgrund der Filterinformationen, ob das Gegenüber als positiv oder negativ empfunden wird! Wir müssen uns immer wieder vor Augen führen, dass

- die Wahrnehmungsfilter die non-verbale Kommunikation bestimmen,
- 80 Prozent unseres Verhaltens und unserer Entscheidungen über die non-verbale Kommunikation gesteuert wird,
- nur 20 Prozent unseres Verhaltens und unserer Entscheidungen über die verbale Kommunikation gesteuert wird.

Das menschliche Handeln wird durch Motive bestimmt, die vom Verstand und Gefühl geleitet werden. Akzeptieren Sie, dass die Verstandesebene – Preis, Qualität, Quantität, Gewinn etc. – nur einen geringen Teil der Entscheidungsgrundlage ausmacht. Der größte Teil der Entscheidungen fällt auf der Gefühlsebene mit Motiven wie Vertrauen, Verständnis, Ehrlichkeit, Bequemlichkeit, Freundschaft, Sicherheit, Schutz, Spieltrieb, Prestige, Neugier, Liebe, Geduld, Herzlichkeit, Höflichkeit, Respekt, Gemütlichkeit, Entlastung, Unterstützung oder Geltungsbedürfnis.

Das menschliche Gehirn gleicht einem Computer, der jeden als wichtig wahrgenommenen Reiz als Referenzerfahrung abspeichert und danach gleichartige Reize mit den vorherigen Erfahrungen abgleicht. Das Gehirn stellt eine Ursache-Wirkungs-Hypothese auf und versucht, Negativerfahrungen aus dem Weg zu gehen und Positiverfahrungen zu suchen. Jeder möchte gerne ein Held sein! Damit wir unsere eigenen Ziele erreichen können, brauchen wir das Gefühl, von anderen bemerkt zu werden. Unsere Gesprächspartner suchen nach ähnlich fühlenden und denkenden Mitmenschen und Gruppen. Deshalb sind „nackte" Produkte schnell kopierbar und werden erst durch die mit ihnen verbundenen Erlebniswelten zu Markenbildern für das Individuum. Die individuellen Bedürfnisse der Kunden müssen keine objektiv nachprüfbaren Produkteigenschaften sein, sondern sind in vielen Fällen mit Emotionen, Bildern und Referenzerfahrungen belegt. Individuelle Bedürfnisse entstehen durch Lernprozesse, Lernen ist die systematische Änderung des Verhaltens durch Erfahrungen. Trennen Sie:

▶ **persönliche Motive:**
  – Beliebtheit – kein Risiko oder Konflikt
  – Anerkennung – Beifall von außen, angesehen als Innovator
  – Respekt – Fachmann, informiert
  – Macht – Kontrolle, Entscheidungsgewalt

▶ **Aufgabenmotive:**
   – Weniger Aufwand: Wie wirkt sich das für mich aus?
   – Weniger Kosten: Hilft es mir, Zeit und Kosten zu sparen?
   – Höhere Qualität: Stimmt das Preis-Leistungs-Verhältnis, lohnt es sich für mich?
   – Höherer Gewinn: Gehöre ich mit zu den Siegern?

Bleiben Sie in Ihrer Grundhaltung „weich" gegenüber dem Gesprächspartner, aber „hart" in der Sache. Richten Sie Ihre Beziehungsstrategie nach „Interesse an der Beziehung/Interesse am Ergebnis" aus:

▶ **Interesse an der Beziehung hoch, Interesse am Ergebnis hoch:** Bauen Sie ein Beziehungsmanagement auf, loten Sie Ihre Zielgrenzen aus und bieten Sie Leistung gegen Leistung und Zukunftsperspektiven.

▶ **Interesse an der Beziehung hoch, Interesse am Ergebnis niedrig:** Konzentrieren Sie sich auf die Zukunftschancen und vermeiden Sie möglichst harte Preisgespräche.

▶ **Interesse an der Beziehung niedrig, Interesse am Ergebnis hoch:** Streben Sie überwiegend Ergebnisse an, und akzeptieren Sie einen eventuellen Kundenverlust.

▶ **Interesse an der Beziehung niedrig, Interesse am Ergebnis niedrig:** Arbeiten Sie weder aktiv am Ergebnis noch an der Beziehung, und beachten Sie die eigenen Grenzen.

Trennen Sie bewusst in den Gesprächen bei der Vorteilsargumentation Key-Account-Nutzen und Personennutzen. Beispiele:

Key Account-Nutzen:

● Steigerung des Deckungsbeitrags
● Marktanteilssteigerung
● Gewinnung von Neukunden
● Trendsetter im Markt
● Imagesteigerung
● Optimierung des Preis-Leistungs-Verhältnisses
● Verbesserung der Ablaufprozesse

Personennutzen:

- Anerkennung (Motiv: Stolz)
- Karrierechance (Motiv: Ehrgeiz)
- Geringerer Verwaltungsaufwand (Motiv: Bequemlichkeit)
- Risikoverminderung (Motiv: Sicherheitsstreben)
- Harmonie (Motiv: innere Balance)

Am problemlosesten ist der Start über die Fakten (Es-Bereich), da hier ein möglichst objektiver Austausch der Sichtweisen erfolgen kann. Wenn hier Einvernehmen hergestellt werden konnte, wechseln Sie in die Wir- und Ich-Position und bringen Ihre Botschaften herüber. Verwenden Sie „Moralappelle" nur in Notsituationen, wenn keine andere Möglichkeiten mehr bestehen und Sie Gefahr laufen, den Key Account zu verlieren. „Moralappelle" sind die erhobenen Zeigefinger, und die schmecken einem Verhandlungspartner selten.

○ Schaffen Sie es jederzeit, sich in den Gesprächspartner hineinzuversetzen?

○ Überprüfen Sie immer wieder im Gespräch, ob Sie emotionale Nähe hergestellt haben?

○ Führen Sie das Gespräch auf der Basis von Sachargumenten?

○ Hören Sie aktiv zu?

○ Bevorzugen Sie Sie-Aussagen, und senden Sie O.K.-Signale?

○ Bekunden Sie aktives Interesse an den Wünschen und Interessen Ihres Gesprächspartners?

○ Streben Sie konsequent gemeinsamen Nutzen an?

○ Schlagen Sie gezielt gemeinsame Projekte vor?

○ Verlassen Sie auch in kritischen Gesprächssituationen nicht die Wir-Ausrichtung?

○ Vermitteln Sie glaubhaft Erfolgsstreben für beide Parteien?

○ Bevorzugen Sie eine partnerorientierte Argumentation?

○ Gehen Sie jederzeit kundenorientiert auf Einwände ein?

○ Behandeln Sie Haupt- und Nebenaspekte in der Argumentation unterschiedlich?

○ Betrachten Sie jeden Aspekt unter Kosten- und Nutzengesichtspunkten des Kunden?

○ Verhandeln Sie objektiv auf der Basis „Gewinnvorteil für beide Seiten, Leistung und Gegenleistung sind ausgewogen, und es herrscht eine Gewinner-Gewinner-Situation"?

○ Fassen Sie zum Ende des Gesprächs alle Argumente noch einmal zusammen, und suchen Sie den gemeinsamen Nenner bzw. Lösungsalternativen?

○ Haben Sie keine Angst, nein zu sagen?

○ Machen Sie klar, dass Sie sich gegenüber unsachlichen Forderungen verweigern?

○ Machen Sie kein Geschäft, das nur dem Kunden Vorteile bringt?

○ Haben Sie keine Angst vor den Emotionen des Gesprächspartners?

○ Geben Sie sachliche Gründe für Ihr Nein an?

○ Weisen Sie immer wieder auf den persönlichen Nutzen hin, den Ihr Gesprächspartner durch Ihr Angebot erhält?

○ Fragen Sie den Kunden, welchen Vorteil Sie von einer Konditionenreduzierung hätten?

○ Kontern Sie unrealistische und unfaire Forderungen vorsichtig mit unrealistischen Gegenforderungen?

Einkäufertricks und deren Abwehr

Sie haben es in der Praxis mit bestimmten Gesprächstypen zu tun, deren vorherrschende Charakteristika folgendermaßen skizziert werden können:

● **Der Analyst:** Er rechnet sich Vorteile aus und ist auf Ordnung bedacht.

● **Der Verlässlichkeitssucher:** Er meidet Experimente und sucht vor allen Dingen Sicherheit.

● **Der robuste Macher:** Er spielt Machtspiele, will gewinnen und ist oftmals sehr eitel.

● **Der Moderator:** Er sucht die Beziehung und ist zu Kompromissen bereit.

● **Der Transformator:** Er sucht nach Ideen und Konzepten.

● **Der utopische Visionär:** Er ist innovativ und an Änderungen interessiert.

Die meisten Menschen zählen zu den Analysten, Verlässlichkeitssuchern und Machern, die wenigsten zu den Visionären. Des Weiteren spielen Gesprächspartner bestimmte Rollen:

▶ **Der Hinhaltetaktiker:** Behalten Sie die Ruhe, und suchen Sie Mitspieler im Buying-Center.

▶ **Der Druckmacher:** Bleiben Sie kühl und ruhig, Bluff liebt Gegenbluff. Bleiben Sie bei der Sachdiskussion.

▶ **Der Hilflose:** Lassen Sie sich nicht vorführen, angebliche Wettbewerbsangebote liegen selten vor. Machen Sie diplomatisch deutlich, dass Sie sein Spiel durchschaut haben.

▶ **Der Lavierer:** Wenn er Absprachen vergisst, weisen Sie ihn sofort darauf hin. Spielen Sie das Spiel mit dem Kleingedruckten mit, arbeiten Sie pedantisch, protokollieren und überprüfen Sie alle Dokumente.

▶ **Der Direktor:** Berücksichtigen Sie bei Ihrem Verhalten:
  – Signalisieren Sie sofort, dass Sie seine knappe Zeit respektieren, und schlagen Sie ein Zeitlimit vor. Sparen Sie sich Small Talks.
  – Erläutern Sie ihm die Vorteile Ihrer Argumentation in Kurzform.
  – Sprechen Sie in kurzen Sätzen, und beschränken Sie sich auf das Wesentliche.
  – Vermitteln Sie jederzeit, dass Sie gut vorbereitet sind.
  – Stellen Sie nur Fragen, die sich auf die gewünschten Resultate beziehen.
  – Heben Sie Effektivität und Einsparungen hervor.
  – Übergeben Sie wenig Papier. Stellen Sie in Kurzform Optionen mit Kosten-/Nutzen-Analysen zusammen.
  – Sichern Sie ihm zu, dass Sie sich um all seine Belange selbst kümmern.

▶ **Der Denker:** Berücksichtigen Sie bei Ihrem Verhalten:
  – Erläutern Sie präzise Ihre Vorstellungen.
  – Sprechen Sie langsam.
  – Machen Sie exakte Angaben, nennen Sie Quellen und Beweise.
  – Vermeiden Sie Emotionen.
  – Stellen Sie kurze und eindeutige Fragen.
  – Betonen Sie Qualität, Funktionen und Zuverlässigkeit, und übergeben Sie ausführliche Dokumentationen.
  – Drängen Sie nicht, und liefern Sie genügend Daten für eine Analyse, möglichst in tabellarischer Form.

► **Der Harmonisierer:** Berücksichtigen Sie bei Ihrem Verhalten:
- Geben Sie sich locker, entspannt und informell.
- Hören Sie aufmerksam zu und lassen Sie den anderen immer ausreden.
- Stellen Sie viele offene Fragen.
- Heben Sie die positiven Auswirkungen Ihres Produkts auf die Motivation der Mitarbeiter hervor.
- Üben Sie niemals Druck aus, und beziehen Sie Ihr Gegenüber durch Feedback-Fragen mit ein.
- Vermeiden Sie den Anschein spektakulärer Veränderungen.

► **Der Kontakter:** Berücksichtigen Sie bei Ihrem Verhalten:
- Gehen Sie auf seine Ideen und Visionen mit Offenheit ein.
- Lassen Sie ihn der Held sein.
- Stellen Sie vorwiegend offene Fragen, damit er seine Ideen und Vorstellungen einbringen kann.
- Verweisen Sie auf andere bekannte Key Accounts, die Ihre Leistung schon verwenden, und auf den damit verbundenen Prestigewert.
- Fixieren Sie Ihre Vereinbarungen schriftlich.
- Rufen Sie nach dem Gespräch noch einmal an, um eventuelle Unklarheiten zu beseitigen.

Versuchen Sie gezielt und bewusst, sich in die Emotionen Ihres Gesprächspartners einzufühlen und ihm über die persönliche Nähe die Sachargumente näher zu bringen. Treffen Sie vornehmlich Sie-Aussagen, und geben Sie ihm O.K.-Signale, denn es geht um Ihren Kunden und nicht um Sie. Zeigen Sie Interesse an den Wünschen/Interessen Ihres Gegenübers.

Geben Sie dem Gesprächspartner Hilfestellungen, sein Selbstwertgefühl zu wahren, und sprechen Sie gleich zu Beginn seinen Gemütszustand an:

● Bei positiver Stimmung: „Sie wirken heute besonders optimistisch."

● Bei neutraler bis positiver Stimmung: „Man merkt Ihnen an, dass Sie ... hinter sich haben."

● Bei negativer Stimmung: „Täusche ich mich, Sie wirken heute sehr nachdenklich."

Lassen Sie sich nicht in bestimmte Fallen locken, zum Beispiel:

● Der Gesprächspartner informiert sich vorab über die Schwachstellen Ihres Unternehmens:
- Exzellente Besuchsvorbereitungen verhindern zu große Überraschungen.

► Der Gesprächspartner versucht, Schuldgefühle bei Ihnen aufzubauen:
- Lassen Sie keine Schulddiskussionen aufkommen.

▶ Der Gesprächspartner droht mit Verhandlungsabbruch:
  – Bewahren Sie Haltung, und signalisieren Sie, dass Sie mit dieser „Masche" nicht kleinzukriegen sind.

▶ Der Gesprächspartner baut Zeitdruck auf, um Zugeständnisse von Ihnen zu bekommen:
  – Bleiben Sie gelassen und vertagen Sie die Entscheidung eventuell auf einen neuen Termin.

▶ Der Gesprächspartner springt immer wieder auf frühere Punkte zurück, um Sie zu zermürben:
  – Spielen Sie sein Spiel mit.

▶ Der Gesprächspartner versucht, durch einseitige Konditionenfestlegungen vollendete Tatsachen zu schaffen:
  – Erheben Sie sofort Einspruch, und bleiben Sie konsequent bei Ihrer Linie.

▶ Der Gesprächspartner unterwandert bestehende Absprachen:
  – Erheben Sie sofort Einspruch, und bestehen Sie auf Einhaltung der Absprachen.

▶ Der Gesprächspartner bittet aufgrund des guten Verhältnisses um Zugeständnisse:
  – Prüfen Sie exakt die Kosten des Zugeständnisses und trennen Sie zwischen dem Verhältnis und den Fakten.

Die Gesprächsvorbereitung

Legen Sie vor wichtigen Verhandlungen Ihre Grenzen fest, und behalten Sie sie während des gesamten Gesprächs im Auge. Wenn Sie Ihre Optionen kennen, gehen Sie sicherer in Besprechungen, denn Sie wissen, was Sie bereit sind aufzugeben, um das Abschlussziel zu erreichen. Notieren Sie in Ihrem Leitfaden die Grenzen, legen Sie fest, ab welchem Punkt Sie das Gespräch vertagen oder abbrechen wollen. Auch Ihr Vertragspartner wird sich Grenzen setzen, somit bestimmen die Grenzen beider Vertragsparteien die Verhandlung. Tanken Sie genügend Selbstvertrauen, um zu den Grenzen stehen zu können. Bedenken Sie einige grundsätzliche Spielregeln:

● Prüfen Sie vorab andere Möglichkeiten und Optionen für den Fall, dass Sie mit dem potenziellen Key Account nicht zu einem Abschluss kommen. Erstellen Sie vor jeder wichtigen Verhandlung eine Liste möglicher Optionen.

● Erwarten Sie nicht, bei jeder Verhandlung als Sieger vom Platz zu gehen. Damit setzen Sie sich nur selbst unter Druck. Schlechte Verhandlungsführer meinen, jedes Gespräch mit einem Abschluss beenden zu müssen.

- Legen Sie Ihre Widerstandslinie fest. Analysieren Sie, wo die Widerstandslinie Ihres Gesprächspartners liegen könnte.

- Lassen Sie sich nie in die Ecke drängen, und geben Sie Ihre Grenzen nicht gleich zu Beginn der Verhandlung bekannt. Lassen Sie sich während des Gesprächs genug Alternativen offen.

Formulieren Sie klare Ziele für jedes Gespräch. Aber: Sie müssen nicht jedes Ziel, das Sie sich setzen, auch erreichen. Die Festlegung von realistischen Zielen ist die Basis für Ihren Erfolg. Unterscheiden Sie aber zwischen Ziel und Zweck, Ihre Verhandlungsziele sollten sukzessive der Erreichung des Zwecks dienen. Binden Sie Ihr Key-Account-Management-Team in die Zielbestimmung mit ein und begeistern Sie es für die Erreichung der Aufgabe. Ehrgeiz ist gut, aber suchen Sie nur die Herausforderungen, die erreichbar sind. Weniger ist manchmal mehr. Arbeiten Sie mit Kennzahlen, um sich nicht in abstrakten Zielen zu verfangen, und vergeben Sie für jedes Ziel eine Priorität.

Spielen Sie mögliche Argumente, Vorwände, Einwände des Key Accounts durch und berücksichtigen Sie, dass auch der Key Account Vorteile in einer weiteren und vielleicht sogar intensiveren Geschäftsverbindung erkennen muss. Klären Sie vorab mit allen Bereichen Ihres Hauses den Verhandlungsspielraum, und definieren Sie eindeutig den Kompetenzrahmen. Versprechungen, die Sie nicht einhalten können, werden zu Fallstricken der Zukunft.

Verhandlungspartner werden unsicher, wenn Sie über die Verhandlungsgrundlage unsicher sind. Diese blinden Flecken führen dazu, dass erst einmal taktiert wird, um herauszufinden, was die Gegenseite anstrebt, um dann eine eigene Position einzunehmen. Schaffen Sie Sicherheit durch Transparenz, und ermöglichen Sie damit die Grundlage für eine faire und offene Verhandlung.

Richtig fragen und zuhören können ist eine Kunst, die von einem Key Account Manager gezielt erlernt und perfektioniert werden muss. Immer die Rückversicherung einzuholen, ob der Key-Account-Gesprächspartner alles wahrgenommen hat, damit einverstanden ist und bereit ist, die offerierte Idee auch in seinem Unternehmen umsetzen, ist nicht immer einfach. Wer aber aus einem Gespräch kommt, ohne in irgendeiner Form überrascht worden zu sein, hat nicht richtig zugehört. Erinnern Sie sich stets an die nachfolgenden Zeilen:

> „Gedacht ist nicht gesagt,
> gesagt ist nicht gehört,
> gehört ist nicht verstanden,
> verstanden ist nicht gleich einverstanden,
> einverstanden ist nicht umgesetzt,
> umgesetzt ist nicht beibehalten."

Umsetzung der Key-Account-Management-Strategien

Der Key Account Manager hat im Konfliktfall eine Puffer- und Ausgleichsfunktion. Es liegt erheblich an seinem Können und Wissen, seiner sozialen Kompetenz und Gelassenheit, ob Konflikte durch eine geschickte Gesprächsführung sowie zielgerichtete Angebote im Sinne des Schlüsselkunden entschärft werden können. Immer wieder vorkommende Konfliktpotenziale sind:

▶ **Zielkonflikte:** Der Schlüsselkunde und der Anbieter streben unterschiedliche Richtungen an.
  – **Lösung:** Fragen Sie nach den Zielen, Strategien und Basisüberlegungen des Schlüsselkunden, finden Sie Gemeinsamkeiten, definieren Sie die unterschiedlichen Positionen nach Wichtigkeit der jeweiligen Ansichten.

▶ **Machtkonflikte:** Der Schlüsselkunde will ausschließlich seine Position durchsetzen.
  – **Lösung:** Geben Sie in Nebensächlichkeiten nach, ziehen Sie aber eindeutige Grenzen bei verbalen Ausrutschern: Frage: „Wie würden Sie sich fühlen, wenn ich so mit Ihnen umgehen würde?"; brechen Sie im schlimmsten Fall das Gespräch ab.

▶ **Verteilungskonflikte:** Der Schlüsselkunde teilt Leistungen auf mehrere Anbieter auf, möchte dennoch einen besseren Preis.
  – **Lösung:** Handeln Sie den bestmöglichen Kompromiss aus, und bieten Sie Mehrleistungen oder Chancen auf zusätzlichen Gewinn an. Im Zweifelsfall suchen Sie nach neuen Schlüsselkunden.

▶ **Beurteilungskonflikte:** Der Schlüsselkunde beurteilt die Marktsituation, die Produkte, die Vertriebsansätze etc. anders als das eigene Unternehmen.
  – **Lösung:** Fragen Sie nach den Überlegungen des Schlüsselkunden, und führen Sie ihn durch geschickte Fragestellungen und Belieferung mit objektiven Informationen (Hilfe auch durch Einwandbehandlungstraining).

▶ **Beziehungskonflikte:** Schlecht ausgebaute persönliche Beziehungen mit dem Ergebnis, dass der Schlüsselkunde aus Prinzip widerspricht und in Opposition geht.
  – **Lösung:** Bauen Sie zur besseren Pflege des Key Accounts einen Kontaktplan auf. Bei persönlicher Antipathie: Übertragung der Aufgabe an einen anderen Mitarbeiter.

▶ **Kompetenzkonflikte:** Einmischung des Schlüsselkunden in die eigene Geschäftsführung.
  – **Lösung:** Klären Sie die Kompetenzen, und wehren Sie Kompetenzüberschreitungen höflich ab.

Der Key Account versucht bisweilen, die Stärke des Anbieters in Schwächen umzuwandeln, um dadurch eine stärkere Verhandlungsposition zu erreichen. Es beginnt mit einer Fehlersuche bei den Lieferantenleistungen, setzt sich in einem Schuldkomplexaufbau fort und hat das Ziel, einseitige Zugeständnisse zulasten des Lieferanten zu erzielen. Der größte Fehler ist die Zusage von Konditionenverbesserungen ohne Gegenleistung.

Je besser der Key Account Manager vorbereitet in die wichtigen Gespräche geht, desto eher kann er der Ausnutzung von Machtverhältnissen widerstehen. Die Erfüllung von vier Voraussetzungen erleichtert dem Key Account Manager die Bewältigung schwieriger Gesprächssituationen:

● Die eigenen Stärken sind in der Gesprächsstrategie so überzeugend, dass sie eventuelle Schwächen überdecken. Basis ist dabei ein starker Verhandlungsstil.

● Vorteil und Nutzen sind aus Sicht des Kunden schnell erkennbar, nach Abwägung aller Tatsachen ergibt sich eine positive Perspektive.

● Beide Partner müssen sich als Gewinner fühlen, es ist ein Win-Win-Spiel. Dem Schlüsselkunden muss klar sein, dass auch der Verhandlungspartner Vorteile aus dem Geschäft ziehen muss.

● Kein feststehendes Konzept präsentieren, sondern immer nur ein Diskussionspapier. Dadurch bleibt die Möglichkeit erhalten, ohne Gesichtsverlust für eine der Parteien Modifikationen vorzunehmen.

Behandeln Sie die Haupt- und Nebenaspekte unterschiedlich, und betrachten Sie jeden Punkt unter den Ertrags- und Kosten-Nutzengesichtspunkten des Key Accounts. Eine objektive Verhandlungsführung vermittelt Gewinnvorteile für beide Seiten, zum Beispiel ROI nach einer bestimmten Zeit. Eine Gewinner-Gewinner-Argumentation kann nur dann aufgebaut werden, wenn Leistung und Gegenleistung für beide Partner ausgewogen sind. Finden Sie die gemeinsamen Interessen heraus und signalisieren Sie, dass Ihnen der gemeinsame Nutzen am Herzen liegt. Vermitteln Sie einen objektiven Verhandlungsstil, und stellen Sie die sachlichen Kosten-/Nutzenaspekte in den Vordergrund. Verdeutlichen Sie, dass Ihnen eine Balance „Leistung-Gegenleistung" wichtig ist, und konzentrieren Sie sich auf Interessen und Bedürfnisse, nicht auf Standpunkte. Vermeiden Sie, wann immer möglich, Kampfgespräche, und versuchen Sie so schnell wie möglich, von einseitigen Forderungen seitens des Key Accounts zu einer Erörterung gemeinsamer Bedürfnisse überzuleiten.

Sprechen Sie offen Probleme an, die der Key Account mit Ihrem Unternehmen hat. Tippen Sie aber auch Probleme im Kundenunternehmen an, und erhöhen Sie das Problembewusstsein Ihres Gesprächspartners. Denken Sie sich aktiv in die Lösung von Key-Account-Problemen ein und hinterfragen Sie, wie man gemeinsam den Nutzen maximieren und Nachteile minimieren kann. Vergessen Sie aber auch nicht die persönlichen Vorteile Ihres Verhandlungspartners.

Das Nein-Sagen gehört auch in Ihr Repertoire, denn Sie sind sowohl dem Kunden als auch dem eigenen Unternehmen gegenüber verpflichtet. Vermitteln Sie eindeutig, dass Sie sich gegenüber unsachlichen Forderungen verweigern und kein Geschäft machen, das nur dem Key Account Vorteile bringt. Gehen Sie in einer derartigen Situation gelassen mit den Emotionen des Gesprächspartners um, und vermitteln Sie dem Gesprächspartner emotionale Nähe und Zufriedenheit. Geben Sie Argumente für Ihr Nein, und zeigen Sie immer wieder den Nutzen, den der Key Account und Ihre Gesprächspartner durch Ihr Angebot erhalten. Betonen Sie jederzeit das Wir-Gefühl.

Die Gesprächsführung kann in Rollenspielen intern geübt werden. So werden Schwachstellen in der Argumentation entdeckt, und vor allen Dingen wird die Einwandbehandlung trainiert.

Faire, offene und kalkulierbare Beziehungen sind der Schlüssel zum Erfolg. Ziel ist es, zu Ergebnissen zu kommen, die beide Seiten als Gewinn erachten. Einen Gesprächspartner so zu akzeptieren, wie er ist, und der antrainierten Manipulationsversuchung zu widerstehen, schafft die Basis für Anerkennung und eine langfristige Beziehung.

Bevor wichtige Gespräche mit Schlüsselkunden angegangen werden, sollten alle Teammitglieder kontaktiert werden, die den Key-Account-Kontakt pflegen, und um ihre Meinung für die Gesprächsagenda gebeten werden. Damit wird sichergestellt, dass auch die internen Key Accounts in den Gestaltungsprozess einbezogen werden.

Es folgt die Kontaktaufnahme mit dem Schlüsselkunden selbst, in der die Gesprächsidee und das Gesprächsziel zur Sprache kommen. Ist der Schlüsselkunde generell mit dem Leitfaden einverstanden? Wenn nein, kann man um seine Ideen bitten, wenn ja, um seine Ergänzungen, Modifikationen und grundsätzlichen Änderungen.

Die vereinbarte Agenda wird schriftlich bestätigt, und an alle Beteiligten im eigenen Unternehmen wird eine Kopie weitergegeben. Es bietet sich an, mehrere Personen an der Vorbereitung der Schlüsselgespräche zu beteiligen, um Kritikern im eigenen Haus vorzubauen.

Die sorgfältige Vorbereitung von Schlüsselgesprächen bestimmt maßgeblich das Endergebnis mit. Daher ist es ratsam, alle bisher erbrachten Daten zusammengefasst und ausgewertet vor sich zu haben.

Zusammen mit dem Key-Account-Team wird festgelegt, welche Maximalergebnisse (visionär) bzw. Minimalergebnisse (worst-case) erreicht werden sollen und ob mit einer Gesprächstaktik (Argumente, Vorwände, Einwände etc.) des Schlüsselkunden zu rechnen ist. Auch der Verhandlungsspielraum für die Verhandlungsdelegation bei mehreren Teilnehmern auf der eigenen Seite sollte festgelegt werden, um keine leeren Versprechungen zu machen.

Die Kundenanalyse

○ Umsatz nach Geschäftsbereichen, Unternehmensgesellschaften, Vertriebsschienen, Produktgruppen, ... ?

○ Gemeinsam vereinbarte Planzahl laufendes Jahr: Ist-Umsätze laufendes Jahr?

○ Gemeinsam vereinbarte Planzahl Gewinn/Ertrag: Ist-Gewinn/Ertrag laufendes Jahr?

○ Umsatz/Gewinn/Ertrag der letzten drei Jahre?

○ Umsatzpotenzial in dem Marktsegment/in der Branche/in der Region (durch Markterhebungen gewonnenes Wissen)?

○ Umsatzmarktanteil des Schlüsselkunden in dem Marktsegment/in der Branche/in der Region (durch Schlüsselkunden-Daten belegt)?

○ Herausragende Maßnahmen des Schlüsselkunden in den letzten zwölf Monaten zur Positionsstärkung und Ergebnisse dieser Maßnahmen?

○ Gemeinsam vereinbarte Maßnahmen: tatsächlich davon durchgeführte Maßnahmen?

○ Konditionszugeständnisse abweichend von der getroffenen Jahresvereinbarung?

○ Welche Kosten verursacht der Schlüsselkunde laut interner Kosten- und Leistungsrechnung bei uns in der Zusammenarbeit?

○ Welche weiteren Kosten verursacht der Schlüsselkunde?

○ Wie hoch ist unser Lieferanteil am Gesamteinkaufsvolumen?

○ Nimmt der Schlüsselkunde mit unseren Produkten alle Potenzialausschöpfungsmöglichkeiten am Markt wahr?

○ Was sind die Gründe der Ausschöpfung/Nichtausschöpfung des Potenzials?

Umsetzung der Key-Account-Management-Strategien

○ Welche weiteren Wachstumsmöglichkeiten sieht der Schlüsselkunde und in welchen Bereichen?

○ Auf welchen Bereich im Marketing-Mix konzentriert sich der Schlüsselkunde besonders?

○ Ist ein kurzfristiges/mittelfristiges Wachstum beim Schlüsselkunden zu erwarten und in welchem Umfang?

○ Können Aktionen/Unterstützungsmaßnahmen unsererseits die gemeinsam vereinbarten Ziele positiv beeinflussen?

Die Marktanalyse

○ Wie wird sich der Markt/das Marktsegment/die Marktnische des Schlüsselkunden kurzfristig/mittelfristig entwickeln?

○ Welche Käufergruppen entwickeln sich besonders gut?

○ Welche neuen Zielgruppen und Käufer werden kurzfristig/mittelfristig entstehen?

○ Welche Produkteigenschaften sind von den Kunden des Schlüsselkunden besonders gefragt?

○ Wie können wir den Schlüsselkunden mit unserer Marktpositionierung in seiner Marktdurchdringung unterstützen?

○ Wer sind unsere Wettbewerber?

○ Wer sind die Wettbewerber unseres Schlüsselkunden?

○ Welche Position können wir und der Schlüsselkunde unter Berücksichtigung aller Wettbewerber gemeinsam im Gesamtmarkt einnehmen?

○ Welche Marktanteile besitzt unser Wettbewerb, und wie entwickelt er sich?

Die Durchführung von Key-Account-Gesprächen

Steigen Sie in die Key-Account-Verhandlung generell damit ein, dass Sie nach der Begrüßung den Ablauf des Gesprächs mit dem Kunden festlegen bzw. sich bestätigen lassen. Halten Sie die Aufwärmphase möglichst kurz, um die Ihnen zur Verfügung stehende Zeit optimal zu nutzen. Stellen Sie dem Key Account das eigene Konzept zur Diskussion, notieren Sie sich Einwände und Gegenargumente des Kunden, und geben Sie so viele ergänzende Informationen wie nötig. Fassen Sie dann das Gespräch zusammen, und stellen Sie fest, wo es Übereinstimmungen oder unterschiedliche Ansichten gibt. Finden Sie gemeinsam heraus, ob eventuelle Unterschiede in der Sichtweise oder Zielerreichung gravierend sind oder vernachlässigt werden können. Wenn es sich um gravierende Fakten handelt, müssen diese erst einvernehmlich und befriedigend für beide Seiten geklärt werden, ehe weitere Punkte besprochen werden. Das kann auch dazu führen, dass eine Unterredung vorzeitig abgebrochen werden muss, um wichtige Dinge intern zu klären. Unterbreiten Sie Ihr Angebot erst dann, wenn alle Fakten geklärt sind. Halten Sie die Gesprächsergebnisse stets schriftlich fest, und senden Sie das Protokoll kurzfristig an Ihre Gesprächspartner mit der Bitte, „Unkorrektheiten" sofort zu melden und die Alternativsichtweise darzulegen. Nennen Sie in dem Protokoll die offenen und nicht einvernehmlich geregelten Punkte ebenso wie die Ausblicke auf die weitere Zusammenarbeit.

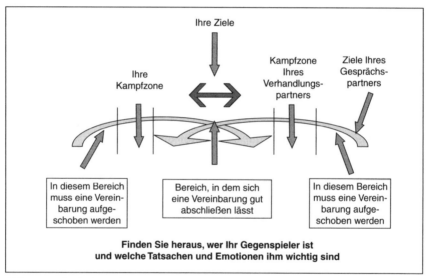

Abb. 11.2: Analysieren Sie die Bereiche, in denen Verhandlungen erfolgreich abgeschlossen werden können.

Die Tricks der Gesprächspartner von der Einkaufseite sind legitim. Sie werden dafür bezahlt, möglichst wenig zu geben. In diesem Spannungsfeld bewegen sich die Gespräche. Der Einkauf hat ebenso wie Sie seine Ziel- und Kampfzone. Wenn Sie, wie zuvor beschrieben, die Grenzen Ihres Verhandlungsteams festgelegt haben, können Sie mit dieser Situation besser leben. Verlassen Sie aber nicht die von Ihnen selbst gesetzten Grenzen, sonst kommen Sie sehr schnell in eine unkomfortable Verhandlungsposition.

Umsetzung der Key-Account-Management-Strategien

Für die wichtigen Verhandlungen bietet sich die Entwicklung von drei Formularen an:

▶ **Das Zielkonzept: Hier skizzieren Sie Ihre Optimalzone:**
 – Spalte 1: Ziele des Gesprächs/der Verhandlung.
 – Spalte 2: Kosten für Ihr Unternehmen zur Erreichung jedes Ziels.
 – Spalte 3: Umsatzauswirkung für den Key Account
  (best case/worst case).
 – Spalte 4: Ertragsauswirkung für den Key Account
  (best case/worst case).
 – Spalte 5: Argumente für jedes Ziel.

▶ **Die Optionen: Hier skizzieren Sie Ihre Zielzone:**
 – Spalte 1: Mögliche Optionen.
 – Spalte 2: Kosten für Ihr Unternehmen für jede Option.
 – Spalte 3: Prioriät (A/B/C) für den Key Account
  und Ihr Unternehmen.
 – Spalte 4: Umsatzauswirkung für den Key Account
  (best case/worst case).
 – Spalte 5: Umsatzauswirkung für Ihr Unternehmen
  (best case/worst case).
 – Spalte 6: Ertragsauswirkung für Ihr Unternehmen
  (best case/worst case).
 – Spalte 7: Argumente für jede Option.

▶ **Der Kompromiss: Hier skizzieren Sie Ihre Kampfzone:**
 – Spalte 1: Kompromiss.
 – Spalte 2: Kosten für Ihr Unternehmen.
 – Spalte 3: Umsatzauswirkung für Ihr Unternehmen
  (best case/worst case).
 – Spalte 4: Ertragsauswirkung für Ihr Unternehmen
  (best case/worst case).
 – Spalte 5: Argumente für den Kompromiss.
 – Spalte 6: Schmerzgrenze I (weiterer Aufbau wie zuvor).
 – Spalte 7: Schmerzgrenze II (weiterer Aufbau wie zuvor).

Erkennen Sie die Macht des Einkaufs auf der Beziehungsebene an (O.K.-Signale). Machen Sie aber auch deutlich, dass Sie Ihren eigenen Interessen gegenüber verpflichtet sind („Bitte verstehen Sie, dass ich für eine Gewinner-Gewinner-Position verantwortlich bin"). Erklären Sie, dass Sie nur Forderungen mit beiderseitigem Vorteil akzeptieren können („Beide Parteien können nur dann Spaß an der Beziehung haben, wenn Sie Nutzen daraus ziehen").

Tab. 11.1: Vor wichtigen Verhandlungen stellen Sie mit dem Key-Account-Management-Team Kompromissformeln und deren Auswirkungen auf.

Kompromiss	Kosten	Umsatzauswirkung		Ertragsauswirkung		Argumente
		best case	worst case	best case	worst case	
Kompromiss						
Schmerzgrenze I						
Schmerzgrenze II						

Zu jeder Verhandlung gehören zwar Konzessionen, mit Ausnahme von gänzlich neuen Situationen sollten die Prioritäten aber während der gesamten Verhandlung so bleiben, wie sie zu Verhandlungsbeginn gemeinsam vereinbart wurden. Bleiben Sie deshalb hinsichtlich der für Sie wichtigen Fragen und der Ziele, die Sie sich gesetzt haben, in der ganzen Verhandlung bei einer einzigen Position. Falls die andere Seite Ihre Position in wesentlichen Punkten zu ändern versucht, stoppen Sie den Fortgang des Gesprächs, bis Sie den Grund hierfür herausgefunden haben, und übergehen Sie diese Tatsache nicht einfach. Vielleicht haben sich die Gesamtumstände bei der anderen Partei grundlegend geändert – oder man will Sie ganz einfach nur hereinlegen.

In den Verhandlungen über Großinvestitionsgüter werden schnell Risiken für Anbieter und Key Account sichtbar:

● Kann die zugesicherte technische Leistung erbracht werden?

● Kann der zeitliche Rahmen eingehalten werden?

● Können die Kalkulationskosten eingehalten werden?

Um zu verhindern, dass die Risiken einseitig zulasten des Key Accounts oder Anbieters gehen – bei einem Festpreis trägt der Anbieter die Last, bei der Vereinbarung von Einzelleistungen trägt der Key Account das Kostenrisiko – bietet sich der Abschluß eines Incentive-Kaufvertrags an. Er bietet eine faire Risikoverteilung für beide Vertragspartner. Gehen Sie wie folgt vor:

1. Vermerken Sie Plankosten gemäß Kaufvertrag.

2. Vereinbaren Sie eine erfolgsabhängige Prämie, die dann gezahlt wird, wenn die Kosten des Projekts gesenkt werden können.

3. Legen Sie eine Normalkostenzone fest, idealerweise fünf Prozent unter bzw. über den Plankosten.

4. Setzen Sie gemeinsam Kostenzonen fest, die nach Verlassen der Normalkostenzone greifen.

5. Legen Sie eine Prämie fest, zum Beispiel zehn Prozent vom Einsparungs- oder Mehrausgabenwert. Bei Einsparung erhält der Anbieter eine Prämie, bei Mehrausgaben der Key Account.

6. Begrenzen Sie die Kostenzone und Prämie nach unten und oben.

Eine derartige Regelung ist sowohl auf Kosten- als auch Zeitbasis möglich.

▶ **Vorteil für den Key Account:** Wenn der Anbieter Kosten einspart, gewinnt er überproportional. Wenn der Anbieter die Plankosten überschreitet, wird er in einem akzeptablen Rahmen entschädigt.

▶ **Vorteil für den Anbieter:** Bei einem fairen Vertrag ist die mögliche Honorarerhöhung bei Unterschreitung der Plankosten für ihn sehr interessant. Bei Überschreitung der Plankosten geht er ein kalkulierbares Risiko ein.

Achten Sie auf einige Fallstricke, die häufig in der Praxis vorkommen:

▶ **Der unsichtbare Entscheider:** Sie stellen während der Verhandlung fest, dass Ihr Gesprächspartner nicht autorisiert ist, ja oder nein zu sagen. Sie kennen den Entscheider und seine Ziele nicht. Damit wird die Verhandlung gegen dieses Hindernis zum Schattenboxen. Die Konsequenz für die Zukunft: Bereiten Sie sich besser vor.

▶ **Kommunikation, Worte und Taten stimmen nicht überein:** Der Verhandlungspartner droht, die Verhandlung abzubrechen, und macht es dann nicht, oder ein Verhandlungspunkt stand nicht auf der Agenda und wird auf einmal „hochgepusht". Bleiben Sie ruhig, und lassen Sie sich nicht verrückt machen – nichts wird in der Regel so heiß gegessen, wie es gekocht wird.

▶ **Der Verhandlungspartner will Sie mit ins Boot ziehen:** Motto „Teilen wir uns die Kosten des Kompromisses": Rechnen Sie die Auswirkungen genau nach. Wenn sich das Resultat nicht für Sie rechnet, sagen Sie es Ihrem Verhandlungspartner und argumentieren Sie, warum dieses scheinbare „faire" Angebot sachlich nicht von Ihnen akzeptiert werden kann.

▶ **Durch Kopplungsgeschäfte zum Geschäftsabschluss:** Koppelung macht nur dann Sinn, wenn Sie die von Ihnen erwünschte Zusage an eine eigene Forderung koppeln, sodass das Geschäft für beide Seiten Vorteile bringt. Das kann zum Beispiel der Fall sein, wenn das originäre Geschäft für Sie ausgereizt ist. Überprüfen Sie die gesamte Transaktion, und suchen Sie den Punkt, der zu Ihren Gunsten abgeändert werden könnte, um das Geschäft wieder ins Gleichgewicht zu bringen.

Ein streitsüchtiger oder wütender Mensch ist unerreichbar. Ihre einzige Chance: Sie lenken ihn in die gewünschte Richtung, ohne sich von seinen Gefühlen zu sehr beeinflussen zu lassen. Bleiben Sie gelassen, und gehen Sie ruhig, sachlich und fair (wenn es auch schwer fällt) auf die Emotionen des Gegenübers ein. Greifen Sie ihn oder seine Standpunkte nicht an, verteidigen Sie in dieser Situation aber ebenso wenig Ihren Standpunkt, sich selbst oder Ihre Bedürfnisse. Halten Sie das Gespräch in Gang, machen Sie diplomatisch deutlich, dass Sie sich ausschließlich auf die sachliche Aufgabe konzentrieren wollen und vor Ort sind, um sich mit Ihrem Gesprächspartner zu streiten. Geben Sie immer wieder O.K.-Signale, bleiben Sie bei Ihrer sachlichen Argumentation, und vermitteln Sie weiterhin ein Wir-Gefühl.

Wenn Sie das Gefühl haben, dass die Gegenseite die Verhandlungen überstürzt oder aus Taktik abbricht, scheuen Sie sich nicht, sie zurückzuhalten. Falscher Stolz wäre in dieser Situation am wenigsten angebracht. Wenn allerdings die Gegenseite die Verhandlungen für endgültig gescheitert erklärt, müssen Sie akzeptieren, dass möglicherweise die Kommunikation für eine gewisse Zeit nicht mehr herstellbar ist. Nutzen Sie diese Zeit für eine erneute Analyse, und überprüfen Sie dabei die von Ihnen aufgestellten Grenzen. Sammeln Sie neue Informationen, und analysieren Sie die Situation zur Neuorientierung. Wenn die andere Seite wieder Verhandlungsbereitschaft signalisiert, seien Sie offen und bedanken Sie sich für die Bereitschaft.

Denken Sie daran, dass in dieser Situation Schnelligkeit ebenso wichtig ist wie eine neuerliche gute Vorbereitung.

Brechen Sie nie selbst Verhandlungen aus Verärgerung ab. Fassen Sie in einer kritischen Verhandlungsphase die Position der anderen Seite und des eigenen Unternehmens zusammen. Erläutern Sie aus Ihrer Sicht, in welchen Bereichen die Positionen auseinander liegen und was dies für Sie bedeutet. Vermeiden Sie immer – auch wenn es berechtigt wäre –, der Gegenseite die Schuld für den Verlauf der Verhandlungsphase zu geben, denn man muss sich wieder an einen Tisch setzen können. Danken Sie Ihrem Verhandlungspartner für das Gespräch, und informieren Sie ihn über Ihr weiteres Vorgehen.

Die Kunst des richtigen Zuhörens

Aktives Zuhören erfordert alle Sinne. Sie können es mit den Ohren, den Augen und allem, was dazwischen liegt. Es ist die Grundlage aller zwischenmenschlichen Interaktionen und das wichtigste Grundelement der Verhandlungskunst. Zuhören ist Arbeit und Energieverzehr und eine höchst aktive Tätigkeit. Mit gutem Zuhören können Sie einen Menschen dazu bringen, sich zu öffnen, mehr Informationen zu übermitteln und Gedanken deutlicher auszudrücken, als er es sonst tun würde.

Zuhören können ist ein Teil der Unternehmenskultur. Aktiv zuzuhören ist schwieriger als zu sprechen und zu präsentieren. Key Account Manager, die nicht aktiv zuhören, erfahren nichts von den Wünschen ihrer Schlüsselkunden. Den Key Accounts zuzuhören ist Grundvoraussetzung für die Entwicklung einer dauerhaften Kundenbeziehung.

Jedes Geschäft ist einzigartig, und besonders Key Accounts legen Wert auf eine kundenindividuelle Behandlung. Fragen Sie sich während der Verhandlung:

▶ *Bin ich nur mit mir selbst beschäftigt, oder höre ich aufmerksam zu?*
▶ *Stehe ich selbst noch zu sehr im Vordergrund und damit dem Zuhören im Weg?*
▶ *Kommen meine Fragen und Argumente an, und treffe ich den Kundenwunsch?*
▶ *Stelle ich den richtigen Personen die richtigen Fragen?*

Vertriebsmitarbeiter sind oftmals schlechte Zuhörer. Sie sind mit ihren Gedanken schon bei den Produkten und ihrer eigenen Lösung und lassen sich leicht ablenken. Kundeneinwände kommen nur bedingt an und werden nicht positiv oder gar nicht verarbeitet. Die Fähigkeit, den Kunden während seiner Ausführungen genauestens zu beobachten, kommt meist ebenfalls zu kurz. Zudem haben viele von vornherein eine vorgefertigte Meinung; man meint die Argumente des Kunden schon zu kennen, da man Ähnliches schon von anderer Seite gehört hat. Wesentlich ist aber häufig nicht nur der Inhalt der Kundenaussage, sondern vor allem auch das „Wie".

Führung erfolgt durch Fragen. Es geht darum herauszufinden, was das Anliegen des Kunden ist und welche Vorstellungen er konkret hat. Dabei stehen nicht technische Details oder konkrete Lösungen im Vordergrund, sondern die Ergebnisse, die der Kunde erreichen will. Dies zu verifizieren, bedarf einer zielgerichteten Fragestellung. Belasten Sie Ihren Kunden nicht mit Fachausdrücken. Das verwirrt und schafft eine unsichere Atmosphäre.

Als Key Account Manager werden Sie auch dafür bezahlt, dass Sie Ihren wertigen Kunden zuhören (das heißt nicht, die Meinung des anderen auch zu akzeptieren). Wenn Kunden sich nicht äußern, heißt das nicht, dass sie kein Interesse an einer Meinungsäußerung haben. Gründe für Nichtäußerung sind zum Beispiel:

● **Ängstlichkeit:** Der Kunde fühlt sich unterlegen und befürchtet einen Gesichtsverlust.

● **Bequemlichkeit:** Der Kunde geht einer Diskussion aus dem Weg und gibt den Anschein, er sei mit Ihren Ausführungen zufrieden.

● **Resignation:** Der Kunde erlebte immer wieder, dass er vom Verkäufer niedergeredet wurde und nimmt deshalb Fragen nur noch bedingt ernst.

Wenn Sie herausgefunden haben, welches Ziel der Kunde genau verfolgt, besitzen Sie eine diagnostische Plattform, auf der Sie verschiedene Lösungsmöglichkeiten durchspielen können. Lösungsmöglichkeiten könnten zum Beispiel sein:

▶ *Ihr Produktangebot bewahrt Ihren Key Account vor Problemen.*

▶ *Ihr Leistungspaket schafft dem Key Account Organisationsvorteile.*

▶ *Mit Ihren Produkten/Dienstleistungen erreicht der Key Account Kostenreduktionen in seinem Unternehmen.*

▶ *Der Key Account erwirbt sich durch Ihr Angebot Alleinstellungsmerkmale am Markt.*

▶ *Durch Übernahme Ihres Angebotes besteht eine höhere Gewinnchance für den Key Account.*

▶ *Ihr Gesprächspartner beim Key Account kann sich mit Ihrem Angebot in seinem Unternehmen profilieren.*

▶ *Ihr Angebot kann dem Key Account Zeit sparen.*

▶ *Ihr Angebot trifft das emotionale Motiv Ihres Gesprächspartners.*

▶ *Ihr Leistungspaket bietet einen größeren Mehrwert als die jetzt eingesetzte Lösung.*

Die aus den Detailfragen gewonnenen Informationen und Kundenbedürfnisse erlauben es, die vom Kunden gewünschten Ergebnisse einer ausführlichen Diagnose zu unterziehen. Je besser man nun über das Key-Account-Unternehmen Bescheid weiß, desto genauer können Fragen auf den Punkt gebracht werden. Es erleichtert den Frageprozess, sich vorab eine Checkliste über die Belange des jeweiligen Key Accounts zu erarbeiten, um für seine Konstellation die bestmögliche Lösung erfragen zu können.

Oberste Priorität bei einer möglichen Kaufentscheidung hat der gewünschte oder erwartete Nutzen, den sich der Kunde von der Produktlösung erwartet. Nicht nur das Erkennen eines vom Kunden wahrgenommenen Problems ist wichtig, sondern auch die Auswirkungen auf den Geschäftsprozess des Kunden.

Man sollte dem Schlüsselkunden daher deutlich machen, dass er mit der angebotenen Lösung seine Gesamtsituation verbessern kann. Entscheidend für die Annahme des Angebots ist, dass der erwartete Nutzen aus einer neuen Lösung groß genug ist und der Kunde die Kosten für das Produkt/die Dienstleistung akzeptiert. Die Verstärkung des Problembewusstseins erhöht das Kundenbedürfnis:

● Durch Orientierungsfragen erhalten Sie Informationen über die derzeitige Kundensituation: „Welche Leistung setzen Sie zurzeit ein?"

● Problemfragen erhellen, welches Problem der Kunde derzeit mit seiner Lösung hat: „Wie viele Mitarbeiter benötigen Sie in diesem Bereich?"

● Diagnosefragen klären, welche Auswirkungen dieses Problem mit sich bringt: „Kommt es Ihrem Ziel, Kosten zu sparen, nahe?"

● Durch Lösungsfragen können Sie feststellen, inwieweit Ihr Lösungsvorschlag die Bedürfnislücke aus Sicht des Kunden abdeckt, um die notwendige Investition zu tätigen: „Würde Sie unser Softwarepaket reizen, wenn Sie damit pro Jahr x Mitarbeiter einsparen könnten?"

Wenn der Schlüsselkunde einer Lösungsfrage positiv gegenübersteht, besitzt er ein elementares Interesse. Erst dann sollte man mit der Nutzenargumentation beginnen. Vergessen Sie nicht, sich immer wieder zu versichern, dass der Kunde Ihnen noch zuhört. Jede Kernaussage von Ihnen ist auf Akzeptanz durch den Kunden zu überprüfen. Wenn Sie merken, dass der Kunde mit einem Punkt nicht einverstanden ist, reden Sie nicht weiter, sondern haken Sie durch Fragen nach, und fahren Sie erst dann fort, wenn diese Unsicherheit beim Kunden geklärt werden konnte.

Fallbeispiel: Die Netzwerkpartner beim Key Account besitzen unterschiedliche Nutzenvorstellungen und wünschen eine individuelle Ansprache.

Nutzen	Wichtig-keit	Für wen ist der Nutzen wichtig?						
		GF	EK	Planer	BU	End-kunde	Tech-niker	
Verlegbarkeit	A		X	X			X	A 3
Verarbeitung	B			X			X	B 2
Logistik	C	X	X					C 2
Beständigkeit	B			X		X		B 2
Zeitersparnis	A	X	X	X	X			A 4
Verfügbarkeit	A		X		X			A 2
Kostenvorteile	A	X	X			X	X	A 4

Wichtige Punkte werden sofort notiert. Damit wird dokumentiert, dass Sie an der Kundenmeinung sehr interessiert sind. In sehr gravierenden Fällen ist es wenig sinnvoll, das Gespräch mit einem Ergebnis beenden zu wollen. Wenn Sie feststellen, dass Sie gemeinsam ein gegensätzliches Thema nicht lösen können, gehen Sie die restlichen Aspekte noch durch, um festzustellen, ob es weitere „Knackpunkte" gibt, und vereinbaren Sie dann einen Termin, bis zu dem Sie eine Klärung des Kundenwunsches vornehmen werden.

Durch aktives Zuhören gelangt man in kürzerer Zeit zu zählbaren Ergebnissen und punktgenaueren Angeboten und reduziert damit die Auftragsverlustrate. Wenn man die eigenen Schlüsselkunden wirklich kennen lernen will, lohnt es sich, ein kontinuierliches Feedback-System einzurichten, in dem alle Reaktionen auf Produkte, Dienstleistungen und Marktbearbeitung gesammelt, geprüft und in den Innovationsprozess eingebaut werden. Wirksame Feedback-Systeme zeichnen sich aus durch:

- Offenheit,
- aktive Beteiligung der Key Accounts,
- regelmäßige Trainings und Qualifizierung des eigenen Teams,
- regelmäßige Überprüfung der Vorgehensweise und Spielregeln.

Ein ideales Feedback-System ist offen für alle Arten von Rückmeldungen – für Kommentare, Beschwerden, Vorschläge, Kritik etc. Diese Rückmeldungen helfen mit, Verbesserungen im eigenen Unternehmen umzusetzen, um den

Umsetzung der Key-Account-Management-Strategien

Schlüsselkunden aus deren Sicht besser dienen zu können. Zudem trägt ein Feedback-System dazu bei, eine Informationsgrundlage zur Konzipierung neuer Produkt- und Serviceangebote zu bilden.

Sie werden dann positiv eingestimmte Mitspieler gewinnen, wenn die Ergebnisse des Feedback-Systems den Gesprächspartnern beim Key Account und beim eigenen Key-Account-Management-Team regelmäßig übermittelt werden. Wenn diese darüber hinaus noch feststellen, dass ihre Anregungen auch zu Verbesserungen in ihrem eigenen Bereich führen, haben sie ein elementares Interesse, mitzuwirken. Wichtig ist auch, dass die eigenen Mitarbeiter kritisches Feedback als Gewinn betrachten. In einem geeigneten Training kann durch Rollenspiele verdeutlicht werden, welche Barrieren Kunden zum Teil mit ihren Anliegen in der eigenen Organisation überwinden müssen.

Es gibt einige Faktoren, die immer wieder aktives Zuhören verhindern:

▶ Der Verteidigungsmechanismus:
  – Menschen wehren sich gegen „schlechte Nachrichten". Nachteil: Wer nicht richtig zuhört, kann Gefahren überhören und setzt sich nicht mit ihnen auseinander. Ein dafür typischer Einwand: „Ja, aber ..."

▶ Schwaches Selbstbewusstsein:
  – Nervosität und Selbstzweifel sind zerstörerisch für das Zuhören. Auch ein mit Gegenreaktionen beschäftigter Mensch kann nicht zuhören. Man kann der Mimik regelrecht ansehen (Augen, Hände, Füße, Körperhaltung), wie beschäftigt der Mensch mit sich ist. Angstgefühle sind Energien, die der Körper zur Gefahrenabwehr entwickelt hat.

▶ Fehlende Energie:
  – Zuhören erfordert Energie und ist Gedankenarbeit.

▶ Zuhören wurde nicht erlernt bzw. wird durch schlechte Angewohnheiten vereitelt:
  – Sie haben es sich angewöhnt, vorauszudenken und zu reden, obwohl Sie Ihrem Gegenüber lieber noch zuhören sollten. Zu denken, ohne zu sprechen, fällt den meisten Menschen schwer.

▶ Falsche Erwartungen:
  – Eine falsche Erwartung hindert den Geist daran, weiterhin offen und aufnahmebereit zu bleiben.

▶ Sie akzeptieren Ihren Verhandlungspartner nicht:
  – Menschen hören nicht hin, weil sie von dem Anderen nichts Wertvolles erwarten.
  – Der Gesprächspartner entspricht nicht Ihrer Rangstufe in der Hierarchie.

Jeder Gesprächspartner wird Ihnen Informationen zukommen lassen, wenn Sie nur lange genug fragen und zuhören. Aber: Sie können nicht gleichzeitig zuhören und reden. Erfolgreiche Menschen sind in der Regel bessere Zuhörer als erfolglose!

Bleiben Sie in Ihren Aussagen deutlich

Eine klare und deutliche Kommunikation ist die Grundvoraussetzung für erfolgreiche Verhandlungen.

Klarheit bedeutet, dass Ihre Zuhörer verstehen, was Sie sagen, schreiben oder anderweitig vermitteln. Eine klare Kommunikation ist der zweite wichtige Baustein nach dem aktiven Zuhören. Fragen Sie: „Was exakt sollen meine Zuhörer als Ergebnis unserer Kommunikation machen, denken oder fühlen?" Beherzigen Sie vor einer wichtigen Kommunikationssituation die nachstehenden Tipps:

▶ *Werden Sie sich über Ihre Ziele klar.*
▶ *Holen Sie sich ausreichend Informationen über Ihre Gesprächspartner.*
▶ *Finden Sie heraus, welche Filter bei ihnen vorhanden sind.*
▶ *Analysieren Sie, wie Sie diese Filter überwinden können.*
▶ *Präsentieren Sie Ihre Ideen in einer nachvollziehbaren Reihenfolge.*
▶ *Bringen Sie die Zuhörer sicher von Punkt A nach Punkt B.*

Sorgen Sie für das richtige Gesprächsklima, denn dies verdeutlicht die Wichtigkeit des Gesprächs. Geben Sie dem Gegenüber einen Überblick, beschreiben Sie das Gesamtziel, und vermitteln Sie Ihrem Gesprächspartner, dass Sie mit ihm gemeinsam Ihr Ziel erreichen wollen. Beschreiben Sie deshalb aus Ihrer Sicht mögliche Schritte zur Erreichung des Ziels, und holen Sie sich das Einverständnis Ihres Gesprächspartners ein. Wenn Leistungen vom Key Account verlangt werden müssen, um das Ziel zu erreichen, nennen Sie die einzusetzenden Ressourcen. Denn beide Parteien müssen wissen, was zu leisten ist. Fordern Sie Ihr Gegenüber zu Fragen auf, indem Sie selbst offene Fragen stellen, zum Beispiel: „Welche Fragen haben Sie noch?"

Ordnen Sie Ihre Kommunikation logisch.

▶ **Aussage:**
- *„Die Nachfrage bestätigt den Trend."*

▶ **Grund:**
- *„Das Umweltbewusstsein der Kunden wächst."*

▶ **Beispiel:**
- *„Der Gesamtumsatz hat sich innerhalb eines Jahres verdoppelt."*

▶ **Zukunftsaussichten:**
- *„Der Trend zeigt stark noch oben."*

Sie werden immer mal wieder in einer Verhandlungsposition landen, in der Verhandlungen für einen Moment ausgesetzt oder verschoben werden. Sie haben selbst ein wertvolles inneres Werkzeug, das viel zu wenig genutzt wird: die Erholungstaste. Drücken Sie diese virtuelle Taste immer dann:

● wenn der Stress zu groß wird,

● wenn die Gefahr zu groß wird, dass negative Emotionen ins Spiel kommen,

● wenn Sie spüren, dass Ihre Grenze erreicht wird.

Informieren Sie Ihren Verhandlungspartner, wenn Sie eine Aus-Zeit benötigen. Entschuldigen Sie sich in weniger unkritischen Konstellationen für einen Gang auf die Toilette, haben Sie aber keine Hemmungen mitzuteilen, dass Ihre Grenze erreicht ist und Sie sich erst intern beraten müssen oder die Entscheidung erst noch überschlafen möchten. Drücken Sie die Erholungs-Taste in allen kritischen Situationen, um die Verhandlung noch einmal zurückzuverfolgen oder um zu entscheiden, ob die Verhandlung reif für einen Abschluss ist. Machen Sie eine Pause vor jedem Zugeständnis, es signalisiert die besondere Bedeutung Ihres Entgegenkommens.

Gönnen Sie Ihrem Verhandlungspartner auch eine Pause, denn es hilft, Gespräche reibungsloser zu führen. Kein anderes Instrument kann in Situationen, in denen Emotionen hochkochen, so nützlich sein wie die Erholungs-Taste.

Geben Sie Ihrem Gesprächspartner die Chance, ohne Gesichtsverlust von unrealistischen Forderungen abzurücken. Lenken Sie ab, indem Sie die Erholungs-Taste drücken. Bieten Sie Ihren Kompromiss an, und verdeutlichen Sie noch einmal die Vorteile Ihres Entgegenkommens und Ihre Schmerzgrenze.

Stellen Sie erneut die gemeinsamen Interessen heraus, und vermitteln Sie ihm zur Stärkung seines Selbstwertgefühls seinen Mehrgewinn. Hinterfragen Sie kontinuierlich:

● In welchen Bereichen können wir für die beste Qualität sorgen?

● Was sehen die Key Accounts als beste Leistung an und wie können wir dort Akzente setzen?

● Was bewerten die Key Accounts als größte Zuverlässigkeit und gibt es dort für uns Alleinstellungsmerkmale?

● Mit welchen Leistungen garantieren wir das beste Preis-Leistungs-Verhältnis?

● Wie können unsere Produkte/Leistungen zum Kundengewinn beitragen?

● Welche Alleinstellungsmerkmale können wir hinsichtlich Benutzerfreundlichkeit anbieten?

Stellen Sie eine Nutzenmatrix auf nach folgendem Schema:

● Notieren Sie die von Ihnen angenommenen Stärken Ihres Unternehmens.

● Vergeben Sie für jeden Mehrwert eine Priorität nach A, B oder C.

● Tragen Sie dann jeden Entscheider auf der Key-Account-Seite ein und vermerken Sie, für wen welche Ihrer Mehrwerte hohe Wichtigkeit besitzt.

● Addieren Sie die Mehrwerte, die von dem jeweiligen Entscheider als wichtig eingestuft werden, und verknüpfen Sie diese mit der Priorität.

● Alle A-Prioritäten mit der höchsten Gesamttrefferzahl müssen von Ihrem Unternehmen in höchster Qualität angeboten werden.

Wer fragt, führt. Stellen Sie so viele Frage wie möglich, um möglichst viele der Key-Account-Wünsche herauszufinden, und zu analysieren, wie der Gesprächspartner „tickt", zum Beispiel durch:

● Offene Fragen:
Beispiel: „Warum sind Sie dieser Meinung?"

● Geschlossene Fragen:
Beispiel: „Vergeben Sie heute den Auftrag?"

● Alternativfragen:
Beispiel: „Möchten Sie das Produkt in der Ausführung X oder Y?"

● Reflektierende Fragen:
Beispiel: „Verstehe ich Sie richtig, dass Wartungsfreiheit für Sie wichtig ist?"

- Suggestivfragen:
  Beispiel: „Würde es Sie nicht ärgern, kurz nach Ablauf der Gewährleistung in die Sanierung einsteigen zu müssen?"

- Richtungsweisende Fragen:
  Beispiel: „Wären Sie bereit, gegen einen geringen Mehrpreis heute Kosten in der Zukunft zu vermeiden?"

Gerade der positive Umgang mit Einwänden entscheidet über den erfolgreichen Aufbau von langjährigen Key-Account-Beziehungen. Einwände sind oft Vorwände – versteckte Ausreden, Scheineinwände, objektive oder subjektive Einwände und Vorurteile. Sie sind aus Sicht des Kunden Stopp-Schilder. Argumente sind Behauptungen, aber Behauptungen sind keine Beweise. Was steckt hinter Einwänden?

- Einwände zeigen das Interesse des Gesprächspartners an dem Thema und sind ein gutes Signal.

- Der Gesprächspartner möchte mit Ihnen sprechen, aber es konnte noch keine sachliche oder emotionale Übereinstimmung erzielt werden.

- Der Gesprächspartner hat noch Fragen oder andere Vorstellungen.

- Der Gesprächspartner ist noch nicht überzeugt oder kann sich nicht entscheiden.

- Der Gesprächspartner will nicht kaufen.

Finden Sie die Motive des Kunden durch Fragen und Zuhören heraus. Stopp-Schilder aus Kundensicht bedeuten unter anderem:

- Mich hat die Argumentation noch nicht voll überzeugt.

- Mir fehlen noch Beweise und bessere Informationen.

- Ich traue der Sache oder Person nicht.

- Ich erkenne noch nicht meinen Mehrwert und Nutzen.

- Ich sehe mein Problem noch nicht gelöst.

- Ich fühle mich unsicher oder allein gelassen.

Betrachten Sie den Umgang mit Einwänden als Findungs- und Beziehungsprozess. Voraussetzung für die Schaffung einer gemeinsamen Denkbasis ist die grundsätzliche Akzeptanz gegenüber der Meinung des Gesprächspartners, auch wenn wir seine Sichtweise nicht unbedingt teilen. Es bietet der nachstehende Einwandbehandlungsprozess an:

- Hinhören:
  „Ja, ich verstehe. Können Sie mir mehr darüber sagen? Was meinen Sie präzise damit ..."
- Akzeptieren:
  „Ja, ich kann Ihre Position nachvollziehen ..."
- Rückkoppeln:
  „Wenn ich Sie richtig verstehe, dann meinen Sie damit ..."
- Zeigen:
  „Bezugnehmend auf Ihre Frage schlage ich Ihnen vor ..."
  (Lösung, Anwendung, Nutzen)
- Abschluss:
  „Wenn ich noch einmal zusammenfasse, haben Sie zwei Möglichkeiten: 1: ... und 2: ... Für welche Option schlägt Ihr Herz?"

Sie können verschiedene Vorgehensweisen bei der Einwandbehandlung anwenden. Jede ist abhängig von der Gesprächssituation, von der Gesprächsperson und auch von Ihrer eigenen Person. Möglichkeiten sind zum Beispiel:

▶ Sie kennen den Einwand des Gesprächspartners, bevor er ausgesprochen wird, oder Sie erwarten, dass der Kunde mit hoher Wahrscheinlichkeit einen Mangel aus seiner Sicht ansprechen wird. Nennen Sie mögliche Einwände aus eigenem Antrieb, bzw. weisen Sie auf einen zu erwartenden Mangel hin, und unterbreiten Sie ein Angebot, wie der Mangel behoben werden kann. Das schafft Vertrauen und Glaubwürdigkeit, Sie versetzen sich in die Situation des Key Accounts. Vertuschen Sie, wenn möglich, nichts oder reden es schön.

▶ Wenn der Einwand des Gesprächspartners kommt und er so wichtig ist, dass sofort reagiert werden muss, arbeiten Sie mit einer Nutzen-Antwort hoher Plausibilität. Der Kunde braucht sofort weitere Nutzenargumente, Beweise, Infos etc. Wenn Sie keine Antwort wissen, geben Sie es zu. Wenn faktische Gründe es erfordern, können Sie sich meist nicht zurückziehen. Es sei denn, man weiß, dass der Einwand im Fortgang des Gesprächs an Bedeutung verliert. Fragen Sie Ihren Gesprächspartner: „Darf ich die Antwort aufschieben? Das ist wichtig, ich komme gleich darauf zurück."

▶ In manchen Situationen oder bei Gesprächspartnern, deren Verhalten man einschätzen kann, ist es möglich, den Einwand bewusst zu ignorieren. Wenn es für den Kunden wichtig ist, wird er darauf zurückkommen.

Je besser Sie sich vorab auf mögliche Einwände vorbereiten, desto einfacher haben Sie es in kritischen Gesprächssituationen. Bieten Sie ausreichend Argumente für Ihre Position an, erarbeiten Sie sich eine Checkliste für Einwände, die üblich für Ihr Geschäft sind. Bewegen Sie den Kunden zu einer nochmaligen Überprüfung seiner Einstellung und lenken Sie ihn auf andere wichtige Leistungsvorteile. Wählen Sie zum Beispiel Formulierungen, die zum Nachdenken anregen:

- „Haben Sie schon darüber nachgedacht ...?"
- „Haben Sie schon einmal ermittelt ...?"
- „Ist Ihnen aufgefallen ...?"
- „Haben Sie in diesem Zusammenhang schon einmal überlegt ...?"
- „Berücksichtigen Sie dabei auch ...?"

Oder wählen Sie Formulierungen, die eine bedingte Zustimmung erwarten lassen:

- „Ich bitte jedoch zu bedenken ..."
- „Sicher ist dabei für Sie von Interesse ..."
- „Berücksichtigen Sie in diesem Zusammenhang bitte noch Folgendes ..."
- „Allerdings ist dabei noch folgender Punkt von Bedeutung ..."

Betonen Sie die gemeinsamen Zukunftschancen. Und noch ein Letztes: Vermeiden Sie die verfänglichen verbalen Stolpersteine:

- „Vertrauen Sie mir."
- „Ich will ehrlich mit Ihnen sein."
- „Andere Key Accounts sind schon ganz scharf, wenn Sie nicht wollen."
- „So ein Angebot werden Sie nie wieder erhalten."

Stellen Sie Ihre Strategie zur Zielerreichung noch einmal zusammenfassend vor. Haben Sie den Mut, sich eventuell auch eine Ablehnung einzuhandeln. Wenn Sie den Key Account überzeugt haben, vereinbaren Sie Details, halten Ihre Zusagen, fordern aber auch die Einhaltung von Zusagen von Ihren Vertragspartnern ein.

Die Gesprächsnachbearbeitung

Die Gesprächsnachbearbeitung ist mehr als ein Verwaltungsakt. Bereiten Sie die Gesprächsergebnisse für den Key Account auf, und fertigen Sie parallel dazu ein Gesprächsprotokoll an. Klären Sie die offenen Punkte im eigenen Haus, und unterbreiten Sie anschließend Lösungsvorschläge an den Schlüsselkunden – schriftlich und persönlich.

Geben Sie die getroffenen Vereinbarungen an alle beteiligten Stellen des eigenen Hauses. Kontrollieren Sie die getroffenen Terminvorgaben mit dem Key Account selbst:

- Terminverwaltung,
- Kontrolle, ob Termine und Vereinbarungen im eigenen Haus eingehalten werden,
- Kontrolle, ob sich der Kunde an die Abmachungen hält.

Übertragen Sie gegebenenfalls Aufgaben an „Dritte" und verpflichten Sie sie, die übertragenen Aufgaben termin- und vorgabegerecht zu erledigen (die Kontrolle bleibt bei Ihnen). Notieren Sie weitere Gesprächstermine, und beginnen Sie schon jetzt mit der Gesprächsvorbereitung. Verschaffen Sie sich laufend Übersicht über die aktuellen Zahlen des Schlüsselkunden, und nehmen Sie bei Abweichungen sofort Kontakt mit dem Kunden auf. Beobachten Sie permanent den Key Account und entwickeln Sie daraus weitergehende Aktionen, zum Beispiel:

- Worst-case-Szenarien,
- Kapazitätsengpässe im eigenen Unternehmen,
- Kapazitätsengpässe beim Kunden,
- Entwicklung von Alleinstellungsmerkmalen.

Es kann immer mal wieder zu Versäumnissen im eigenen Unternehmen kommen. Leiten Sie sofort interne Maßnahmen zur Schadensbegrenzung ein. Reagieren Sie frühzeitig, wenn Vereinbarungen aus wirtschaftlicher, organisatorischer oder personeller Sicht nicht eingehalten werden können, und bieten Sie dem Key Account Alternativen an. Erkennen Sie rechtzeitig, wenn der Kunde „aus dem Ruder läuft". Suchen Sie sofort das Gespräch mit dem Kunden. Gegebenenfalls müssen neue Rahmenbedingungen festgelegt oder alte Vereinbarungen vorübergehend ruhen gelassen werden. Wenn der Kunde Vereinbarungen nicht einhält, stellen Sie fest, ob es sich um eine vorübergehende Schwäche handelt oder ob mit dem Ausfall des Key Accounts zu rechnen ist.

Die Durchsetzung von Vertragsstrafen ist nur dann sinnvoll, wenn Sie aufgrund einer Vereinbarung in eine finanzielle Vorleistung getreten sind. Prüfen Sie, ob die Signalwirkung, Abschreckung und Auswirkungen auf das Image Ihres Unternehmens so gewünscht werden oder ob es nicht andere Möglichkeiten gibt. Arbeiten Sie aber in jedem Fall neue Vereinbarungen aus. Die letzte Konsequenz ist die Lösung der Kundenbeziehung.

Gespräche mit Buying-Centern von Schlüsselkunden

Buying-Center etablieren sich zunehmend auf der Abnehmerseite. Die Vorteile eines Buying-Centers liegen auf der Hand: Verschiedene Entscheider auf der Schlüsselkunden-Seite bündeln ihre Kompetenz gegenüber den Anbietern. In einer herkömmlichen Organisationsstruktur betreibt das Key-Account-Management-Team einen erheblichen Aufwand, um die unterschiedlichen Interessen zu vernetzen.

Aus diesem Grunde bietet sich die Installation eines Selling-Centers auf der Anbieterseite an. Das Selling-Team ist beratungs- und umsetzungsorientiert. Es ist für die Sammlung und Aufbereitung der Key-Account-Daten, Key-Account-Analysen und für die Maßnahmenplanung verantwortlich. Selbst steuernde Selling-Teams vereinbaren klare Ziele und sorgen für einen systematischen Erfahrungs- und Erfolgstransfer. Durch die unterschiedlichen Erfahrungen und Denkansätze kann eine bessere Beurteilung der Ausgangssituation und damit ein zielgerichteteres Handeln erreicht werden.

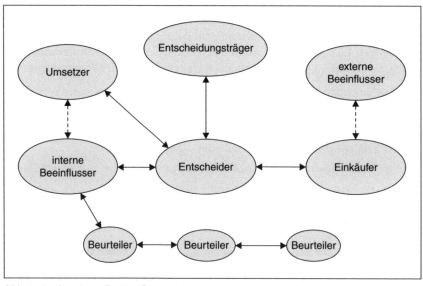

Abb. 11.3:   Im einem Buying-Center beeinflussen eine Vielzahl von Mitspielern den Meinungsbildungsprozess.

Durch diesen Netzwerk-Ansatz werden die Stärken des Anbieters und des Abnehmers zusammengeführt. Interaktionen verstärken die Transfusionsprozesse. Im Idealfall gestaltet zum Beispiel ein Maschinen- und Anlagebauunternehmen den Fertigungsprozess seines Kunden mit. Lediglich die Investitionsentscheidung und die Entscheidung über die Vorgehensweise bei der Marktbearbeitung trifft der Schlüsselkunde. Damit werden zentrale Entscheidungen, zum Beispiel die Auswahl des Lieferanten, mit dezentralen Entscheidungen, zum Beispiel der Entwicklung, Inbetriebnahme, Ersatzteillieferung und Kundendienst, vernetzt. Diese Vorgehensweise funktioniert nur innerhalb eines Kommunikationsnetzwerks, in dem ein bereichsübergreifender Informationsaustausch zwischen sämtlichen Akteuren stattfindet.

Alle direkt oder indirekt Beteiligten werden beim Schlüsselkunden in einem Buying-Center zusammengefasst, wobei die Teammitglieder aus den unterschiedlichsten Bereichen der beschaffenden Organisation kommen können. Die Anwender initiieren den Beschaffungsprozess und definieren die spezifischen Anforderungen. Die Beeinflusser wirken direkt oder indirekt auf den Kaufprozess ein, indem sie zum Beispiel Informationen zur Bewertung von Kaufalternativen oder Kaufkriterien einholen. Einkäufer haben die formale Kompetenz, die Lieferanten auszuwählen und die Kaufbedingungen auszuhandeln, während die Entscheider aufgrund ihrer Position die Wahl der zu beschaffenden Lösung und des Anbieters treffen. Schnittstellenfunktionen sorgen für einen reibungslosen Informationsfluss innerhalb des Buying-Centers.

Der Aufbau einer Netzwerkverbindung mit einem Buying-Center ist für den Key Account Manager eine hohe persönliche Herausforderung. Dabei muss er unter anderem berücksichtigen,

● wer Entscheidungsträger, Entscheider oder Anwender ist,

● wie die Machtstrukturen innerhalb des Buying-Centers aufgebaut sind,

● wer die Verteidiger des Wettbewerbs sind,

● wer die Beeinflusser sind und welche Faktoren sie beeinflussen können,

● welche persönlichen Motive jeder Einzelne in dem Netzwerk hat.

Legen Sie fest, wer aus Ihrer Organisation mit welchem Gesprächspartner beim Key Account während wichtiger Kaufentscheidungsphasen kommuniziert. Denken Sie daran, dass auch die untere Führungsebene eine wichtige Rolle einnimmt: die des Informationsverteilers. Der Key Account Manager wird kaum in der Lage sein, diesen Part alleine zu bewältigen. Daher benötigt er das Selling-Center (Key-Account-Management-Team) für die Erledigung der vielfältigen Aufgaben innerhalb dieses Netzwerks. Er bleibt aber gesamtverantwortlich für den Erfolg oder Misserfolg und ist der Koordinator sowie der Motivator für beide Teams.

Die Vorteile in der Zusammenarbeit von Buying-Centern und Selling-Centern sind:

- Schwierige Sachverhalte können durch verschiedene Personen mit unterschiedlichen Kernkompetenzen abgedeckt werden.
- Die emotionale Ansprache erfolgt durch unterschiedliche Gesprächspartner mit unterschiedlichen sozialen Kompetenzen.
- Sachliche Aspekte können aus den verschiedensten Blickrichtungen durch Personen mit unterschiedlichen Berufsbildern beleuchtet werden.
- Hierarchische Ungleichgewichte können vermieden werden, wenn die Teams auf beiden Seiten gleichgewichtig besetzt sind.

Der Key Account Manager wird meist einen Verantwortlichen des Buying-Centers als Gesprächspartner haben. Beide besitzen damit eine Schnittstellenfunktion zwischen den beiden Unternehmen. Diese Zusammenarbeit kann dauerhaft nur dann Erfolg haben, wenn

- beide Gesprächspartner eine weitergehende Entscheidungskompetenz besitzen,
- beide Gesprächspartner gut zusammenarbeiten,
- Sachverhalte befriedigend gelöst werden können,
- Vertraulichkeit nach innen und außen eingehalten wird,
- die hierarchische Position des jeweiligen Verhandlungspartners respektiert wird.

Der Wettbewerb wird es sehr schwer haben, in dieses Beziehungsnetzwerk einzubrechen. Die Buying-Center bedürfen jedoch einer sehr intensiven und kreativen Betreuung. In dieser Phase greift das vorher beschriebene Beziehungsmanagement besonders effizient. Versucht werden sollte aber nicht, das Beziehungsmanagement zu instrumentalisieren oder ein operatives Marketing-Tool daraus zu schmieden, sondern es stattdessen als ein grundsätzliches strategisches Konzept zu sehen.

12. Der Aufbau von Partnering-Systemen bei Key Accounts

Die Optimierung der Key-Account-Beziehung ist ein wichtiges Instrument, um langfristig ein profitables Wachstum zu erzielen und zu erhalten. Der gezielte Aufbau von Beziehungsnetzwerken ist ein Key-Account-Management-Grundgedanke und erfordert ein systematisches Beziehungsmanagement. Die regelmäßige Abfrage der Kundenzufriedenheit und Kundenerwartungen gehört ebenso dazu wie ein auf den jeweiligen Key Account zugeschnittenes Begeisterungsprogramm.

Partnering sucht die dauerhafte Beziehung zu wertigen und wichtigen Key Accounts. Notwendig ist aber die Abstimmung der Organisationsform, Prozesse und Vertriebsprozesse an die der Key Accounts. Partnering heißt:

● Finden gemeinsamer Ziele mit den Key Accounts

● Bereitschaft zur Flexibilisierung der Unternehmensprozesse

● Bereitschaft zur Angleichung der Unternehmenskultur und des Marktverhaltens

● Gemeinsame Investitionen in Zukunftsideen und Prozessoptimierungen

● Aufbau und Pflege von gegenseitigem Vertrauen zwischen allen Unternehmensbeteiligten

Ziel des Partnering ist das Finden und Erstellen eines gemeinsamen Aktivitätenplans. Doch ohne das Wissen über die Ziele, Strategien, Restriktionen und Möglichkeiten des anderen Partners wird dies schwer umzusetzen sein. Hinterfragen Sie:

▶ *Welche rationalen Ziele will der Key Account am Markt erreichen?*

▶ *Welche emotionalen Ziele wollen die Gesprächspartner beim Key Account erreichen?*

▶ *In welchen Märkten möchte der Key Account mit welchen Leistungen erfolgreich sein?*

▶ *Bei welchen Aufgaben wollen die Gesprächspartner beim Key Account besonders erfolgreich sein?*

▶ *Mit welchen Produkt- und Dienstleistungen will der Key Account erfolgreich sein?*

▶ *Welche besonderen Leistungen können die Position/Funktion der Gesprächspartner beim Key Account stärken?*

▶ *Was sind die Umsatz- und Kostentreiber beim Key Account, und wie können sie optimiert werden?*

▶ *Welche persönlichen Motive müssen bei den Gesprächspartnern des Key Accounts befriedigt werden, damit er Spaß am Mitspielen bekommt?*

Stellen Sie daher zu Beginn von beiden Seiten akzeptierte Erfolgskriterien für die Gestaltung der Partnerschaft auf, und drängen Sie auf die Einhaltung der Spielregeln. Machen Sie auch dem Key Account, zum Beispiel durch eine halbjährliche Leistungsbilanz jederzeit deutlich, welche Leistungen Sie innerhalb der Partnerschaft zur Verfügung gestellt haben und welchen geldwerten Vorteil der Key Account davon hatte. Aber Vorsicht: Beweisen Sie dabei Fingerspitzengefühl in der Übermittlung.

In der Zusammenarbeit mit Key Accounts sind eine Vielzahl von unterschiedlichen sachlichen und persönlichen Interessen im Kundenunternehmen zu berücksichtigen. Jedes Detail für sich kann eine ganz entscheidende Bedeutung für das Zusammenspiel zwischen Key Account und Lieferant haben. Durch die Fusionen, strategischen Allianzen und freien Partnerschaften am Markt verändern sich die Zusammensetzungen der Entscheider und Entscheidungsträger immer häufiger und schneller. Es ist nicht mehr opportun, nur die Nähe und Beziehung zu einer Person zu suchen. Der Aufbau von Netzwerken verhindert, dass Sie bei Organisationsänderungen bei Ihrem Key Account in eine Beziehungslücke fallen. Einige Beispiele für die Veränderungen auf der Kundenseite:

● Der Einkauf wird in ein anderes Land verlegt, neue Entscheidungsträger kommen hinzu.

● Auch der Mittelstand tendiert verstärkt zu Fusionen und Allianzen und gewinnt dadurch an Einkaufsmacht. Entscheidungskompetenzen werden durch die neue Situation von Einzelpersonen auf Einkaufsgremien verlagert.

● Strategische Partner schließen sich zu einer Produktionsgemeinschaft zur Stärkung ihrer Kernkompetenzen zusammen. Bestimmte Produktionseinheiten werden auf einen der strategischen Partner übertragen.

● Partner auf freier Basis, die ein gleiches Grundinteresse haben, schließen sich zum Beispiel zu einer Vertriebsallianz zusammen, um Ressourcen zu bündeln und um eine größere Vertriebspower am Markt zu platzieren.

Die Dynamik auf der Key-Account-Seite führt zu konkreten Erwartungshaltungen gegenüber den Anbietern. Bei einer Key-Account-Zentralisierung von

Entscheidungsprozessen werden entscheidungskompetente, zentrale Key Account Manager auf der Lieferantenseite erwartet. Sich von den selbst definierten Zielgruppen mit steuern zu lassen heißt dann, gegebenenfalls die eigene Vertriebsorganisation zu überprüfen und eventuell anzupassen.

Bei einer Key-Account-Dezentralisierung von Entscheidungsprozessen werden ausreichend fach- und entscheidungskompetente Key Account Manager an den regionalen Entscheidungsstellen des Schlüsselkunden erwartet. Das trifft sowohl auf divisionalisierte Unternehmen als auch auf strategische Allianzen und strategische Partnerschaften zu. Auch hier sind die vorhandenen eigenen Organisationsstrukturen zu überprüfen.

Aufbau eines Netzwerks beim Key Account

Zum Aufbau eines Netzwerks müssen zunächst die Entscheidungsträger im Unternehmen des Schlüsselkunden identifiziert werden, sie sind verantwortlich für Kosten und Budget.

Entscheider hingegen treffen sachlich und fachlich kompetent eine Auswahl über die zu beziehenden Leistungen. Entscheidungsträger und Entscheider können durch eine Person repräsentiert werden, müssen es aber nicht.

Umsetzer sind diejenigen, die mit den Entscheidungen der Entscheidungsträger/Entscheider leben müssen und daher großes Interesse haben, im Vorfeld oder während des Entscheidungsprozesses die Kriterien mit zu beeinflussen.

Jede Information, die der Key Account Manager über die wahrgenommene oder angenommene Position erhalten kann, ist wichtig für die Planung und Gestaltung des Netzwerks. Identifizieren Sie die nachstehenden sechs Personen, die wesentlich zu Ihrer Positionierung beim Key Account beitragen:

▶ **Die Fürsprecher:**
Sie setzen sich (aufgrund positiver Erfahrungen, Sympathie, persönlicher Vorteile, Abneigung gegenüber dem Wettbewerb) für den Key Account Manager und sein Unternehmen ein.

▶ **Die Widersacher:**
Sie möchten verhindern, dass Ihr Unternehmen stärker im Key-Account-Unternehmen Fuß fasst. Interne wie persönliche Gründe können Ursache für die Haltung sein, zum Beispiel eine interne Auseinandersetzung mit Ihrem Fürsprecher (er benutzt Sie, um seinen internen Mitspieler zu treffen, er sieht eine Gefährdung der eigenen Position, emotionale Faktoren gegen Sie oder Ihr Unternehmen lösen diesen Reflex aus, etc.).

▶ **Die Kontrolleure:**
Sie nehmen eine neutrale Position ein und sind an der Überprüfung von Daten und Fakten interessiert, zum Beispiel im Einkauf (Interesse für Preis und günstige Konditionen, nicht unbedingt für das Produkt) oder im Controlling (sind sehr häufig an der Absicherung von Entscheidungen interessiert).

▶ **Die Informationspartner:**
Sie bleiben meist im Hintergrund und besitzen Hintergrundwissen, das Ihnen weiterhelfen kann, fundiertere Aktionen in der Kundenbetreuung durchzuführen. Daher ist die Pflege solcher Kontakte sehr wichtig.

▶ **Die Aktionspartner:**
Sie finden sie häufig bei den Umsetzern. Umsetzer sind an einem reibungslosen Ablauf interessiert und können mit ausreichendem persönlichen Nutzen immer wieder in Ihre neuen Aktionen eingebunden werden.

▶ **Die Mentoren:**
Sie können Sie durch das innenpolitische System des Schlüsselkunden führen. Mentoren schalten sich selten in die direkten Ablaufprozesse ein, setzen sich aber bei Wertschätzung auf hoher Ebene für den Key Account Manager ein und geben ihm hilfreiche Hinweise. Die Pflege auf hohem Niveau ist daher besonders wichtig.

Wie kann dieses Wissen um die verschiedenen Netzwerker generiert und für Erfolgsaktionen genutzt werden? Die nachfolgende Checkliste bietet Ihnen einige Leitfragen an:

○ Wie erreiche ich das Wohlwollen der Fürsprecher?

○ Welche Gründe haben die Widersacher, gegen uns zu arbeiten? Wie können aus Widersachern zumindest neutrale Mitspieler gewonnen werden?

○ Welche Rolle nehmen die Kontrolleure im operativen Geschäft ein? Woran sind sie interessiert, und können ihre Wünsche befriedigt werden?

○ Welchen Gegenwert erwarten die Informationspartner für die gelieferten Informationen? Wie kann ich ihnen in anderen Situationen mit Informationen behilflich sein?

○ Wie revanchiere ich mich bei den Aktionspartnern und wie vermittele ich, dass Mitspielen auch in Zukunft sehr wichtig ist?

○ Wer pflegt die Mentoren und wie?

Hierarchiefragen spielen in diesem Netzwerk eine wesentliche Rolle. Achten Sie darauf, in der „richtigen" Hierarchiestufe einzusteigen. Wenn Sie zu hoch in der Hierarchie einsteigen, kann es zu Problemen mit den untergeordneten Bereichen kommen (Angst vor Informationstransfer nach oben). Sollten Sie diesen Fehler schon begangen haben, übertragen Sie Mitspielern aus dem Key-Account-Team die Betreuungsaufgabe der unteren Bereiche und begleiten Sie von Zeit zu Zeit Ihre Teampartner.

Steigen Sie jedoch auch nicht zu tief ein. Sonst laufen Sie Gefahr, vom oberen Management nicht akzeptiert und anerkannt zu werden. Binden Sie eventuell Ihren Chef ein, „übertragen" Sie ihm die Aufgabe, in der Chefetage des Schlüsselkundenunternehmens Akzeptanz aufzubauen.

Wie wichtig eine funktionierende Beziehung und die Kenntnis des Beziehungsgeflechts des Schlüsselkunden sind, macht folgendes Beispiel deutlich:

Bereits seit Jahren bearbeitete das Key-Account-Team einen Schlüsselkunden aus der Investitionsgüterindustrie, jedoch ohne großen Erfolg. Der Grund dafür war nicht klar ersichtlich: die Preise stimmten, die Produkte waren anerkannt und die geführten Gespräche waren nach Aussage beider Parteien positiv. Durch einen glücklichen Zufall wechselte ein dem Lieferanten wohlgesinnter Manager zu diesem Unternehmen. Nach seiner Eingewöhnungsphase informierte ihn der Key Account Manager über den Stand der Verhandlungen und über die vorangegangenen Aktivitäten. Der neue Manager informierte sich intern und war genauso überrascht wie der Key Account Manager: Es gab generell kein Problem mit den Gesprächspartnern des Schlüsselkunden, sondern zwei Entscheider bekämpften sich auf Kosten des Lieferanten. Der Mentorpartner bereinigte das Personalproblem und ließ bei dem verbliebenen Entscheider durchblicken, dass er eine wohlwollende Prüfung der Angelegenheit wünsche. Von da ab ging die Schlüsselkundengewinnung fair und sachlich über die Bühne.

Vorteile des Partnering für Ihre Personalpolitik

Wenn ein geschätzter und erfolgreicher Key Account Manager das Unternehmen verlässt, wird einem Unternehmen oftmals mit einem Schlag bewusst, dass der Key Account bei der Person und nicht beim Unternehmen Kunde war. Die Gefahr, dass der Key Account Manager „seinen" Kunden ganz oder zum Teil zum Wettbewerb mitnimmt, ist daher realistisch. Es reicht aber manch-

Umsetzung der Key-Account-Management-Strategien

mal schon eine Personalrotation aus, den Key Account in die Arme des Wettbewerbs zu treiben.

Was ist passiert? Die Kontaktpersonen des Key Accounts fühlen sich im Stich gelassen und sind verunsichert über die neue Situation. Sie gehen nicht selten davon aus, dass ihre Anforderungen und individuellen Bedürfnisse nur dem Key Account Manager bekannt sind. Ihre Befürchtungen sind:

- Ich verliere meinen Kontakt zum Anbieter:
  - Sie verbinden mit dem Key Account Manager 1:1 die Unternehmensleistung und können sich die Leistung ohne diese Person nicht vorstellen.
  - Produkte können, da genormt oder ohne besondere Features, auch von anderen Herstellern bezogen werden, und die Loyalität zu dem Anbieter sinkt mit dem Weggang.

- Der neue Key Account Manager hat dieselbe Qualität wie der Alte:
  - Sie befürchten, dass sie ungewollt in den neuen Key Account Manager durch Wissenstransfer investieren müssen.
  - Der bisherige Key Account Manager hat quasi wie ein interner Mitarbeiter Aufgaben im Kundenunternehmen übernommen, und der Neue geht neutraler und mehr im Sinne seines Arbeitgebers an die Key-Account-Beziehung.

- Ich muss das persönliche Verhältnis zu dem neuen Key Account Manager erst wieder von Grund auf neu aufbauen:
  - Die Key Accounts analysieren, aus welchem Grund der Key Account Manager wechselt und ziehen daraus Rückschlüsse auf die Tätigkeit des Nachfolgers.
  - Die Übergabe der Aufgabe erfolgt aus Key-Account-Sicht unbefriedigend und schließt daraus seine Wertigkeit für das Anbieterunternehmen.

Entwickeln Sie im Key Account Management ein Partnering, welches verdeutlicht, dass die Unternehmensleistungen nicht nur von dem Key Account Manager abhängen, sondern von einem gesamten Team. Bringen Sie immer wieder Teammitglieder Ihres Unternehmens mit Mitarbeitern der Key Accounts zusammen. Schaffen Sie Vertreterpositionen, sodass der Key Account generell zwei Ansprechpartner zur Verfügung hat. Veranstalten Sie Key-Account-Events, bei denen Ihr Team vorgestellt wird und einzelne Teammitglieder Aspekte ihrer Arbeitsgebiete vorstellen können. Dies vermittelt nach außen eine Kompetenz, auf die strategisch einkaufende Kunden zurückgreifen möchten. Stellen Sie jedoch sicher, dass die Aussagen und Botschaften der einzelnen Teammitglieder in eine Richtung laufen.

Richten Sie einen Informationspool ein, über den die diversen Bereiche Ihres Unternehmens sich nach außen darstellen können. Sorgen Sie aber für Koordination, damit der Key Account nicht mit zu vielen Details überschüttet wird.

Vermeiden Sie, dass sich die Key Accounts nur an einen Key Account Manager binden:

- Geben Sie den Mitgliedern des Key-Account-Management-Teams immer wieder neue Aufgaben und eventuell auch Funktionen innerhalb des Teams.
- Führen Sie kontinuierlich neue Teammitglieder an den Key Account heran.
- Stellen Sie ein Selling-Team mit mehreren Funktionsträgern auf.
- Informieren Sie die Key Accounts über Ihr internes Schulungspaket, damit sie das Gefühl bekommen, von jedem Teammitglied gleichermaßen gut und kompetent betreut zu werden.
- „Verkaufen" Sie Ihre Unternehmensleistungen immer als Teamwork und nicht als das Werk eines Einzelnen.

Und wenn mal ein Mitglied des Key-Account-Management-Teams Ihr Unternehmen verlässt, sorgen Sie rechtzeitig für eine **persönliche** Benachrichtigung der Key Accounts und stellen Sie dort einen Plan vor, wie es nach dem Weggang bezüglich der Betreuung dort weitergeht. Fragen Sie in den ersten Wochen und Monaten regelmäßig nach, ob die Key Accounts mit der Betreuung zufrieden sind. Es ist natürlich ideal, wenn die ausscheidende Kontaktperson persönlich seinen Nachfolger dort einführt und im Sinne des Unternehmens spricht.

Sorgen Sie für vielfältige Ansprechpartner innerhalb eines Partnering-Systems und heben Sie deren Stärken und die Unternehmensleistungen hervor. Das erhöht die Kundenloyalität und verhindert eine Star-Bildung. Befassen Sie sich sehr schnell mit eventuellen Befürchtungen der Key Accounts bei einem Wechsel. Das verhindert oder bremst eine Abkehr des Key Accounts von Ihrem Unternehmen.

Nachstehend finden Sie ein Portfolio-Angebot, Beziehungsintensität und Ertragsstärke in Beziehung zu setzen und Rückschlüsse daraus zu ziehen. Gehen Sie in drei Schritten vor:

1. Bestimmen Sie die Beziehungsintensität gemäß nachfolgender Checkliste.
2. Stellen Sie fest, wie hoch Ihr Abdeckungsgrad am Einkaufsvolumen des Key Accounts in Ihrem Produktsegment ist.
3. Verbinden Sie beide Punkte miteinander, und analysieren Sie das Ergebnis und den daraus folgenden Handlungsbedarf.

Umsetzung der Key-Account-Management-Strategien

Fragen	Bewertung/Punkte					Prozent erreichte Punkte
	1	2	3	4	5	
Vernetzen Sie systematisch Ihr Key-Account-Management-Team mit den Mitarbeitern des KA?			X			
Informieren Sie den KA rechtzeitig, wenn ein Teammitglied wechselt?				X		
Ist der KA über Ihre Rotationskriterien informiert?		X				
Verfügt das Key-Account-Management-Team über alle relevanten Key-Account-Daten?			X			
Gesamtsumme „Rotation"						**48 %**
Ist es üblich, dass ein Team telefonisch und persönlich den KA betreut?				X		
Gibt es Partnering-Plan für Ihr Key-Account-Management-Team?			X			
Ist dem KA dieser Partnering-Plan bekannt?		X				
Verzichten Sie weitgehend auf Hierarchiefragen, sondern setzen auf Aufgabenbeschreibungen?				X		
Ist der KA über Ihren Führungsstil informiert?		X				
Kennt der KA auch die begleitenden Personen des Key-Account-Management-Teams?			X			
Gesamtsumme „Team"						**60 %**
Zielen Sie bewusst auf eine single-sourcing-Position beim KA?					X	
Koordinieren Sie vielfältige Kontakte, um die Bedürfnisse des KA gerecht zu werden?				X		
Stellen Sie auch Kontakte zu dritten Partnern her, um dem KA zu helfen, seine Wertschöpfung zu optimieren?		X				
Sorgen Sie für einen ausreichenden Informationsfluß intern/extern?			X			

Fragen	Bewertung/Punkte					Prozent erreichte Punkte
	1	2	3	4	5	
Sorgen Sie auch für die Befriedigung von emotionalen Bedürfnissen des KA durch akzeptierte Events?				X		
Laden Sie den KA in regelmäßigen Abständen ein und stellen dann Mitglieder des Key-Account-Management-Teams vor?			X			
Gesamtsumme „Kontakt"						**73 %**
Arbeiten Sie kontinuierlich am Ihrem Image beim KA?					X	
Reicht das Image über die Einzelbewertung von Key-Account-Management-Mitgliedern hinaus?				X		
Betreiben Sie ein gezieltes Sponsoring und informieren hierüber den KA?		X				
Betreiben Sie eine strategisch aufgebaute Kommunikation mit dem KA?				X		
Informieren Sie den KA unverzüglich über wichtige Neuerungen?				X		
Gesamtsumme „Kommunikation"						**72 %**
Kennt der KA die Grundzüge ihrer Personalpolitik?		X				
Vermitteln Sie nach außen, eine gute Adresse für Mitarbeiter zu sein?				X		
Tun Sie kund, wenn sich Mitarbeiter durch besondere Leistungen hervorgetan haben?	X					
Kennt der KA ihre Ausbildungskriterien?	X					
Laden Sie den KA zu Weiterbildungsmaßnahmen gemeinsam mit dem Key-Account-Management-Team ein?				X		
Vermitteln Sie dem KA den Trainingsplan, damit er die Bemühungen Ihres Unternehmens um gute Mitarbeiterqualität versteht?		X				

Umsetzung der Key-Account-Management-Strategien

Fragen	Bewertung/Punkte					Prozent erreichte Punkte
	1	2	3	4	5	
Machen Sie publik, wenn Sie schon an Universitäten und Fachschulen junge Nachwuchskräfte suchen?		X				
Bieten Sie gezielt Trainings und Schulungen gemeinsam mit Ihrem Team beim KA an?				X		
Beschränkt sich der Trainingsplan nur auf Sachthemen oder auf Themen „über den Tellerrand" hinaus?			X			
Gesamtsumme „Personalpolitik"						**47 %**
Stellen Sie bewußt das Key-Account-Management-Team als Star beim KA vor?			X			
Lassen Sie in Newslettern und Kundenzeitungen Teammitglieder zu Autoren werden?				X		
Fördern Sie Vortragstätigkeiten von Key-Account-Management-Teammitgliedern?					X	
Veröffentlichen Sie Personaländerungen auf allen Ebenen konsequent?			X			
Sorgen Sie für einheitliche Spielregeln für das Auftreten beim KA?				X		
Vernetzen Sie die Teammitglieder so gezielt, dass es nicht zu hierarchischen „Störungen" kommt?				X		
Ist dafür gesorgt, dass alle Teammitglieder mit der gleichen Aussage, Stoßrichtung etc. beim KA auftreten?				X		
Gesamtsumme „Außenwirkung"						**80 %**
Informieren Sie sofort und aktiv den KA bei einem Mitarbeiterwechsel?					X	
Benachrichtigen Sie, wenn möglich, den KA persönlich, wenn ein wichtiger Mitarbeiter wechselt?				X		
Informieren Sie den KA ausführlich, wie die Betreuung für ihn fortgesetzt wird?				X		

Fragen	Bewertung/Punkte					Prozent erreichte Punkte
	1	2	3	4	5	
Ermöglichen Sie es, dass der ausscheidende Mitarbeiter oder Sie selbst den Nachfolger persönlich beim KA vorstellt?				X		
Zeigen Sie dem KA, dass es einen reibungslosen Übergang für ihn gibt?				X		
Planen Sie, wenn möglich, eine möglichst lange Übergangszeit ein?				X		
Erkundigen Sie sich regelmäßig bei dem KA, ob er mit der neuen Betreuung zufrieden ist?			X			
Läßt Ihr Terminkalender es zu, in kritischen Phasen sofort die Betreuung beim KA zu übernehmen?	X					
Gesamtsumme „Mitarbeiterwechsel"						75 %
Gesamtsumme „Partnering"						66 %

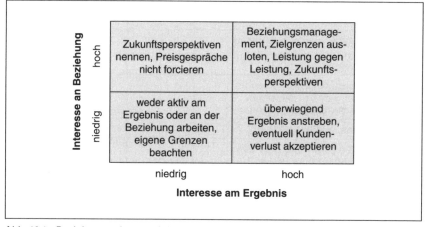

Abb. 12.1: Beziehungen lassen sich strategisch planen! Nur wenn ein Interesse an der Beziehung und am Ergebnis von beiden Parteien erkennbar ist, wird ein Beziehungsmanagement durchschlagenden Erfolg bringen.

Umsetzung der Key-Account-Management-Strategien

13. Die Gestaltung der Präsentationsunterlagen und des Key-Account-Plans

Besprechungs- und Präsentationsunterlagen sind neben der eigenen Persönlichkeit die Visitenkarte des Key Account Managers. Gerade in der Erstkontakt- und Ausbauphase achtet der Schlüsselkunde zumeist sehr genau auf diese äußeren Attribute und vergleicht sie mit den abgegebenen Aussagen des Key Account Managers. Wenn sich dabei eine Wahrnehmungslücke für ihn auftut, wird die aufkeimende Vertrauensbasis nachhaltig gestört.

Der Schlüsselkunde steht immer im Vordergrund von Präsentationsunterlagen, schließlich wurden sie für ihn erstellt. Grundlage bildet dabei Ihr Key-Account-Plan, den Sie als Konzept zur Diskussion stellen. Aus dieser Dokumentation müssen eigene Stärken und Leistungen hervorgehen, daraus ableitend will der Schlüsselkunde aber seinen eigenen Vorteil und Nutzen aus diesem Plan erkennen.

Führen Sie nur das Wesentliche auf, um die Komplexität für den Key Account zu reduzieren. Der Präsentationsinhalt sollte die Aufnahmefähigkeit des Gesprächspartners nicht überfordern. Zu empfehlen ist am Ende eine Zusammenfassung in Form eines möglichen gemeinsamen Maßnahmenplans (Konzeptvorschlag) mit einer konkreten Nennung der Leistungen und Gegenleistungen der beiden Parteien sowie einer schriftlichen Fixierung des Key-Account-Nutzens.

Die professionelle Aufarbeitung garantiert ein Plus gegenüber dem Wettbewerb. Die Präsentationsmappe hilft, die Argumente für die eigene Leistung und den Konzeptvorschlag sicherer darzustellen. Einige Grundregeln sollten dabei beachtet werden:

► **Inhalt von Präsentationen:**
Vorteil und Nutzen, den der Schlüsselkunde aus der eigenen Unternehmensstärke mit Produkten und Leistungen zieht; Dokumentation des kritischen Erfolgsfaktors (value added), der Sie zu einem präferierten Partner macht.

▶ **Darstellung von Präsentationen:**
Schwierige Argumentationsketten werden leicht durchschaubar; Charts und Grafiken erleichtern die Erkennung des Zusatznutzens; jedes einzelne Präsentationsblatt bietet einen Kundennutzen und sollte nur ein Kernargument mit den notwendigen Informationen enthalten; es wird mit einer aussagefähigen Überschrift versehen und vermittelt Inhalte auch durch grafisch dargestellte Zahlen, Daten und Fakten.

▶ **Darstellungsform von Präsentationen:**
Grafische Darstellungen verstärken das Bewusstsein für positive Erfolgsfaktoren zur Nutzenfindung des Schlüsselkunden; betriebswirtschaftliche/technologische Berechnungen verdeutlichen den Kundennutzen; Alleinstellungsmerkmale aus Sicht des Kunden prägen sich ein; Bilder helfen, prägnant zu verdeutlichen.

Die Umsetzung kann durch den Aufbau von Gestaltungsmodulen vereinfacht werden. Nachfolgend finden Sie einen Vorschlag für die Chartfolge von Präsentationen:

● Deckblatt mit den Firmensignets beider Partner
● Themenübersicht mit der Möglichkeit, Kundenwünsche zu ergänzen
● Ergebnisse der bisherigen Zusammenarbeit (Soll-Ist-Vergleich)
● Ursachen für Erfolge/Misserfolge
● Markttrends
● strategisches Gesamtziel des eigenen Unternehmens
● Investitionen des eigenen Unternehmens in Märkte/Marken/Produkte
● strategisches Gesamtziel in der Zusammenarbeit mit dem Key Account
● strategische Einzelziele in der Zusammenarbeit mit dem Key Account
● Darstellung von Potenzialanalysen
● Aufzeigen von Marktchancen und Wettbewerbsabgrenzungen
● Definition des Kundennutzens
● mögliche Marketingmaßnahmen zur Unterstützung des Key Accounts
● mögliche Einzelziele durch gemeinschaftliche Marktbearbeitung
● mögliche Lieferantenleistungen und erwartete Key-Account-Gegenleistungen

- konkrete Darstellungen von Chancen und Vorgehensweisen
  - Schließung von Bedarfslücken
  - Eroberung neuer Marktnischen
  - Zielgruppenbearbeitung (qualitativ/quantitativ)
  - Produktkonzepte
  - Werbung und Verkaufsförderung
  - Erschließung von zusätzlichem Absatzpotenzial
  - Mobilisierung von Potenzialreserven
  - Preisbildungskonzept
  - Steigerung des Ertragspotenzials
  - Konditionenkonzept
- kundenbezogenes Maßnahmenpaket zur Zielerreichung
- Konditionen und Kerninhalt einer Rahmenvereinbarung
- Zusammenfassung und betriebswirtschaftlicher Nutzen

Die Präsentationsmappe sollte so gestaltet sein, dass der Gesprächspartner sie bei anderer Gelegenheit intern gegenüber Kollegen oder dem Chef präsentieren kann. Sollte der Schlüsselkunde illoyal sein und die Unterlage dem Wettbewerb geben, muss dieser die vorgelegten Daten überbieten, um einen Wettbewerbsvorteil zu erlangen. Über die professionelle Präsentation können auf diesem Weg dem Wettbewerb die Grenzen aufgezeigt werden.

Erstellung eines Key-Account-Plans

Ziel der Erstellung eines Key-Account-Plans ist die Umsetzung der getroffenen Vereinbarungen mit dem Key Account in die tägliche Geschäftspraxis. Zur Umsetzung werden die Unterstützung des Schlüsselkunden und die Mitwirkung vieler Unternehmensbereiche benötigt. Den Betroffenen muss es leicht gemacht werden zu verstehen, warum es für das Unternehmen (und für sie selbst) gut und richtig ist, den Key-Account-Plan ohne Einschränkungen zu unterstützen. Der Key-Account-Plan muss sowohl extern als auch intern „verkauft" werden. Die inhaltliche Gestaltung muss daher

- alle wesentlichen Informationen präzise und anschaulich wiedergeben,
- übersichtlich sein durch Beispiele und grafische Aufbereitung,
- bevorstehende Situationen darstellen,
- Ziele – und wie sie erreicht werden sollen – erläutern,
- eine regelmäßige Überprüfung und gegebenenfalls eine Aktualisierung beinhalten.

Nachstehend einige Tipps zur Gestaltung des Plans:

Aufmachung und Layout eines Key-Account-Plans

▶ *Tipps für den Fall, dass Sie keinen Profi haben, der Ihren Geschäftsplan produziert.*
  - *Guter Druck (Laser, Tintenstrahler).*
  - *Klar-weißes Papier, mind. 80 (besser 90) g/qm.*
  - *Gebunden (Spirale, nicht kleben, nicht zu aufwendig!).*
  - *Mit Plastikdeckblatt und -rücken – für häufigen Gebrauch.*
  - *Exemplare nummerieren/mit Empfängername versehen.*

▶ *Formatierung für gutes Aussehen und komfortablen Gebrauch!*
  - *Doppelter Zeilenabstand.*
  - *Breite Ränder (für Anmerkungen etc.).*
  - *Blocksatz, wenn möglich.*

▶ *Leserführung*
  - *Seiten durchgängig nummerieren.*
  - *Große, deutliche Überschriften.*
  - *Nicht mit Zwischenüberschriften sparen.*
  - *Kapitel fangen auf neuer (rechter) Seite an!*

▶ *Gestaltung*
  - *Es geht nicht um einen Grafik-Design-Preis!*
  - *Einfache Typografie, „normales" Layout.*
  - *Alle Elemente dienen dem Inhalt – keine Icons oder ClipArts.*
  - *Eine Schriftart für Überschriften, eine für Text.*
  - *Sparsam sein mit unterschiedlichen Schriftgrößen und Hervorhebungen!*
  - *Komplexe Informationen nach Möglichkeit in Tabellen aufbereiten.*
  - *Tabellengestaltung: simpel und übersichtlich.*

Schreiben eines Key-Account-Plans

▶ *Sprache*

- *Leichte Verständlichkeit ist das A und O.*
- *„Normales Deutsch" – nicht besonders „geistreich" sein wollen.*
- *Keine Aphorismen, keine unterschwellige Ironie; nichts, was vom Inhalt ablenkt oder „in die falsche Kehle" geraten könnte!*
- *Kurze Wörter – kurze Sätze (durchschnittlich 20 Wörter, maximal 40).*
- *Kurze Absätze (maximal so lang wie breit).*
- *Keinen „Fachjargon", den nicht ALLE Ihre Leser verstehen!*
- *Vermeiden Sie „Beamtendeutsch", „Kanzleisprache" und sonstige komplizierte Ausdrücke.*
- *Vorzugsweise aktive statt passive Verben verwenden („Der Kunde rief den Service ..." statt „Der Service wurde vom Kunden gerufen ...").*

▶ *Überprüfen lassen*

- *Durch „unabhängige" Kollegen (die schärfsten Kritiker finden sich im eigenen Haus).*
- *Auf „Lesbarkeit", Verständnis, Klarheit, Vollständigkeit und „Wirkung" überprüfen.*
- *... und zum Schluss: nochmals kritisch durchlesen – und jeden Text, der nicht unbedingt für das Verständnis erforderlich ist, streichen.*

Präsentieren

▶ *Warum?*

- *Kontrolle über Teilnehmer.*
- *Kontrolle übers „Ankommen".*
- *Erkennen von Widerständen und Hemmnissen.*

▶ *Vor wem?*

- *So wenige wie möglich – so viele wie nötig.*
- *Restriktiver Kreis – auf „need to know"-Basis.*
- *Auf jeden Fall: die, die zustimmen müssen und sollen, und die, die für die Ausführung verantwortlich sind.*

▶ *Wie?*

- *Klar und präzise, auch bei Zeitdruck.*
- *Inhalte gegebenenfalls besonders aufbereiten (keine Fotokopien der Seiten als Präsentationsfolien).*
- *Keine Überraschungen! Potenzielle Probleme vorher klären.*

▶ *Einleitung*

- *Gründe für den Geschäftsplan:*
- *Zielsetzung des Geschäftsplans.*
- *Vorteil und Nutzen für den Key Account.*
- *Wer sind die an der Umsetzung Mitwirkenden und welchen Vorteil haben sie für sich, wenn sie mitspielen?*

▶ *Ziel der Präsentation: Antwort auf die Fragen: Wozu dient das Ganze? Und: Was bringt es mir?*

▶ *Management Summary (Kurzüberblick)*

- *In aller Kürze (!!!):*
- *Ziele des Plans.*
- *Zu Grunde gelegte Voraussetzungen.*
- *Behandelte Produkte bzw. Leistungen.*
- *Zielmärkte/Zielkunden.*
- *Geplante Absätze und Margen.*
- *Marktsituation und Wettbewerb.*
- *Sonstige Annahmen und Voraussetzungen.*
- *Erforderliche/erbetene Unterstützung (!!!)*
- *Ziel: Sicherstellen, dass auch diejenigen, die den Plan nicht lesen, wenigstens das Wichtigste mitbekommen haben.*

▶ *Situationsanalyse*

- *Die zusammengefassten wichtigsten Ergebnisse unserer Ist-Aufnahme:*
- *Aus interner und externer Marketingforschung.*
- *Aus der Stärken-/Schwächen-Analyse.*

▶ *Mögliche Gliederung:*

- *Die Voraussetzungen, auf die der Plan sich stützt:*
- *Die Umsatzhistorie.*
- *Überblick über strategische Märkte (einschließlich Wettbewerbssituation).*
- *Überblick über die wichtigsten Produkte.*
- *Überblick über die Absatzkanäle.*
- *Überblick über die Absatzregionen.*

▶ *Marketingstrategien und Umsetzungsmaßnahmen*

- *Pro Strategie einen oder mehrere Maßnahmenpläne:*

- *Hier nur summarisch aufführen (wesentliche Ziele, Maßnahmen, Zeiten, Kosten etc.)*
- *Detailpläne zur Abarbeitung durch die jeweils Zuständigen.*

▶ *Marketing-Kommunikation*
- *Überblick über geplante Maßnahmen und ihre Kosten in Bezug auf:*
- *Aktionen für Vermarktungspartner (auch WK-Zuschüsse).*
- *Werbemaßnahmen in Presse und Funk.*
- *Messen.*
- *Verkaufsmaterialien.*
- *Verkaufsförderungs-Events.*
- *Public Relations.*

▶ *Gewinnplanung*
- *Zusammenstellung der aufzuwendenden Geldmittel für die im Planungszeitraum vorgesehenen Maßnahmen.*
- *Übersicht über anfallende Gesamtkosten bei der Umsetzung des Plans.*

Der Key-Account-Plan basiert auf den Ergebnissen der Situationsanalyse, der Marketingzielsetzung, der strategischen Einzelziele und einem Konzeptvorschlag. In der Zusammenfassung werden die wesentlichen Fragen beleuchtet:

● Ausgangssituation in der Zusammenarbeit mit dem Schlüsselkunden

● gemeinsame Ziele mit dem Schlüsselkunden; Mittel, um diese Ziele zu erreichen

● Produkte und Dienstleistungen des Key Accounts, die dabei helfen, diese Ziele zu erreichen

● Veränderungen im Kundenmarkt des Schlüsselkunden

● Wettbewerber des Key Accounts in seinen Märkten

● Ergebnis der Stärken-/Schwächen-Analyse für die Bereiche Marktbearbeitung, Kundenorientierung, Produkteinsatz aus eigener Sicht

● Vorstellungen von der eigenen Zielplanung: Wo soll das Unternehmen in Zukunft stehen?

● die daraus abgeleiteten Marketingziele

Vorab wurde eine Analyse des Schlüsselkunden aus dessen und aus eigener Sicht vorgenommen. Die daraus abgeleiteten Rückschlüsse sind die eigenen Ziele und müssen nicht unbedingt mit denen des Schlüsselkunden übereinstimmen. Die wichtigsten strategischen Einzelziele aus eigener Sicht können daher folgendermaßen dokumentiert werden.

Beispiel

„Nach eingehender Analyse und Gesprächen mit Ihren Mitarbeitern sind auch Ihre Ziele in unseren Unternehmensplan eingeflossen. In Übereinstimmung mit den von Ihnen zur Verfügung gestellten Unternehmensdaten sieht unser Unternehmen die Chance, die nachfolgenden Ziele mit Ihnen gemeinsam zu erreichen:

▶ *Eine Umsatzsteigerung der Produktgruppe A in Deutschland in den kommenden drei Jahren um jeweils 10 Prozent. Sie als wichtiger Schlüsselkunde für unser Haus nehmen wesentlich an dieser Steigerung teil.*

▶ *Verdoppelung der Absatzzahlen der X13-Produkte im Marktbereich „Öffentliche Hand" innerhalb von drei Jahren. In diesem Marktsegment möchten Sie nach Ihrer Aussage ebenfalls Marktanteile hinzugewinnen.*

▶ *Steigerung des Absatzes von Kombiprodukten auf 80 Stück pro Jahr innerhalb der nächsten drei Jahre. Ihr Vorteil ist die Stärkung Ihres Sortimentmixes.*

▶ *Verdoppelung des Marktanteils für Z01-Produkte in Osteuropa innerhalb von vier Jahren. Mit dieser Produktgruppe können auch Sie sich in Ihren ersten osteuropäischen Niederlassungen profilieren.*

▶ *Verbesserung der Gesamt-Handelsspanne von 37 Prozent auf 39 Prozent bis zum Jahr 2003. Bei den Stückzahlen stärkt das Ihre Ertragserwartung."*

Ist der Schlüsselkunde nicht einverstanden, gilt es herauszufinden, welche Alternativen er vorschlägt. Bei Akzeptanz wird ihm das Strategiekonzept mit der Bitte um Prüfung und Diskussion vorgelegt:

● Strategien im Zusammenhang mit Produkten

● Strategien im Zusammenhang mit Preisen

● Strategien im Zusammenhang mit Promotion

● Strategien im Zusammenhang mit Vertriebskanälen

Der Key-Account-Plan ist ein aktives Arbeitswerkzeug. Die Durchführung der vereinbarten Einzelstrategien und die daraus abgeleiteten Aktionen müssen hinsichtlich vereinbarter Durchführung überwacht werden, ebenso die geplante Erreichung der Ziele. Quartals-Reviews stellen sicher, dass die wesentlichen Vereinbarungen auf positive oder negative Abweichungen hin überprüft werden.

Wenn es zu Abweichungen kommt, ist wichtig festzustellen, ob während der Umsetzung neue Erkenntnisse gewonnen wurden, die bei der Geschäftsplanerstellung noch nicht bekannt waren. Hieraus können sich neue Ideen entwickeln. Wenn sich herausstellt, dass sich die eine oder andere Strategie als nicht wirksam genug erwiesen hat, weil die Märkte, das Umfeld und die Wettbewerbssituation sich geändert haben, kann sehr schnell korrigiert und agiert werden.

Der Plan kann auch zur Entwicklung zusätzlicher Ideen verwendet werden, etwa zur Ursachenanalyse bei Nichterreichung einzelner Ziele (Welche Etappen auf dem Weg der Zielerreichung haben nicht wie planmäßig funktioniert?) und zur Verbesserung der Prozessabläufe (Welche Strategien sind in der Umsetzung mühsamer als erwartet, und wie können die Prozesse effizienter gemacht werden?)

14. Preisverhandlungen in Schlüsselkunden-Gesprächen

Der Preis setzt sich immer aus mehreren Komponenten zusammen, zum Beispiel aus den Kosten der Bereiche Produktherstellung, Entwicklung, Service, Logistik und Beratung. Im Key Account Management haben Sie es in der Regel mit strategisch einkaufenden Kunden zu tun. Um die eigene Wettbewerbsstärke zu erhalten, ist eine dauerhafte Kostenführerschaft anzustreben. Kostenführerschaft bedeutet aber nicht, alle Kosten zu minimieren, sondern nur die Kosten zuzulassen für Leistungen, die Ihre Key Accounts als wichtig für ihr eigenes Geschäft ansehen. Preisgestaltungen sind immer abhängig von Ihrer Kostensituation, wenn Sie einen bestimmten prozentualen Ertrag vom Umsatz nicht unterschreiten möchten.

Überprüfen Sie deshalb die Wichtigkeit und Wertigkeit der verschiedenen Preiseinflusskomponenten für Ihre Key Accounts und stellen Sie fest, welche relative Leistungsstärke Ihr Angebot, verglichen mit dem des Wettbewerbs und anderer Marktteilnehmer und aus Sicht des Key Accounts besitzt. Denn der Key Account wird zuerst die Leistungsfaktoren betrachten, die ihm sehr wichtig sind, und sie mit Ihrer subjektiv oder objektiv wahrgenommenen Leistungsstärke vergleichen. Ist Ihre Leistungsstärke in wichtigen Positionen sehr hoch, wird die Preissensibilität geringer ausfallen. Ist dagegen die Leistungsstärke in wichtigen Positionen aus Kundensicht nicht sehr ausgeprägt, wird der Key Account, sollte er sich trotzdem für Sie entscheiden, hart um den Preis kämpfen. Stellen Sie ständig Ihre Leistungspalette auf den Prüfstand, und finden Sie heraus, ob alle Leistungen, die vom eigenen Unternehmen angeboten werden, vom Schlüsselkunden tatsächlich gewünscht werden.

Die Preisdiskussion durchzieht das ganze Tagesgeschäft. Wie wird aber nun der „richtige" Preis gefunden? In der Vergangenheit wurde hauptsächlich mit drei Grundarten der Preisfindung gearbeitet:

▶ **Kostenprinzip:** Ermittlung der Kosten für Produktion, Vertrieb, Verwaltung, Entwicklung, Finanzierung etc. Ein prozentualer Gewinnaufschlag wurde zugeschlagen. Sie finden diese Vorgehensweise zum Beispiel im Handelsbereich.

▶ **Wertprinzip:** Angebot und Nachfrage bestimmen den Preis. Angewandt wird es zum Beispiel in der Gebrauchs- und Konsumgüterindustrie im oberen Prestige- und Qualitätsbereich.

▶ **Orientierungsprinzip:** Dieses Prinzip gilt in vielen Branchen. Der Preis orientiert sich am Wettbewerb und an den am Markt durchsetzbaren Konditionen. Angewandt wird es in fast allen Branchen.

Weitere Fragen im Preisfindungsprozess sind:

▶ **Nachfrageschätzung:** Welche funktionale Beziehung besteht zwischen der Abnahmemenge und dem Preis? Kann zum Beispiel durch eine Reduzierung des Preises die Nachfrage angekurbelt werden? Oder hat eine Erhöhung des Preises zur Folge, dass eine andere Käuferschicht mit einer höheren Kaufkraft erreicht wird?

▶ **Kostenschätzung:** Reduzieren oder erhöhen sich die Kosten bei einer alternativen Produktionsmenge?

▶ **Wettbewerbsanalyse:** Wie reagiert der Wettbewerb, wenn der Preis erhöht oder gesenkt wird?

▶ **Marktanalyse:** Wie reagiert der Markt, wenn der Preis erhöht oder gesenkt wird?

Die zunehmende Transparenz im Markt über alle Vertriebs- und Kundenstufen hinweg kompliziert aber die Preisfindung, besonders im Key Account Management. Leistungsabnahme und Rabattgewährung stehen nicht im Gleichklang. Denken Sie nur an die Masse der B- und C-Produkte, die, obwohl mit weitaus höheren Kosten belegt, zu gleichen Rabattsätzen abgegeben werden. Aus diesem Grunde wird es wichtiger, ein fundiertes Wissen über alle Distributionsstufen hinweg aufzubauen. Wenn Sie sich zum Beispiel einen guten

Umsetzung der Key-Account-Management-Strategien

Ruf beim Endkunden aufgebaut haben, wird Ihr Preisgesprach beim Absatz-
mittler anders verlaufen, als wenn Sie ein Nobody am Markt sind.

Die üblichen A-B-C-Systeme in der Rabattgestaltung werden zunehmend
problematischer. Vergleichen Sie zum Beispiel die Kosten, die für die Erhaltung der Kundenbeziehung aufgebracht werden müssen. Große Umsatz- oder
Absatzmengen bedeuten nicht automatisch Gewinn oder Effizienz. Bauen Sie,
auch wenn es vielleicht nur in kleinen Trippelschritten möglich ist, ein leis-
tungsorientiertes Preissystem mit Rabattsätzen nach Absatz und weiteren erbrachten qualitativen Leistungen auf. Elemente könnten sein:

● Eigenanteil am Einkaufsvolumen des Key Accounts in Ihrem Bereich,

● Nutzung Ihres Beratungsservices,

● Abnahmemengen je Lieferung,

● Marketingleistungen Ihres Key Accounts für Ihre Produkte am Markt etc.

Zur Findung der optimalen Rabattstruktur bietet sich die folgende Vorgehensweise an:

● Ist-Analyse der Absatz-, Umsatz- und Rohertragsdaten je Key Account

● Ist-Analyse der Preis- und Konditionenstruktur je Produkt- oder Produktgruppe je Key Account

● Ermittlung der individuellen Key-Account-Anforderungen (Wertigkeit,
  Wichtigkeit)

● Beschreibung der Wettbewerbssituation (relative Wettbewerbsstärke aus
  Key-Account-Sicht)

● Zukunftsbetrachtung der individuellen Key-Account-Anforderungen und
  Rückschluss auf die Rabattgestaltung

● Bewertung der Key Accounts und Erstellung einer internen Anforderungs-
  liste

Wenn Sie Ihre Key Accounts fragen, werden die meisten sich für einfache Konditionensysteme aussprechen. Bei der Umstellung von Preissystemen ist es deshalb anzuraten, die Key Accounts in den Gestaltungsprozess mit einzubeziehen. Führen Sie vorab persönliche Gespräche und fragen Sie nach:

● „Welche Forderungen stellen Sie an eine neue Rabattstruktur?"

● „Welche Elemente wären für Sie attraktiv und wären Sie bereit, sich an diesen messen zu lassen?"

● Welchen Höchst- bzw. Niedrigstpreis können wir gemeinsam am Markt
  durchsetzen?"

- „Sind Sie bereit, auf fairer Partnerschaft eine Gewinnteilung zu akzeptieren?"
- „Welche Elemente sind Ihnen wertig und wichtig?"

Analysieren Sie gemeinsam die Wertschöpfungskette und überlegen Sie, welche Einsparpotenziale (zum Beispiel der Verwaltungsaufwand bei beiden Parteien bei Bestellungen, Rechnungsprüfungen und Versand) genutzt werden können. Überlegen Sie gemeinsam, wie mit den beiderseitigen vorhandenen „Schwächen" umgegangen werden kann, statt sofort eine Preissenkung ins Auge zu fassen. Prüfen Sie, ob durch eine veränderte Preisgestaltung der Marktanteil erhöht werden kann. Verabschieden Sie sich von den Listenpreisen (Mondpreise) und den einheitlichen Rabattsätzen. Nehmen Sie die ganzheitliche Betrachtung ins Visier – Strategie, Kosten, Erträge – und diskutieren Sie dies mit Ihren Key Accounts. Denn beiden Seiten möchten gleichermaßen Profit machen.

Ein Trend entwickelt sich zunehmend: die individuelle Preisgestaltung. Basis ist die nutzenorientierte Preisfestsetzung, die sich an der Zahlungsbereitschaft der Kunden orientiert und nicht an den Kosten der Leistungserstellung. Dabei werden verschiedenen Preisgestaltungsvarianten eingesetzt:

▶ **Die Preisdifferenzierungsvariante:** Die Preise werden nach Kunden, Regionen, Produktmerkmalen und Einkaufszeiten differenziert. Das Ziel ist es, eine maximale Ausschöpfung der kundenindividuellen Zahlungsbereitschaft zu erreichen.

▶ **Die Preisbündelungsvariante:** Unterschiedliche Produkte werden in einem Paket zusammengefasst und zu einem Komplettpreis angeboten, der günstiger ist als die Summe der Einzelprodukte. Das Ziel ist es, Ergänzungsprodukte mit zu verkaufen und den Systemgedanken zu stärken.

▶ **Die Leistungsvariante:** Der Preis variiert je nach Verbrauch, Größe, Leistung und Attraktivität des Kunden für den Lieferanten. Ziel ist es, die wertigen Kunden an sein Unternehmen zu binden.

Der Preis ist das schwächste und auch das sensibelste Element im Marketing-Mix. Dabei werden gerade Rabatte vielfach mit Preisnachlässen verwechselt. Preisnachlässe bei Angeboten oder in Verhandlungen sind immer taktisch und damit kurzfristig. Rabatte dagegen sind stets mittel- bis langfristig angelegt und damit strategisch. Rabatte sind schnell abgegeben, versuchen Sie aber einmal, diesen beim Key Account wieder zu kassieren. Deshalb ist es kaum möglich, die Rabattpolitik ständig zu ändern. Rabatte sind Preisnachlässe für bestimmte Leistungen des Schlüsselkunden im Zusammenhang mit Produkten und Dienstleistungen. Ziele einer Rabattpolitik können zum Beispiel sein:

- Umsatzausweitung
- Absatzausweitung
- Bestellmengenerhöhung
- Kundenbindung
- Rationalisierung der Auftragsabwicklung
- Steuerung der zeitlichen Verteilung des Auftragseingangs
- besondere Logistikleistungen

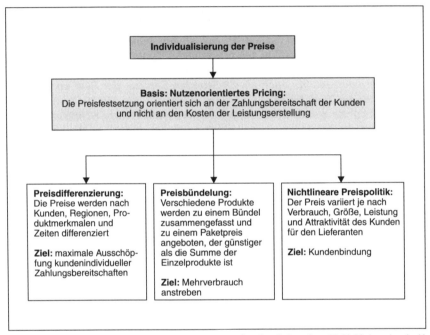

Quelle: Sebastian, K.-H./Kolvenbach, K.

Abb. 14.1: Moderne Preissysteme unterstützen das Ziel, eine Individualisierung der Preisgestaltung je nach Kundenwertigkeit, Produktbündelung oder Wettbewerbssituationen vorzunehmen.

Preisgespräche sind Tauschgeschäfte. Wenn der Schlüsselkunde weniger bezahlen will, muss er entweder etwas Zusätzliches anbieten (zum Beispiel eine Auftragsgarantie für einen längeren Zeitrahmen) oder auf bestimmte Leistungen verzichten. Deshalb ist es so wichtig, dass der nackte Preis ersetzt wird durch einen Komponentenpreis. Neben dem reinen Produkt werden viele andere Leistungen geliefert, zum Beispiel Service und Support. Diese Leistungen sind immer Elemente der Preisfindung und müssen dem Schlüsselkunden genannt werden.

Ein Logistikunternehmen bot seinen Kunden einen 24-Stunden-Service an. Vor einigen Jahren war das noch ein Wettbewerbsvorteil, inzwischen ist das aber Standard. Die Kosten für diesen Service waren erheblich und wurden vom Kunden nicht mehr ausreichend honoriert. Aufgrund des Wettbewerbs sanken die Preise immer schneller. Schließlich wurde eine Marktuntersuchung gestartet mit dem Ziel, die tatsächliche Kundenanforderung zu überprüfen. Das Ergebnis: zirka 25 Prozent wünschten den 24-Stunden-Service, zirka 60 Prozent reichte auch ein 48-Stunden-Service, der Rest konnte sich auch mit einem Zwei-bis-drei-Tage-Service anfreunden. Die weitere Analyse ergab, dass unter den 24-Stunden-Befürwortern nur wenige Schlüsselkunden waren. Als Folge wurde ein neues Konditionensystem initiiert, das sowohl die Abnehmerleistungen als auch den Fokus auf die Schlüsselkunden berücksichtigte.

Wenn Sie vor einem Gespräch mit einem Key Account annehmen, dass ein Preisgespräch nicht zu vermeiden ist, prüfen Sie, ob

- der Schlüsselkunde nur einen Marktüberblick haben möchte,
- Gespräche mit den Wettbewerbern stattfanden und der Schlüsselkunde nur ein Vergleichsangebot sucht,
- der Key-Account-Einkäufer nur die Standfestigkeit des Key Account Managers ausloten will,
- alle sachlichen Details geklärt sind und der Schlüsselkunde alle Elemente (Leistungen) des Preisangebotes kennt,
- im Gespräch eine Entscheidung getroffen wird.

Der reell kalkulierte Preis ist eine feste Eigenschaft des Produkts und keine zur Disposition stehende Größe. Mit der Verteidigung des Preises beginnt bereits dessen Demontage. Wer sich verteidigt, signalisiert ein schlechtes Gewissen. Der Preis ist erklärbar und braucht keine Verteidigung. Daher sollte auch erst bei einer Entscheidungsreife und möglichst unter Anwesenheit der Entscheidungsträger und Entscheider über mögliche Preisvarianten gesprochen werden. In der Mehrzahl der Fälle lohnt es sich, Standhaftigkeit zu beweisen.

Denn in der Suchphase des Schlüsselkunden Preise nachzulassen bedeutet, den Key Account für seine Preisverhandlungen mit dem Wettbewerb auszurüsten.

Es ist vorteilhaft, in Preisverhandlungen zu untersuchen, welche persönlichen Motive der Key-Account-Einkäufer im Preisgespräch befriedigen möchte. Es ist ihm oftmals möglich, den gleichen Preis zu akzeptieren, wenn er innerhalb der eigenen Organisation erkennbare Mehrleistungen des Lieferanten anbieten kann. Wenn er bewusste oder unbewusste persönliche Motive befriedigen möchte, gilt es, diese herauszufinden und zu befriedigen.

Auf Sie als Key Account Manager warten einige „Kostenfallen":

- Der Key Account ist aus unterschiedlichen Gründen nicht mit seiner Gewinnspanne zufrieden:
  - Er erwartet von Ihnen eine „Heilung" dieser Situation und eine Preisanpassung.

- Der Key Account verlangt immer neue Zusatznutzen:
  - Ihre Zusatzleistungen und Zugeständnisse werden nicht durch besondere Leistungen des Key Accounts belohnt.

- Der Key Account möchte seine Lagerfunktion herunterfahren:
  - Kleinmengenlieferungen und zusätzliche Logistikkosten gehen zu Ihren Lasten.

- Der Key Account möchte seine Kosten herunterfahren:
  - Er erwartet von Ihnen die kostenmäßige Beteiligung an seinem Vorhaben.

- Der Key Account möchte bestimmte Aktivitäten outsourcen:
  - Sie sollen diese Aktivitäten ohne Kostenerstattung oder zusätzliche Kundenleistungen in anderen Bereichen übernehmen.

- Der Key Account reduziert die Anzahl seiner Lieferanten:
  - Sie sollen auch für ihn unrentable Leistungen ohne Kostendiskussion bereitstellen.

- Der Key Account will seinen Marktanteil erhöhen:
  - Sie sollen seine Aktivitäten am Markt zu hundert Prozent bezahlen.

- Der Key Account möchte seinen Imagenutzen durch Ihre Marken erhöhen:
  - Verhindern Sie, dass ein Imageschaden für Ihr Unternehmen entsteht, zum Beispiel durch aggressive Preispolitik etc.

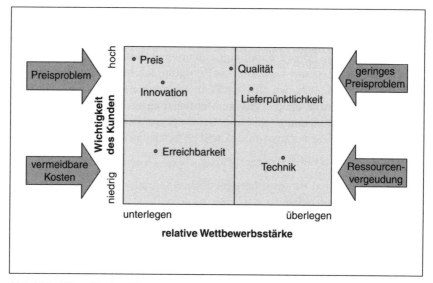

Abb. 14.2: Wenn Sie dem Wettbewerb überlegen sind und die Kriterien für den Kunden wichtig sind, verlieren Preisgespräche an Brisanz. Vermeiden Sie Kosten oder Ressourcenvergeudung in Punkten, die den Key Accounts nicht wichtig sind.

Hier noch einige Tipps für Konditionensysteme:

▶ *Gewähren Sie keine Preissenkung ohne Gegenleistung des Key Accounts.*

▶ *Bieten Sie gleiche Konditionen für gleiche Leistungen.*

▶ *Vermitteln Sie eine klare und nachvollziehbare Strukturierung des Konditionensystems.*

▶ *Stellen Sie sicher, dass der Abstand zwischen dem günstigsten und teuersten Kunden eine festgelegte Grenze nicht überschreitet.*

▶ *Bedenken Sie, dass das Konditionensystem für jeden Kunden einen Anreiz zur Mehrleistung bieten muss.*

▶ *Bilden Sie ein Preisnachlass-Budget pro Jahr und verfolgen Sie nach, ob dieses Budget auch eingehalten wird.*

▶ *Ordnen Sie die Verantwortung für die Einhaltung des Konditionensystems klar zu.*

▶ Berücksichtigen Sie alle Kosten aus der Kundenbeziehung bei der Kalkulation der Preise.

▶ Führen Sie ein neues Konditionensystem nur dann ein, wenn die Key Accounts grundsätzlich damit einverstanden sind.

Und zum Schluss noch einige Tipps zum souveränen Verhalten in Preisgesprächen mit dem Key Account:

▶ Stellen Sie sich vor, Sie hätten den Auftrag schon perfekt gemacht und müssten nur noch einige Detailfragen klären.

▶ Machen Sie sich nicht kleiner als Sie sind, sondern verfolgen Sie ausdauernd, hartnäckig und präzise Ihr konkretes Ziel.

▶ Ihre Aufgabe ist das Hereinholen von Aufträgen. Arbeiten Sie deshalb nach dem Prinzip der Selbstverständlichkeit, das macht Sie gelassener.

▶ Glauben Sie an Ihren Erfolg, dies überträgt sich auch auf Ihre Key Accounts.

▶ Zerreden Sie keine Auftragschancen, schweigen Sie im richtigen Moment.

▶ Zeigen Sie mit Ihrer Körpersprache, dass Sie Ihren Gesprächspartner so akzeptieren, wie er ist. Offenheit ist die Basis für eine positive Beziehung.

▶ Nicken Sie bei Ausführungen Ihres Gesprächspartners auch dann, wenn Sie einen anderen Ansatz haben. Zeigen Sie Ihrem Gegenüber, dass Sie seine Ausführungen verstanden haben (das heißt nicht, dass Sie einverstanden sind).

▶ Versuchen Sie bei den Preisgesprächen herauszufinden, welche persönlichen Motive beim Gesprächspartner befriedigt werden müssen.

▶ Reagieren Sie in Preisgesprächen nicht emotional auf Attacken, die Ihrer Meinung nach unfair sind. Nur in einer ruhigen und entspannten Atmosphäre kann eine einvernehmliche Einigung erzielt werden.

15. Preispolitik im europäischen Markt

In den letzten Jahrzehnten hat sich die Rabattpolitik in den europäischen Ländern regional sehr unterschiedlich entwickelt. Es ist davon auszugehen, dass die neuen Medien in Zukunft zunächst in Deutschland, sehr schnell aber auch in ganz Europa zu einer Preistransparenz führen werden. Die Veränderungen innerhalb der europäischen Union durch den Euro werden zudem eine sukzessive Preisharmonisierung mit sich bringen. Die einheitliche Währung wird diesen Prozess noch beschleunigen.

Verschiedene Anbieter reagieren sehr unterschiedlich auf diese Entwicklung: Einige favorisieren einen europäischen Einheitspreis, um so aus der Preisdiskussion herauszukommen.

Andere warten auf die Reaktionen ihrer Schlüsselkunden und wollen sich später für eine Preispolitik entscheiden.

Wenn unterschiedliche Preisgestaltungen für gleiche Produkte bevorzugt werden, bauen Sie schon heute Ihre Argumentationskette auf. Vermeiden Sie aber, aus kurzfristiger preispolitischer Sicht als Eurosünder von Ihren Kunden wahrgenommen zu werden. Sie tun gut daran, schon heute für eine leistungsorientierte europäische Rabattpolitik zu sorgen, ehe der Key-Account-Einkäufer sich betrogen fühlt, wenn er feststellt, dass er als größerer Abnehmer bei gleichen Leistungen mehr bezahlen muss als sein kleinerer Wettbewerber. Dies wird spätestens dann auffallen, wenn im Zuge des Konzentrationsprozesses eine Übernahme stattfindet und die Einkaufskonditionen miteinander verglichen werden.

Der Euro bringt die Preislandschaft in Bewegung. Eine Neuausrichtung der Preispositionierung bietet Chancen und Risiken, die Preiselastizität wird sich verändern. Die Fragestellungen haben sich erweitert: Was ist ein optimaler europäischer Preis für welche Produkte und welche Länder? Jetzt zeigen sich die Vorteile eines ausgereiften Informationsmanagements in Unternehmen als Basis für Entscheidungen auf Kennzahlenbasis. Wie identifizieren Sie Schwellenpreise, um Deckungsbeitragsverluste durch Abrunden zu vermeiden?

▶ **Der Preis steht im Fokus der Key Accounts:** Runden Sie im Zweifel eher ab, oder modifizieren Sie eventuell die Leistungen (Produkte, Service, Beratung etc.).

▶ **Die Key Accounts haben ungefähre Preisvorstellungen:** Runden Sie bei gleichen Leistungen im Zweifel eher ab, oder bieten Sie eine Leistungssteigerung bei gleichzeitiger Aufrundung.

▶ **Der Preis steht für die Key Accounts nicht im unmittelbaren Fokus:** Runden Sie, wann immer es möglich ist, auf.

Sie besitzen drei Gewinntreiber: Preis, Absatz und Kosten. Die Kosten sind in vielen Bereichen bis zur Schmerzgrenze hin bereinigt. Der Absatz ist je nach Markt ausgereizt und nur noch über Verdrängung zu steigern. Bleibt der in vielen Fällen noch nicht optimierte Preis. Preisdifferenzierung ist eine gute Möglichkeit, den Gewinn zu steigern. Ein einheitlicher Preis für ganz Europa birgt einige Risiken. Prüfen Sie deshalb, wie Sie länderspezifische Key-Account-Forderungen preiselastisch berücksichtigen können, um den Gewinn zu optimieren.

Gefährlich wird in Hochpreisländern ein Angleichen von Preissystemen auf das Niveau von Niedrigpreisländern, denn das zieht einen Einbruch der Profitabilität nach sich. Eine Möglichkeit ist die Bildung eines europäischen Preiskorridors. Nivellieren Sie zuerst die Konditionen in den Ländern mit hohen Preisen und hohem Profit-Potenzial, dann folgen die Länder mit den niedrigen Preisen und niedrigem Profit-Potenzial. Damit vermeiden Sie, dass sich das gesamte Preissystem nach den Niedrigpreisländern richtet. Eventuell müssen Sie es auch riskieren, Produkte oder Sortimente aus einem bestimmten Markt zu nehmen, um nicht das gesamte Preissystem zu gefährden.

Nutzen Sie einen Stufenplan, um einen europäischen Preiskorridor zu finden:

▶ **Beurteilung der jetzigen Marktsituation:**
 – Wie hoch sind die Preisunterschiede zwischen den einzelnen Ländern?
 – Wie groß ist der Markt für unseren Bereich in den einzelnen Ländern?
 – Welchen Marktanteil besitzen wir in den einzelnen Ländern?
 – Welche Kostensituation haben wir in den einzelnen Ländern?

▶ **Beurteilung der Wettbewerbssituation:**
 – Haben wir in den einzelnen Ländern die gleichen Wettbewerber?
 – Arbeiten die gleichen Wettbewerber in allen Ländern mit den gleichen Mitteln?
 – Sind die Wettbewerbsleistungen in allen Ländern gleich?
 – Sind unsere Leistungen in allen Ländern gleich?
 – Haben wir internationale Key Accounts und wie sind sie organisatorisch aufgestellt?
 – Was sind die wichtigsten Indikatoren für Kaufentscheidungen unserer Key Accounts?

▶ **Festlegung der Preis-Absatz-Funktion:**
– Mit welchen Key Accounts setzen wir uns zusammen, um ein Preiskonzept zu entwickeln?
– Welche Veränderungen erwarten wir beim Absatz bei einer Erhöhung/Senkung des Preises?
– Wie werden unsere Key Accounts auf die angestrebte Preisveränderung reagieren?

▶ **Festlegung der Gewinnfunktion:**
– Mit welchen Key Accounts setzen wir uns zusammen, um ein Gewinnkonzept zu entwickeln?
– Wie werden unsere wichtigsten Wettbewerber auf unsere Preisveränderung reagieren?
– Wie werden die Kunden der Key Accounts auf die Preisveränderung reagieren?

▶ **Bestimmung des Preiskorridors:**
– In welchen Ländern müssen die Preise nach oben/unten angepasst werden?
– Was ist der Preiskorridor für das Produkt/Sortiment zur Steigerung des Gewinns?
– Welche Umsetzungsmaßnahmen sind notwendig, um das neue Preiskonzept in den einzelnen Ländern umzusetzen?

Die europäische Preispolitik kann nur dann umgesetzt werden, wenn gleichzeitig der Vertrieb und das Marketing europäisiert werden, zum Beispiel durch europäische Markenbildungen, europäische Key-Account-Betreuung oder landesübergreifende Positionierungen. Ein weiterer Erfolgsfaktor wird die Zeit, in der Unternehmen auf Veränderungen reagieren. Preisbildungen unterliegen in vielen Branchen inzwischen einer sehr kurzen Vorlaufzeit. Wer nicht das Ohr am Markt hat und die gewonnenen Informationen aktiv auswertet und Entscheidungen trifft, kann schnell Marktanteile verlieren. Gerade für die Anbieter, die keine Standardprodukte anbieten, wird der Faktor Zeit besonders wichtig. Identifizieren Sie Ihre Verlustbringer bei Key Accounts, bei den Leistungen und beim Sortiment. Im Zweifelsfall trennen Sie sich von unrentablen Kunden oder Sortimenten, um einen „gesunden" Ertrag zu behalten.

Sorgen Sie für eine nachvollziehbare und transparente Konditionenpolitik. Etwaige Anpassungen in einzelnen Ländern werden realistisch über mehrere Jahre erfolgen müssen. Je länger Sie damit warten, desto größer ist das Risiko, dass ein Key Account Ihnen die neuen Spielregeln diktieren wird. Was günstiger für Sie wird, handeln oder abwarten, ist leicht zu erraten. Suchen Sie auch den direkten Kontakt mit Ihren Key Accounts aus der Festigungsphase, und diskutieren Sie mit ihnen die Situation. Offenheit schafft Partnerschaft.

Europäische Preissysteme müssen zentral gesteuert werden, damit durch eine kurzfristige Verhandlungssicht zu Stande gekommene Abweichungen einzelner Länder, die anschließend auf das Gesamtsystem durchschlagen können, vermieden werden. Das bedeutet nicht, dass im Einzelfall Preisoptimierungen vor Ort vorgenommen werden müssen. Ein europäischer Einheitspreis bietet mehr Risiken als Chancen. Besser ist es, innerhalb eines Korridors nach Kriterien zu differenzieren, die individuell für die einzelnen Unternehmen erstellt wurden.

IV. Ausblick auf das Key Account Management der Zukunft

Das Key Account Management wird zum wichtigsten Baustein innerhalb eines Multi Channel-Vertriebs, da hier die wichtigsten Kunden von heute und morgen gewonnen und gebunden werden. Ohne Ausrichtung der Unternehmensstrategien auf die Bedürfnisse der Key Accounts wird die Erhaltung des eigenen Marktanteils schwieriger. Das Key Account Management wird zum Treiber und Trendsetter in Marketing, Vertrieb und anderen kundennahen Bereichen.

Die Erschließung neuer Kunden und Märkte ist aber genauso intensiv zu betreiben wie die Betreuung der Schlüsselkunden, denn Key Account Management ist nicht alles. Aber ohne Key Account Management fehlt dem Multi Channel-Vertrieb das wesentliche Element. Beobachten Sie weiterhin alle potenzielle Kunden, um positive Potenzialveränderungen zu erkennen und die künftigen Key Accounts zu finden.

Beleuchten Sie noch einmal einige Trends, zum Beispiel:

▶ Die Rolle und Funktion des Einkaufs bei Ihren wichtigsten Kunden: In vielen Kundenunternehmen war der Einkauf die zentrale Beschaffung für Produkte und Dienstleistungen. Die Bestellabwicklung und Disposition von Einkaufsgütern nahm neben der Erzielung bester Preise und Durchführung von Ausschreibungen einen breiten Raum ein. Die Funktion des Einkaufs ändert sich aber kontinuierlich zu einer Netzwerk- und Querschnittsfunktion. Er wird zu einem operativen Partner zum Beispiel der Produktentwicklung, des Marketings und Vertriebs oder der Produktion.

▶ Damit ändert sich auch die Rolle des Einkäufers. Er ist zukünftig immer weniger der reine „Konditionenquetscher", sondern er betrachtet ganzheitlich die Unternehmensprozesse und beurteilt aus dieser Sicht Vorteile und Nutzen, die ihm Key Account Manager anbieten. Der Einkäufer der Zukunft wird in guten Unternehmen eine andere Qualifikation aufweisen und benötigt deshalb auch eine andere Qualität der Vertriebsbetreuung.

▶ Neben den klassischen Einkaufsthemen wird der Einkauf zukünftig verstärkt auf Bedarfsbündelung, Verschlankung von Ablaufprozessen, Reduktion der Sortimentsvielfalt etc. setzen. Der Einkauf wird zum internen Dienstleister des Unternehmens. Das Key Account Management im Vertrieb ist inzwischen akzeptiert und wird in einigen Branchen recht lebhaft betrieben. Aber ein Key Account Management im Einkauf?

Durch die Reorganisation zentral geführter Unternehmen in kleinere, selbstverantwortliche Einheiten verliert der Zentraleinkauf an Macht, Einfluss und Aufgaben. Gehen Sie davon aus, dass die dezentralen Einheiten zunehmend den operativen Einkauf übernehmen, der zentrale Einkauf dagegen strategische Aufgaben übernimmt, unter anderem die Überprüfung von Synergiepotenzialen, Bündelungschancen und Einsparpotenzialen bei Produkten, Dienstleistungen und Ablaufprozessen. Diese Leistung muss den internen Kunden im reinsten Sinne des Wortes verkauft werden. Die wichtigsten internen Kunden werden ihrerseits zu Key Accounts. Der Einkauf wird Key-Account-Management-Teams aufstellen, die die internen Kunden analysieren, beraten und Kundenwünsche umsetzen helfen. Daran wird der Erfolg von Einkaufsorganisationen gerade in großen und/oder internationalen Unternehmen gemessen.

Was bedeutet das für Sie als Key Account Manager des Lieferanten? Wenn Sie es schaffen, den Einkauf bei seiner Aufgabe, seine Einkaufsleistung positiv im eigenen Unternehmen zu verkaufen, zu unterstützen, haben Sie Ihrerseits die Chance auf eine langjährige intensive Kundenbeziehung.

▶ Die Entwicklung des Partnerschaftsmanagements: Wichtige Schlüsselkunden trennen sich aus Kosten- und Strategiegründen von Aktivitäten und übertragen diese an Zulieferer. In der Automobilzulieferindustrie erreichten die zehn weltweit größten Zulieferer zwischen 1996 und 2000 ein Wachstum von 41 Prozent auf insgesamt 147 Milliarden US-$. Die Zahl der deutschen Zulieferer mit einem Umsatzvolumen > 50 Millionen € erhöhte sich im Automotive-Bereich von 75 auf 100 Unternehmen. Outsourcing und Supply Chain Management im Fertigungs- und Entwicklungsbereich sind wichtige Wachstumstreiber in dieser Branche. In anderen Branchen sind ähnliche Entwicklungen zu beobachten. Neue Geschäftsmodelle binden die Lieferanten in den Erfolg oder Mißerfolg von Key Accounts mit ein. Investionen werden nach dem Pay-on-Production-System vergütet. Wird weniger am Markt abgesetzt als prognostiziert, trägt der Anbieter ein Teil des Risikos. Unter diesen Bedingungen gewinnt die Prozessebene eine besondere Bedeutung.

Supply Chain Management wird zum absoluten Muss, um die immer komplexeren Einkaufs-, Produktions- und Logistiksysteme sicher und

Ausblick auf das Key Account Management der Zukunft

kostengünstig zu managen. Die Partner konzentrieren sich nicht mehr auf die Ablaufprozesse im eigenen Hause, sondern betrachten ganzheitlich die beiderseitigen Prozessketten, auch unter internationalen Bedingungen. Ohne ein strategisches Kostenmanagement und ganzheitliches Controlling wird es nicht möglich, Benchmarks zu setzen und über ein Deckungsbeitragsmanagement und Target Costing die Leistungs- und Kostenführerschaft im seinem Markt zu erreichen. Ein strategisches Kostenmanagement setzt Transparenz, Offenheit und Vernetzung von Unternehmensdaten voraus.

Nur die schnelle Einführung von Innovationen sichert den Unternehmensbestand. Selbst für ein Großunternehmen ist es fast unmöglich, alles im Alleingang auszurichten. Es bietet sich deshalb geradezu an, die Stärken von Lieferanten und Key Accounts miteinander zu vernetzen. Gemeinsame Entwicklung, gegenseitige Unterstützung in der Marktbearbeitung bedeutet nicht die Aufgabe der vertikalen Verantwortungskette, sondern die freiwillige Entscheidung für eine prosperierende Zusammenarbeit in einem Gewinner-Gewinner-Spiel.

Das Key Account Management wird in Zukunft eine zukunftsentscheidende Aufgabe übernehmen: Die Auswahl wertiger Kunden, Aufbau eines Supply Chain Managements mit diesen und ständige Überprüfung, ob nicht bestimmte Tätigkeiten der Key Accounts durch Outsourcing auf das eigene Unternehmen übertragen werden können. Ein Hemmschuh ist alllerdings in manchem Unternehmen zu erwarten: Das Fehlen qualifizierten Personals.

Zeitgemäßes Key Account Management ist Teamarbeit und die Ausrichtung aller Unternehmensbereiche auf die wertigen Kunden. Unternehmen mit ausgeprägter Einzelgängermentalität sind nur bedingt geeignet, ein Key Account Management einzuführen und zu leben und werden es deshalb schwerer haben, den Wettbewerb um die Key Accounts auf Dauer zu gewinnen.

Prof. Krafft von der WHU hat in einer Studie festgestellt, dass

- 83 Prozent der Vertriebsteams noch über einen formalen Teamleiter verfügen und nur 17 Prozent der Teams sich selbst steuern,

- Vertriebsteams in erheblichem Maße bei der Festlegung der teaminternen Aufgaben und Kundenstrategien mitreden können,

- es weniger gut aussieht bei der Festlegung von Leistungvorgaben, Budgetverwendung und Preisfestsetzung.

Qualifiziertes Personal sucht die Herausforderung und möchte herausgefordert werden. Personalentwicklungspläne gehören zum Standard im Key Account Management der Zukunft. Prüfen Sie einmal die Aufgaben, die Ihr Unternehmen in einigen Jahren für Key Accounts leisten muss und fragen Sie sich, welche personellen Ressourcen Sie dann zur Verfügung haben. Verlassen Sie sich nicht auf den allgemeinen Bewerbermarkt, sondern entwickeln Sie Ihre persönliche Personalstrategie.

Key Account Manager werden zu Netzwerkern, die partnerschaftlich die internen und externen Schlüsselkunden zum Erfolg zu führen, und dies weltweit, klein, schnell, flexibel und lernfähig. Key Account Manager bedürfen einer gezielten Ausbildung und eines besonderen Naturells, um diese herausfordernden Aufgaben erfüllen zu können. Setzen Sie nur „gestandene" Key Account Manager ein, die mit dem Druck des Marktes und der Key Accounts umgehen können. Key Account Manager und Key-Account-Management-Teams verantworten zukünftig komplexe Managementsysteme, zum Beispiel:

- Strategische Analysen und Zielbildungen
- Umsetzung der Geschäftsstrategien bei Key Accounts
- Budgetierung und Mittelfristplanung im Rahmen des Key Account Managements
- Kosten- und Risikomanagement im Geschäft mit den Key Accounts
- Marktforschung und Entwicklung neuer Geschäftschancen
- Vertriebs- und Kommunikationsmanagement
- Führung und Wissensmanagement

Wer bei diesen Herausforderungen nach in hierarchischen Machtstrukturen denkt und handelt und nicht auf das Wissen von Teams setzt, wird von den Kundenforderungen her seine Grenzen aufgezeigt bekommen.

Der uns heute bekannte Markt ist wird in den nächsten Jahren so nicht mehr vorhanden sein. Europäisierung, Globalisierung, Vernetzung, Allianzen sind nur einige Schlagworte für die zu erwartenden Änderungsprozesse. Die heutige Produktorientierung wird dann kaum noch vorhanden sein. Jedes Unternehmen hat Limits bei seinen Ressourcen, deshalb wird man lernen müssen, sich zu spezialisieren. Alle Leistungen für Key Accounts müssen zu möglichst unverwechselbaren Produkten werden, damit man als strategischer Partner wahrgenommen und geschätzt wird. Der Marktkampf wird den Key-Account-Management-Teammitgliedern intensiv vermitteln, dass die Key Accounts ihre Gehälter bezahlen und sie Teil eines globalen Bewusstseins – 24 Stunden/Tag und 365 Tage/Jahr – werden. Das Key-Account-Management-Team der Zukunft ist selbst verantwortlich und wird faktisch und emotional am Unternehmen beteiligt. Profit Center werden Unternehmer im Unternehmen.

Die Key Accounts von morgen verlangen die Einbindung in die Entscheidungen ihrer wichtigen Lieferanten. Sie sind ihrerseits bereit, eine Vernetzung der Lieferanten mit ihren Organisationen und Strategien zuzulassen. Der Vertrieb von heute ist die Vorstufe zu einer vernetzten Marktbearbeitung mit strategischen und wertigen Schlüsselkunden innerhalb eines Key Account Managements.

Bitte bedenken Sie aber immer: Der potenzielle Key Account ist zwar König, aber nicht um jeden Preis! Vernachlässigen Sie nicht die Betreuung Ihrer anderen kaufenden Kunden und potenziellen Neukunden. Key Account Management ist ein Vertriebsinstrument, auf das Sie nicht mehr verzichten können. Key Account Management ist aber kein Pflaster für fehlende oder schlecht umgesetzte Vertriebsstrategien, sondern ein wichtiger Baustein in Ihrem Multi-Channel-Vertrieb.

Glossar

Benchmarking = Im Benchmarking-Prozess werden Standards und Normen unter Berücksichtigung der Leistungen der besten Wettbewerber und anderer Marktteilnehmer (best practice) festgelegt. Ein Benchmark ist eine Zielmarke, mit der die eigenen Leistungen verglichen und beurteilt werden. Ziel ist es, sich am höchsten Standard aus Kundensicht zu messen bzw. sich an den Leistungen des Wettbewerbs zu orientieren.

Bottom-up = Bottom-up bedeutet, die Wünsche, Informationen und Strategien der Schlüsselkunden und internen Kunden (Mitarbeiter) bei den strategischen Unternehmensplanungen zu berücksichtigen. Informationen von der „Basis" werden verwertet, Schlüsselkunden vor Einführung neuer Ideen befragt oder mit in Gestaltungsprozesse einbezogen.

Buying-Center = Kunden bilden Einkaufsteams, um fachliche und komplexe Fragen besser klären zu können. Teilweise wird auch aus einkaufstaktischen Überlegungen ein Einkaufsteam gebildet.

Category Management = Der Begriff kommt aus dem Konsumgüterbereich und wird unterschiedlich interpretiert. Category Management (CM) beabsichtigt im Idealfall eine Einbeziehung von Hersteller und Schlüsselkunde in einen gemeinsam Steuerungsprozess. CM wird unter anderem als Management einer Vertriebseinheit, Management von Produktgruppen oder als Koordination zwischen Marketing und Vertrieb verstanden.

Commodity-Märkte = Produkteigenschaften und Dienstleistungen gleichen sich in einer Branche immer mehr an, Alleinstellungsmerkmale sind kaum noch vorhanden. In einer derartigen Konstellation bekommen das Schlüsselkunden-Management und die Gründung von strategischen Allianzen zwischen Anbietern und Schlüsselkunden eine wichtige Funktion.

Efficient Consumer Response = Im Rahmen des ECR-Konzepts wird der Waren- und Informationsfluss zwischen Hersteller und Schlüsselkunde ganzheitlich gesteuert. Dies bezieht sich hauptsächlich auf die Bereiche Bestellwesen, Sortimentsgestaltung, Verkaufsförderung und Produktentwicklung.

Feedback-System = Kunden und Mitarbeiter schätzen es, wenn sie auf ihre Anregungen eine Rückmeldung erhalten. Um eine systematische Erledigung dieser Forderung sicherzustellen, installieren Unternehmen ein strukturiertes Rückmelde-System (Feedback).

Key Account = Der Begriff kommt aus der amerikanischen Wirtschaft. Ursprünglich meinte man damit ein Konto, das für einen Großkunden geführt wurde. Schrittweise verselbstständigte sich der Begriff. Heute versteht man unter einem Key Account einen Schlüsselkunden, den zu verlieren sich ein Unternehmen nicht leisten kann.

Key Account Manager = Besonders qualifizierter Vertriebsmitarbeiter, der die Betreuung eines Schlüsselkunden verantwortet. Die Ausgestaltung dieser Vertriebsaufgabe ist je nach Unternehmen / Branche sehr unterschiedlich.

Key Account Management = Key Account Management beschreibt die organisatorische Gestaltung der Schlüsselkundenbearbeitung.

Outsourcing = Verlagerung von eigenen Tätigkeiten auf einen Geschäftspartner oder externen Dienstleister. Ziel ist, sich hauptsächlich auf seine Kernkompetenzen zu konzentrieren und Nebentätigkeiten aus Kosten- und Kompetenzgründen abzugeben.

Pareto-Prinzip = Der italienische Ökonom Vilfredo Pareto fand heraus, dass es in vielen Bereichen unseres Lebens eine Unausgewogenheit zwischen Ursache und Wirkung, Aufwand und Ertrag oder Anstrengung und Ergebnis gibt. Das so genannte 20/80-Prinzip hat als Begriff auch Einzug in die Wirtschaft gefunden.

Portfolio = Der Begriff ist aus dem Wertpapiergeschäft entlehnt. Eine Portfolioanalyse beschreibt Chancen und Risiken von Produkten, Kunden-/Anbieterverhältnissen, Strategien etc. und stellt zwei Hauptdimensionen so gegenüber, dass das Ergebnis in einer zweidimensionalen Matrix aufgezeigt werden kann.

Profit/Loss-Verantwortung = Mitarbeiter oder Teams sind für Gewinn und Verlust in ihrem Gestaltungsbereich verantwortlich. Innerhalb des erteilten Kompetenzrahmens entscheiden sie über die Geschäftsaktivitäten.

Selling Center = Mitglieder aus kundennahen Bereichen werden zu einem Kundenteam zusammengeschlossen. Mit dieser Maßnahme soll der Informationsfluss gestärkt, der Kundenservice verbessert und die Kundenbetreuung intensiviert werden.

Screening-Verfahren = Das Screening-Verfahren bildet einen Schutzschirm bei Projektgeschäften ebenso wie bei der Entwicklung von Neuprodukten. An fest bestimmten Punkten wird immer wieder festgelegt, wie das Projekt weitergeführt werden soll. Damit wird verhindert, dass sich unbemerkt Fehlentwicklungen ergeben und damit interne Ressourcen ohne Erfolg vernichtet werden.

SWOT-Analyse = SWOT setzt sich aus vier englischen Wörtern zusammen: Strength (Stärke), Weekness (Schwächen), Opportunities (Möglichkeiten), Threaths (Risiken). Diese Methode hilft herauszufinden, wo Unternehmen ansetzen sollten, um Chancen zu nutzen bzw. aufpassen müssen, wenn sie eine offene Flanke besitzen.

Supply Chain Management = Supply Chain Management (SCM) ist eine Managementfunktion, die bereichs- und funktionsübergreifend Prozessabläufe koordiniert sowie die gesamte Wertschöpfungskette steuert und überwacht und damit die Interessen der Schlüsselkunden in den Mittelpunkt des Unternehmens rücken.

Top-down = Das Gegenteil von Bottom-up. Unternehmen bestimmen ohne Beteiligung der externen und internen Kunden ihre Leistungen.

Wertschöpfungskette = Die Beschreibung Wertschöpfung von der Produktherstellung bis zum Verkaufspunkt. Das Ziel der Betrachtung der gesamten Wertschöpfungskette ist es, unnötige Kosten zu reduzieren und Mehrwert zu schaffen.

Literaturverzeichnis

Arndt, Werner, „Variable Entlohnung lohnt nicht immer", in: Informationsweek 18/2000

Baumgarten, H./Wolff, S., Versorgungsmanagement-Erfolge durch Integration von Beschaffung und Logistik, in: Handbuch industrielles Beschaffungsmanagement, Wiesbaden 1999

Belz, Christian, Management von Geschäftsbeziehungen, in: Fachbuch Marketing Thexis, St. Gallen 1994

Belz, Christian/Bussmann, Wolfgang, Vertriebsszenarien 2005, St. Gallen 2000

Berger, Wolfgang, Business Reframing, Wiesbaden 2000

Biesel, Hartmut H., Innovatives Key Account Management, München 2001

Brown, Mark G., Kennzahlen, München 1997

Czichos, Reiner, Creatives Account Management, München (2. Auflage) 2000

Diller, Hermann/Kusterer, Marion, „KAM in der Konsumgüterindustrie" Working paper, DVS, Vortrag Frankfurt 2000

Donaldson, Mimi, Erfolgreich verhandeln, Landsberg 2000

Esser, B./Fiesser, G., „Wege zum Key-Account-Erfolgsteam", in: Absatzwirtschaft 07/98

Gündling, Christian, Maximale Kundenorientierung, Stuttgart (2. Auflage) 1997

Hallensleben, Jutta, „Cross Selling", in: Absatzwirtschaft 04/98,

Klebert, Stefan, „Die Selektion von Schlüsselkunden", in: Absatzwirtschaft 04/99

Koinecke, Jürgen, „Leistungsorientierte Entlohnung im KAM", DVKK München 04/2000

Marzian, Sieghard H./Smidt, Wolfhart, Vom Vertriebsingenieur zum Market-Ing., Heidelberg 1999

Mercuri Goldman International GmbH, „Selling-Teams", in: Absatzwirtschaft, 06/96

Minx, Eckard, „Zukunftsforschung im Unternehmen", in: Absatzwirtschaft, 10/96

Morris, Steve/Willcocks, Graham, Erfolgsfaktor Kundenorientierung, Niedernhausen 1998

Pinczolits, Karl, „Quantensprung im Innendienst durch Schlagzahlmanagement", Vortrag DVS Innendienstleiterkongreß, Frankfurt 1999

Rau, Harald, Key Account Management, Wiesbaden 1994

Rentzsch, Hans-Peter, Kundenorientiert verkaufen im Technischen Vertrieb, Wiesbaden (2. Auflage) 2001

Sahr, Joachim, Kostenreduktion durch Zielvereinbarungen, Renningen 1998

Schimmel-Schloo, Martina, „Key Account Management: Was bringt es wirklich", in: acquisa 1997

Schwetz, Wolfgang, Customer Relationship Management, Wiesbaden 2000

Shapiro, P. Benson, I. Moriarty, T. Rowland, „Organizing the national account force", Research Programm, Working Paper, Report No. 84-101, Marketing Science Institute, Cambridge, Mass., 1984

Sidow, Hans D., Key Account Management, Landsberg (3. Auflage) 1997

Winkelmann, Peter, Außendienststeuerung, München 1999

Winkelmann, Peter, Computergestützte Besuchsberichte, München 1997

Der Autor

Hartmut H. Biesel startete 1975 nach seiner betriebswirtschaftlichen Ausbildung im Vertrieb. Er über-
nahm in den nachfolgenden Jahren verschiedene Vertriebspositionen im In- und Ausland mit stetig steigenden Verantwortungsbereichen als Bereichsleiter, nationaler Verkaufsleiter, Marketing- und Vertriebsleiter
sowie als Geschäftsführer. Vertriebserfahrungen sam-
melte er sowohl im Handel als auch in der Investitionsgüterindustrie.

1997 wechselte er in den Beratungsbereich. Heute ist er geschäftsführender
Gesellschafter der *Apricot – die Umsetzungspartner*. Mit den Beratungswerk-
zeugen „Transfer Workshop System" (TWS®) und „Kernkompetenz nach
CasaCCO®" bietet die Sozietät ihren Mandanten messbaren Mehrwert bei
der Einführung von Change-Management-Projekten.

Hartmut Biesels Kernkompetenzen sind Marketing, Vertrieb und Organisa-
tionsentwicklung. Sein Aufgabengebiet umfasst die Bereiche Beratung, Mitar-
beiterqualifizierung und Management auf Zeit. Er berät und begleitet unter
anderem die Vorbereitung, Einführung und Umsetzung von Key-Account-
Management-Konzepten.

Sein Buch „Kundenmanagement im Multi-Channel-Vertrieb" ist ebenfalls bei
Gabler erschienen.

Kontaktadresse:
Hartmut H. Biesel
Apricot GmbH – die Umsetzungspartner
Postfach 1226
76678 Östringen
E-Mail: H.Biesel@t-online.de

Professionelles Vertriebsmanagement

Wettbewerbsvorteile durch NRM oder: Was kommt nach CRM?

Das Buch bietet Führungskräften aus den Bereichen CRM, Marketing, Service und Vertrieb einen Managementrahmen und zahlreiche Hinweise für den Einsatz von Network Relationship Management.

Harry Wessling
Network Relationship Management
Mit Kunden, Partnern und Mitarbeitern zum Erfolg
2002. 225 S. Geb. € 38,00
ISBN 3-409-11864-0

Leitfaden zur Kostenreduktion durch CRM

Dieses Buch liefert die geeigneten Grundlagen und Werkzeuge, um Kostenreduktionspotenziale innerhalb der CRM-Wertkette zu identifizieren und gezielt umzusetzen.

Gregor Stokburger,
Mario Pufahl
Kosten senken mit CRM
Strategien, Methoden und Kennzahlen
2002. 217 S. Geb. € 38,00
ISBN 3-409-11939-6

CRM für den Mittelstand

Das Buch bietet eine wertvolle Orientierung für alle Mittelständischen Unternehmen, die den Einsatz von CRM in Erwägung ziehen, und macht Mut, eine CRM-Einführung als Stufenkonzept in Angriff zu nehmen.

Michael Brendel
CRM für den Mittelstand
Voraussetzungen und Ideen für die erfolgreiche Implementierung
2002. 189 S. Geb. € 34,90
ISBN 3-409-11934-5

Änderungen vorbehalten. Stand: Oktober 2002.
Erhalten im Buchhandel oder beim Verlag.

Gabler Verlag · Abraham-Lincoln-Str. 46 · 65189 Wiesbaden · www.gabler.de

GABLER